Temas atuais de
Direito Penal Econômico

www.editorasaraiva.com.br/direito
Visite nossa página

Série IDP/Saraiva
Conselho Científico

Presidente: Gilmar Ferreira Mendes
Secretário-Geral: Jairo Gilberto Schäfer
Coordenador-Geral: João Paulo Bachur
Coordenador Executivo: Atalá Correia

Alberto Oehling de Los Reyes
Alexandre Zavaglia Pereira Coelho
António Francisco de Sousa
Arnoldo Wald
Carlos Blanco de Morais
Elival da Silva Ramos
Everardo Maciel
Fábio Lima Quintas
Felix Fischer
Fernando Rezende
Francisco Balaguer Callejón
Francisco Fernández Segado
Ingo Wolfgang Sarlet
Jorge Miranda
José Levi Mello do Amaral Júnior
José Roberto Afonso
Katrin Möltgen
Laura Schertel Mendes
Lenio Luiz Streck
Ludger Schrapper
Maria Alicia Lima Peralta
Michael Bertrams
Miguel Carbonell Sánchez
Paulo Gustavo Gonet Branco
Pier Domenico Logroscino
Rainer Frey
Rodrigo de Bittencourt Mudrovitsch
Rui Stoco
Ruy Rosado de Aguiar
Sérgio Antônio Ferreira Victor
Sergio Bermudes
Sérgio Prado
Walter Costa Porto

Temas atuais de Direito Penal Econômico

....

COORDENADORES
André Callegari · Marcelo Turbay · Marilia Fontenele

2022

Av. Paulista, 901, Edifício CYK, 3º andar
Bela Vista – SP – CEP 01310-100

 sac.sets@saraivaeducacao.com.br

Diretoria executiva	Flávia Alves Bravin
Diretoria editorial	Ana Paula Santos Matos
Gerência editorial e de projetos	Fernando Penteado
Novos projetos	Aline Darcy Flôr de Souza
	Dalila Costa de Oliveira
Gerência editorial	Isabella Sánchez de Souza
Edição	Deborah Caetano de Freitas Viadana
Produção editorial	Daniele Debora de Souza (coord.)
	Cintia Aparecida dos Santos
	Rosana Peroni Fazolari
Arte e digital	Mônica Landi (coord.)
	Camilla Felix Cianelli Chaves
	Claudirene de Moura Santos Silva
	Deborah Mattos
	Guilherme H. M. Salvador
	Tiago Dela Rosa
Projetos e serviços editoriais	Daniela Maria Chaves Carvalho
	Emily Larissa Ferreira da Silva
	Kelli Priscila Pinto
	Klariene Andrielly Giraldi
Diagramação	Fernanda Matajs
Revisão	Ivani Martins
Capa	Deborah Mattos
Imagem de capa	iStock/GettyImagesPlus/Artemisia1508
Produção gráfica	Marli Rampim
	Sergio Luiz Pereira Lopes
Impressão e acabamento	Gráfica Paym

DADOS INTERNACIONAIS DE CATALOGAÇÃO NA PUBLICAÇÃO (CIP)
VAGNER RODOLFO DA SILVA – CRB-8/9410

T278 Temas atuais de Direito Penal Econômico / Ana Letícia Rodrigues da Costa Bezerra ... [et al.] ; coords.: André Callegari, Marcelo Turbay, Marília Fontenele. – São Paulo : SaraivaJur, 2022.
(Série IDP – Linha Pesquisa Acadêmica)
504 p.

ISBN 978-65-5559-729-5 (Impresso)

1. Direito. 2. Direito Penal Econômico. 3. Direito Penal. 4. Acordos de leniência. 5. Extradição. 6. Lavagem de ativos. 7. Sigilo Bancário. 8. Direito à Intimidade. 9. Foro por prerrogativa de função. 10. Crimes de colarinho branco. 11. Totalitarismo. 12. Macrocriminalidade. 13. Criminologia. 14. Reparação Civil. 15. Sentenças Penais Condenatórias. I. Bezerra, Ana Letícia Rodrigues da Costa. II. Callegari, André. III. Turbay, Marcelo. IV. Fontenele, Marília. V. Título. VI. Série.

	CDD 341.554
2021-3204	CDU 343.33

Índices para catálogo sistemático:

1. Direito Penal Econômico	341.554
2. Direito Penal Econômico	343.33

Data de fechamento da edição: 10-12-2021

Dúvidas? Acesse www.editorasaraiva.com.br/direito

Nenhuma parte desta publicação poderá ser reproduzida por qualquer meio ou forma sem a prévia autorização da Saraiva Educação. A violação dos direitos autorais é crime estabelecido na Lei n. 9.610/98 e punido pelo art. 184 do Código Penal.

CL	607542	CAE	781947

Sumário

1. Balcão único para negociação de acordos de leniência no Brasil *(Alexandre Cordeiro Macedo e Raquel Mazzuco Sant'Ana)* 7

2. Breves apontamentos sobre a dupla tipicidade nas extradições requeridas pelos Estados Unidos da América com base no delito de lavagem de ativos *(Antônio Carlos de Almeida Castro - Kakay, Álvaro Guilherme de Oliveira Chaves e Vitor Rebello)* 53

3. O sigilo de dados bancários no Brasil, ontem e hoje: entre o direito à intimidade e o dever de compartilhamento *(Bruno Freire de Carvalho Calabrich e Pablo Coutinho Barreto)* 79

4. O foro por prerrogativa de função e os limites impostos pelo Supremo Tribunal Federal na reclamação 25.537/DF *(André Luís Callegari e Ariel Barazzetti Weber)* 115

5. Caminhos da criminologia e macrocriminalidade: dos crimes do colarinho branco ao totalitarismo financeiro *(Francisco Codevila)* 143

6. Anotações sobre a reparação civil nas sentenças penais condenatórias *(Danyelle Galvão)* 173

7. O crime de recolhimento de ICMS próprio a partir do entendimento firmado pelo supremo tribunal federal: Uma necessária análise jurídica e extrajurídica quanto aos fundamentos e consequências do recurso ordinário em *habeas corpus* 164.334/SC *(Francis Rafael Beck e Gabriela Manjabosco)* ... 193

8. Primeiras linhas sobre cegueira deliberada na jurisprudência brasileira *(Guilherme Brenner Lucchesi)* 205

9. Evadindo divisas com *bitcoins*? *(Heloisa Estellita, Augusto Périco, Caio Giuranno, Felipe Takehara, João Pedro Rocha Oliveira, Matheus Faria de Sousa e Victor Coutinho Ramalho)* 233

10. A "mescla" no crime de lavagem de dinheiro em conta bancária sob a luz do direito alemão. Um debate necessário no Brasil *(Luís Henrique Machado)* 249

11. O *trust* e o delito de evasão de divisas no direito brasileiro *(Ana Letícia Rodrigues da Costa Bezerra, Marcelo Turbay Freiria e Pedro Victor Porto Ferreira)* 271

12. O novo crime de gestão fraudulenta: breves apontamentos sobre a jurisprudência atual e o PLS 312/2016 *(Marcelo Turbay Freiria e Camila Crivilin)* 293

13. A colaboração premiada equiparada à denúncia espontânea *(Marilia Araujo Fontenele de Carvalho e Thiago Dayan da Luz Barros)* 325

14. A punição da lavagem de dinheiro quando a infração antecedente é praticada no exterior *(Natasha do Lago)* 351

15. Fundamentos principiológicos das medidas cautelares pessoais *(Nereu José Giacomolli)* 365

16. Sobre jogos de azar e de habilidade: uma análise da legalidade do pôquer on-line e da intermediação do pagamento de apostas *(Eugênio Pacelli e Frederico Horta)* 405

17. Delitos fiscais como antecedentes da lavagem de dinheiro: impossibilidade jurídica e material do crime *(Paulo Emílio Catta Preta de Godoy e Aline Padilha Martins e Silva)* 447

18. Os *standards* de prova necessários para a decretação de prisões provisórias em delitos econômicos *(Thiago Turbay Freiria)* 471

19. Paradigmas criminológicos e tecnologia no Brasil: os impactos do *dataveillance* nos delitos econômicos-empresariais *(Víctor Minervino Quintiere)* 483

1.

Balcão único para negociação de acordos de leniência no Brasil

Alexandre Cordeiro Macedo[1]
Raquel Mazzuco Sant'Ana[2]

1 É o atual Superintendente-Geral do Cade e Ex-Conselheiro do Cade. Possui dupla graduação em Direito e em Economia. É doutorando em Direito Econômico pela Universidade Federal de Minas Gerais, mestre em Direito Constitucional pelo Instituto Brasileiro de Ensino, Desenvolvimento e Pesquisa, pós-graduado em Processo Administrativo Disciplinar pela Universidade de Brasília. É Visiting Scholar e International Fellow do Global Antitrust Institute da Antonin Scalia Law School – George Mason University em Washington/DC. É auditor de carreira da Controladoria--Geral da União desde 2006, onde foi assessor e chefe de gabinete do Corregedor-Geral da União. Foi secretário-executivo do Ministério das Cidades. É professor de Direito Econômico e de Análise Econômica do Direito da Escola de Direito de Brasília/IDP. É professor convidado da Universidade de Brasília – UNB, da Universidade Estadual de Campinas – Unicamp, da Universidade do Vale do Rio dos Sinos – UNISINOS, do Ibmec e da Faculdade de Direito de Vitória – FDV. Organizador e autor do livro Tópicos Especiais de Direito Concorrencial, Editora Cedes. Autor de vários artigos em livros, revistas e jornais. Palestrante em diversos eventos e universidades no Brasil e no exterior, tais como Harvard Law School – Cambridge, Northwestern University – Chicago, American Bar Association – ABA, International Bar Association – IBA, International Competition Network – ICN, Global Competition Review – GCR e Concurrence.
2 Doutoranda em Direito Econômico pela Universidade Federal de Santa Catarina – UFSC. Assessora do Superintendente-Geral do Conselho Administrativo de Defesa Econômica – CADE. Pós-graduada em Ciências Criminais pelo Complexo de Ensino Superior de Santa Catarina – CESUSC (2016). Possui graduação em Direito pela Universidade Federal de Santa Catarina – UFSC (2014).

1. Introdução

O acordo de leniência é um instituto já utilizado em vários países desde a década de 1970, e foi incluído na Legislação Brasileira, primeiramente no âmbito da legislação antitruste, através da Lei n. 10.149/2000, que alterou a Lei n. 8.884/94, então Lei de Defesa da Concorrência, para possibilitar a celebração de acordo entre a Secretaria de Direito Econômico (SDE) do Ministério da Justiça, representando a União, e as pessoas físicas ou jurídicas que infringissem a Ordem Econômica.

O primeiro acordo firmado pelo CADE (2003) foi proposto por membros do cartel de empresas de vigilância no Rio Grande do Sul, cujo objetivo era fraudar licitações públicas. Em troca de imunidade total administrativa e criminal, o beneficiário se comprometeu a cooperar com as autoridades, informando as condutas realizadas pelo cartel, entregando as provas diretas das fraudes às licitações e do conluio que incluíam documentos trocados entre os participantes do cartel. Em 2007, houve condenação pelo Cade dos demais participantes do cartel, em multas superiores a R$ 40 milhões.

Em 2011, a Lei n. 12.529 trouxe importantes alterações em relação ao Programa de Leniência do Cade, tornando-o ainda mais robusto, ao conferir, por exemplo, um aumento dos possíveis benefícios criminais ao signatário e, ainda, a estabelecer a competência da Superintendência-Geral para celebrar os acordos. Entre os anos de 2013 e 2014, os acordos de leniência ganharam ampla visibilidade no Brasil, sobretudo quando estouraram as investigações no âmbito do combate à corrupção, realizadas pela Polícia Federal e pelo Ministério Público, relacionadas à Operação Lava Jato.

Nesse contexto, um amplo arcabouço legislativo diverso do concorrencial passou a prever também institutos de colaboração premiada, em especial a leniência. A Lei da Empresa Limpa, mais conhecida como Lei Anticorrupção (Lei n. 12.846/2013), entrou em vigor e instituiu o acordo de leniência relativo a ilícitos administrativos caracterizados como corrupção, fixando a competência da Controladoria-Geral da União para celebrá-lo, no âmbito do poder executivo federal. Nesse período também foi aprovada a Lei das

Organizações Criminosas, a qual estabeleceu a colaboração premiada para pessoas físicas, servindo de base para a celebração de acordos de leniência com pessoas jurídicas no MP. Posteriormente, em 2017, foi promulgada a Lei sobre Crimes no Sistema Financeiro Nacional (Lei n.13.506/2017), instituindo o programa de leniência no âmbito do Banco Central e da Comissão de Valores Mobiliários.

De início, é de se observar a ampla gama de legislações que atualmente regulamentam programas de leniência na jurisdição brasileira. Embora existam diferenças entre tais programas devido às especificidades inerentes a cada norma, há também pontos de convergência entre elas, os quais justificam a sua existência. No entanto, a diversidade normativa existente para lidar com cada instituto enseja, no mínimo, incertezas a respeito das delimitações jurídicas de cada um dos programas, especialmente em relação à autoridade competente para realizar cada um dos acordos previstos e seus efeitos.

Nesse viés, o presente artigo quer discutir se a criação de um balcão ou guichê onde todas as autoridades competentes possam negociar acordos de leniência seria uma solução plausível para acabar com a insegurança jurídica existente por detrás de todos os benefícios que a leniência tem trazido para o combate à criminalidade econômica e aos ilícitos corporativos no Brasil. A ideia parece extremamente adequada quando os elementos a serem analisados são a redução de custos de transação e segurança jurídica, uma vez que acabaria com as diversas instâncias e instituições candidatas a negociação. No entanto, será que esse modelo realmente funcionaria na prática? As instituições públicas estariam organizadas o suficiente para, em um modelo de cooperação interinstitucional, entregar um produto adequado?

Para responder a essas questões, o presente artigo está estruturado em três capítulos. O primeiro tratará dos aspectos gerais sobre o programa de leniência, abordando as justificativas e a racionalidade por detrás de um efetivo programa. O segundo capítulo discorrerá sobre alguns dos acordos de leniência previstos no nosso ordenamento jurídico, bem como suas especificidades e competências, conforme o arcabouço normativo que os regulamentam. Por fim, será avaliado se diante da nossa ampla estrutura de programas de leniência seria viável a aplicação de um balcão ou guichê único para a negociação desses acordos, que atendesse a necessidade e os interesses de todos os órgãos competentes e dos colaboradores envolvidos, e garantisse os pilares de um efetivo programa de leniência.

2. Aspectos gerais sobre o programa de leniência

2.1. Justificativas convergentes a um efetivo programa de leniência

O programa de leniência consiste em um conjunto normativo o qual prevê incentivos para que os agentes envolvidos na prática de um ilícito procurem as autoridades públicas investigadoras para negociarem o acordo de leniência, delatando a infração e colaborando com as investigações em troca de benefícios[3].

O interesse maior do Estado e comum a todos os tipos de programas de leniência é a detecção de práticas ilícitas por meio da colaboração do infrator que apresenta informações e documentos que possam levar à obtenção de indícios e provas a fim de identificar e condenar os demais membros da organização criminosa. Para isso é necessário que ele se disponha a cooperar plena e permanentemente com a persecução. O acordo ainda deve estimular a cessação da prática ilícita, desestabilizar a organização criminosa, punir os demais infratores envolvidos, reparar e ressarcir o dano ao erário, e ainda provocar dissuasão. Tudo isso torna justificável a concessão de imunidades ao signatário da leniência, tendo em vista o interesse público envolvido e os benefícios gerados para a sociedade advindos da deflagração e futura punição desses tipos de crimes e infrações[4], que até então seriam desconhecidas pelas autoridades.

---

3   ATHAYDE, Amanda. *Manual dos acordos de leniência no Brasil*: teoria e prática. Belo Horizonte: Fórum, 2019, p. 30.
4   Ilícitos objeto de acordos de leniência: organização criminosa, corrupção, fraude a licitações, lavagem de dinheiro, cartel, ilícitos contra o sistema financeiro, tributário etc.

A primeira grande justificativa do programa é a detecção de práticas ilícitas, as quais de outro modo provavelmente não seriam descobertas[5]. Ao contrário dos ilícitos de fácil detecção, cuja investigação se torna mais simples de ser identificada pelas autoridades, os ilícitos que se quer detectar com os acordos de leniência frequentemente envolvem arranjos sofisticados e organizações com alto poder de articulação, ganhando corpo por meio de atos perpetrados de forma fraudulenta e sigilosa, ou seja, configuram ações complexas e com elevado grau de dificuldade de punição pela justiça e órgãos de controle.

A descoberta de ilícitos pode surgir de ofício, pelas próprias autoridades competentes, ou pela vítima que foi atingida por aquele fato criminoso, ou ainda por meio da delação de algum envolvido na conduta infrativa. Naturalmente, é o próprio participante da organização criminosa quem mais sabe sobre o crime que cometeu. O poder estatal tem seus limites investigativos e tenta descobrir a realidade fática por meio da dinâmica da conduta, das circunstâncias, das presunções e da lógica que contornam o comportamento infrator. Tal comportamento é tão mais difícil de se entender quanto mais sistematizadas forem as organizações criminosas e especialmente quando a natureza do ilícito for essencialmente sigilosa e não deixar vestígios.

Um grande trunfo do programa é a aquisição de informações e documentos trazidos pelo colaborador, que sejam relevantes para a investigação e que possam conduzir a comprovação da conduta noticiada, podendo levar à condenação dos envolvidos na esfera competente para instaurar e punir a conduta ilícita, caso comprovada posteriormente. Tais evidências dificilmente seriam descobertas sem a colaboração de quem de fato esteve envolvido no conluio, porquanto, muitas vezes, os participantes usam números, letras ou apelidos para se referirem aos demais infratores, e trazem às autori-

---

5   OCDE. Use of markers in leniency programmes. 2014. Disponível em: https://www.bundeskartellamt.de/SharedDocs/Publikation/EN/Diskus sions_Hintergrundpapiere/OECD_2014.11.21-UseMarkers.pdf;jsessionid =3C3DA183C346A2A541397907C41E3E61.2_cid387? blob=publicationFil e&v=3.

dades riquíssimos detalhes que exigem explicação minuciosa de quem realmente participou do ilícito. Há, portanto, muitos efeitos positivos resultantes da narração detalhada dos fatos pelo colaborador.

Os programas de leniência diminuem o custo de iniciação de investigações e instrução processual em comparação com outros instrumentos de obtenção de provas, o que os torna mais eficientes, por serem instrumentos que viabilizam a detecção de infrações em menor tempo e com menos recursos.

O fato de a colaboração ter como resultado a identificação dos demais infratores participantes da conduta permite a possibilidade de investigação e futura condenação contra eles. Isso justifica a concessão de imunidade ou redução da sanção ao colaborador (pessoa física ou jurídica a depender do programa), e posterior punição dos demais envolvidos. Ademais, outro efeito do acordo é a capacidade de fazer com que o colaborador cesse a prática ilícita imediatamente, requisito presente em todos os programas.

Lembra-se ainda da possibilidade de se firmar acordos subsequentes ao primeiro com outros infratores que tragam provas adicionais e colaborarem com a investigação em curso, o que é permitido por algumas autoridades que celebram leniência[6], no entanto importante assegurar uma estrutura de incentivos que privilegie a "corrida da leniência", ou seja, o programa deve conferir maiores benefícios para aqueles que chegarem primeiro. A ordem na fila de chegada deve ser algo muito desejado pelos infratores, visto que o primeiro terá um benefício muito maior que o segundo, o segundo que o terceiro, que o quarto e assim sucessivamente. Pergunta-se se há um limite para essa fila? A resposta adequada é o limite do interesse público. É possível que com apenas um signatário se alcance os objetivos do programa descritos acima, mas também é possível que o caso somente se torne robusto com a colaboração de mais alguns envolvidos.

---

6   Temos o exemplo dos Termos de Compromisso de Cessação (TCC) celebrados pelo Cade (art. 85 da Lei n. 12.529/2011) e pelo Banco Central (art. 11 e s. da Lei n. 13.506/2017).

Outrossim, no que diz respeito ao pressuposto da reparação de danos, total ou parcial, aos prejudicados pela prática ilícita, frisa-se que o acordo pode propiciar também um retorno positivo, quase que instantâneo, para a sociedade. As leniências hoje existentes não dão imunidades contra a ação de reparação civil de danos que futuramente possam ser ajuizadas contra a empresa ou pessoa física signatária da leniência. No entanto há relevante discussão ainda quanto ao cálculo do dano causado ao erário. A obrigatoriedade do ressarcimento como condição para celebrar o acordo é entendida como requisito para a celebração da Leniência Anticorrupção[7] e para a Leniência do MP, da qual trataremos no capítulo seguinte. Para o Cade, BC e CVM não existe cálculo antecipado como requisito ao acordo, porém as referidas legislações não impedem que a empresa colaboradora seja responsabilizada no âmbito civil por eventuais demandas de reparação de dano[8].

Por fim, o programa de leniência pelas características explicitadas acima tem a capacidade de aumentar a probabilidade de detecção e punição dos infratores, o que consequentemente conduz a um maior *enforcement* e necessariamente a dissuasão das condutas. Isso ocorre em especial porque a estrutura do instituto é formada para desestabilizar as organizações criminosas com a criação de um ambiente de insegurança entre os envolvidos na prática ilícita, o que provoca um desincentivo a práticas futuras.

2.2. As características de um efetivo programa de leniência

Passadas as justificativas para a instituição de um efetivo programa de leniência, primeiramente é preciso pensar na lógica que existe por detrás deste e o que o faz ser bem-sucedido. Para tanto,

---

7   Art. 16, § 3º acordo de leniência não exime a pessoa jurídica da obrigação de reparar integralmente o dano causado.
8   Como exemplo, temos o exposto do art. 47 da Lei n.12.529/2011. É possível também identificar algumas iniciativas de Projetos de Lei que criam uma diferença ainda maior na estrutura de incentivos entre o colaborador e o não colaborador, como a obrigatoriedade de ressarcimento do dano em dobro por parte daquele que não colaborou.

imprescindível entender como funciona a cabeça do infrator, quais são seus incentivos e porque ele comete ou deixa de cometer um ilícito. A ideia de que o agente responde a incentivos deve ser considerada. Assim sendo, responder a seguinte pergunta é muito importante: qual é o resultado líquido da conduta para o infrator? Antes de tomar a decisão de cometer ou não o ilícito o agente pondera os ganhos (benefícios) e as perdas ou custos (probabilidade de detecção e tamanho da pena).

Esse raciocínio foi desenvolvido pelo professor Gary Becker[9], ao tratar de modelos econômicos para interpretar o fenômeno criminológico, e aplicar políticas públicas e ações preventivas. O autor trouxe variáveis consideradas pelo indivíduo racional no momento de cometer o crime e a ponderação dos custos e benefícios da prática delituosa.

Um bom programa de leniência se relaciona exatamente com essa estrutura de incentivos, em que quanto maior a probabilidade de detecção da conduta, bem como o tamanho da penalidade, maior será a dissuasão para comportamentos ilícitos futuros. A colaboração premiada tem como pano de fundo uma teoria econômica chamada Teoria dos Jogos, onde os jogadores tendem a maximizar seus *payoffs* a partir da interação com os demais participantes e das regras estabelecidas.

O exemplo mais tradicional da Teoria dos Jogos é o dilema dos prisioneiros. Criado em 1950 por Merril Flood e Melvin Dresher, esse jogo pode ser aplicado a várias áreas do conhecimento e pressupõe uma situação de interação em que os jogadores atuam de forma independente a fim de maximizarem seus benefícios. No entanto, a não cooperação entre os agentes leva a uma situação pior do que se tivessem atuado em cooperação. O dilema mostra que o resultado coletivo não decorre necessariamente de escolhas individuais utilitaristas, mas de contingências e interações entre os jogadores, levan-

---

9 BECKER, Gary Stanley. Crime and punishment: an economic approach. In: BECKER, Gary S.; LANDES, William M. *Essays in the economic of crime and punishment*. 1974.

do ao equilíbrio em que ninguém se sai melhor individualmente[10]. Assim, partindo do pressuposto em que não há cooperação, qualquer que seja a ação do outro, cada prisioneiro obtém uma situação melhor para se confessar[11].

O indivíduo ao ponderar sobre o cometimento ou não do ilícito, age como agente racional predisposto a maximizar sua utilidade e a decisão de cooperar ou não perpassa por esse dilema[12]. Observe que o exemplo a ser dado agora apresenta mais um elemento importante na estrutura do jogo, qual seja, a cooperação entre os membros de uma organização criminosa e com um designo específico (alcançar o objeto ilícito e se protegerem mutuamente). É exatamente nesse ponto que os acordos de leniência se mostram importantes. A ideia é que a estrutura de incentivos de um programa de leniência seja capaz de desestabilizar essa cooperação e fazer com que os membros da organização criminosa percebam que não cooperar e confessar podem maximizar seu *payoff*.

---

10   COOTER, Robert; ULEN, Thomas. *Direito & economia*. Tradução: Luis Marcos Sander; Francisco Araújo da Costa. 5. ed. Porto Alegre: Bookman, 2010.
11   PIMENTEL, Elson. L.A. *Dilema do prisioneiro*: da teoria dos jogos à ética. Belo Horizonte: Argovmentvm, 2007, p. 12: "Imaginemos que o prisioneiro A confesse, o prisioneiro B pode confessar e ambos pegam 10 anos de prisão, ou não confessar e pegar 12 anos de prisão: o melhor é confessar. Se A não confessar, B pode confessar e ficar livre, ou não confessar e pegar 2 anos de prisão. Mais uma vez, o melhor é confessar. O que quer que A faça, o melhor resultado individual para B é confessar, isto é não cooperar e entregar o companheiro. O mesmo raciocínio vale pra A. [...] Dito de outro modo, se ambos os jogadores confessarem, cada um irá piorar o resultado obtido do que aquele obtido se não confessar, mas é possível atingir uma solução melhor para ambos se ambos desistirem de confessar".
12   MORAIS DA ROSA, Alexandre. *Guia do processo penal conforme a teoria dos jogos*. 5. ed. Florianópolis: EMais, 2019, p. 203: "A questão colocada pelo dilema do prisioneiro é a de que a estratégia dominante pode ser a menos eficiente, dado o resultado adverso, abrindo espaço para compreensão cooperativa. Nem sempre as decisões aparentemente melhores individualmente o são no contexto de jogos interdependentes, como acontece no processo penal, sendo o dilema do prisioneiro o exemplo teórico de tal modelo".

Quando isso acontece, percebe-se um aumento na probabilidade de detecção, o que acarreta um aumento do custo do cometimento do ilícito gerando a tão almejada dissuasão da prática infrativa.

Segundo Scott Hammond[13], um programa de leniência robusto deve estar inserido em um contexto que se perceba três elementos básicos: a) uma estrutura normativa de penas severas para aqueles que não colaboram; b) altas chances de detecção independente do programa; e c) previsibilidade, transparência e segurança jurídica para os signatários.

De mais a mais, vale fazer um destaque especial para o terceiro elemento que é uma característica específica do programa: previsibilidade, transparência e segurança. Nesse sentido, importante que as autoridades competentes tenham pleno entendimento das leis que regulamentam os acordos, assim como clareza sobre os procedimentos internos de negociação.

Portanto, imprescindível elaboração, pelas autoridades, de guias e manuais que exponham os requisitos à adesão do programa, quais

---

13 HAMMOND, Scott. CORNERSTONES OF AN EFFECTIVE LENIENCY PROGRAM. U.S. Departament of Justice. 2009. Disponível em: http://www.fne.gob.cl/wpcontent/uploads/2011/03/2009_ddcc_0004.pdf: "There are three prerequisites for adopting and implementing an effective leniency program. These prerequisites are essential cornerstones that must be in place before a jurisdiction can successfully implement a leniency program. First, the jurisdiction's antitrust laws must provide the threat of severe sanctions for those who participate in hardcore cartel activity and fail to self-report. Second, organizations must perceive a high risk of detection by antitrust authorities if they do not self-report. Third, there must be transparency and predictability to the greatest extent possible throughout a jurisdiction's cartel enforcement program, so that companies can predict with a high degree of certainty how they will be treated if they seek leniency and what the consequences will be if they do not. These three major cornerstones – severe sanctions, heightened fear of detection, and transparency in enforcement policies – are the indispensable components of every effective leniency program". ICN. Chapter 2 – Drafting and implementing an effective leniency policy. In: *Anti-cartel enforcement manual*. ICN CWG Subgroup 2: Enforcement Techniques. April 2014.

documentos e informações são suficientes para a autoridade, bem como quem tem legitimidade para celebrar, com quem será feito o acordo, qual o prazo de duração e como se dão as negociações. Além disso, importante também a exposição de quais são os benefícios que advêm da celebração do acordo.

Outrossim, afora a capacidade de detecção oriunda das investigações proativas de um sistema de persecução, a própria existência do acordo de leniência deve contribuir para aumentar a sensação de punibilidade. As empresas devem reconhecer como alta a probabilidade de detecção da infração, ou seja, o programa de leniência deve incutir temor nos infratores em razão do alto risco de deflagração das condutas pelas autoridades, de modo que empresas e seus executivos sejam dissuadidos à prática ilícita. Logo, não é demais lembrar que o maior benefício do efeito da leniência somente é extraído quando o programa está inserido em um contexto em que há uma ameaça crível de que o ilícito também possa ser descoberto por outros caminhos[14], como investigações de ofício pelas próprias autoridades[15].

Ademais, deve haver ameaça de severa punição a quem não se auto-reportar, de modo que os riscos percebidos da pena superem os potenciais benefícios. As severas punições podem se referir a aplicação de vultuosas multas administrativas, bem como a persecução criminal dos indivíduos, por meio da qual se aumenta o receio de punição daqueles que atuaram no ilícito. O temor de ter contra si um processo criminal, com certeza, é um dos grandes incentivos a fazer acordo de leniência, embora nem todos os programas ofereçam

---

14 OCDE. Session I: using leniency to fight hard core cartels. In: *Latin American Competition Forum*, Santiago, 2009.
15 CADE. Cade e PF realizam operação para investigar cartel em licitações. Disponível em: http://www.cade.gov.br/noticias/cade-e-pf-realizam-operacao-para-investigar-cartel-em-licitacoes: Temos o exemplo do Projeto Cérebro como forma de investigação *ex officio*, pelo Cade. Trata-se de um projeto, iniciado em 2013, o qual desenvolve técnicas e ferramentas para a área responsável pela investigação de cartéis, com ênfase no uso aplicado de tecnologia da informação para o desenvolvimento de filtros econômicos e mineração de bases de dados de licitações públicas para a identificação de comportamentos suspeitos.

esse benefício. A responsabilização, inclusive criminal, dos indivíduos que infringiram a lei desencoraja prática de futuros crimes, promove mudanças de consciência e comportamento dentro da empresa e dá credibilidade ao sistema de justiça.

Por fim, cabe registrar que a ponderação custo-benefício feita pelo agente ao tomar a decisão de aderir ou não a um programa de leniência pode ser influenciada pelo número de órgãos competentes para fazer o acordo. A decisão de negociar com apenas uma autoridade, ou com demais, também gera um custo de transação que deve ser sopesado, pois pode estimular negativa ou positivamente a corrida para celebrar o acordo. Na medida em que o número de competências varia de forma positiva, o risco de não ser o primeiro a garantir o pedido de senha ("*marker*"[16]) em todas elas será maior, e consequentemente as chances de negociação com o Estado diminuem, afinal o colaborador não poderia se refutar em determinada autoridade pelo fato de ter realizado prova contra si mesmo em outra esfera/competência, ou seja, a concessão de benefícios dada ao primeiro da fila em um órgão, por ricochete, pode provocar a sua própria punição em outro.

Não existe no âmbito da jurisdição brasileira um balcão ou guichê unificado para depositar o pedido de leniência, o que leva o futuro beneficiário à dúvida em relação a qual órgão da administração pública deve procurar para solicitar o acordo. Dificilmente uma

---

16 CADE. *Guia do Programa de Leniência*. p. 25. Disponível em: http://www.cade.gov.br/acesso-a-informacao/publicacoes-institucionais/guias_do_Cade/guia_programa-de-leniencia-do-cade-atualizado-ago-2018.pdf: Termo utilizado no programa de leniência do CADE que se refere ao "ato em que o proponente do Acordo de Leniência entra em contato com a Superintendência-Geral do Cade a fim de comunicar o interesse em propor acordo de leniência em relação a uma determinada conduta anticoncorrencial coletiva e, assim, garantir que é o primeiro proponente em relação a essa conduta. Trata-se, portanto, de uma espécie de corrida entre os participantes da conduta anticompetitiva para contatar a autoridade antitruste e reportar a infração e, com isso, se candidatar aos benefícios do acordo de leniência – os quais são conferidos apenas ao primeiro proponente a se qualificar junto a SG/Cade".

pessoa física ou jurídica envolvida numa organização criminosa procure mais de uma autoridade para negociar uma leniência.

Nos próximos capítulos, procura-se pensar em mecanismos para não mitigar a espontaneidade daqueles que querem colaborar por conta da falta de previsibilidade, transparência e segurança jurídica em relação ao programa de leniência, tendo em vista a ampla gama de acordos previstos em diversas legislações e de competência de diferentes órgãos da Administração Pública.

3. Os diversos acordos de leniência no ordenamento jurídico brasileiro

A implementação de acordos de leniência no Brasil, em que pese o indiscutível sucesso do instituto, não é tarefa simples, tendo em vista que requer coerência e conformidade entre as várias autoridades que compõem as mais diversas searas de responsabilidade, cuja competência reflete direta ou indiretamente na punição de empresas e/ou pessoas físicas envolvidas nos ilícitos a serem delatados no acordo.

A principal diferença de cada programa de leniência implementado no Brasil inicia pela legislação que regulamenta cada um deles, a qual impõe a diferentes instituições a competência para celebrar o acordo, a depender da seara relacionada.

Enquanto o acordo de leniência antitruste é regido pela Lei n. 12.529/2011 e tem a Superintendência-Geral do Cade como órgão competente para tal, no âmbito da leniência anticorrupção temos como pano de fundo a Lei n. 12.846/2013, que intitula no executivo federal a Controladoria Geral da União (CGU) para celebração dos acordos.

A despeito da regra original (Lei n. 12.846/2013) que criou a competência exclusiva da CGU no âmbito federal, destaca-se o envolvimento de outras instituições como Advocacia Geral da União (AGU), Tribunal de Contas da União (TCU) e Ministério Público Federal no processo do acordo, seja fazendo parte da negociação, seja realizando uma negociação específica, seja fiscalizando posteriormente o acordo dentro de sua competência constitucional.

Há, ainda, o acordo de leniência realizado pelo Ministério Público, com base na Constituição Federal e Convenções Internacionais. Sem contar os programas de leniência no âmbito do Sistema Financeiro Nacional, com previsão na Lei n. 13.506/2017.

3.1. Acordo de leniência antitruste

O acordo de leniência antitruste, embora tenha sido utilizado em vários países desde a década de 1970, foi incluído na Legislação Brasileira pela Lei n. 10.149/2000, que alterou a Lei n. 8.884/94 para possibilitar a celebração do acordo entre a, então, Secretaria de Direito Econômico (SDE) do Ministério da Justiça, representando a União, e as pessoas físicas ou jurídicas que infringissem a Ordem Econômica.

O primeiro acordo firmado no Brasil se deu no âmbito do CADE em 2003. Foi proposto por membros do cartel de empresas de vigilância no Rio Grande do Sul, cujo objeto ilícito era fraudar licitações públicas. Em troca de imunidade total administrativa e criminal, o beneficiário da leniência informou o histórico das condutas realizadas pelo cartel, assumiu o compromisso de cooperar com as autoridades, além de apresentar provas diretas das fraudes às licitações, as quais incluíam documentos trocados entre os participantes do cartel e depoimentos de empregados. Em 2007, houve a condenação pelo Cade dos demais membros do cartel em multas superiores a R$ 40 milhões.

Em 2011, a Lei n. 12.529 trouxe alterações importantes, não apenas em relação a estrutura do Sistema Brasileiro de Defesa de Concorrência, mas também no âmbito do programa de leniência, especialmente no que se refere à competência para celebração. Com a nova estrutura da autoridade antitruste brasileira, a competência para celebração do acordo deixa de ser da extinta SDE e passa para a Superintendência-Geral do Cade.

Outrossim, enquanto a Legislação anterior previa a extinção da punibilidade apenas em relação aos crimes praticados contra a Ordem Econômica, a Lei n. 12.529/2011 possibilitou, a partir da assinatura do acordo, o impedimento do oferecimento da denúncia em relação ao colaborador e, após o cumprimento do acordo, a extinção da punibilidade também para os demais crimes diretamente relacionados com a prática de cartel, a exemplo daqueles previstos na Lei de Licitações (Lei n. 8.666/93) e no Código Penal (art. 288), além da suspensão do curso do prazo prescricional.

O acordo de leniência antitruste além de estar previsto na Lei n. 12.529/2011, também é regulamentado pelo Regimento Interno do CADE[17] e pelo Guia Programa de Leniência Antitruste do CADE. A finalidade do acordo é a deflagração de infrações contra a ordem econômica previstas no art. 36 da Lei de Defesa da Concorrência, mais especificamente relacionados à prática de cartel[18].

O acordo poderá ser firmado tanto com pessoas físicas quanto com pessoas jurídicas envolvidas na infração à ordem econômica, desde que da colaboração resulte a identificação dos demais participantes do ilícito e a obtenção de informações e documentos que comprovem a infração noticiada ou sob investigação. Além disso o proponente deve: ser o primeiro a se manifestar, cessar o envolvimento na conduta, confessar a infração[19], cooperar plena e perma-

---

17   Seção IV, arts. 237 a 251.
18   A tipificação de cartel pode ser encontrada no § 3º do referido artigo, vejamos: "As seguintes condutas, além de outras, na medida em que configurem hipótese prevista no *caput* deste artigo e seus incisos, caracterizam infração da ordem econômica: I – acordar, combinar, manipular ou ajustar com concorrente, sob qualquer forma: a) os preços de bens ou serviços ofertados individualmente; b) a produção ou a comercialização de uma quantidade restrita ou limitada de bens ou a prestação de um número, volume ou frequência restrita ou limitada de serviços; c) a divisão de partes ou segmentos de um mercado atual ou potencial de bens ou serviços, mediante, dentre outros, a distribuição de clientes, fornecedores, regiões ou períodos; d) preço, condições, vantagens ou abstenção em licitação pública."
19   CADE. Guia do Programa de Leniência. p. 16. Disponível em: http://www.cade.gov.br/acesso-a-informacao/publicacoes-institucionais/guias_do_Cade/guia_programa-de-leniencia-do-cade-atualizado-ago-2018.pdf: "A confissão pode ser feita oralmente ou por escrito. Todavia, o Acordo de Leniência é, em si, um documento escrito, que contém cláusula expressa referente à confissão de participação da empresa e/ou pessoa física na conduta anticoncorrencial coletiva denunciada. A cláusula de confissão possui a seguinte redação: 'III. Confissão de Participação na Conduta Reportada: Cada Signatário confessa ter participado da Infração Relatada

nentemente com a investigação e com o processo administrativo e trazer provas suficientes a assegurar a condenação da empresa e/ou pessoa física. No mais, não há exigência da reparação integral do dano, o que não significa que a Lei impeça que a empresa seja responsabilizada no âmbito civil por eventuais demandas de reparação do dano causado pelo ilícito.

Em troca, ao signatário do acordo podem ser concedidos benefícios no âmbito administrativo, como a extinção da ação punitiva da administração pública (trata-se de "leniência total", quando a autoridade ainda não tenha conhecimento prévio da infração noticiada, no momento da apresentação da proposta de acordo) ou a redução de um a dois terços das penas aplicáveis (trata-se de "leniência parcial", nas demais hipóteses em que a proposta do acordo de leniência for apresentada à SG/Cade após o conhecimento sobre a infração noticiada). Ainda, no âmbito criminal, é possível a suspensão do curso do prazo prescricional e o impedimento do oferecimento da denúncia, com a extinção automática da punibilidade dos crimes diretamente relacionados[20], após o cumprimento do acordo. Outrossim, é possível a extensão dos efeitos do acordo aos dirigentes, administradores e empregados da empresa envolvida na infração.

Importante destacar a abrangência criminal do acordo de leniência antitruste, em razão da imunidade criminal poder ser concedida não apenas em relação ao não oferecimento da denúncia para

---

    conforme descrito no 'Histórico da Conduta. Cada Signatário declara não ter ciência ou participação ativa em nenhuma outra conduta anticompetitiva para além da Infração Relatada no momento da celebração deste Acordo de Leniência'".
20 Art. 87. Nos crimes contra a ordem econômica, tipificados na Lei n. 8.137, de 27 de dezembro de 1990, e nos demais crimes diretamente relacionados à prática de cartel, tais como os tipificados na Lei n. 8.666, de 21 de junho de 1993, e os tipificados no art. 288 do Decreto-lei n. 2.848, de 7 de dezembro de 1940 – Código Penal, a celebração de acordo de leniência, nos termos desta lei, determina a suspensão do curso do prazo prescricional e impede o oferecimento da denúncia com relação ao agente beneficiário da leniência. Parágrafo único. Cumprido o acordo de leniência pelo agente, extingue-se automaticamente a punibilidade dos crimes a que se refere o *caput* deste artigo.

o crime de cartel (art. 4º da Lei n. 8.137/90), mas também para os crimes diretamente relacionados, tais como aqueles previstos na Lei de Licitações, e no art. 288 do Código Penal. Desse modo, justificável a participação do Ministério Público como interveniente anuente, sem excluir a competência da Superintendência-Geral do Cade para a celebração dos acordos.

A negociação com o órgão antitruste inicia com a concessão de senha ao proponente (termo de *marker*) que for o primeiro a reportar a infração concorrencial, se preenchidos os requisitos para tal, caso contrário será concedido ao 2º, 3º, 4º etc. o termo de fila de espera, de acordo com a ordem de chegada, com possibilidade de poderem negociar, caso não seja possível fazê-lo com o primeiro. Além disso, aqueles que não garantirem o *marker* têm incentivos para permanecerem na fila por conta da possibilidade de fazerem acordos de Termo de Compromisso de Cessação, conforme o art. 85 da Lei n. 12.529/2011. Confirmado o *marker*, passa-se a fase da negociação propriamente dita, com apresentação de informações e documentos que comprovem a infração, e com a elaboração do Histórico da Conduta[21], fase que pode durar meses, até anos. Ao final o acordo é formalizado pela SG/Cade, que instaura Inquérito Administrativo ou Processo Administrativo para apurar as condutas delatadas. Quando o processo for a julgamento pelo Tribunal do Cade, haverá, ou não, a homologação do acordo de leniência, quando serão de fato concedidos os benefícios administrativos ao signatário.

Por fim, importante mencionar a Leniência *Plus*, prevista no art. 86, § 7º e § 8º da Lei n. 12.529/2011, e no art. 250 do RICade. Trata-se

---

21 CADE. Guia do Programa de Leniência. p. 36. Disponível em: http://www.cade.gov.br/acesso-a-informacao/publicacoes-institucionais/guias_do_Cade/guia_programa-de-leniencia-do-cade-atualizado-ago-2018.pdf:"O Histórico da Conduta é um documento elaborado pela Superintendência-Geral do Cade que contém a descrição detalhada da conduta anticompetitiva, conforme entendimento da SG/Cade, com base nas informações e nos documentos apresentados pelo proponente do Acordo de Leniência (*vide* perguntas 46 e 47, supra). Trata-se de documento elaborado e assinado pela SG/Cade, o qual não é assinado pelo proponente do acordo de leniência ou por seus advogados".

de redução de um terço da penalidade aplicável à empresa e/ou pessoa física que não se qualifique para um acordo de leniência em relação ao cartel em que tenha participado (acordo de leniência original), mas que forneça informações sobre um segundo cartel sobre o qual a Superintendência-Geral do CADE não tenha conhecimento prévio (novo acordo de leniência).

3.2. Acordo de leniência anticorrupção

O acordo de leniência anticorrupção está previsto na Lei Federal n. 12.846/2013 (Lei Anticorrupção ou Lei da Empresa Limpa), cuja promulgação se deu por influência de organismos internacionais (OCDE, ONU e OEA) e normas estrangeiras (*Foreign Corrupt Practices Act* e *Bribery Act*), nos quais o contexto internacional impulsionava medidas de combate à corrupção no Brasil.

A referida legislação prevê a responsabilização objetiva[22] administrativa e civil de pessoas jurídicas por atos de corrupção praticados contra a administração pública, nacional ou estrangeira. Além disso, traz incentivo a medidas de implementação de mecanismos mais robustos e eficientes de controle interno, adoção de códigos de conduta rigorosos com vistas a mitigar riscos de ocorrência de ilícitos e melhoria contínua de programas de integridade (*compliance*)[23]. A possibilidade de cooperação com as investigações por meio do Programa de leniência é um dos instrumentos para tanto, tendo em vista que implica em redução de custos de persecução e auxilia a

---

22 Basta, portanto, a presença do nexo causal e do dano resultante de ato ilícito para que seja imposto o dever de ressarcimento à pessoa jurídica. Não há, pois, necessidade de aferir o estado subjetivo das pessoas físicas responsáveis pelo ilícito. O art. 3º estabelece que a responsabilidade objetiva da pessoa jurídica não exclui a responsabilidade individual de seus "dirigentes ou administradores ou de qualquer pessoa natural, autora, coautora ou partícipe do ato ilícito".

23 Isso não garante que empresas (por meio de pessoas agindo no seu interesse ou benefício) deixem de cometer ilícitos, mas mitiga riscos, estabelece padrões de conduta, cria rotinas de controle e auditoria, e mecanismos internos de repressão.

responsabilização de outros agentes criminosos por meio da deflagração de novos procedimentos investigatórios.

Além da Lei Anticorrupção, existem outras fontes normativas que regulamentam o acordo de leniência no âmbito anticorrupção. Temos como exemplo o Decreto n. 8.420/2015, o qual regulamentou a Lei n. 12.846/2013, incluindo critérios para aplicação da multa, avaliação de programas de integridade e regras para o acordo de leniência; a Portaria n. 910/2015, que prevê procedimentos para celebração do acordo de leniência; a Portaria Interministerial CGU/AGU n. 2.278/2016, que dispõe sobre procedimentos do acordo, como proposição, negociação e assinatura; além das Instruções Normativas 1 e 2 de 2018 da CGU, sobre dosimetria da multa em acordo de leniência. Sem contar, ainda, a Medida Provisória n. 703/2015, que até maio de 2016 alterava previsões da lei para dispor sobre acordo de leniência.

As infrações que se pretende deflagrar com os acordos de leniência no âmbito anticorrupção versam sobre atos contra a administração pública nacional ou estrangeira, previstos no art. 5º da Lei n. 12.846/2013[24],

---

24 Art. 5º Constituem atos lesivos à administração pública, nacional ou estrangeira, para os fins desta Lei, todos aqueles praticados pelas pessoas jurídicas mencionadas no parágrafo único do art. 1º, que atentem contra o patrimônio público nacional ou estrangeiro, contra princípios da administração pública ou contra os compromissos internacionais assumidos pelo Brasil, assim definidos: I – prometer, oferecer ou dar, direta ou indiretamente, vantagem indevida a agente público, ou a terceira pessoa a ele relacionada; II – comprovadamente, financiar, custear, patrocinar ou de qualquer modo subvencionar a prática dos atos ilícitos previstos nesta Lei; III – comprovadamente, utilizar-se de interposta pessoa física ou jurídica para ocultar ou dissimular seus reais interesses ou a identidade dos beneficiários dos atos praticados; IV – no tocante a licitações e contratos: a) frustrar ou fraudar, mediante ajuste, combinação ou qualquer outro expediente, o caráter competitivo de procedimento licitatório público; b) impedir, perturbar ou fraudar a realização de qualquer ato de procedimento licitatório público; c) afastar ou procurar afastar licitante, por meio de fraude ou oferecimento de vantagem de qualquer tipo; d) fraudar licitação pública ou contrato dela decorrente; e) criar, de modo fraudulento ou irregular, pessoa jurídica para participar de licitação pública ou celebrar contrato administrativo; f) obter vantagem ou benefício indevido, de modo

como por exemplo pagamento de propina, fraudes à licitação, superfaturamento e sobre preço em obras ou serviços.

A Lei expõe que a autoridade máxima de cada órgão ou entidade pública poderá celebrar o acordo de leniência. Dentre a ampla gama de autoridades competentes para a celebração de acordo na esfera anticorrupção, destaca-se a competência da Controladoria Geral da União (CGU) para a celebração de acordos de leniência no âmbito do poder executivo federal e em relação aos atos lesivos praticados contra a administração pública estrangeira. Como uma de suas atribuições está a de responsabilizar pessoas jurídicas ou agentes públicos, além de possuir forte interlocução com a polícia e com o Ministério Público, ao se deparar com indícios de autoria e materialidade de crimes.

No âmbito executivo federal, há, ainda algumas instituições envolvidas na negociação do acordo[25]. A Advocacia Geral da União (AGU) atua dando suporte jurídico à CGU, ao atuar na obrigação de reparação de danos, condução de ações de improbidade administrativa e assessoramento às comissões designadas para celebrar acordo de leniência. Ao Tribunal de Contas da União (TCU) cabia a fiscalização dos acordos, e poderia influir na concessão de benefícios ao signatário até a vigência da então revogada IN n. 74/2015. Hoje o

---

fraudulento, de modificações ou prorrogações de contratos celebrados com a administração pública, sem autorização em lei, no ato convocatório da licitação pública ou nos respectivos instrumentos contratuais; ou g) manipular ou fraudar o equilíbrio econômico-financeiro dos contratos celebrados com a administração pública; V – dificultar atividade de investigação ou fiscalização de órgãos, entidades ou agentes públicos, ou intervir em sua atuação, inclusive no âmbito das agências reguladoras e dos órgãos de fiscalização do sistema financeiro nacional.

25 Nesse contexto, destacamos o primeiro acordo de leniência firmado no Brasil com a participação de todos os órgãos de controle anticorrupção (MPF, CGU, AGU e TCU). O acordo foi firmado no âmbito da Operação Lava Jato com as empresas Mullenlowe Brasil Publicidade Ltda. e FCB Brasil Publicidade e Comunicação Ltda., do grupo de comunicação americano Interpublic. Acordo disponível em: https://static.poder360.com.br/2019/04/Acordo-de-Leniencia-Mullen-Lowe.pdf.

TCU é informado do acordo após a assinatura, podendo a qualquer tempo requerer informações e documentos referentes às fases da negociação para instruir processos de controle externo, conforme a IN n. 82/2018. O Ministério Público Federal pode ter participação, não obrigatória, já que existem efeitos apenas administrativos, mas podendo haver apuração de ilícitos que configurem crimes.

Os proponentes do acordo deverão ser pessoas jurídicas responsáveis pela prática dos atos ilícitos previstos em lei[26]. Pela responsabilidade objetiva da pessoa jurídica, qualquer pessoa física que tenha cometido ilícito em benefício ou interesse da empresa, independentemente de dolo ou culpa na conduta, terá a empresa como responsável pelo ilícito. Em relação à concessão do benefício da leniência, esse é estendido apenas à empresa, sendo as pessoas físicas responsabilizadas na medida da sua culpabilidade, respondendo a processo de responsabilização na seara que lhe for competente.

Em relação ao momento da propositura do acordo de leniência, caso já haja um Processo Administrativo de Responsabilização (PAR), o Decreto n. 8.420/2015 prevê um limite para a propositura do acordo, ao definir que a proposta só poderá ser feita até a conclusão do relatório a ser elaborado no âmbito do PAR. Ademais, as negociações devem acontecer num período de 180 dias, prorrogáveis.

Para que a empresa candidata aos benefícios da leniência se qualifique para celebrar o acordo, deve cumprir alguns requisitos: ser a primeira a se manifestar[27], cessar investigação uma conduta plurissubjetiva praticada em conluio, o que valoriza o ineditismo da informação trazida pelo proponente. Nem toda conduta a ser investigada no âmbito da Lei Anticorrupção é coletiva/plurisubjetiva, nem todo o ilícito de corrupção envolve diversas empresas, portanto nem

---

26 Art. 16. A autoridade máxima de cada órgão ou entidade pública poderá celebrar acordo de leniência com as pessoas jurídicas responsáveis pela prática dos atos previstos nesta Lei.
27 Ser a primeira a se manifestar, bem como identificar os demais envolvidos, implica ter sob faz sentido a corrida para ser a primeira. Ademais, havendo mais de uma empresa na conduta, é interessante que seja dado o benefício apenas ao primeiro, sob pena de desestimular a corrida.

sempre o envolvimento na conduta, admitir a participação no ilícito, cooperar plena e permanentemente com as investigações e com o PAR, instituir ou aperfeiçoar programa de integridade[28]. Além disso, da colaboração deve resultar a identificação dos demais envolvidos, bem como a obtenção célere de informações e documentos que comprovem o ilícito.

Outro requisito exigido para a celebração do acordo, segundo a Lei n. 12.846/2013[29], é o ressarcimento dos danos causados pela empresa à sociedade que deve ser arcado integralmente pela signatária[30]. E justamente por depender de cálculos e estimativas quanto ao dano, outros órgãos da administração pública (MPF, AGU, TCU) poderão discordar dos valores auferidos, o que torna o presente requisito polêmico. A AGU defende a obrigatoriedade do ressarcimento ao erário em decorrência de atos de corrupção (art. 37, § 4º da CF), exigindo que o cálculo dos valores deve ser composto por três fatores: os valores pagos como propina; o lucro dos contratos afetados pela corrupção; e a multa. A CGU, ainda, editou a IN n. 02/2018, com critérios de dosimetria do dano[31]. O MPF, em contrapartida, entende o ressarcimento como desejável, mas não como requisito obrigatório. A reparação do dano é entendida como efetividade da colaboração e resultado útil do processo (art. 16, § 4º).

Em troca do cumprimento de todos esses requisitos, o beneficiário do acordo de leniência poderá ser isento da sanção de publi-

---

28   Dec. n. 8.420/2015, art. 37. O acordo de leniência conterá, entre outras disposições, cláusulas que versem sobre: [...] IV – a adoção, aplicação ou aperfeiçoamento de programa de integridade, conforme os parâmetros estabelecidos no Capítulo IV.

29   Art. 16, § 3º O acordo de leniência não exime a pessoa jurídica da obrigação de reparar integralmente o dano causado.

30   A Portaria Interministerial CGU/AGU n. 2.278/2016 prevê: art. 5º Compete à comissão responsável pela condução da negociação do acordo de leniência: [...] IV – propor cláusulas e obrigações para o acordo de leniência que, diante das circunstâncias do caso concreto, reputem-se necessárias para assegurar: e) a reparação do dano identificado ou a subsistência desta obrigação.

31   ATHAYDE, Amanda. *Manual dos acordos de leniência no Brasil*: teoria e prática. Belo Horizonte: Fórum, 2019, p. 287.

cação extraordinária da decisão condenatória (art. 6º, II); isento da sanção de proibição de receber incentivos, subsídios, subvenções, doações ou empréstimos de órgãos ou entidades públicas e de instituições financeiras públicas ou controladas pelo poder público, pelo prazo mínimo de 1 (um) e máximo de 5 (cinco) anos (art. 19, IV); ou ainda poderá ter reduzida a multa aplicável em até 2/3 (dois terços) do seu valor (art. 16, § 2º). Aqui, percebe-se que não há exclusão total da multa, apenas a sua redução. Há ainda a possibilidade de isenção ou atenuação das sanções previstas nos arts. 86 a 88 da Lei n. 8.666/90 (art. 17).

A proposta do acordo[32] deve ser dirigida à Secretária-Executiva da CGU, que comunicará o recebimento à AGU. Após aceita, a proposta é formalizada pela assinatura do Memorando de Entendimentos. Depois, será designada uma Comissão de Negociação formada por, no mínimo, dois servidores da CGU e dois membros indicados pela AGU para iniciar as negociações. A Comissão apresentará um relatório, que será remetido ao Secretário-Executivo da CGU e ao Secretário-Geral de Consultoria da AGU, ainda com um parecer da Consultoria da CGU e da AGU. Será, ainda, submetido ao Ministro de Estado da CGU e ao Advogado Geral da União, que optarão por assinar ou não o acordo. A CGU e a AGU, até o momento, assinaram oito acordos de leniência com empresas investigadas pela prática de condutas lesivas no âmbito da Lei Anticorrupção e da Lei de Licitações, os quais resultaram no retorno de recursos aos cofres públicos de R$ 9,75 bilhões, envolvendo o pagamento de multas, danos e enriquecimento ilícito. Há ainda outros 20 acordos de leniência sendo negociados na esfera anticorrupção[33].

---

32 A proposta deve apresentar qualificação e identidade dos demais autores, se houver, os atos lesivos à administração pública, tipificados no art. 5º da Lei Anticorrupção, esclarecer os meios de prova que serão apresentados, indicar a existência ou não do programa de integridade, e demonstrar que cessou completamente o envolvimento na infração investigada.
33 Controladoria-Geral da União. Acordo de Leniência. Disponível em: https://www.cgu.gov.br/assuntos/responsabilizacao-de-empresas/lei-anticorrupcao/acordo-leniencia.

3.3. Acordo de leniência do Ministério Público

O acordo de leniência de competência do Ministério Público visa a descoberta de infrações previstas na Lei Anticorrupção (Lei n. 12.846/2013) e na Lei de Improbidade Administrativa (Lei n. 8.429/1992), por meio do qual o Ministério Público estadual ou federal poderá negociar com empresas que figurem ou que venham a figurar no polo passivo de ações de improbidade administrativa ou de ações civis públicas para reparação de danos decorrentes dessas infrações administrativas, como, por exemplo, atos de enriquecimento ilícito por um agente privado em conluio com um agente público por meio de um cartel para fraudar licitação, gerando prejuízo ao erário.

A competência para a celebração dos acordos pelo MP vem de uma reinterpretação de dispositivos legais[34] e infralegais, a exemplo da Orientação 7/2017 da 5ª Câmara de Coordenação e Revisão (CCR)[35] sobre Acordos de Leniência, do Estudo Técnico n. 1/2017 da 5ª CCR sobre Acordos de Leniência e da Nota Técnica n.1/2017 da 5ª CCR sobre Acordos de Leniência.

O Ministério Público, portanto, além de ter sua participação como órgão interveniente anuente de acordos de leniência de outras

---

34 Constituição Federal, art. 129, inc. I (promoção privativa da ação civil pública na forma da lei como função institucional do MP. Legitimação para apresentar e deixar de apresentar denúncia) e art. 37 (Princípio da eficiência da Administração Pública), *caput*; Lei 7.347/1985, arts. 5º e 6º (Disciplina a ação civil pública de responsabilidade por danos causados ao meio ambiente, ao consumidor, a bens e direitos de valor artístico, estético, histórico, turístico e paisagístico); Convenção das Nações Unidas contra o Crime Organizado Transnacional (Palermo), art. 26; Convenção das Nações Unidas contra a Corrupção (Mérida), art. 3; Código de Processo Civil, arts. 3º, §§ 2º e 3º (estímulo a solução consensual de conflitos); Lei n. 12.846/2013, arts. 16 a 21; Lei n. 13.410/2015 (Altera a Lei n. 11.903, de 14 de janeiro de 2009, para dispor sobre o Sistema Nacional de Controle de Medicamentos).

35 Câmara de Coordenação e Revisão do Ministério Público Federal é o órgão de coordenação, de integração e de revisão das atividades institucionais, na área relativa ao Combate à Corrupção, cabendo-lhe, entre outras competências, apreciar, prioritariamente, a homologação de acordos de leniência e colaboração premiada.

esferas, também tem legitimação para celebrar seus próprios acordos, ao sustentar ser uma "instituição generalista e plurilegitimada à defesa do erário e da ordem jurídica em distintas facetas sancionadoras" (Estudo Técnico 01/2017 do MPF). Os acordos são celebrados com pessoas jurídicas e, excepcionalmente, com pessoas físicas de menor culpabilidade[36] garantindo-as o benefício de não persecução criminal.

Como requisitos a serem preenchidos pelos proponentes para a celebração do acordo de leniência do Ministério Público, nos termos da Orientação 07/2017 da 5ª Câmara de Coordenação e Revisão do MPF, é necessário: atender ao interesse público[37]; apresentar informações e provas relevantes[38]; cessar a prática das condutas ilícitas;

---

36 Consideram-se pessoas físicas de menor culpabilidade aqueles que não celebraram colaboração premiada e que não estavam na linha de frente da infração, pessoas físicas que nem sequer seriam objeto de investigação específica, como secretárias, motoristas, indivíduos sem envolvimento direto na tomada de decisão. A essas pessoas pode ser concedida a não propositura de ação penal em troca de depoimento que pode ajudar a robustecer o conjunto probatório, resultando em benefícios para a investigação.

37 Ministério Público Federal. Orientação 7/2017. 5ª Câmara de Coordenação e Revisão (CCR) sobre Acordos de Leniência. Brasília: set/2017. Disponível em: http://www.mpf.mp.br/atuacao-tematica/ccr5/orientacoes/ORIENTACAO%207_2017_ASSINADA.pdf: Por interesse público entende-se: oportunidade (ser a primeira a delatar), efetividade (aptidão real de compartilhar e fornecer informações e documentos concretos que possam servir de provas) e utilidade (da colaboração se possa explicitar quantos e quais são os fatos ilícitos e pessoas envolvidas da conduta que o MP ainda não tenha conhecimento – alavancagem investigativa, similar ao efeito da leniência *plus*).

38 Ministério Público Federal. Orientação 7/2017. 5ª Câmara de Coordenação e Revisão (CCR) sobre Acordos de Leniência. Brasília: set/2017. Disponível em: http://www.mpf.mp.br/atuacao-tematica/ccr5/orientacoes/ORIENTACAO%207_2017_ASSINADA.pdf: Sobre o compartilhamento de provas e informações relevantes entre os órgãos, ressalta-se que só é possível se houver aderência aos termos do acordo,"7.7. ADESÃO E COMPARTILHAMENTO DE PROVAS (Previsão da possibilidade de adesão ao acordo, por parte de outros órgãos do Ministério Público Federal, de outros Ministérios Públicos ou de outros órgãos e instituições públicas mediante o compromisso de respeitarem os termos do acordo ao qual estão aderindo, viabilizando-se, somente então, o compartilhamento das provas e informações obtidas por meio do acordo)".

implementar ou aprimorar programa de *compliance* (conformidade ou integridade); comprometer-se a colaborar de forma plena com as investigações; recolher contribuições pecuniárias (antecipação da reparação de danos[39] e multa), ressalvado o direito de outros órgãos, instituições, entidades ou pessoas de buscarem o ressarcimento que entenderem lhes ser devido.

Em compensação, a empresa pode se beneficiar pela não propositura de ações cíveis ou sancionatórias, ou por meio da suspensão das ações já propostas, ou pela prolação de decisão com efeitos meramente declaratórios e não punitivos (sem aplicação das sanções). Além disso, há a possibilidade de adiantamento da reparação de danos.

A apresentação da proposta de leniência deve ser feita pelos representantes da pessoa jurídica ao membro do MP que tenha competência para propor ação civil pública ou ação de improbidade correspondente ao ilícito em questão. Depois, é assinado o termo de confidencialidade[40] e é dado início às negociações, as quais deverão

---

39 ATHAYDE, Amanda. *Manual dos acordos de leniência no Brasil*: teoria e prática. Belo Horizonte: Fórum, 2019, p. 350-354: A antecipação da reparação de danos não implica em quitação integral do valor devido, ou seja, adianta-se o debate quanto a quantificação do montante total dos danos ao erário ou a terceiros decorrentes de sua infração. Adianta-se parte incontroversa do valor dos danos. Paga-se contribuição parcial demonstrando boa-fé. Pode haver outros infratores não colaboradores que tenham sido solidariamente responsabilizados, por isso não se cobra o valor total nessa parte da negociação, sob pena de se oferecer tratamento desproporcional ao signatário. Dessa forma, o MP recomenda que o valor residual dos danos seja cobrado primeiro dos infratores que não sejam colaboradores. Além disso, há montantes mínimos que devem ser destinados a várias outras instituições.

40 ATHAYDE, Amanda. *Manual dos acordos de leniência no Brasil*: teoria e prática. Belo Horizonte: Fórum, 2019, p. 366: Documento inicial da negociação que deverá ser autuado em separado como Procedimento Administrativo, mas distribuído por dependência ao Inquérito Civil ou outro procedimento já existente, se houver (semelhante ao *marker*). Sua assinatura será comunicada a 5ª CCR, por memorando, que poderá incluir solicitação de apoio da Comissão Permanente de Assessoramento para Acordos de Leniência e Colaboração Premiada, cuja competência é de prestar asses-

ser conduzidas por mais de um membro do MP, preferencialmente de ambas as áreas (criminal e civil). Finalizadas as negociações[41], será realizada a homologação interna, situação em que o Processo Administrativo que consta a minuta do acordo deverá ser distribuído a um dos membros titulares da 5ª CCR para ser homologado na Sessão de Coordenação[42].

Após a homologação interna, o acordo será homologado[43] pelo

---

soramento acerca de acordos de leniência e de colaboração premiada, em matérias relacionadas à competência da Câmara de Combate à Corrupção.

41 Ministério Público Federal. Orientação 7/2017. 5ª Câmara de Coordenação e Revisão (CCR) sobre Acordos de Leniência. Brasília: set/2017. Disponível em: http://www.mpf.mp.br/atuacao-tematica/ccr5/orientacoes/ORIENTACAO%207_2017_ASSINADA.pdf: O acordo de leniência deverá conter cláusulas que tratem, pelo menos, dos seguintes pontos: base jurídica, descrição das partes, demonstração do interesse público, objeto do acordo, obrigações da colaboradora, compromissos do MPF, adesão e compartilhamento de provas, cooperação com autoridades estrangeiras, disposições sobre alienação de ativos, sigilo, renúncia ao exercício da garantia contra a autoincriminação e do direito ao silêncio, rescisão: hipóteses e consequências, e previsão da homologação pela 5ª Câmara de Coordenação e Revisão.

42 Ministério Público Federal. Orientação 7/2017. 5ª Câmara de Coordenação e Revisão (CCR) sobre Acordos de Leniência. Brasília: set/2017. Disponível em: http://www.mpf.mp.br/atuacao-tematica/ccr5/orientacoes/ORIENTACAO%207_2017_ASSINADA.pdf: Após enviados os autos à 5ª CCR, esta poderá solicitar que sejam feitos esclarecimentos sobre os termos do acordo e sobre a forma de cálculo dos valores e multas acordadas, podendo serem restituídos à origem em caso de realização de diligências complementares. Havendo a homologação interna, o extrato da deliberação da CCR será publicado e divulgado, com manutenção do sigilo se necessário. Os autos serão restituídos à origem para acompanhamento do cumprimento do acordo, até a conclusão do pagamento das contribuições pecuniárias acordadas ou até o encerramento das ações que utilizarem informações decorrentes do acordo. Após esse período o PA será submetido à 5ª CCR para arquivamento.

43 BRASIL. Supremo Tribunal Federal. HC 127483, rel.: Min. DIAS TOFFOLI, Tribunal Pleno, julgado em 27-8-2015, PROCESSO ELETRÔNICO DJe-021 DIVULG. 3-2-2016 PUBLIC. 4-2-2016: Homologação em juízo cuida de questões formais (legalidade, regularidade, voluntariedade), não incidindo sobre o conteúdo do acordo (acordado somente entre os signatários e o MP).

juízo competente da decisão final sobre as condutas investigadas, ocasião em que será necessária a confirmação dos benefícios criminais aplicáveis a eventuais pessoas físicas aderentes. O Juízo criminal deverá aprovar os benefícios e cuidar da sua execução.

Caso as negociações sejam realizadas em conjunto com outros órgãos, tais como a Controladoria-Geral da União, Advocacia-Geral da União, CADE, Tribunal de Contas da União, os acordos deverão ser lavrados em instrumentos independentes, a fim de viabilizar o encaminhamento aos respectivos órgãos de controle.

Os acordos de leniência do Ministério Público contam com a autonomia funcional dos procuradores/promotores de justiça, o que se reveste de ampla discricionariedade e ausência de padronização. Ademais, para os Ministérios Públicos estaduais falta clareza quando ao trâmite de negociação a ser seguido, não sendo necessariamente o previsto acima.

Cabe, ainda, diferenciar no âmbito do Ministério Público, acordos de leniência e colaborações premiadas. A colaboração premiada visa deflagrar crimes, e está prevista na Lei n. 12.850/2013, art. 4º (Lei das Organizações Criminosas) e também em outras leis que contém o instituto. É celebrada com pessoas físicas que podem ser beneficiadas com perdão judicial, redução da pena privativa de liberdade em até 2/3, ou substituição por pena restritiva de direitos. Não há benefícios automáticos administrativos ou cíveis.

Na hipótese de haver interesse de pessoas naturais na celebração de acordo de colaboração premiada, o início das negociações deve se dar prévia ou concomitantemente à negociação do acordo de leniência. Importante haver coerência entre os acordos de colaboração premiada e leniência quando o contexto for o mesmo e se tratarem das mesmas condutas ilícitas.

4. O BALCÃO ÚNICO PARA ACORDOS DE LENIÊNCIA NO BRASIL

Apresentadas algumas das espécies de programas de leniência que vigoram no nosso país, é possível observar a ampla gama de órgãos competentes envolvidos em negociações de acordos de leniência, sobretudo quando se trata de ilícito com reflexo em mais de uma seara. Percebe-se também a quantidade de normas legais e infralegais que regulamentam esses acordos.

Atualmente, já decorridos alguns anos da instauração das principais leis que amparam os programas de leniência, ainda paira insegurança jurídica para as empresas e pessoas físicas que desejam negociar com os órgãos da administração pública, já que podem ter de recorrer a mais de uma entidade do Estado para conseguir benefícios em todas as esferas que envolvem o caso a ser delatado, correndo o risco, até mesmo, de ter abertura de processos sancionatórios contra si.

A distinção entre as legislações traz diferentes requisitos para a celebração de cada acordo, especialmente no que tange a corrida para ser o primeiro da fila, a quem tem legitimidade para proposição, ou a quais requisitos são suficientes para garantir a celebração. As diferenças também estão no tocante aos benefícios concedidos aos colaboradores, por exemplo, a concessão de imunidade total ou parcial da sanção a ser aplicada, se há ou não extensão da imunidade na seara criminal ou civil, e ainda se existe a possibilidade de realização de outros acordos de colaboração a serem realizados com o segundo em diante na fila, como no caso dos Termos de Compromissos de Cessação do Cade. Além do mais, as contradições são gritantes no que tange às fases e aos procedimentos da negociação em cada espécie de leniência.

Portanto, diante das especificidades inerentes a cada programa, com a diversidade de normas que as amparam, bem como com os diversos requisitos para garantir a posição de beneficiário no acordo de leniência, pode-se observar a falta de sintonia institucional entre os órgãos competentes.

É inequívoco que as justificativas convergentes a um efetivo programa de leniência, demonstradas no primeiro capítulo, se aplicam a todos os programas previstos em nosso ordenamento. O que se quer indagar, entretanto, é se a instituição de um guichê único para a negociação de qualquer espécie de acordo de leniência também garantiria maior segurança jurídica aos proponentes preservando de forma mais eficiente a regra de ouro, para, consequentemente, aumentar a detecção de práticas ilícitas, a obtenção de provas, a cessação de condutas infrativas, a condenação dos demais envolvidos, a reparação dos danos causados e a dissuasão de práticas ilícitas futuras.

O primeiro ponto a ser levado em consideração quando falamos em guichê único para negociar leniência versa sobre os órgãos que são competentes para celebração de acordos, os quais precisam ter a expertise de articulação e cooperação com outros órgãos envolvidos no *enforcement* e no combate de ilícitos no âmbito anticorrupção e da criminalidade econômica. Diminuir os custos de transação de se ter tantas autoridades e legislações que regulamentam tais acordos é necessário, e a alternativa pode ser sim a instituição de um único balcão. Esse modelo de negociação (guichê único), contudo, deve assegurar a previsibilidade, a transparência, a segurança jurídica, a probabilidade de detecção de ilícitos e, por consequência, o temor das sanções, circunstâncias sem as quais se perde a efetividade do programa.

O fato de se ter uma única fonte normativa que regulamente o programa de leniência no Brasil, com efeito, parece ir em direção ao atingimento dos objetivos acima. Previsibilidade, transparência e segurança jurídica nas negociações são, conforme dito, elementos essenciais para o mercado. A ideia de se concentrar tudo em apenas uma única normatização parece solucionar o grande problema da falta de confiança no "programa de colaboração premiada brasileiro"[44].

No entanto, em termos práticos, dificilmente a definição de um único órgão competente ou a reunião deles em um mesmo guichê para a negociação dos acordos alcançaria o resultado esperado. Em regra, um dos elementos que confere sucesso a um programa de leniência é restrição de acesso ao menor número de pessoas possíveis. A forma de negociação deve ser discreta, sigilosa justamente

---

44 Evidentemente que não existe um único programa de colaboração premiada no Brasil. O sentido dado para expressão parte da ideia – todos os programas das mais diversas instituições – compreendida no espectro decisório de quem o busca como sendo um só, ou seja, quando o interessado decide delatar e negociar com o Estado brasileiro, ele não deve fazer com vários "Estados" em forma de diferentes instituições.

para preservar a identidade do signatário, bem como eventuais diligências como busca e apreensão, medidas restritivas de direito e até de liberdade.

Outro ponto importante é a diferença do nível de prova exigido para cada tipo de ilícito. O padrão de evidências suficiente para se chegar a condenação de um crime de corrupção, não será o mesmo para configurar um cartel ou uma fraude em licitações, embora esses ilícitos, não raras vezes nasçam de uma mesma conduta. Situações como essas poderiam ir no sentido contrário ao ganho de eficiência. O foco da investigação pode ficar muito disperso quanto aos objetivos a serem alcançados. Veja que para a satisfação da persecução administrativa dispensa-se a comprovação do elemento subjetivo (responsabilidade objetiva), os tipos são abertos, os ilícitos são formais, a pena passa da pessoa do acusado (responsabilidade solidária do grupo econômico), o rol é exemplificativo e em alguns casos a pena nem sequer precisa estar cominada como é o caso do art. 38, VII, da Lei n. 12.529/2011. Na seara criminal, por exemplo, o padrão probatório deve ser muito mais elevado e, assim sendo, possivelmente o processo de investigação criminal atrasaria o administrativo.

Outros problemas podem ser identificados em casos que envolvam condutas que configurem ilícitos em diversas instâncias. Observe que, ao mesmo tempo em que seria útil uma negociação conjunta entre os órgãos sobre esse tipo de caso – por diminuir custos de transação nas investigações e aumentar os incentivos para que o signatário tenha benefícios em todas as searas competentes de uma só vez – problemas específicos como: i) requisitos de colaboração para configuração de cada ilícito nas diferentes esferas, ii) quantidade excessiva de pessoas envolvidas como representantes de cada instituição, iii) tempo que levaria para se convergir nos mais diversos requisitos das instituições, iv) necessidades de envolver o judiciário para homologação de alguns acordos, e v) tudo isso atrelado a inegável existência de disputas políticas pelo protagonismo dos casos mais importantes.

Por isso, para além da teoria, é preciso refletir sobre a viabilidade prática de unir os interesses de todas as instituições competentes para celebrar acordos de leniência. A demanda por mais tempo para negociar, além da necessidade de implementar uma superestrutura de investigação, com instrumentos que detectem práticas de todas as espécies de ilícitos e crimes decorrentes do caso, geram preocupações quanto a sua efetividade. A discussão sobre a viabilidade do guichê único deve perpassar pela análise e ponderação dos pontos críticos a tal estrutura de negociação já citados nos parágrafos anteriores.

Outras questões importantes devem ser levantadas acerca da real efetividade de um guichê único. Considerando que uma autoridade queira rejeitar a proposta de acordo, enquanto outra não, como ficaria a proteção ao proponente por cada autoridade? Importaria em reconhecimento da prática do ilícito investigado a proposta de leniência rejeitada por um órgão e por outro não? O mesmo problema ocorreria em relação a devolução dos documentos. Ademais, outro entrave é que nem todas as autoridades competentes contam com o devido *chinese wall* – distanciamento das autoridades julgadoras daquelas que negociam o acordo.

Mais um ponto de discussão e que torna frágil a proposta de balcão único é a ausência de um limiar para concessão de imunidades[45], as quais variam a depender da esfera em que se negocia o acordo e diante da ausência de interlocução entre os órgãos competentes, uns punem as mesmas condutas que são imunizadas por outros, tornando latente a imprevisibilidade quanto a garantia dos benefícios. Ademais, a incerteza do alcance dos benefícios torna-se um desestímulo a cooperação voluntária:

---

45 SIMÃO, Valdir Moysés; VIANNA, Marcelo Pontes. *O acordo de leniência na Lei Anticorrupção*: histórico, desafios e perspectivas. São Paulo: Trevisan, 2017, p. 121: "[...] ao mesmo tempo em que se busca incentivar a colaboração, não se quer que ela se torne mecanismo de salvaguarda do criminoso, a ponto que sempre compense cometer o ilícito e depois se socorrer da leniência como válvula de escape. Em outras palavras, o programa de colaboração deve ser ajustado de tal sorte que não se torne incentivo à prática do ilícito, mas tampouco seja desestimulante à cessação da conduta criminosa e à prestação de colaboração ao Estado. O esforço, por conseguinte, deve se concentrar no ajuste da proporcionalidade e razoabilidade dos benefícios que serão concedidos e das sanções ou obrigações impostas ao colaborador".

"[...] a falta de previsão legal – ou arranja institucional para tanto – quanto à extensão dos efeitos do acordo de leniência para outras searas e a ausência de normas de licitações e contratos são talvez os maiores empecilhos ao sucesso do programa de leniência na forma que está desenhado na LAC. Em termos prático, significa estabelecer que a pessoa jurídica, ao reportar voluntariamente à Administração Pública sua responsabilidade pela ocorrência de um ato lesivo, automaticamente estará exposta a, pelo menos, uma ação por ato de improbidade"[46].

Além dos empecilhos supracitados para a instituição do guichê único, também é importante destacar o requisito da reparação de danos previsto por algumas autoridades como indispensável para celebração do acordo. Tal fato gera ainda mais descompasso com os requisitos e benefícios previstos entre as autoridades no que tange a falta de imunidade em relação as ações de reparação civil.

Muitas das regras sobre acordos de leniência têm considerado a reparação de danos como um requisito para a celebração do acordo, no entanto os atrativos para colaborar, frente ao ônus de pagar, acabam ficando em segundo plano, tornando-se muitas vezes um desincentivo para o signatário. Os acordos de leniência devem ter como foco o desmembramento das organizações criminosas e a obtenção de informações que possam levar à condenação dos demais envolvidos, devendo a reparação de danos ser consequência da negociação[47]. Ainda, em relação a reparação de danos destaca-se a problemática do cálculo do dano causado que deverá ser contabilizado pelas várias autoridades sancionadoras envolvidas.

Uma possível solução, menos complexa, seria a proposta de balcão único para concessão de senhas que garanta a negociação da leniência em todas as autoridades competentes para celebrar o acor-

---

46 SIMÃO, Valdir Moysés; VIANNA, Marcelo Pontes. *O acordo de leniência na Lei Anticorrupção*: histórico, desafios e perspectivas. São Paulo: Trevisan, 2017, p. 153.
47 VIEIRA, André Guilherme. Especialistas querem lei para unificar leniência. 2019. Disponível em: https://www.valor.com.br/politica/6265939/especialistas-querem-lei-para-unificar-leniencia.

do sobre determinado fato ilícito. Esse modelo já foi discutido inclusive pela International Chamber Of Commerce (ICC)[48] e pela Organisation for Economic Cooperation and Development (OCDE)[49], considerando o *one-stop shop* para a garantia de *marker* em todas as jurisdições que tratem de acordo de leniência antitruste, ou seja, a adoção de um guichê único para depositar o pedido de leniência. Neste modelo:

> "a agência que recebeu o requerimento, mediante uma análise inicial, notificaria imediatamente todas as outras jurisdições participantes que o marcador (senha) foi concedido ao denunciante. A partir do sucesso de sua requisição inicial, o aplicante teria, então, determinado prazo para aperfeiçoar seu pedido de leniência nas demais jurisdições afetadas, de acordo com as normas exigidas por cada uma dessas jurisdições, tudo no período previsto no sistema de balcão único. Assim, cada autoridade de defesa da concorrência continuaria a operar seu programa de leniência, concedendo, ou não, de acordo com as regras estabelecidas em seus próprios regulamentos, o tratamento de leniência condicional"[50].

Considera-se ainda que tal sistema deveria ser voluntário para as agências, bem como para os futuros signatários, além de valer apenas para o primeiro requerente.

Por analogia, a fim de amenizar os custos que envolvem uma investigação sobre condutas de difícil detecção, a ideia é considerar

---

48 INTERNATIONAL CHAMBER OF COMMERCE-ICC. ICC Proposal to ICN for a onestop-shop for leniency markers. mar. 2016. Disponível em: https://iccwbo.org/publication/iccproposal-icn-one-stop-shop-leniency-markers/.

49 OECD. Working Party No. 3 on Co-operation and Enforcement. USE OF MARKERS IN LENIENCY PROGRAMMES. 16 December 2014. Disponível em: http://www.oecd.org/officialdocuments/publicdisplaydocumentpdf/?cote=DAF/COMP/WP3(2014)9&d oclanguage=en.

50 OLIVEIRA, Michel Angelo Constantino; MENDES, Dany Rafael Fonseca; HERRERA, Gabriel Paes. Cidadania e políticas públicas no contexto do programa de educação previdenciária – PEP. *Revista do Direito Público*, Londrina, v. 13, n. 3, p. 41-55, dez. 2018. DOI: 10.5433/24157-108104-1.2018v13n3 p 41. ISSN: 1980-511X.

um balcão único para os pedidos de leniência que envolvam mais de uma competência para celebrar acordos e assim, garantir a fila de espera do proponente para todos os órgãos competentes na investigação daquele fato delatado. Para isso seria necessário, primeiramente, uma cooperação intensa das autoridades que celebram leniências, os quais precisariam entrar em acordo quanto a algumas questões envolvendo o pedido, como o prazo mínimo para dar a resposta ao proponente e o prazo de retorno do signatário para aperfeiçoar o pedido, bem como quanto aos requisitos mínimos para a obtenção das senhas.

Para alguns, essa proposta de formato de unificação de pedidos de leniência reduziria a complexidade normativa que envolve hoje as leniências no Brasil e a falta de previsibilidade e segurança jurídica relativa ao fato de se ter que negociar mais de um pedido de leniência com mais de um órgão sobre o mesmo caso. Além disso, a ideia do guichê único aumentaria o *enforcement* para tais práticas, uma vez que a chance de detecção dessas condutas agora seria maior, com o aumento do número de autoridades envolvidas na negociação da leniência e na deflagração de ilícitos gerados por uma mesma conduta. Isso estimularia aqueles agentes que estão na dúvida em fazer acordo pela falta de segurança advinda de outros órgãos com menos tempo de prática nesse tipo de procedimento, com receio de não estarem imunes frente a esses órgãos.

Outro ponto positivo alegado nesse modelo de sistema único para a concessão de senhas é que a qualidade das informações e documentos trazidos provavelmente ficaria mais elevada, eis que agora deve-se satisfazer a necessidade de configuração da conduta delatada em mais de uma competência. Para o Estado, ainda, mais de um órgão sancionador da administração tomaria conhecimento de uma conduta ilícita por meio de um mesmo ato. Os órgãos se forçariam à cooperação e à coordenação das investigações, de modo a caminharem juntas e alinharem o tempo de investigação daquela prática.

Sobre cooperação institucional dos acordos de leniência no âmbito anticorrupção, pode-se citar o exemplo do acordo firmado com a empresa SBM Offshore[51], que contou com a assinatura do MPF, CGU e AGU, num primeiro momento e a Petrobras como interveniente. Foi rejeitado quando submetido a 5ª CCR/MPF para homologação.

Posteriormente, ao negociar um segundo acordo com CGU, AGU e com aprovação do TCU, a empresa teve contra si ação de improbidade administrativa ajuizada pelo MPF. Dessa forma, a empresa se manifestou dizendo que só assinaria acordo de leniência se todas as autoridades competentes brasileiras também o fizessem. Em uma terceira tentativa, o acordo foi celebrado entre a empresa e a CGU, a AGU e o MPF, homologado pela 5ª CCR/MPF assinado em outubro de 2018. No caso, o fracasso na negociação do primeiro acordo com a SBM exemplifica diversas das críticas realizadas ao longo do artigo. Infelizmente, a desordem no meio da qual se deu a negociação deste acordo:

> "[...] gera uma grande descrença na capacidade de a Administração Pública brasileira implementar um eficiente programa de leniência. Não se trata de resolução de um caso isolado, mas da construção paulatina de um meio eficiente de combate à corrupção com base na colaboração, que só se consolidará quando oferecer a necessária segurança jurídica para tanto"[52].

Particularmente não vemos esse modelo de balcão único para concessão de senhas a solução para os problemas de falta de previsibilidade, segurança jurídica e de preservação da regra de ouro. O fato de o sistema garantir que o primeiro em uma instituição será o primeiro em todas as demais searas não diminui custo de transação, não obriga que todas as instituições aceitem a negociação, não confere imunidade ampla para todas as instâncias e continua a

---

51 Controladoria-Geral da União. Acordo de leniência com a SBM Offshore ressarcirá R$ 1,22 bilhão à Petrobras. Disponível em: https://www.cgu.gov.br/noticias/2018/07/acordo-de-leniencia-com-a-sbm-offshore-ressarcira-r-1-22-bilhao-a-petrobras.

52 SIMÃO, Valdir Moysés; VIANNA, Marcelo Pontes. *O acordo de leniência na Lei Anticorrupção:* histórico, desafios e perspectivas. São Paulo: Trevisan, 2017, p. 221.

gerar insegurança quanto a preservação da identidade do beneficiário em face do número de pessoas envolvidas etc. Essa não parece ser a saída.

A tentativa de se criar um guichê único para negociação não é uma inovação do mundo da colaboração premiada. Operações de fusão a aquisição internacionais e a existência de um balcão único para análise desses atos de concentração têm sido temas de painéis nos mais diversos seminários espalhados pelo mundo.

O grande número de operações internacionais com efeito em diversas jurisdições expõe diversos problemas procedimentais relativos à necessidade de julgamento do caso por distintas autoridades antitruste, o que pode acarretar decisões conflitantes e insegurança jurídica para o mercado. Ao consultar a doutrina acerca do tema notam-se várias tentativas de dar uma solução geral e uniforme para o problema, no entanto, o que se percebe é a inviabilidade operacional de todas as propostas.

Basicamente temos 3 propostas principais. A primeira é a da jurisdição líder (mandatória ou voluntária) que se baseia em uma espécie de prevenção para aquela jurisdição que seria a mais afetada. Essa proposta encontra barreira de implementação desde a escolha de qual seria a jurisdição mais afetada, até a necessidade de assinatura de acordos internacionais que tenha por objeto definir quem teria competência para escolher a jurisdição líder.

O modelo de jurisdição líder é baseado no conceito de racionalização das políticas antitrustes com o objetivo de reduzir custos de transação e eliminar múltiplos procedimentos burocráticos. Segundo Budzinski, esse modelo é aquele em que a agência líder investiga e processa determinado caso, a despeito da competência das demais jurisdições afetadas, decidindo o caso, considerando seus interesses legítimos e valendo-se do apoio de todas as jurisdições envolvidas[53].

---

53 BUDZINSKI, Oliver. Lead Jurisdiction Concepts: Towards Rationalizing Multiple Competition Policy Enforcement Procedures. In: *Ilmenau Economics Discussion Papers*, v. 19, n. 87. julho. 2014.

O próprio autor ao afirmar que a ideia de uma jurisdição líder com múltiplos níveis de governança é ambiciosa, apresenta algumas questões para serem respondidas antes de sua institucionalização: "O que é uma jurisdição líder e como ela deve ser selecionada? Quais competências devem ser delegadas (e por quem) à agência líder? Quais são os incentivos para 'agir corretamente no caso' (vis-à-vis interesses estratégicos)? Quais são as (econômicas) vantagens e desvantagens?".

A segunda proposta seria a existência de um modelo de jurisdição una baseada em regras específicas aplicadas a todas as jurisdições, que tem como eficiência a redução de custos de transação e a diminuição do risco de decisões contraditórias entre as jurisdições afetadas, contudo fatores internacionais de soberania podem inviabilizar sua implementação.

O modelo de jurisdição una é o modelo pelo qual existe um centro de decisão vertical, em que as jurisdições participantes abrem mão de parte de sua soberania em favor de uma entidade internacional neutra, para atribuir a ela competência para julgamento dos atos de concentração que possam apresentar efeitos transnacionais. O referido órgão de jurisdição deve ter como características a neutralidade e a soberania necessária para aplicar suas decisões sobre todas as jurisdições participantes que possam vir a ser afetadas pela operação.

Assim como no modelo da jurisdição líder obrigatória que tem como princípio da cooperação a indicação de uma jurisdição líder alocando a ela competências mais abrangentes e menos flexíveis para conduzir os casos que produzem efeitos em múltiplas jurisdições com vistas a evitar a ocorrência de prejuízos para todos os mercados, a jurisdição una se pauta por normas inflexíveis e obrigatórias, impostas a todas as jurisdições, destacando como diferença crucial o fato de que neste modelo a tomada de decisão não é feita por uma jurisdição participante. Quem julga não é uma jurisdição participante e, sim, um órgão criado para essa finalidade, que em uma estrutura verticalizada profere decisões *top-down* que são de cumprimento cogente por todas as autoridades concorrenciais participantes.

A terceira, com maior viabilidade prática, seria a solução que já vem sendo aplicada com certa eficiência, a Cooperação Internacional ou Cooperação Horizontal. A cooperação horizontal por ser a solução mais simples, parece ser a única exequível no mundo real. Os atos de concentração transnacionais que afetam o Brasil são analisados levando em consideração essa terceira proposta. Reconhece-se a importância de se adotar análises simétricas às melhores práticas mundiais, compartilhar investigações e obter informações de outras jurisdições que possam ser úteis para a solução do caso concreto.

Voltando para os programas de colaboração premiada, diversas autoridades da Administração Pública têm legitimidade para participar hoje, de alguma forma, na negociação ou celebração dos acordos de leniência ou delação premiada. Portanto, considerando o amplo arcabouço legal vigente que disciplina sobre o tema, as empresas ou pessoas físicas (quando possível), que cometeram a infração e que quiserem colaborar com o Estado em troca de imunidades ou redução de pena, deverão procurar distintas autoridades e se submeterem a diferentes negociações de acordos de leniência, uma vez que não há nenhuma regra previamente estabelecida sobre qual autoridade deve ser procurada primeiro pelo proponente; não há, nem mesmo, determinação sobre a atuação coordenada dos órgãos sancionadores.

A pluralidade e autonomia dos órgãos das diferentes esferas jurisdicionais que atuam na negociação dos programas de leniência pode acarretar processos ineficientes no que se refere à cooperação institucional e à persecução sancionatória. Além do mais, pode causar sérias inseguranças para os futuros colaboradores, diante do receio de terem seu acordo de leniência assinado em uma instância e rejeitado em outra, ou diante da incerteza sobre a assinatura do TCU e do MP (quando se trata da leniência anticorrupção), ou de saber se os dirigentes das empresas colaboradoras terão ou não benefícios de não persecução penal, ou se o acordo será homologado em juízo, quando necessário, ou ainda, sobre qual órgão procurar primeiro numa situação que permita negociar com mais de uma autoridade.

5. Conclusão

Não raro, as autoridades sancionadoras se deparam com investigação de ilícitos que geram efeitos em mais de uma instância, e que podem ser deflagrados por acordos de leniência das mais diversas searas. Assim, também os futuros colaboradores e advogados enfrentam o desafio de saberem qual autoridade sancionadora é a competente para negociar um acordo de leniência sobre uma conduta infrativa dessa natureza.

A proposta de balcão único a princípio parece se coadunar com um sistema de mecanismos e incentivos que não limitem a colaboração, mas sim a estimulem frente às autoridades competentes a fim de garantir as boas práticas no combate a corrupção e a carteis. No entanto, deve-se sopesar se um balcão único para proposição de acordo de leniência elevaria ou mitigaria os benefícios a serem alcançados pelo signatário em detrimentos dos riscos. Para isso, a solução a ser encontrada para instituição de um guichê único que abranja todas as competências para negociar acordos de leniência deve atentar para que esse novo modelo potencialize o grau de segurança jurídica, transparência, previsibilidade dos acordos de leniência e que gere ainda mais probabilidade de detectar condutas ilícitas com base também na severa punição, trazendo maior o grau de confiança para o futuro proponente.

A existência de um único balcão com competência para negociar e celebrar acordos de leniência poderia ser exequível se primeiramente ocorresse uma alteração legislativa que unificasse a regulamentação sobre leniência no Brasil e conferisse uma dinâmica de cooperação entre as autoridades que reduzisse tempo e custo de investigação. Para que isso ocorra de maneira eficaz e sem atrapalhar o bom funcionamento do programa de leniência em órgãos que já o fazem muito bem, deve haver amadurecimento considerável das instituições competentes a fim de cooperarem entre si e trabalharem juntas com muito diálogo e com técnicas de negociação para otimizar o combate a ilícitos e crimes organizados e de alta complexidade.

Consolidar o programa de leniência em um único balcão de negociação, deve, no entanto, considerar se seriam mantidos e/ou aperfeiçoados os pilares básicos para a efetividade do programa, como transparência, previsibilidade e segurança jurídica. No mais, ainda fica o desafio[54] de se pensar em estratégias que tornem mais eficientes as negociações de acordos de leniência no Brasil, sobretudo quando trata-se de casos que demandem a interpretação de um aparato normativo imenso e da competência de vários órgãos da Administração Pública sancionadora.

6. Referências bibliográficas

ATHAYDE, Amanda. *Manual dos acordos de leniência no Brasil*: teoria e prática. Belo Horizonte: Fórum, 2019.

BECKER, Gary Stanley. Crime and punishment: an economic approach. In: BECKER, Gary S.; LANDES, William M. *Essays in the economic of crime and punishment*. 1974.

BRASIL. Advocacia-Geral da União. Controladoria-Geral da União. Portaria interministerial n. 2.278, de 15 de dezembro de 2016. Define os procedimentos para celebração do acordo de leniência de que trata a Lei n. 12.846, de 1º de agosto de 2013, no âmbito do Ministério da Transparência, Fiscalização e Controladoria-Geral da União – CGU e dispõe sobre a participação da Advocacia-Geral da União.

BRASIL. Advocacia-Geral da União. Controladoria-Geral da União. Ministério Público Federal. Acordo de leniência firmado entre o Minis-

---

[54] PIMENTA. Guilherme. *Balcão único para negociar leniência pode não ser factível, diz especialista*. 2019. Disponível em: https://www.jota.info/tributos-e-empresas/mercado/amanda-athayde-entrevista-leniencia-10042019: "Assim, BC e CVM têm como desafio a própria celebração dos primeiros acordos de leniência no sistema financeiro nacional. A CGU, AGU e o TCU, por sua vez, têm como desafio viabilizar a coordenação interinstitucional e a utilização desses acordos de leniência nas respectivas investigações. O MP, por fim, tem como desafio a confirmação do benefício dos seus acordos junto ao Judiciário. O Cade, por sua vez, se desafia ao ter diante de si, em breve, o julgamento de diversas investigações de alto nível oriundas da celebração de acordos de leniência (como aquelas da Operação Lava Jato), que serão então analisados pelo Tribunal do Cade".

tério da Transparência e Controladoria Geral da União (CGU), a Advocacia-Geral da União (AGU), o Ministério Público Federal (MPF) e as empresas Mullen Lowe Brasil publicidade Ltda. e FCB Brasil publicidade e comunicação Ltda. Disponível em: https://static.poder360.com.br/2019/04/Acordo-de-Leniencia-Mullen-Lowe.pdf.

BRASIL. Conselho Administrativo de Defesa Econômica. Guia do Programa de Leniência. Disponível em: http://www.cade.gov.br/acesso-a-informacaopublicacoes-institucionais/guias_do_Cade/guia_programa-de-leniencia-do-cade-atualizado-ago-2018.pdf.

BRASIL. Constituição da República Federativa do Brasil, de 5-10-1988.

BRASIL. Controladoria-Geral da União. Acordo de Leniência. Disponível em: https://www.cgu.gov.br/assuntos/responsabilizacao-de-empresas/lei-anticorrupcao/acordo-leniencia.

BRASIL. Controladoria-Geral da União. Acordo de leniência com a SBM Offshore ressarcirá R$ 1,22 bilhão à Petrobras. Disponível em: https://www.cgu.gov.br/noticias/2018/07/acordo-de-leniencia-com-a-sbm-offshore-ressarcira-r-1-22-bilhao-a-petrobras.

BRASIL. Decreto n. 5.015, de 12 de março de 2004. Promulga a Convenção das Nações Unidas contra o Crime Organizado Transnacional.

BRASIL. Decreto n. 5.687, de 31 de janeiro de 2006. Promulga a Convenção das Nações Unidas contra a Corrupção, adotada pela Assembléia-Geral das Nações Unidas em 31 de outubro de 2003 e assinada pelo Brasil em 9 de dezembro de 2003.

BRASIL. Decreto n. 8.420, de 18 de março de 2015. Regulamenta a Lei n. 12.846, de 1º de agosto de 2013, que dispõe sobre a responsabilização administrativa de pessoas jurídicas pela prática de atos contra a administração pública, nacional ou estrangeira e dá outras providências.

BRASIL. Lei n. 7.347, de 24 de julho de 1985. Disciplina a ação civil pública de responsabilidade por danos causados ao meio ambiente, ao consumidor, a bens e direitos de valor artístico, estético, histórico, turístico e paisagístico (VETADO) e dá outras providências.

BRASIL. Lei n. 12.529, de 30 de novembro de 2011. Estrutura o Sistema Brasileiro de Defesa da Concorrência; dispõe sobre a prevenção e repressão às infrações contra a ordem econômica; altera a Lei n. 8.137, de 27 de dezembro de 1990, o Decreto-lei n. 3.689, de 3 de outubro de 1941 – Código de Processo Penal, e a Lei n. 7.347, de 24 de julho de 1985; revoga dispositivos da Lei n. 8.884, de 11 de junho de 1994, e a Lei n. 9.781, de 19 de janeiro de 1999; e dá outras providências.

BRASIL. Lei n. 12.846, de 1º de agosto de 2013. Dispõe sobre a responsabilização administrativa e civil de pessoas jurídicas pela prática de atos contra a administração pública, nacional ou estrangeira, e dá outras providências.

BRASIL. Lei n. 13.105, de 16 de março de 2015. Código de Processo Civil.

BRASIL. Lei n. 13.410, de 28 de dezembro de 2016. Altera a Lei n. 11.903, de 14 de janeiro de 2009, para dispor sobre o Sistema Nacional de Controle de Medicamentos.

BRASIL. Ministério Público Federal. Orientação 7/2017. 5ª Câmara de Coordenação e Revisão (CCR) sobre Acordos de Leniência. Brasília: set/2017. Disponível em: http://www.mpf.mp.br/atuacao-tematica/ccr5/orientacoes/ORIENTACAO%207_2017_ASSINADA.pdf.

BRASIL. Ministério Público Federal. Estudo Técnico n. 1/2017. 5ª Câmara de Coordenação e Revisão (CCR) sobre Acordos de Leniência. Brasília: set/2017. Disponível em: http://www.mpf.mp.br/atuacao-tematica/ccr5/coordenacao/grupos-de-trabalho/comissao-leniencia-colaboracao-premiada/docs/Estudo%20Tecnico%2001-2017.pdf/view.

BRASIL. Ministério Público Federal. Nota Técnica n. 1/2017 da 5ª CCR sobre Acordos de Leniência. Nota Técnica sobre Acordo de Leniência e seus efeitos, elaborada pela Comissão Permanente de Assessoramento para Acordos de Leniência e Colaboração Premiada, vinculada à 5ª Câmara de Coordenação e Revisão do Ministério Público Federal. Disponível em: http://www.mpf.mp.br/atuacao-tematica/ccr5/notas-tecnicas/docs/nt-01-2017-5ccr-acordo-de-leniencia-comissao-leniencia.pdf.

BRASIL. Supremo Tribunal Federal. HC 127483, rel. Min. DIAS TOFFOLI, Tribunal Pleno, julgado em 27-8-2015, PROCESSO ELETRÔNICO DJe-021 DIVULG. 3-2-2016 PUBLIC. 4-2-2016.

BUDZINSKI, Oliver. Lead Jurisdiction Concepts: Towards Rationalizing Multiple Competition Policy Enforcement Procedures. In: *Ilmenau Economics Discussion Papers*, vol. 19, n. 87. julho. 2014.

COOTER, Robert; ULEN, Thomas. Direito & Economia. Tradução: Luis Marcos Sander; Francisco Araújo da Costa. 5. ed. Porto Alegre: Bookman, 2010.

HAMMOND, Scott. CORNERSTONES OF AN EFFECTIVE LENIENCY PROGRAM. U.S. Departament of Justice. 2009. Disponível em: http://www.fne.gob.cl/wpcontent/uploads/2011/03/2009_ddcc_0004.pdf.

ICC. ICC *Proposal to ICN for a onestop-shop for leniency markers.* mar. 2016. Disponível em: https://iccwbo.org/publication/iccproposal-icn-one-stop-shop-leniency-markers/.

ICN. Chapter 2 – Drafting and implementing an effective leniency policy. In: *Anti-cartel enforcement manual.* ICN CWG Subgroup 2: Enforcement Techniques. April 2014.

MORAIS DA ROSA, Alexandre. *Guia do Processo Penal conforme a teoria dos jogos.* 5. ed. Florianópolis: EMais, 2019.

OCDE. Session I: using leniency to fight hard core cartels. In: *Latin American Competition Forum*, Santiago, 2009.

OCDE. *Use of markers in leniency programmes.* 2014. Disponível em: https://www.bundeskartellamt.de/SharedDocs/Publikation/EN/Diskussions_Hintergru ndpapiere/OECD_2014.11.21-UseMarkers.pdf;jsessionid=3C3DA183C346A2A541397907C41E3E61.2_cid387?bl ob=publicationFile&v=3.

OLIVEIRA, Michel Angelo Constantino; MENDES, Dany Rafael Fonseca; HERRERA, Gabriel Paes. Cidadania e políticas públicas no contexto do programa de educação previdenciária – PEP. *Revista do Direito Público*, Londrina, v. 13, n. 3, p. 41-55, dez. 2018. DOI: 10.5433/24157-108104-1.2018v13n3 p 41. ISSN: 1980-511X.

PIMENTA. Guilherme. Balcão único para negociar leniência pode não ser factível, diz especialista. 2019. Disponível em: https://www.jota.info/tributos-e-empresas/mercado/amanda-athayde-entrevista-leniencia-10042019.

PIMENTEL, Elson. L.A. *Dilema do Prisioneiro*: da teoria dos jogos à ética. Belo Horizonte: Argovmentvm, 2007.

SIMÃO, Valdir Moysés; VIANNA, Marcelo Pontes. *O Acordo de Leniência na Lei Anticorrupção*: histórico, desafios e perspectivas. São Paulo: Trevisan, 2017.

VIEIRA, André Guilherme. Especialistas querem lei para unificar leniência. 2019. Disponível em: https://www.valor.com.br/politica/6265939/especialistas-querem-lei-para-unificar-leniencia.

2.

Breves apontamentos sobre a dupla tipicidade nas extradições requeridas pelos Estados Unidos da América com base no delito de lavagem de ativos

Antônio Carlos de Almeida Castro – Kakay[1]
Álvaro Guilherme de Oliveira Chaves[2]
Vitor Rebello[3]

1. Introdução

A extradição é um importante mecanismo de cooperação jurídica internacional, fundado no dever de assistência recíproca entre os Estados, em prol da consecução de interesses mútuos na repressão internacional da criminalidade, na promoção da segurança e na defesa social.

Sob o ponto de vista forense, sua aplicação requer detida análise tanto pelas consequências gravosas que se imporão ao extradi-

---

1   Advogado criminalista e bacharel em Direito pela Universidade de Brasília (UnB).
2   Advogado criminalista, Mestrando em Direito, Estado e Constituição pela UnB, Pós-graduado *lato sensu* em Direito Penal e Processual Penal pelo Instituto Brasileiro de Ensino, Desenvolvimento e Pesquisa (IDP) e bacharel em Direito pela UnB.
3   Acadêmico de Direito na UnB.

tando quanto pela envergadura dos interesses *sub judice*, que aludem à própria soberania dos Estados envolvidos.

Assim, a apreciação do pedido extradicional deve aquilatar satisfatoriamente a multiplicidade de interesses contrapostos, de maneira que o deferimento do pedido deduzido pelo Estado requerente não advenha da supressão das garantias fundamentais do extraditando ou de renúncia à soberania nacional.

Nesse sentido, adquire especial relevância o exame da dupla tipicidade, objeto de prolíficas discussões no Supremo Tribunal Federal e frequente causa de indeferimento do pleito extradicional por esse Tribunal.

O presente estudo pretende analisar, de modo particular, pedidos de extradição formulados pelo Governo dos Estados Unidos da América com base em tipo penal *suis generis* de lavagem de capitais previsto na legislação daquele país.

A partir de tal abordagem, objetiva-se evidenciar os parâmetros para constatação da dupla tipicidade no cenário normativo brasileiro, assim como analisar a viabilidade, à luz do ordenamento jurídico pátrio, daquelas pretensões deduzidas pelo governo norte-americano.

Em síntese, a análise será iniciada com a contextualização teórica do fenômeno da extradição. Posteriormente, o trabalho apresentará revisão bibliográfica e análise jurisprudencial acerca do instituto da dupla tipicidade, bem como o tratamento conferido a ele pela Suprema Corte. Por fim, será examinado o delito de lavagem de ativos nas legislações norte-americana e brasileira. Com base em tais ponderações, serão estudadas as extradições requeridas com base em tal tipo penal, com os respectivos apontamentos sobre eventuais limites ao processo extradicional.

2. Extradição: fundamentos e aspectos procedimentais

A extradição consiste em mecanismo de cooperação jurídica internacional em matéria penal por meio do qual se almeja a entrega, ao Estado requerente, de indivíduo que se encontra em poder do Estado requerido, a fim de que este cumpra pena (extradição executória) ou responda a processo criminal (extradição instrutória) na jurisdição estrangeira[4]. Na mesma linha, o renomado internacionalista Hildebrando Accioly conceitua o instituto como:

"o ato mediante o qual um Estado entrega a outro Estado indivíduo acusado de haver cometido crime de certa gravidade ou que já se ache condenado por aquele, após haver-se certificado de que os direitos humanos do extraditando serão garantidos"[5].

Contemporaneamente, aponta-se como fundamento da extradição o dever de cooperação recíproca entre os Estados, em prol da consecução de interesses mútuos na repressão internacional da criminalidade, na promoção da segurança e na defesa social[6].

Destaca-se, nesse sentido, que o Congresso Internacional de Direito Comparado de Haia, em 1932, definiu o instituto como "uma obrigação resultante da solidariedade internacional na luta contra o crime"[7]. Nessa extensão, cuida-se de "manifestação da solidariedade e da paz social entre os povos"[8].

Por fim, funda-se também no princípio da Justiça, dado que não é admitido a ninguém se evadir das consequências dos atos ilícitos a que deu causa[9], de modo que as fronteiras territoriais

---

4   ARAS, Vladimir. Direito Probatório e Cooperação Jurídica Internacional. In: SALGADO, D. R.; QUEIROZ, R. P. (Orgs.). *A prova no enfrentamento à macrocriminalidade*. Salvador: Juspodivm, 2015, p. 241-307.
5   Accioly, Hildebrando. *Manual de direito internacional público*. Hildebrando Accioly, G. E. do Nascimento e Silva, Paulo Borba Casella. 24. ed. São Paulo: Saraiva Educação, 2019, p. 392.
6   GOMES, Maurício Augusto. Aspectos da extradição no direito brasileiro. *Revista dos Tribunais*, v. 655/1990, p. 258-266, 1990.
7   PRADO, Luiz Regis; ARAUJO, L. A. Alguns aspectos das limitações ao direito de extraditar. *Revista dos Tribunais* (São Paulo), São Paulo, v. 564, p. 281-295, 1982.
8   DEL' OLMO, Florisbal de Souza, A Extradição na Contemporaneidade: Breves Reflexões. *Cadernos do Programa de Pós-graduação em Direito PPGDir* / Universidade Federal do Rio Grande do Sul, UFRGS. Porto Alegre, UFRGS, n. 1, p. 67-90, 2004.
9   MAZZUOLI, Valério de Oliveira. *Curso de direito internacional público*. Valério de Oliveira Mazzuoli. 12. ed. Rio de Janeiro: Forense, 2019.

não representem indevido estímulo à impunidade no âmbito internacional.

Quanto ao processamento da extradição passiva, adota-se, no Brasil, o sistema misto[10], composto por três fases: duas administrativas, conduzidas pelo Poder Executivo, e uma judicial, desempenhada pelo Supremo Tribunal Federal[11].

A primeira fase corresponde à comunicação do pedido extradicional por meios diplomáticos, o qual é então encaminhado, via Ministério das Relações Exteriores, ao Ministério da Justiça e Segurança Pública[12]. Após processamento interno, o feito é remetido ao Supremo Tribunal Federal e se encerra a primeira etapa administrativa.

A fase judicial corresponde ao controle de legalidade da extradição[13], que é de competência do Supremo Tribunal Federal[14]. Após o interrogatório do extraditando e a apresentação da defesa escrita, a Suprema Corte analisará a regularidade formal do pedido (tempestividade, suficiência da instrução documental, entre outros) e a presença dos requisitos materiais autorizativos da extradição, con-

---

10 SEGABINAZI, Fabiane. Uma análise da extradição no Direito brasileiro. *Revista da Faculdade de Direito da Universidade Federal do Rio Grande do Sul*, Porto Alegre, v. 24, p. 151-175, 2004.

11 MAZZUOLI, Valério de Oliveira. Algumas questões sobre a extradição no direito brasileiro. *Revista dos Tribunais*. vol. 906, p. 159-178, 2011.

12 Para maiores esclarecimentos sobre os trâmites administrativos, verificar o manual de extradição do Ministério da Justiça, disponível em: https://www.justica.gov.br/sua-protecao/cooperacao-internacional/extradicao/arquivos/manualextradicao.pdf.

13 Por decisão do Ministro Relator, a prisão preventiva do extraditando também ocorrerá nesta fase. Ressalta-se a existência de posicionamento no STF no sentido de que a PPE consistiria em requisito de procedibilidade do pleito extradicional. No entanto, com o advento da nova Lei de Migração, tal entendimento foi mitigado, admitindo-se a liberdade em determinadas situações. Nesse sentido: STF. Primeira Turma, Ext 1528 AgR, rel. Min. LUIZ FUX, j. em 22-5-2020, *DJe*-142, 9-6-2020.

14 BRASIL. Constituição (1988). Constituição da República Federativa do Brasil, art. 102, I, *g*.

forme previstos na Lei n. 13.445/2017 ou em Tratados Bilaterais ratificados pelo Brasil, dentre os quais se destaca o indispensável exame da dupla tipicidade.

Trata-se, contudo, de juízo de delibação, em estrita observância ao sistema belga de contenciosidade limitada, adotado pelo ordenamento pátrio[15], segundo o qual a apreciação não deve adentrar o mérito da imputação criminal pela qual responde o extraditando[16]. Assim, não cabe ao Supremo Tribunal Federal tecer considerações acerca da justiça ou do acerto do provimento judicial estrangeiro.

Por fim, deferida a extradição pela Suprema Corte, dá-se início à terceira fase do processo de extradição passiva, na qual o Presidente da República avaliará a conveniência e oportunidade na efetivação do pleito extradicional. Assim, a concessão do pedido constitui genuína expressão da soberania e típico ato de governo – visto que incumbe privativamente ao Presidente da República a condução da política externa, conforme previsto no art. 84, VII, da Carta Constitucional.

3. A DUPLA TIPICIDADE COMO BALIZA À EXTRADIÇÃO: ENTRE A CONTENCIOSIDADE LIMITADA E A LEGALIDADE PENAL

A dupla tipicidade é um requisito material à concessão do pleito extradicional e está prevista no art. 82, inc. II, da Lei n.13.445/2017, assim como nos tratados bilaterais ratificados pelo Brasil.

Segundo tal disposição legal, a viabilidade do pedido extradicional depende de que os fatos imputados ao extraditando sejam

---

15 "Ao Supremo Tribunal Federal não é dado analisar o mérito da acusação ou condenação em que se funda o pedido de extradição, em razão da adoção pelo ordenamento jurídico pátrio do princípio da contenciosidade limitada." (STF. Primeira Turma. Ext 1448, rel. Min. EDSON FACHIN, j. em 20-9-2016, *DJe*-214, 6-10-2016).

16 SEGABINAZI, Fabiane. Uma análise da extradição no Direito brasileiro. *Revista da Faculdade de Direito da Universidade Federal do Rio Grande do Sul*, Porto Alegre, v. 24, p. 151-175, 2004.

simultaneamente tipificados como crime tanto no ordenamento jurídico do Estado requerente quanto no do requerido[17].

Assim, ambos os países devem reputar proibida a conduta pela qual se requer a extradição e reprimi-la por meio da legislação penal interna. Por essa razão, aludido postulado é igualmente designado como dupla incriminação ou princípio da identidade.

Não se exige, entretanto, a exata correspondência entre a designação dos delitos. Variações de *nomen iuris* e diversidade de redação legislativa são fenômenos esperados diante das peculiaridades de cada país[18]. O que importa é que as condutas sejam simultaneamente proibidas em ambos os Estados e que haja identidade entre os elementos estruturantes dos tipos penais em questão[19].

Aponta a doutrina que o fundamento primordial para exigência de dupla tipicidade decorre do macroprincípio da legalidade[20]. Em outros termos, como poderia o Estado brasileiro auxiliar na imposição de reprimenda a indivíduo cuja conduta não constitui crime à luz do direito brasileiro?

Cuida-se da instransponível incidência do princípio da legalidade penal, que deve regular a atuação estatal, ainda que em sede de cooperação jurídica internacional. Se a conduta é lícita no Brasil,

---

17 V. Tibúrcio, Carmen et Barroso, Luís Roberto. Algumas questões sobre a extradição no direito brasileiro. Disponível em: http://www2.senado.leg.br/bdsf/handle/id/688.

18 GOMES, Maurício Augusto. Aspectos da extradição no direito brasileiro. *Revista dos Tribunais*, v. 655/1990, p. 258-266, 1990.

19 "O que realmente importa, na aferição do postulado da dupla tipicidade, é a presença dos elementos estruturantes do tipo penal (*essentialia delicti*), tais como definidos nos preceitos primários de incriminação constantes da legislação brasileira e vigentes no ordenamento positivo do Estado requerente, independentemente da designação formal por eles atribuída aos fatos delituosos" (STF. Tribunal Pleno, Ext. 1073, rel. Min. CELSO DE MELLO, j. em 30-4-2008, *DJe*-162, 29-8-2008).

20 JÚNIOR, Luiz Carlos Ormay; ARRUDA, Rejane Alves de. O processo de extradição e seus limites no Brasil: apontamentos de acordo com o entendimento do Supremo Tribunal Federal. *Revista Thesis Juris – RTJ*, São Paulo, v. 7, n. 2, p. 182-198, jul./dez. 2018.

não pode o Estado brasileiro envidar esforços em sua repressão. Por outro lado, se é lícita no Estado requerente, então, do mesmo modo, carece de base o pedido extradicional.

Nesse ponto, é relevante observar a estreita relação entre tal fundamento e a ideia de soberania nacional. Como se sabe, o princípio da legalidade penal tem assento constitucional, no rol de direitos fundamentais.

Por sua vez, o âmbito de proteção conferido pela Constituição Federal estende-se a todos que se encontrem no território nacional, na medida em que as garantias fundamentais são asseguradas, inclusive, aos estrangeiros, conforme redação do art. 5º, *caput*, da Constituição da República.

Dessa forma, quando ausente a dupla tipicidade, o deferimento da extradição lesiona a soberania nacional, já que indiscriminadamente reduz o âmbito de incidência de norma constitucionalmente prevista, qual seja, a garantia fundamental à legalidade, que, aliás, constitui cláusula pétrea no ordenamento nacional.

Tradicionalmente, aponta-se ainda o princípio da reciprocidade como fundamento para exigência de dupla incriminação[21]. Isso porque, em hipótese diversa, obrigar-se-ia o Estado requerido quanto à extradição, ainda que jamais tenha – pelos mesmos fatos – a possibilidade de deduzir similar pleito extradicional, haja vista que tais condutas não constituiriam crime segundo seu direito interno.

Feitas essas considerações conceituais, cumpre relembrar que a aplicação forense do postulado da dupla tipicidade impõe ao intérprete alguns desafios acerca da real delimitação de seu alcance. De modo geral, são identificadas duas abordagens distintas em relação à abrangência do requisito de dupla incriminação[22].

---

21 OSÓRIO SILVA, Anamara. Dupla incriminação no direito internacional contemporâneo: análise sob a perspectiva do processo de extradição. 2014. 164 f. Dissertação (Mestrado em Direito). Faculdade de direito da Universidade de São Paulo, São Paulo, p. 45.
22 Ibidem, p. 33-39.

Para uma primeira vertente, deve-se proceder à análise tão somente com base na equivalência de tipicidade formal. Trata-se de cotejo superficial e abstrato das elementares típicas estruturantes dos crimes assemelhados, previstos em ambos os ordenamentos jurídicos. Assim, nessa linha de pensamento, importa apenas "a correspondência típica (elementos objetivos e subjetivos do tipo) entre os dois ordenamentos"[23]. É importante destacar a nítida compatibilidade entre tal concepção e a sistemática da contenciosidade limitada.

Em contraponto, outra posição propõe exame mais abrangente do instituto. Defende-se, por exemplo, avaliação quanto à existência de causas excludentes de antijuridicidade e culpabilidade. A rigor, tais aspectos integram o conceito de crime no ordenamento pátrio, mas sua análise pode representar indevida imposição da moldura normativa interna a Estado Soberano cuja concepção acerca de tais institutos seja diversa.

Ainda assim, por vezes, o Supremo Tribunal Federal tem adotado esse entendimento[24], como, por exemplo, ao indeferir a extradição referente a atos praticados pelo extraditando antes de completar 18 anos[25], circunstância que, segundo a teoria normativa pura, delimita tão somente a culpabilidade, não a tipicidade.

Do mesmo modo, também se observa maior abrangência de análise quanto à dupla tipicidade no exame do substrato fático que dá ensejo à extradição, ainda que se atente, em tese, à sistemática da contenciosidade limitada.

Por esse ângulo, já entendeu o Supremo Tribunal Federal pela aplicabilidade do princípio da consunção na análise dos pedidos extradicionais. Nesse sentido, não se reconheceu a dupla tipicidade

---

23 STF. Segunda Turma. Ext. 1582, rel. Min. RICARDO LEWANDOWSKI, j. em 15-4-2020, *DJe*-095, 22-4-2020.
24 SEGABINAZI, Fabiane. Uma análise da extradição no Direito brasileiro. *Revista da Faculdade de Direito da Universidade Federal do Rio Grande do Sul*, Porto Alegre, v. 24, p. 151-175, 2004.
25 STF, Tribunal Pleno, Ext. 1187, rel. Min. DIAS TOFFOLI, j. em 16-12-2010, *DJe*-058, 29-3-2011.

em hipóteses nas quais um dos crimes, à luz do direito brasileiro, constitua meio à consecução de crime-fim, pelo qual é absorvido[26]. Exemplos recorrentes são as hipóteses de absorção do crime de falsidade pelo crime de estelionato[27].

É interessante observar que a falsificação de documentos é, no Brasil, tipificada autonomamente como crime. Por essa razão, não há dúvidas de que tal conduta, abstratamente considerada, é, de fato, proibida pelo ordenamento penal brasileiro, razão pela qual, em uma análise estrita, seria possível concluir pela dupla tipicidade dos fatos imputados.

Não obstante, o Supremo Tribunal Federal avançou na análise da dupla incriminação, no sentido de que não seria suficiente para o deferimento do pedido a mera tipicidade da conduta em ambos os ordenamentos. Ao revés, procedeu-se, por vezes, à inquirição pormenorizada acerca da potencialidade dos fatos concretamente narrados resultarem, sob a perspectiva do ordenamento jurídico brasileiro, em eventual punição. Desse modo, nos casos de concurso entre os crimes de falso e estelionato, deferiu-se apenas parcialmente a extradição, ao fundamento de consunção.

Trata-se de concepção mais abrangente do requisito da dupla tipicidade, a qual, aliás, torna mais adequada – sob esse enfoque – a

---

26 Não se trata, contudo, de entendimento único. Há posicionamento divergente, notadamente do Ministro Marco Aurélio: "Descabe ao Supremo avaliar eventual consunção entre o porte de arma e os homicídios qualificados tentados, em observância à contenciosidade limitada própria à extradição (art. 85, § 1º, da Lei n. 6.815/80)" (STF, Primeira Turma, Ext. 1330, rel. Min. MARCO AURÉLIO, j.em 19-4-2016, *DJe*-101, 18-5-2016).

27 "Observância, na espécie, dos critérios da dupla tipicidade e da dupla punibilidade quanto aos delitos de "burla" (estelionato) e de falsificação de documento – incidência, no entanto, do princípio da consunção – consequente absorção do delito-meio (falsidade documental) pelo crime-fim (estelionato) – doutrina – precedentes – satisfação dos pressupostos e atendimento dos requisitos necessários ao acolhimento, em parte, do pedido de extensão – extradição supletiva parcialmente deferida" (STF, Segunda Turma, Ext. 977 – extensão, rel. Min. CELSO DE MELLO, j. em 26-5-2015, *DJe*-113, 15-6-2015).

designação "dupla incriminação", que, embora usualmente utilizada como sinônimo, melhor reflete a interpretação expansiva que se conferiu ao instituto.

De todo modo, é certo que a aplicação forense do requisito da dupla tipicidade impõe algumas peculiaridades quanto ao exame dos tipos penais previstos em legislação estrangeira. A fim de especificar os parâmetros de análise adotados pelo Supremo Tribunal Federal e os limites de tal abordagem, serão analisados pedidos de extradição formulados pelo Governo dos Estados Unidos da América com base em tipo penal *suis generis* de lavagem de capitais.

4. DUPLA TIPICIDADE: UMA ANÁLISE DAS EXTRADIÇÕES REQUERIDAS PELOS ESTADOS UNIDOS DA AMÉRICA COM BASE NO DELITO DE LAVAGEM DE CAPITAIS

O Governo dos Estados Unidos da América é frequente demandante no que diz respeito à matéria extradicional. Como era esperado, e nem poderia ser diferente, o ordenamento jurídico daquele país guarda características que lhe são próprias, o que, ao seu turno, reflete na diversidade de tipificação penal.

Como exemplo, uma das modalidades de lavagem de capitais, naquele país, é prevista no Título 18, seção 1.956, (a), (1), (B), (i), do Código dos Estados Unidos[28]. Trata-se de tipo penal que possui grande similitude com o delito equivalente no ordenamento jurídico brasileiro, previsto no art. 1º da Lei n. 9.613/98. Nesse sentido, na

---

28 Lavagem de instrumentos monetários: "Quem, ciente de que a propriedade envolvida em transação financeira representa produto de alguma forma de atividade ilícita, conduz ou tenta conduzir a aludida transação financeira que, de fato, envolve produto de atividade ilícita especificada; (...) sabendo que a transação é destinada, no todo ou em parte a ocultar ou dissimular a natureza, localização, fonte, propriedade, ou controle de recursos oriundos de atividade ilícita especificada (...) será sentenciado a multa de não mais do que 500.000 dólares – ou duas vezes o valor da propriedade envolvida na transação, prevalecendo o valor maior – ou prisão por não mais do que 20 anos, ou ambos (...)"

hipótese de pedido de extradição lastreado no referido dispositivo, não haveria maiores questionamentos quanto à dupla tipicidade[29].

No entanto, ainda versando sobre a repressão à criminalidade econômica, a legislação estrangeira introduz nova espécie delitiva, descrita no Título 18, seção 1.957, do Código dos Estados Unidos. Versa-se, aqui, sobre tipo penal subsidiário da lavagem de dinheiro, cujo preceito primário assim dispõe:

> (Engajar em transações monetárias com bens derivados de atividades ilícitas específicas). Quem, em qualquer das circunstâncias estabelecidas na subseção "d", conscientemente pratica, ou tenta praticar, transação monetária com propriedade oriunda de atividade ilícita, em valor superior a 10.000 dólares derivado de atividade ilícita especificada, deverá ser punido (...)

Como se vê, o referido tipo penal, em um aspecto amplo, criminaliza o mero uso de recursos provenientes de atividade ilícita, sem qualquer necessidade de emprego de mecanismos objetivos de ocultação ou dissimulação da origem ilícita dos ativos.

É dizer, criminaliza-se o simples depósito bancário, um pagamento qualquer para aquisição de bens ou mesmo o simples saque de numerário em um terminal de autoatendimento. Assim, por exemplo, com a mera compra de um veículo, incorre o indivíduo nas penas da seção 1.957. Sobre algumas especificidades do tipo penal, confira elucidativo precedente estrangeiro, *United States v. Rutgard*:

> A descrição do crime não engloba a tentativa de limpar o dinheiro sujo, lavando-o para dissimular sua origem. Este tipo penal se aplica às transações mais abertas e inocentes. Confira o Título 18 USC, seção 1957 (f) (1) (para definição, de modo geral, do termo transações monetárias). O requisito de volição no cometimento do crime ou o desejo de dissimular a origem de criminosa são eliminados. (...)

---

29 É relevante observar que a dupla incriminação é especificamente arrolada como requisito essencial, à luz do art. 4º do tratado bilateral de extradição firmado com os Estados Unidos da América (DECRETO N. 55.750, DE 11 DE FEVEREIRO DE 1965).

É uma ferramenta poderosa porque torna qualquer transação bancária uma potencial armadilha ao traficante ou a qualquer outro réu que tenha muito dinheiro derivado de crimes especificados. Se ele efetuar um depósito, saque, transferência ou atividade de câmbio com o dinheiro, ele cometerá o crime em comento. Ele é forçado a cometer um outro delito se ele quiser usar um banco. Esta lei draconiana – tão poderosa por sua eliminação do requisito de volição – congela os produtos de crimes especificados e os mantém fora do sistema bancário. Se o crime subjacente for consumado e o réu possuir os recursos no tempo do depósito, esse produto não poderá entrar no sistema bancário sem o cometimento de outro crime[30].

Resta evidente a intencionalidade da lei estrangeira: tornar indisponível ao criminoso qualquer acesso ao sistema bancário e ao mercado em geral, dificultando sobremaneira a contabilidade de valores oriundos de crime[31]. Ainda assim, a doutrina americana considera tal delito como espécie do gênero lavagem de capitais.

---

30 Texto original: "The description of the crime does not speak to the attempt to cleanse dirty money by putting it in a clean form and so disguising it. This statute applies to the most open, above-board transaction. See 18 U.S.C. § 1957(f)(1) (broadly defining "monetary transaction"). The intent to commit a crime or the design of concealing criminal fruits is eliminated (...) It is a powerful tool because it makes any dealing with a bank potentially a trap for the drug dealer or any other defendant who has a hoard of criminal cash derived from the specified crimes. If he makes a "deposit, withdrawal, transfer or exchange" with this cash, he commits the crime; he's forced to commit another felony if he wants to use a bank. This draconian law, so powerful by its elimination of criminal intent, freezes the proceeds of specific crimes out of the banking system. As long as the underlying crime has been completed and the defendant "possesses" the funds at the time of deposit, the proceeds cannot enter the banking system without a new crime being committed." (United States v. Rutgard, 116 F.3d 1270, 1291 – 9th Cir. 1997. Disponível em: https://www.leagle.com/decision/19971386116f3d127011183).

31 Na mesma linha: "A menos que haja algum elemento de fomento, ocultação ou evasão, a seção 1.956 não torna o mero uso ou depósito de dinheiro sujo um crime autônomo. A seção 1.957 o faz. Ela criminaliza transações a princípio inocentes, porém contaminadas pela origem (ilícita) da propriedade envolvida na transação." (disponível em: https://fas.org/sgp/crs/misc/RL33315.pdf; fl.21 – Congressional Research Service. Money Laundering: An Overview of 18 U.S.C. § 1956 and Related Federal Criminal Law).

Isso porque, naquele ordenamento, tal designação é adotada para descrever uma miríade de condutas, as quais, em uma perspectiva comparada, exorbitariam, em muito, os traços usualmente delimitadores do tipo de lavagem de capitais previsto no Brasil. A rigor, a legislação americana criminaliza como lavagem de ativos um rol extenso de condutas relacionadas à proveniência ilícita de valores, sem que haja, em muitos casos, qualquer exigência de ocultação ou de dissimulação[32].

---

32 "A lavagem é comumente compreendida como o processo de limpeza das máculas que recaem sobre o produto do crime. Na legislação Federal Criminal, entretanto, é mais do que isso. Nos principais estatutos federais criminais de lavagem de ativos, seções 1956 e 1957, 18 U.S.C, e, em graus variados, em vários outros dispositivos criminais federais, a lavagem de dinheiro envolve o fluxo de recursos destinados ou provenientes (da prática) de outras centenas de crimes federais, estatuais ou estrangeiros. Ela consiste em: (1) Engajar em transação financeira envolvendo produto de certos crimes com a finalidade de ocultar natureza, procedência ou propriedade dos produtos deles resultantes; (2) Engajar em transação financeira envolvendo produto de certos crimes com a finalidade de cometer novos crimes; (3) Transportar, para, a partir, ou através dos Estados Unidos, recursos oriundos de certas atividades criminais com a finalidade de cometer novos crimes, ocultar natureza, procedência ou propriedade de ativos oriundos do crime, ou para evitar exigência de notificação obrigatória de transações; (4) Engajar em transação financeira com de ativos oriundos do crime a fim de evitar a tributação da renda auferida por atividade ilícita; (5) Estruturar transação financeira a fim de evitar exigência de notificação obrigatória; (6) Gastar mais do que 10 mil dólares adquiridos a partir de certas atividades criminosas; (7) Empregar a infraestrutura de comércio interestadual ou exterior com a finalidade de distribuir o produto de certas atividades criminosas.; (8) Empregar a infraestrutura de comércio interestadual ou exterior com a finalidade de promover certas atividades criminosas.; (9) Transmitir o produto ou o capital para que se promova atividade criminosa no curso de atividade empresarial de remessa de ativos; (10) Transmitir o produto ou o capital para que se promova atividade criminosa no curso de atividade empresarial de remessa de ativos; (11) Transmitir valores no curso de atividade empresarial irregular de remessa de ativos; (12) Promover a remessa de valores não declarados pela fronteira dos Estados Unido; e (13) Inobservar as diretivas do Departamento do Tesouro quanto à repressão da lavagem de dinheiro." (Congressional Research Service. Money Laundering: An Overview of 18 U.S.C. § 1956 and Related Federal Criminal Law. Disponível em: https://fas.org/sgp/crs/misc/RL33315.pdf)

De todo o modo, o Estado norte-americano instituiu, na seção 1.957, norma criminalizadora da mera fruição do proveito econômico de um crime anterior, o que, no entanto, não configura delito autônomo no ordenamento jurídico direito brasileiro, mas mero exaurimento do crime antecedente[33].

Bem se vê, portanto, que o tipo penal previsto na seção 1.957 apresenta características dogmáticas sensivelmente distintas daquilo que, no Brasil, denomina-se de lavagem de dinheiro.

Aí reside a importância da correta delimitação do requisito da dupla tipicidade. Conforme já mencionado, pouco importa eventual identidade em relação ao *nomen iuris*. Ao contrário, demanda-se a equivalência quanto aos elementos estruturantes dos tipos penais analisados, o que não se verifica na hipótese descrita.

No Brasil, a subsunção ao delito de lavagem de capitais demanda comprovação de mecanismos objetivos aptos a dissimular ou a ocultar a origem do objeto material do delito (atos de mascaramento)[34], bem como inequívoco elemento subjetivo pela "reciclagem" dos ativos em questão[35].

---

33 Sobre o tema, são relevantes os apontamentos doutrinários: "Para que a utilização de bens, direitos ou valores provenientes de infração penal seja um comportamento típico de lavagem de capitais é necessário demonstrar que sua destinação é diferente da mera fruição, gozo ou consumo, passando a integrar um efetivo processo de lavagem." (BITENCOURT, Cezar Roberto. *Tratado de direito penal econômico*, v. 2, São Paulo: Saraiva, 2016, p. 469).

34 PRADO, Luiz Regis. *Direito penal econômico*/Luiz Regis Prado. 8. ed., Rio de Janeiro: Forense, 2019.

35 "Ainda que a mera ocultação, identificada como a primeira fase do ciclo de lavagem de dinheiro, caracterize o crime descrito no art. 1º da Lei n. 9.613/98, porquanto o tipo penal não exige, para a sua consumação, as demais etapas para dissimular e reinserir os ativos na economia formal, a conduta, para ser reconhecida como típica, deve estar acompanhada de um elemento subjetivo específico, qual seja, a finalidade de emprestar aparência de licitude aos valores ocultados, em preparação para as fases seguintes, denominadas dissimulação e reintegração." (AgRg no AREsp 328.229/SP, rel. Min. ROGERIO SCHIETTI CRUZ, SEXTA TURMA, j. em 15-12-2015, *DJe* 2-2-2016)

Desse modo, não haveria dúvida quanto à ausência de dupla tipicidade em se tratando de pedido de extradição fundado nessa espécie *suis generis* de lavagem de ativos prevista na legislação federal norte-americana (Título 18, seção 1.957, do Código dos Estados Unidos). Não foi esse, no entanto, o resultado obtido em consulta à jurisprudência do Supremo Tribunal Federal.

Para a identificação dos acórdãos pertinentes, adotou-se como parâmetro – na ferramenta de pesquisa do Supremo Tribunal Federal – os vocábulos "extradição" e "lavagem". Assim procedendo, ao tempo do referido exame, o sistema de pesquisa disponibilizou 38 (trinta e oito) acórdãos. Por sua vez, delimitando como "parte" o Governo dos Estados Unidos da América, foram localizados 13 (treze) acórdãos[36].

A partir dos julgados selecionados, verificou-se que somente 7 (sete) acórdãos resultaram de pedidos de extradição lastreados na prática do delito de lavagem previsto na seção 1.956 ("*laundering of monetary instruments*"). Importante salientar que tal dispositivo incrimina, como lavagem, múltiplas condutas distintas, algumas delas flagrantemente compatíveis com a descrição típica da Lei n. 9.613/98.

Os demais 6 (seis) acórdãos analisavam pedidos de extradição requeridos, ao menos em parte, com base no delito *suis generis* de lavagem previsto na seção 1.957, título 18, do Código Americano. Cabe ressaltar que apenas 1 (um) acórdão reconheceu o não atendimento ao requisito da dupla tipicidade[37]. Há também a extradição 1.630, na qual se atingiu idêntica conclusão, porém não contabilizada na presente consulta jurisprudencial, haja vista que, no momento da redação deste artigo, o processo ainda se encontrava em julgamento virtual pelo Supremo Tribunal Federal.

---

36 Ext. 1.583, Ext. 1.582, Ext. 1.503, Ext. 1.367, Ext. 1.284, Ext.1.249, Ext. 1.214, Ext. 1.051, Ext. 1.103, Ext. 1.054, Ext. 1.069, Ext. 1.041, Ext. 701.
37 Ext 1.503, rel.(a): CÁRMEN LÚCIA, Segunda Turma,j. em 23-10-2018, ACÓRDÃO ELETRÔNICO *DJe*-029 DIVULG 12-2-2019 PUBLIC 13-2-2019.

Em relação aos demais, no tocante a esse ponto, deferiu-se o pleito extradicional, sem maiores esclarecimentos quanto às razões pelas quais assim se decidiu, nada obstante a manifesta inviabilidade da extradição nesse particular[38]. Desse modo, constata-se que o Supremo Tribunal Federal, por diversas vezes, já deferiu extradições fundadas, no todo ou em parte, no delito de uso ou transação com recursos oriundos de fontes ilícitas, manifestamente atípico no ordenamento jurídico brasileiro.

Porém, foi a extradição 1.249 que se mostrou particularmente relevante ao estudo da dupla tipicidade. Embora não haja, no voto condutor, explicitação clara quanto aos motivos pelos quais se aferiu a dupla tipicidade, depreende-se importante circunstância na descrição fática que instruía o pleito extradicional.

Os documentos referentes ao procedimento criminal perante a Justiça norte-americana davam conta da existência de depósitos/transferências envolvendo contas de terceiros, inclusive pessoas jurídicas, o que ensejou a imputação conjunta pelas seções 1.956 (ocultação) e 1.957 (mero uso de recursos ilicitamente obtidos) da legislação federal norte-americana.

Desse modo, embora o voto condutor não adentre no ponto, poderia haver – ao menos no plano fático e em tese – compatibilidade com os mecanismos de ocultação caracterizadores da lavagem na legislação brasileira. Aqui reside interessante reflexão.

Quanto à dupla tipicidade, indaga-se acerca dos limites da análise a ser envidada pelo Supremo Tribunal Federal nessas hipóteses em que, embora o pedido de extradição lastreie-se em imputação pelo delito previsto na seção 1.957, exista alguma descrição fática de mecanismos de ocultação, em tese, subsumíveis ao tipo penal previsto no Brasil para a lavagem de ativos.

Em outros termos, é possível que fatos tipificados na seção 1.957, título 18, do Código Americano, em algumas situações específicas, configurem, perante a Lei brasileira, delito de lavagem de

---

38   Ext. 1.583, Ext. 1.582, Ext. 1.284, Ext.1.249, Ext. 1.041.

capitais e, em outras, não, a depender da descrição que instrui o pleito extradicional?

Sobre o ponto, mostra-se relevante a mencionada extradição 1.630. Nessa oportunidade, o voto do Ministro Relator, Ricardo Lewandowski, novamente apreciou as questões aqui apresentadas. Decidiu ele, corretamente, pela ausência de dupla tipicidade em relação ao crime previsto na seção 1.957. A fundamentação, no entanto, merece estudo mais cuidadoso:

> Outrossim, verifico que tampouco preenche o requisito da dupla tipicidade o delito do art. 18, Seção 1.957, do Código dos Estados Unidos, eis que sua descrição fática não corresponde ao crime de lavagem de dinheiro. Com efeito, no que tange às Acusações 10 a 17 (supostamente referentes à lavagem de dinheiro), consta da pronúncia que o extraditando depositou a quantia supostamente desviada em uma conta pessoal. Não havendo demonstração de ocultação ou dissimulação de valores, os fatos não são típicos segundo a legislação brasileira.

Como se vê, argumentou o Ministro não apenas com base no tipo penal abstratamente considerado, que não prevê mecanismos de ocultação ou dolo específico para tanto entre as suas elementares. Ao revés, analisando o substrato fático constante na documentação norte-americana, concluiu que "o extraditando depositou a quantia supostamente desviada em uma conta pessoal". Assim, qual seria o posicionamento da Corte se o depósito fosse em contas de terceiros, por exemplo? Haveria de se perquirir a respeito de eventuais mecanismos de ocultação?

Exsurge, aqui, a controvérsia acerca da abrangência conferida à análise da dupla incriminação. Conforme exposto, ainda que se atente à sistemática da contenciosidade limitada, por vezes, o Supremo Tribunal Federal ampliou os limites do exame, a exemplo da já mencionada hipótese de incidência do princípio da consunção.

Nesses termos, deveria a análise limitar-se à consideração abstrata das elementares do tipo penal previsto na seção 1.957 da legislação penal federal norte-americana? Ou seria possível a análise do substrato fático encartado nos documentos que instruem o pleito extradicional, conforme procedeu a Corte nos casos de consunção?

Importante destacar que, a rigor, essa segunda análise não conviria para avaliar a justiça ou acerto da jurisdição prestada por Estado Soberano, mas apenas para examinar se a conduta narrada atende ao requisito da dupla tipicidade, ou seja, se constitui crime segundo o ordenamento jurídico brasileiro.

Assim, torna-se menos evidente o juízo acerca da compatibilidade de tal procedimento com a sistemática de contenciosidade limitada. De toda forma, é patente a necessidade de maiores estudos sobre o tema, que passa ao largo das principais discussões doutrinárias nacionais acerca do assunto[39].

Embora muito relevantes, não há necessidade de adentrar nessas questões para que se esclareça a controvérsia ora analisada, referente à extradição por delito *suis generis* de lavagem de capitais.

Nesse sentido, é importante considerar que há, na legislação penal federal norte-americana, crime específico de lavagem de ativos assemelhado ao brasileiro. Desse modo, não parece atendida a dupla tipicidade se, ainda assim, a autoridade estrangeira opta por subsumir determinada conduta a tipo penal diverso – caracterizado pela mera transação com recursos ilícitos, sem quaisquer mecanismos de "reciclagem" do numerário ou dolo para tanto.

Quanto a esse ponto, cabe salientar que há, entre tais dispositivos, certa lógica de subsidiariedade. Isso porque ambos enfeixam, como elementar típica, a origem ilícita dos ativos transacionados. Nesse sentido, a mais significativa distinção entre eles reside no propósito da transação efetuada, manifestado pela volição do agente[40]. Caso se preste ao escamoteamento dos ativos, haverá subsunção

---

39 O estudo realizado por Anamara Osório Silva é notável exceção. A dissertação apresentada à Universidade de São Paulo para obtenção de título de Mestre embasou-se, essencialmente, em doutrina estrangeira, tamanho o défice nacional sobre o tema.

40 "A grande diferença entre as seções 1.956 e 1.957 reside no tipo subjetivo exigido em tais condutas. No primeiro, há necessidade do dolo específico de ocultar ou disfarçar a natureza, localização, fonte, propriedade ou o controle dos benefícios derivados das condutas antecedentes, ou, ainda, evitar as comunicações exigidas por lei. Já na seção 1.957, esta exigência subjetiva não

ao crime previsto na seção 1.956. Ao contrário – atestada tão somente a origem ilícita do capital –, incidirá o delito subsidiário tipificado na seção 1.957.

Noutras palavras, caso não haja como se comprovar satisfatoriamente o escamoteamento, ainda assim, será possível a persecução penal pela mera natureza ilícita dos recursos envolvidos em certa transação monetária. Desse modo, poderá a o órgão de acusação – constatada a insuficiência dos indícios quanto aos desígnios de lavagem – deduzir pretensão punitiva pelo delito cuja exigência probatória é mais branda, de modo a evitar a impunidade naquele ordenamento jurídico.

Apenas para ilustrar esses requisitos, mostra-se relevante a transcrição de excerto da extradição 1.249, no qual o Governo dos Estados Unidos da América esclarece a diferença entre o ônus probatório de ambos os delitos. Sobre o delito previsto na seção 1.956:

> Nas Acusações Oito a Onze, imputa-se (ao acusado) a lavagem de dinheiro para esconder lucros criminosos, ou ajudar e permitir tal lavagem de dinheiro. Para condenar o acusado, o MP deve provar em audiência de julgamento que (1) (o acusado) sabidamente conduziu ou tentou conduzir trâmites financeiros; (2) (o acusado) sabia que o dinheiro ou a propriedade envolvida no trâmite eram os lucros de algum tipo de atividade ilícita; (3) o dinheiro ou a propriedade de fato provieram de uma atividade ilícita, especificadamente de fraude contra o sistema de saúde; e (4) (o acusado) sabia que o trâmite foi desenhado no todo ou em parte para esconder ou disfarçar a natureza, localização, fonte, propriedade ou controle dos lucros, ou que ele ajudou e permitiu o mesmo.

> Por outro lado, quanto ao delito da seção 1.957, é dispensada qualquer prova acerca de desígnios de ocultação ou de dissimulação das características dos ativos:

---

existe, sendo punível a mera participação em operações que envolvam bens derivados das atividades criminais antecedentes expostas no parágrafo 7º da seção 1.956." (In: Callegari, André Luís. *Lavagem de dinheiro* / André Luís Callegari, Ariel Barazzetti Weber. São Paulo: Atlas, 2014, p. 71.)

Acusações Doze e Treze imputam (...) a acusação de lavagem de dinheiro em montantes superiores a $10.000. Para condenar o acusado, o MP tem de provar em audiência de julgamento que (1) (o acusado) sabidamente envolveu-se ou tentou se envolver em um trâmite monetário; (2) (o acusado) sabia que o trâmite envolvia propriedade ou fundos provenientes de alguma atividade criminal; (3) a propriedade tinha um valor de mais de $10.000; (4) a propriedade era de fato proveniente de uma atividade ilícita, especificadamente de fraude contra o sistema de saúde; e (5) o trâmite ocorreu nos Estados Unidos.

De todo modo, a questão referente à prova da materialidade do delito deve ser resolvida exclusivamente pela Jurisdição norte-americana, a quem incumbe definir a tipificação das condutas ilícitas praticadas em seu território.

Conforme exposto, conquanto seja possível discutir a abrangência com que se deve analisar o substrato fático na delimitação da dupla tipicidade, na hipótese estudada, o exame representaria incursão direta no mérito da pretensão punitiva deduzida no exterior, expediente manifestamente incompatível com a sistemática de contenciosidade limitada.

Isso porque, se o Brasil é demandado a respeito de indivíduo a quem se imputa a prática do crime previsto na seção 1.957, é certo que o Estado requerente já reputou insuficientes ou inexistentes os indícios de que o agente haveria atuado com desiderato de promover a ocultação ou a dissimulação de ativos. Se não fosse assim, teria atribuído ao extraditando a prática, propriamente, de lavagem de capitais, e não de delito subsidiário cujo traço distintivo é, precisamente, a ausência de dolo específico de ocultação ou de dissimulação dos ativos transacionados.

Como se sabe, variações de *nomen iuris* e diversidade de redação legislativa são fenômenos esperados diante das peculiaridades de cada país e, portanto, não devem obstar a verificação da dupla tipicidade. Nesse sentido, não haveria problemas em, ao analisar os fatos atribuídos ao extraditando, concluir que, no Brasil, tal conduta equivaleria a determinado tipo penal.

No entanto, em relação aos Estados Unidos da América, a legislação federal prevê dois tipos penais aproximados, sendo que apenas um deles pode se equiparar ao delito de lavagem de ativos previsto no ordenamento brasileiro. Se a autoridade estrangeira – soberana na análise da prova – decidiu por determinado enquadramento típico, afastando determinadas elementares, não deve a autoridade judicial brasileira rever seu entendimento.

Trata-se de consectário lógico: a autoridade estrangeira, ao imputar crime distinto do de lavagem previsto na seção 1.956, excluiu a possibilidade de subsunção também em relação à lei brasileira, visto que os elementos estruturantes dos tipos penais são similares, e somente a Justiça estrangeira tem competência para revisitar tal ponto. Se decidisse pela presença da dupla tipicidade nessas circunstâncias, o Supremo Tribunal Federal estaria enveredando em mais do que mera análise do substrato fático. Ao contrário, promoveria verdadeira recapitulação jurídica, pois reconheceria elementares reputadas inexistentes pelo país demandante, em prejuízo à soberania desse Estado, finalidade manifestamente inadequada ao exame extradicional[41].

De todo modo, relembra-se a possibilidade de aferição da dupla tipicidade por dois métodos distintos, com diferentes graus de abrangência no exame fático: pelo exame abstrato da conduta proibida pelo tipo penal estrangeiro ou pela avaliação da conduta concretamente narrada no pedido extradicional. Muito embora tal distinção seja muito relevante, e ainda se encontre sem tratamento preciso pela Suprema Corte, é desinfluente para a solução da hipótese estudada.

Nesse caso em particular, a questão envolvendo a subsunção das condutas encontra-se inteiramente circunscrita à sistemática da contenciosidade limitada, haja vista a existência, na legislação penal federal norte-americana, de crime similar à lavagem de ativos da Lei n. 9.613/98, e a inequívoca escolha do Estado estrangeiro pela subsunção a tipo penal diverso.

---

41 "Ao lado disso, a subsunção dos fatos ao tipo penal é de incumbência apenas ao juízo de origem, por força do sistema de contenciosidade limitada, consagrado no Estatuto do Estrangeiro (art. 85, § 1º) e placitado pela jurisprudência desta Corte." (STF. Segunda Turma. Ext. 1427, rel. Min. TEORI ZAVASCKI, j. em 15-3-2016, *DJe*-164, 5-8-2016)

Assim, se o pleito extradicional lastrear-se na seção 1.957 da legislação penal federal norte-americana, ainda que haja descrição sobre possíveis mecanismos de ocultação, deveria o Supremo Tribunal Federal desconsiderá-la e, portanto, indeferir a extradição, haja vista que a mera imputação desse delito já indica juízo negativo, pela autoridade norte-americana, acerca da materialidade de eventual lavagem de ativos, segundo a compreensão brasileira do termo.

5. Conclusão

Em determinadas ocasiões, a análise da dupla tipicidade pode apresentar-se de forma contraintuitiva ao intérprete familiarizado com a sistemática da contenciosidade limitada, que norteia o processo extradicional brasileiro. Isso porque, conforme exposto, são identificadas duas abordagens distintas em relação à abrangência do instituto.

O Supremo Tribunal Federal orienta sua jurisprudência oscilando entre tais concepções, perfilhando, por vezes, de visão mais restritiva e, em outras, autorizando incursão mais detalhada no substrato fático que dá ensejo à extradição, ainda que se atente, em tese, à sistemática da contenciosidade limitada.

A fim de ilustrar as peculiaridades de sua aplicação, procedeu-se ao exame pormenorizado de pedidos de extradição formulados pelo Governo dos Estados Unidos da América com base em tipo penal *suis generis* de lavagem de capitais.

Como apontado, aquele país criminaliza não somente a modalidade usual de lavagem de ativos, equiparada à brasileira, como também tipifica o mero uso ou transação monetária com numerário fruto de crime antecedente, ou seja, com origem ilícita. Trata-se de espécie delitiva cuja tipificação prescinde de qualquer mecanismo objetivo de ocultação ou dissimulação, assim como da orientação anímica voltada à "reciclagem" dos ativos.

Não obstante a manifesta atipicidade dessas condutas no ordenamento jurídico brasileiro, foram localizadas diversas extradições em que a Suprema Corte deferiu pleitos fundados também no aludido delito. No mais, em apenas duas ocasiões, houve votos pelo indeferimento, uma delas nem sequer julgada em definitivo ao tempo desse estudo.

Em outro eixo de análise, verificou-se que o delito subsidiário à lavagem de capitais previsto na legislação americana (Título 18, seção 1.957, do Código dos Estados Unidos) não atende o requisito da dupla tipicidade, ainda que a narrativa acusatória encartada ao pleito extradicional dê conta de fatos, em tese, indicativos de escamoteamento de ativos.

Isso porque há, na legislação norte-americana, crime específico de lavagem de ativos, com exigência de elementares típicas assemelhadas ao tipo brasileiro. Assim, se a Autoridade estrangeira classificou a conduta em tipo penal diverso, cuja distinção marcante é a "desnecessidade de dolo específico de ocultar ou disfarçar a natureza, localização, fonte, propriedade ou o controle dos benefícios derivados das condutas antecedentes, ou, ainda, evitar as comunicações exigidas por lei"[42], é porque reputou ausentes ou insuficientes elementos essenciais à caracterização do delito "tradicional" de lavagem de ativos, que encontra correspondência na legislação brasileira.

Assim, destaca-se que, mesmo ao se adotar concepção abrangente para análise da dupla tipicidade, as questões envolvendo a subsunção das condutas devem ser resolvidas exclusivamente pela Jurisdição norte-americana, eis que inteiramente circunscritas à sistemática da contenciosidade limitada.

De todo modo, não se pretendeu, com esses breves apontamentos, o exaurimento da temática. Há de se reconhecer a controvérsia acerca dos limites à análise do substrato fático quando voltado ao exame da dupla tipicidade. É patente a necessidade de maiores estudos sobre o tema, que passa ao largo das principais discussões doutrinárias nacionais acerca do assunto.

---

42 CALLEGARI, André Luís. *Lavagem de dinheiro* / André Luís Callegari, Ariel Barazzetti Weber. São Paulo: Atlas, 2014, p. 71.

6. Referências bibliográficas

ACCIOLY, Hildebrando. *Manual de direito internacional público*/ Hildebrando Accioly, G. E. do Nascimento e Silva, Paulo Borba Casella. 24. ed. São Paulo: Saraiva Educação, 2019.

ARAS, Vladimir. *Direito Probatório e Cooperação Jurídica Internacional.* In: SALGADO, D. R.; QUEIROZ, R. P. (Orgs.). A Prova no enfrentamento à macrocriminalidade. Salvador: Juspodivm, 2015, p. 241-307.

BITENCOURT, Cezar Roberto. *Tratado de Direito Penal econômico*, v. 2. São Paulo: Saraiva, 2016.

BRASIL. Constituição (1988). Constituição da República Federativa do Brasil. Brasília: Senado Federal: Coordenação de Edições Técnicas, 2020.

BRASIL. Lei n. 13.445, de 24 de maio de 2017. Institui a Lei de Migração. *Diário Oficial da União*, Brasília, DF, 25 de maio de 2017.

BRASIL. Decreto n. 55.750, de 11 de fevereiro de 1965. Promulga o Tratado de Extradição com os Estados Unidos da América e respectivo Protocolo Adicional. *Diário Oficial da União*, Brasília, DF, 15 de fevereiro de 2017.

BRASIL. Supremo Tribunal Federal. Primeira Turma. Extradição n.1448, rel. Min. EDSON FACHIN, j. em 20-9-2016, *DJe*-214, 6-10-2016.

BRASIL. Supremo Tribunal Federal. Tribunal Pleno. Extradição n. 1073, rel. Min. CELSO DE MELLO, j. em 30-4-2008, *DJe*-162, 29-8-2008.

BRASIL. Supremo Tribunal Federal. Tribunal Pleno. Extradição n. 1187, rel. Min. DIAS TOFFOLI, j. em 16-12-2010, *DJe*-058, 29-3-2011.

BRASIL. Supremo Tribunal Federal. Segunda Turma. Extradição n. 977 – extensão, rel. Min. CELSO DE MELLO, j. em 26-5-2015, *DJe*-113, 15-6-2015.

BRASIL. Supremo Tribunal Federal. Primeira Turma. Extradição n. 1330, rel. Min. MARCO AURÉLIO, j. em 19-4-2016, *DJe*-101, 18-5-2016.

BRASIL. Supremo Tribunal Federal. Segunda Turma. Extradição n. 1503, rel. Min. CÁRMEN LÚCIA, j. em 23-10-2018, *DJe*-029, 13-2-2019.

BRASIL. Supremo Tribunal Federal. Segunda Turma. Extradição n. 1249, rel. Min. GILMAR MENDES, j. em 23-10-2018, *DJe*-239,19-12-2011.

BRASIL. Supremo Tribunal Federal. Primeira Turma. ARE 686707 AgR, rel. Min. LUIZ FUX, j. em 30-10-2012, *DJe*-235, 30-11-2012.

BRASIL. Ministério da Justiça. *Manual de extradição*, 2012. Disponível em: https://www.justica.gov.br/sua-protecao/cooperacao-internacional/extradicao.

CALLEGARI, André Luís. *Lavagem de dinheiro* / André Luís Callegari, Ariel Barazzetti Weber. São Paulo: Atlas, 2014.

DEL' OLMO, Florisbal de Souza, *A extradição na contemporaneidade*: Breves Reflexões. Cadernos do Programa de Pós-graduação em Direito PPGDir / Universidade Federal do Rio Grande do Sul, UFRGS. Porto Alegre, UFRGS, n. 1, p. 67–90, 2004.

ESTADOS UNIDOS DA AMÉRICA. US code, title 18, section 1956. Disponível em: https://www.law.cornell.edu/uscode/text/18/1956.

ESTADOS UNIDOS DA AMÉRICA. US code, title 18, section 1957. Disponível em: https://www.law.cornell.edu/uscode/text/18/1957.

ESTADOS UNIDOS DA AMÉRICA. United States Court of Appeals for the Ninth Circuit. United States v. Rutgard, j. em 6-3-1997. Disponível em: https://www.leagle.com/decision/19971386116f3d127011183.

ESTADOS UNIDOS DA AMÉRICA. Congressional Research Service. Money Laundering: An Overview of 18 U.S.C. § 1956 and Related Federal Criminal Law. Disponível em: https://fas.org/sgp/crs/misc/RL33315.pdf.

GOMES, Maurício Augusto. Aspectos da extradição no direito brasileiro. *Revista dos Tribunais*, vol. 655/1990, p. 258-266, 1990.

JÚNIOR, Luiz Carlos Ormay; ARRUDA, Rejane Alves de. O processo de extradição e seus limites no Brasil: apontamentos de acordo com o entendimento do Supremo Tribunal Federal. *Revista Thesis Juris – RTJ*, São Paulo, v. 7, n. 2, p. 182-198, jul./dez. 2018.

MAZZUOLI, Valério de Oliveira. *Curso de direito internacional público*/ Valério de Oliveira Mazzuoli. 12. ed. Rio de Janeiro: Forense, 2019.

MAZZUOLI, Valério de Oliveira. Algumas questões sobre a extradição no direito brasileiro. *Revista dos Tribunais*. v. 906, p. 159-178, 2011.

OSÓRIO SILVA, Anamara. Dupla incriminação no direito internacional contemporâneo: análise sob a perspectiva do processo de extradição. 2014. 164 f. Dissertação (Mestrado em Direito). Faculdade de direito da Universidade de São Paulo, São Paulo.

PRADO, Luiz Regis. *Direito penal econômico*/Luiz Regis Prado. 8. ed. Rio de Janeiro: Forense, 2019.

SEGABINAZI, Fabiane. Uma análise da extradição no Direito brasileiro. *Revista da Faculdade de Direito da Universidade Federal do Rio Grande do Sul*, Porto Alegre, v. 24, p. 151-175, 2004.

V. Tibúrcio, Carmen et Barroso, Luís Roberto. Algumas questões sobre a extradição no direito brasileiro. Disponível em: http://www2.senado.leg.br/bdsf/handle/id/688.

3.

O sigilo de dados bancários no Brasil, ontem e hoje: entre o direito à intimidade e o dever de compartilhamento

Bruno Freire de Carvalho Calabrich[1]
Pablo Coutinho Barreto[2]

1. Introdução

O sigilo bancário, compreendido como um atributo decorrente da obrigação de proteção dos dados sobre operações bancárias custodiados pelas instituições financeiras, está associado ao próprio surgimento dos bancos e ao interesse de se preservar os detalhes dos negócios comerciais por estes entabulados do escrutínio de terceiros estranhos a estas relações.

Ocorre que, para fazer frente às suas diversas competências constitucionais e para evitar que a prática de crimes seja acobertada

---

1 Mestre em Direitos e Garantias Fundamentais pela FDV. MBA em Gestão Pública pela FGV. Doutorando em Direito pela UnB. Procurador Regional da República.
2 Mestre em Desenvolvimento e Meio Ambiente pela Universidade Federal de Sergipe. Especialista em Direito Civil pela Fundação Faculdade de Direito da Bahia. Procurador da República.

pelo abuso do direito à confidencialidade das informações bancárias, o Estado precisa ter acesso a esses dados.

O tratamento conferido ao sigilo bancário na legislação estrangeira e no ordenamento jurídico brasileiro não é uniforme. Os países adotam níveis de proteção diferenciados entre si e, ao longo do tempo, a legislação brasileira passou por diversas mudanças, transitando do sigilo absoluto a um segredo moderado, o que impactou diretamente a aplicação desse instituto jurídico pelos Tribunais.

O presente artigo busca esclarecer se o sigilo bancário, enquanto reflexo econômico do direito à intimidade, pode ser flexibilizado diante de outros interesses de ordem pública, em quais situações fáticas a superação do sigilo bancário pode ocorrer e qual o procedimento adequado para tanto, notadamente se o acesso pode ocorrer diretamente por agentes públicos ou se isso demandaria uma prévia autorização do Poder Judiciário.

O texto aborda o conceito e os fundamentos do sigilo bancário, como o sigilo bancário é tratado na legislação de outros países, a evolução legislativa e jurisprudencial sobre o tema, a relação entre reserva de jurisdição e sigilo bancário, a jurisprudência atual do STF e, por fim, sigilo bancário e Ministério Público. A pesquisa empreendida tem cunho eminentemente descritivo, sem descurar da problematização concernente à necessidade de prévia autorização judicial para acesso aos dados bancários por determinadas autoridades do Estado, questão não inteiramente sedimentada pelo Supremo Tribunal Federal.

Para atingir o desiderato deste artigo recorreu-se à revisão bibliográfica de obras tradicionais da dogmática do direito tributário e também de autores atuais, bem como à pesquisa documental de textos legislativos do final do século XIX até a data presente e à análise da jurisprudência do Supremo Tribunal Federal ao longo do tempo.

2. Conceito e fundamentos do sigilo bancário

A discrição que envolve o conteúdo das operações bancárias está associada ao próprio surgimento dos bancos e ao interesse de se preservar os detalhes dos negócios comerciais por eles entabulados do escrutínio de terceiros estranhos a estas relações.

O sigilo das informações bancárias é um atributo essencial à atividade das instituições financeiras. Para Covello (2001), os bancos têm a obrigação de não revelar, salvo justa causa, informações que venham a obter em virtude de sua atividade profissional. O sigilo bancário importaria, segundo Labanca (1968), em um dever de silêncio a cargo dos bancos a respeito de fatos vinculados com pessoas com quem mantêm relações comerciais. Nas palavras de Malagarrica (1970), o dever de sigilo é a obrigação imposta aos bancos de não revelar a terceiros, sem justa causa, os dados referentes a seus clientes que tenham conhecimento como consequência das relações jurídicas que os vinculam.

Podemos, assim, conceituar o sigilo bancário como a obrigação de proteção dos dados relacionados a operações bancárias custodiados pelas instituições financeiras.

Diversas são as teorias que buscam explicar os fundamentos jurídicos do sigilo dos dados bancários. Dentre estas, Chinen (2005) e Cavalcante (2007) destacam sete principais: teoria contratualista; teoria da responsabilidade civil; teoria da boa-fé; teoria consuetudinária; teoria legalista; teoria do segredo profissional; e teoria do direito à intimidade.

A teoria contratualista parte da ideia de que o sigilo bancário decorre de uma convenção pactuada entre o banco e o cliente por meio de um contrato bancário. Ainda que não prevista expressamente, a discrição em relação aos dados das operações bancárias seria uma cláusula implícita, que imputaria uma obrigação acessória à instituição financeira.

Também conhecida como teoria delitual ou do ato ilícito, para a teoria da responsabilidade civil, o sigilo bancário decorreria do dever geral de não prejudicar terceiros, sob pena de reparação do dano. Assim, haveria o interesse do cliente na manutenção do sigilo das informações bancárias, cuja revelação importaria em um dano.

A teoria da boa-fé ou do dever de lisura aponta como fundamento a confiança e a lealdade que os contratantes devem observar na execução da avença, sendo a obrigação de manutenção do sigilo uma especificidade do dever de boa-fé e lisura nos contratos bancários.

Para a teoria consuetudinária, o dever de sigilo dos dados bancários fundamenta-se nos usos e costumes universalmente aceito pelos bancos de manter reserva sobre os negócios de seus clientes, uma vez que as atividades bancárias se caracterizariam pela relação de fidúcia que rege a relação contratual.

A teoria legalista aponta como fundamento do sigilo bancário a existência de lei que o discipline, resultado da evolução das práticas comerciais que enlaçam cliente e banco em uma relação fiduciária.

A teoria do segredo profissional busca atribuir fundamento ao sigilo bancário com apoio em normas de natureza eminentemente penal, que tutelam situações em que se mostra obrigatória o dever de confidência, tal como ocorre na relação médico/paciente e advogado/cliente. Assim, qualifica o sigilo bancário como uma espécie do dever de sigilo profissional.

Por fim, destaca-se a teoria do direito da personalidade ou do direito à intimidade, que encontra no sigilo dos dados bancários uma expressão do direito à privacidade, um direito da personalidade, com sede constitucional, de titularidade do cliente.

No Brasil, a doutrina, majoritariamente, acolhe a teoria do direito à intimidade como fundamento para o sigilo dos dados bancários, que se prestaria a tutelar o viés econômico da vida privada dos cidadãos.

Neste sentido, Arnold Wald (1998) sustenta que o sigilo bancário é o meio para resguardar a privacidade no campo econômico, pois veda a publicidade sobre a movimentação da conta-corrente bancária e das aplicações financeiras. Para Ives Gandra da Silva Martins (2001), o sigilo bancário é uma defesa da privacidade, que não diz respeito apenas a aspectos íntimos, mas também a externalidade, como, por exemplo, os dados patrimoniais. Melina Flores (2019), por sua vez, esclarece, de forma objetiva, que a reserva das informações referentes ao sigilo bancário ou financeiro emerge como manifestação do direito fundamental à vida privada dos cidadãos e encontra-se estabelecida no art. 5º, inc. X, da Constituição da República de 1988.

Identificado o fundamento jurídico para se conferir proteção aos dados de operações bancárias, no ordenamento jurídico brasileiro, convêm seguir a análise de modo a precisar a extensão do sigilo bancário.

A conformação do segredo sustentada por Wald (1998) abrange todos os aspectos da relação entre o banco e o cliente, presumindo-se a vontade do cliente de manter o sigilo em relação à sua conta bancária, salvo autorização em contrário. Farhat (1980) segue na mesma linha, apenas ressaltando não estarem incluído no âmbito de proteção os fatos que o banqueiro teve conhecimento por força de uma relação externa aos negócios bancários.

Para Labanca (1968) e para Malagarrica (1970), o objeto de proteção abrangeria os fatos da relação comercial entre o sujeito ativo e o passivo, ou seja, seria formado pelos dados obtidos pelo banco em razão das relações jurídicas mantidas com seus clientes.

Sérgio Covello (2001) aprofunda melhor a questão, precisando os contornos do sigilo bancário. Identifica como estando dentro do âmbito de proteção do dever de confidência as operações bancárias (ativas, passivas e serviços em geral), dados dessas operações (forma de pagamento, montante, destinação etc.), dados informados pelo cliente para conseguir a operação (dados pessoais, endereço, estado civil, nome do cônjuge, ordenado, local de trabalho, relação de bens, e outros dados íntimos da vida particular do cliente que chegam ao conhecimento do banco em virtude da operação realizada.

Segundo Michel Haber Neto (2018), o sigilo bancário apresenta ao menos duas perspectivas: num primeiro plano, busca proteger a privacidade daqueles dados relativos ao contribuinte que já se encontram na posse da administração tributária; num segundo plano, visa a impedir que a administração tributária tenha acesso a informações privadas do contribuinte sem seu consentimento ou sem respeitar o procedimento adequado.

No Brasil, o âmbito de proteção do sigilo bancário foi delimitado inicialmente pela Lei n. 4.595/64, que dispôs, em seu art. 38, o dever das instituições financeiras conservarem o sigilo em suas operações ativas e passivas e serviços prestados, no que foi secundada pela Lei Complementar n. 105/2001[3], atualmente em vigência.

Acertadamente, o Superior Tribunal de Justiça decidiu, no ano de 2018, ao julgar o Recurso Especial n. 1.561.191/SP[4], que os dados cadastrais bancários (informações de seus correntistas tais como número da conta-corrente, nome completo, RG, CPF, número de telefone e endereço) estão incluídos na definição de dados cadastrais e não estão, portanto, protegidos por sigilo bancário, que abriga apenas os serviços da conta (aplicações, transferências, depósitos etc.):

> PROCESSUAL CIVIL. AÇÃO CIVIL PÚBLICA. LEGITIMIDADE DO MINISTÉRIO PÚBLICO. FORNECIMENTO DE DADOS CADASTRAIS DE CLIENTES DE INSTITUIÇÕES FINANCEIRAS MEDIANTE REQUISIÇÃO DIRETA DO *PARQUET* OU DA POLÍCIA FEDERAL. DIREITOS DIFUSOS E COLETIVOS CARACTERIZADOS. SEGURANÇA PÚBLICA. ACESSO A DADOS CADASTRAIS. POSSIBILIDADE. HISTÓRICO DA DEMANDA.
> [...]
> 5. Outro ponto imprescindível ao deslinde da presente controvérsia é a distinção de dados e dados cadastrais. Enquanto os "dados" revelam aspectos da vida privada ou da intimidade do indivíduo e possuem proteção constitucional esculpida no art. 5º, X e XII, da Constituição Federal, os "dados cadastrais" se referem a informações de caráter objetivo que todos possuem, não permitindo a criação de qualquer juízo de valor sobre o indivíduo a partir de sua divulgação. São essencialmente um conjunto de informações objetivas fornecidas pelos consumidores/clientes/usuários sistematizadas em forma de registro de fácil acesso por meio de seu armazenamento em banco de dados de pessoas jurídicas de direito público ou privado, contendo informações como nome completo, CPF, RG, endereço, número de telefone etc. 6. O Supremo Tribunal Federal consolidou jurisprudência de que o conceito de "dados" previsto na Constituição é diferente do de "dados cadastrais". Somente

---

3   Art. 1º As instituições financeiras conservarão sigilo em suas operações ativas e passivas e serviços prestados.
4   STJ, 2ª T., REsp 1561191/SP, rel. Min. HERMAN BENJAMIN, Data de julgamento: 19-4-2018. Data de publicação: *DJe* 26-11-2018.

aquele tem assegurada a inviolabilidade da comunicação de dados. A propósito: STF, RE 418.416/SC, rel. Min. Sepúlveda Pertence, Tribunal Pleno, *DJ* 19-12-2006; STF, HC 91.867/PA, rel. Min. Gilmar Mendes, Segunda Turma, *DJe* 19-9-2012, publicado em 20-9-2012.
7. Os dados cadastrais bancários (informações de seus correntistas tais como número da conta-corrente, nome completo, RG, CPF, número de telefone e endereço) estão incluídos na definição de dados cadastrais e não estão, portanto, protegidos por sigilo bancário, que abriga apenas os serviços da conta (aplicações, transferências, depósitos etc.) e não os dados cadastrais de seus usuários.
8. Ressalte-se que o STJ, ao apreciar controvérsia referente ao acesso a dados cadastrais telefônicos, adotou o mesmo entendimento aqui esposado, ao consignar que informações referentes ao proprietário de linha telefônica (nome completo, CPF, RG, número da linha e endereço) buscam somente a identificação de seus usuários e, portanto, não estão acobertadas pelo sigilo das comunicações telefônicas. Nesse sentido: RHC 82.868/MS, rel. Min. Felix Fischer, Quinta Turma, *DJe* 1º-8-2017; HC 131.836/RJ, rel. Min. Jorge Mussi, Quinta Turma, *DJe* 6-4-2011. [...]

Deste modo, amparado na legislação vigente, na jurisprudência dos Tribunais Superiores e na doutrina, é possível delimitar de forma precisa que o alcance do sigilo bancário compreende as operações ativas e passivas e os serviços das instituições financeiras, a exemplo de informações acerca de saldos em conta-corrente ou aplicações, extratos ou detalhamento de movimentações financeiras. Não estão protegidos por sigilo bancário, todavia, os dados cadastrais bancários, tais como número da conta-corrente, nome completo, documentação pessoal, número de telefone e endereços físicos e eletrônicos do respectivo titular, RG e CPF, dentre outros, estão incluídos na definição de dados cadastrais e não estão, portanto, que abriga apenas os serviços da conta (aplicações, transferências, depósitos etc.) e não os dados cadastrais de seus usuários.

3. UM RÁPIDO SOBREVOO NO DIREITO COMPARADO: O SIGILO BANCÁRIO EM OUTROS PAÍSES

Para uma análise criteriosa da conformação do sigilo bancário no direito brasileiro mostra-se necessário recorrer a uma revisão do tratamento que lhe é conferido pelos diversos ordenamentos jurídicos estrangeiros, uma vez que a reserva das informações custodiadas pelas instituições financeiras em relação às operações de seus clientes é um fato inerente às atividades desenvolvidas pelas instituições financeiras.

Como bem afiançado por René David (1986), o jurista deve interessar-se pelo direito comparado, seja para melhor compreender o seu próprio direito, seja para tentar aperfeiçoá-lo, ou ainda, para estabelecer regras de conflito ou uma harmonização dos diversos direitos. Assim, para que o direito comparado cumpra sua função, é necessário deixar de se concentrar unicamente no estudo do direito nacional, e fazer uso do método comparativo.

Cavalcante (2007), ao se debruçar sobre o direito comparado, buscou agrupar os sistemas jurídicos de acordo com o âmbito de proteção conferido às informações bancárias, classificando-os em países que adotam sigilo absoluto, sigilo reforçado e sigilo moderado.

Os sistemas jurídicos que adotam o sigilo "absoluto" são próprios dos denominados paraísos fiscais[5], dentre os quais podem ser citados os seguintes países e territórios autônomos: Comunidade das Bahamas, Ilhas Cayman, Hong Kong, Mônaco, Liechtenstein, cujas legislações facilitam a circulação de capital, ao assegurar o anonimato dos titulares das respectivas operações bancárias.

O denominado sigilo reforçado está presente na Suíça, Áustria, Luxemburgo e Uruguai, sendo caracterizado por um número reduzido de situações que excepcionam o dever de reserva e pela presença de regras procedimentais bastante restritivas para o acesso a dados bancários.

Os países que adotam o sigilo bancário moderado caracterizam-se pelo enfoque à proteção do segredo por meio de norma constitucional, implícita ou explícita, regulamentada por norma legal, que especifica diversas derrogações ao dever de confidência, bem como os variados procedimentos para o acesso aos dados de operação

---

5 Na legislação brasileira a definição de paraíso fiscal pode ser encontrada no art. 1º da Instrução Normativa n. 1307/2010 da Secretaria da Receita Federal.

bancárias. Nesta categorização se encontra um número relevante de países, como Argentina, Alemanha, Brasil, Estados Unidos da América, França e Portugal.

Para os fins deste artigo, mostra-se importante o detalhamento da forma de acesso aos dados bancários nos sistemas jurídicos dos países que adotam como regra o sigilo bancário moderado, de modo a melhor entender a adequação das disposições vigentes no direito brasileiro.

Na Argentina, o sigilo bancário encontra-se disciplinado expressamente no art. 39 da Lei n. 21.526/77, que estabelece a proibição de divulgação dos dados financeiros por parte dos bancos, exceto quando requisitados pelos juízes em causas judiciais, pelo Banco Central no exercício de suas funções, e pelo fisco, sob determinadas condições. O compartilhamento dos dados bancários com a administração tributária argentina, portanto, independe de intervenção judicial, podendo ser objeto de requisição direta, desde que seja veiculada por meio de um pedido formal e prévio.

Em linha próxima, o sistema jurídico alemão faculta o compartilhamento dos dados bancários ao fisco, sem a necessidade de autorização do Poder Judiciário. Cavalcante (2007) esclarece que o sigilo bancário encontra previsão específica na Lei Bancária de 1961, entretanto a jurisprudência da Suprema Corte Alemã tem admitido a ponderação de interesses em face do direito à intimidade, viabilizando o acesso da administração tributária diretamente às informações bancárias. O acesso é facultado diante da negativa do contribuinte em fornecê-las, porém não se faculta à administração tributária da Alemanha o acesso periódico aos dados das operações bancárias.

Nos Estados Unidos da América, desde a edição do *Bank Secrecy Act*, nos idos de 1970, os bancos passaram a ser obrigados a fornecer informações ao tesouro americano em caso de transações suspeitas de envolvimento com atividades ilegais, ou qualquer operação cujo montante ultrapasse 10.000 dólares. Chinen (2005) recorda que, submetido ao crivo da Suprema Corte Americana, entendeu-se que esse acesso direto pelo *Internal Revenue Service* – IRS não violava a 4ª Emenda, abrindo-se caminho para acesso irrestrito aos dados bancários mediante intimações administrativas.

Com a edição do *Right to Financial Privacy Act*, em 1978, que regula as condições de acesso a dados privados de natureza financeira pelos poderes públicos, o cliente deve ser notificado em caso de demanda por seus dados bancários, com direito a protestar contra essa requisição, mas sem conseguir opor tal prerrogativa aos governos estaduais e à administração tributária americana.

Na França, a regulamentação legal do sigilo bancário data do início do século XVIII (*Réglement d'octobre 1706*), que reconhecia a necessidade de segredo nos negócios bancários, cambiais, comerciais e financeiros. Entretanto, o direito à confidência das informações bancárias encontra limites no interesse do Estado, tendo o fisco francês o acesso direto a dados bancários, seja por comunicação espontânea, seja por requisição direta de informações.

O sistema jurídico português admite, desde o ano 2000, com a aprovação da Lei da Reforma de Tributação do Rendimento, o acesso direto pelo fisco aos documentos bancários, ampliando as exceções ao sigilo bancário previstas no Decreto-lei n. 298/92, que dispõe sobre o Regime Geral das Instituições de Crédito e Instituições Financeiras.

Como se pode perceber do tratamento jurídico conferido ao sigilo bancário pelos diversos sistemas jurídicos apontados, dentre os países integrantes da Organização para a Cooperação e Desenvolvimento Econômico – OCDE, somente Suíça, Áustria e Luxemburgo adotam o sigilo reforçado, não admitindo o acesso direto a dados bancários, em determinadas situações, por órgãos públicos.

Essa convergência dos normativos internos de diversos países em relação ao conteúdo das recomendações expedidas pela OCDE se explica pela percepção da imprescindibilidade de se combater os crimes de terrorismo, tráfico de armas e de pessoas, evasão e fraude fiscais, lavagem de dinheiro e corrupção de agentes públicos.

Assim, adverte Chinen (2005), a OCDE preocupa-se com a possibilidade de os contribuintes esconderem atividades ilegais e escaparem da tributação, opondo o sigilo bancário às autoridades governamentais, provocando consequências danosas, local e internacionalmente, embora reconheça a importância e legitimidade do sigilo bancário como instrumento de proteção do sigilo dos negócios financeiros dos indivíduos e empresas.

4. A EVOLUÇÃO DO SIGILO BANCÁRIO NO BRASIL: DO SEGREDO ABSOLUTO AO SIGILO MODERADO

Nos idos do Século XIX, os dados bancários, no Brasil, estavam protegidos por um sigilo absoluto. O acesso a dados de operações bancárias e comerciais não era lícito às autoridades públicas, por expressa determinação do art. 17 do Código Comercial (Lei n. 556/50)[6]. A reserva era ampla e abarcava inclusive a exibição de informações e livros comerciais por ordem judicial, à exceção de casos específicos relacionados à sucessão, disputas societárias e falência[7].

Oliveira (2001) aponta que as disposições constantes no Código Comercial conduzem ao entendimento de que somente em casos excepcionais os contribuintes teriam a obrigatoriedade de exibir seus livros a outrem, mediante ordem judicial.

A mitigação do sigilo bancário tem seu início, de maneira gradual, por meio de avanços normativos que buscavam viabilizar à autoridade tributária instrumentos para fiscalizar e cobrar o imposto sobre a renda instituído no começo da década de 1920.

A Lei n. 4.230/20 autorizou o governo federal a instituir um imposto sobre rendas e a expedir a regulamentação necessária para a sua arrecadação e fiscalização. No ano seguinte, foi editado o Decreto n. 14.729/21 que obrigava as Inspetorias dos Bancos a fornecerem às repartições arrecadadoras os esclarecimentos que

---

6   Art. 17. Nenhuma autoridade, juízo ou tribunal, debaixo de pretexto algum, por mais especioso que seja, pode praticar ou ordenar alguma diligência para examinar se o comerciante arruma ou não devidamente seus livros de escrituração mercantil, ou neles tem cometido algum vício.

7   Art. 18. A exibição judicial dos livros de escrituração comercial por inteiro, ou de balanços gerais de qualquer casa de comércio, só pode ser ordenada a favor dos interessados em gestão de sucessão, comunhão ou sociedade, administração ou gestão mercantil por conta de outrem, e em caso de quebra.

lhes forem solicitados para auxiliar a inscrição ou lançamento do imposto sobre a renda[8].

Os regulamentos dos impostos sobre a renda que sucederam o Decreto n. 14.729/21, de igual forma, dispunham sobre a obrigação de prestar as informações solicitadas pela administração tributária, destacando-se o Decreto n. 17.390/1926, que estabelecia, de forma expressa, o dever dos estabelecimentos bancários prestarem as informações relativas aos rendimentos de capitais mobiliários, em casos concretos, mediante solicitação especial do encarregado do lançamento[9], e o Decreto n. 21.554/32, que acresceu aos bancos a obrigação de prestar informação de todos os juros pagos ou creditados a particulares, acima de determinado valor, indicando endereço da pessoa a que pertenciam, e junho[10].

Até o final da década de 1930, o acesso aos dados de operações bancárias por agentes do fisco somente possuía previsão expressa os regulamentos dos impostos sobre a renda, possibilitando ao contribuinte arguir a proibição contida no art.17 do Código Comercial como uma forma de se opor à fiscalização do Serviço de Arrecadação do Imposto de Renda.

---

8   Art. 43. Compete a fiscalização do imposto.
[...]
d) as Camaras Syndicaes dos Corretores, aos tabelliães, Inspectoria de Seguros, á Inspectoria de Bancos, á Super-intendencia de Clubs, escrivães officiaes do registro de immoveis, obrigados todos a fornecer às repartições arrecadadoras os esclarecimentos que lhes forem solicitados para auxiliar a inscripção ou lançamento dos impostos;
9   Art. 79. Os estabelecimentos bancarios prestarão as informações relativas aos rendimentos classificados na 2ª categoria, em casos concretos, mediante solicitação especial do encarregado do lançamento (Circular n. 67, e 27 de novembro de 1924, do ministro da Fazenda).
10   Art. 1º [...]
Art. 79. Substituir pelo seguinte:
Os estabelecimentos bancários prestarão, até 30 de junho, informação de todos os juros pagos ou creditados a particulares, que excederem de 1:000$0 com as indicações do endereço da pessoa a que pertencem. As informações de juros inferiores a essa quantia só serão prestadas mediante exigência da autoridade fiscal, em casos concretos.

Esse cenário legislativo foi alterado com a vigência do Decreto-lei n. 1.168/39[11], que autorizou aos funcionários do imposto de renda, mediante ordem escrita do diretor do Imposto e dos chefes de Secções nos Estados, examinarem a escrita comercial dos contribuintes, revogando, de forma expressa, a vedação disposta no art. 17 do Código Comercial, em relação às iniciativas de fiscalização da administração tributária.

O Decreto-lei n. 5.884/43, por sua vez, incorporou o dever dos estabelecimentos bancários prestarem as informações sobre os juros pagos ou creditados a particulares, com a respectiva indicação de titularidade das contas-correntes[12], obrigação que foi mantida com a edição da Lei n. 3.470/58.

O acesso direto das informações bancárias pelo fisco foi levado ao crivo do Supremo Tribunal Federal, pela primeira vez em 1966, no julgamento do Recurso Ordinário em Mandado de Segurança n. 19.925/GB[13], que decidiu não ser o sigilo bancário oponível ao fisco,

---

11 Art. 14. Os peritos e funcionários do imposto de renda. mediante ordem escrita do diretor do Imposto e dos chefes de Secções nos Estados, poderão proceder a exame na escrita comercial dos contribuintes, para verificarem a exatidão de suas declarações e balanços.
§ 1º A recusa de exibição dos livros dará lugar à imposição, por aquelas autoridades, de multa de 5:000$000 a 20:000$000, promovendo-se, em seguida, a exibição judicial.
§ 2º Os infratores terão o prazo de 30 dias para se defenderem perante a autoridade administrativa de 1ª instância.
§ 3º Para os efeitos do presente artigo, fica revogado o disposto no art. 17 do Código Comercial.
12 Art. 110. O Banco do Brasil e demais estabelecimentos bancários, inclusive as Caixas Econômicas, deverão prestar informações de todos os juros que excederem a Cr$ 1.000,00, pagos ou creditadas a particulares, com indicação dos nomes e endereços das pessoas a que pertencerem.
Parágrafo único. As informações de juros inferiores a essa quantia, bem como os das contas correntes relativas ao comércio, serão prestadas quando exigidas pela autoridade lançadora.
13 SIGILO BANCÁRIO. AGENTES DO IMPOSTO DE RENDA. AÇÃO FISCAL NOS BANCOS. RECURSO NÃO PROVIDO. (STF, 3ª T., RMS 15925, rel. Min. GONÇALVES DE OLIVEIRA, Data de julgamento: 20-5-1966, Data de publicação: *DJ* 24-6-1966).

uma vez que haveria o dever de manutenção do segredo pelos agentes da administração tributária, consoante disposição expressa nos arts. 200 e 201 do Decreto n. 4.373/59.

Em sentido diverso, entretanto, entendeu o Supremo Tribunal Federal no julgamento do Agravo de Instrumento n. 40.883/GB[14], ao afirmar que somente a partir da vigência da Lei n. 4.154/62 a obrigação de prestar informações sobre as operações de seus clientes alcançou os estabelecimentos bancários.

A Lei n. 4.154/1962[15] dispôs que os estabelecimentos bancários não poderiam eximir-se de fornecer à fiscalização do imposto de renda extratos de contas-correntes de seus clientes, nem informações ou quaisquer esclarecimentos solicitados, vindo a afastar quaisquer dúvidas sobre a obrigação de compartilhamento de dados bancários diretamente com a administração tributária e cristalizando o modelo de sigilo bancário moderado no Brasil.

Reforçaram o perfil moderado do instituto do sigilo bancário no direito brasileiro, admitindo o compartilhamento de dados bancários com a administração tributária, sem a necessidade de intervenção judicial, dois importantes diplomas legais: a Lei n. 4.595/64 e o Código Tributário Nacional (Lei n. 5.172/66).

A Lei n. 4.595/64[16] foi a primeira a disciplinar de forma expres-

---

14 PROCEDIMENTO FISCAL. SIGILO BANCÁRIO. APLICAÇÃO DA LEI VIGENTE AO TEMPO DO PROCEDIMENTO. AGRAVO DESPROVIDO. (STF, 3ª T., AI 40883, rel.(a) Min. HERMES LIMA, Data de julgamento: 10-11-1967, Data de publicação: DJ 8-3-1968).

15 Art. 7º Os estabelecimentos bancários, inclusive as Caixas Econômicas, não poderão eximir-se de fornecer à fiscalização do impôsto de renda, em cada caso especificado em despacho do diretor, dos delegados regionais ou seccionais e dos inspetores do impôsto de renda, cópias das contas correntes de seus depositantes e de outras pessoas que tenham relações com tais estabelecimentos, nem de prestar informações ou quaisquer esclarecimentos solicitados.

16 Art. 38. As instituições financeiras conservarão sigilo em suas operações ativas e passivas e serviços prestados.
§ 1º As informações e esclarecimentos ordenados pelo Poder Judiciário, prestados pelo Banco Central da República do Brasil ou pelas instituições

sa o sigilo bancário no Brasil. Previu exceções ao dever de reserva tanto em favor das autoridades fiscais, quanto em favor das comissões parlamentares de inquérito, delimitou o alcance do sigilo bancário às operações ativas e passivas e aos serviços prestados pelas instituições financeiras, dispôs sobre o acesso direto às informações bancárias pelos agentes fiscais tributários federais e estaduais, resguardou a manutenção do sigilo dos dados bancários transferidos ao fisco e inovou ao estabelecer um tipo penal específico em caso de violação do segredo.

Dois anos depois, o Congresso Nacional aprovou o Código Tributário Nacional que, além de dispor sobre a inoponibilidade de

---

financeiras, e a exibição de livros e documentos em Juízo, se revestirão sempre do mesmo caráter sigiloso, só podendo a eles ter acesso as partes legítimas na causa, que deles não poderão servir-se para fins estranhos à mesma.

§ 2º O Banco Central da República do Brasil e as instituições financeiras públicas prestarão informações ao Poder Legislativo, podendo, havendo relevantes motivos, solicitar sejam mantidas em reserva ou sigilo.

§ 3º As Comissões Parlamentares de Inquérito, no exercício da competência constitucional e legal de ampla investigação (art. 53 da Constituição Federal e Lei n. 1579, de 18 de março de 1952), obterão as informações que necessitarem das instituições financeiras, inclusive através do Banco Central da República do Brasil.

§ 4º Os pedidos de informações a que se referem os §§ 2º e 3º, deste artigo, deverão ser aprovados pelo Plenário da Câmara dos Deputados ou do Senado Federal e, quando se tratar de Comissão Parlamentar de Inquérito, pela maioria absoluta de seus membros.

§ 5º Os agentes fiscais tributários do Ministério da Fazenda e dos Estados somente poderão proceder a exames de documentos, livros e registros de contas de depósitos, quando houver processo instaurado e os mesmos forem considerados indispensáveis pela autoridade competente.

§ 6º O disposto no parágrafo anterior se aplica igualmente à prestação de esclarecimentos e informes pelas instituições financeiras às autoridades fiscais, devendo sempre estas e os exames serem conservados em sigilo, não podendo ser utilizados senão reservadamente.

§ 7º A quebra do sigilo de que trata este artigo constitui crime e sujeita os responsáveis à pena de reclusão, de um a quatro anos, aplicando-se, no que couber, o Código Penal e o Código de Processo Penal, sem prejuízo de outras sanções cabíveis.

sigilo à administração fazendária que pudesse limitar o exame de livros, documentos, arquivos, papéis e mercadorias, reproduziu a obrigação das instituições financeiras prestarem todas as informações de que dispusessem com relação aos bens, negócios ou atividades de terceiros[17].

Sob esse arcabouço normativo, o Supremo Tribunal Federal continuou firme em seu entendimento de ser inoponível à autoridade fazendária o sigilo das operações bancárias. No julgamento do Recurso Extraordinário n. 71.640/BA[18], com apoio na doutrina de Aliomar Baleeiro, O STF decidiu que os Bancos podem ser compelidos a informar ou fornecer cópias dos borderôs dos títulos descontados e das duplicatas ou cambiais sacadas conta o contribuinte, a fim de apurar-se a exata natureza ou volume de seus negócios:

> Sigilo bancário. As decisões na instância ordinária entenderam que em face do Código Tributário Nacional o segredo bancário não é absoluto. Razoável inteligência do direito positivo federal, não havendo ofensa ao disposto no art. 153, par. 2, da Lei Magna, nem tão pouco negativa de vigência do art. 144 do Código Civil. O objetivo do *writ* era afastar a exigência de apresentação de fichas

---

17 Art. 195. Para os efeitos da legislação tributária, não têm aplicação quaisquer disposições legais excludentes ou limitativas do direito de examinar mercadorias, livros, arquivos, documentos, papéis e efeitos comerciais ou fiscais, dos comerciantes industriais ou produtores, ou da obrigação destes de exibi-los.
Parágrafo único. Os livros obrigatórios de escrituração comercial e fiscal e os comprovantes dos lançamentos neles efetuados serão conservados até que ocorra a prescrição dos créditos tributários decorrentes das operações a que se refiram.
Art. 197. Mediante intimação escrita, são obrigados a prestar à autoridade administrativa todas as informações de que disponham com relação aos bens, negócios ou atividades de terceiros:
[...]
II – os bancos, casas bancárias, Caixas Econômicas e demais instituições financeiras;
18 STF, 1ª T., RE 71.640, rel. Min. DJACI FALCÃO, Data de julgamento: 17-9-1971, Data de publicação: *DJ* 12-11-1971.

contábeis, ao fundamento de violação de sigilo bancário. Inocorrência de dissídio jurisprudencial. Recurso extraordinário não conhecido.

Este cenário jurisprudencial se altera com a promulgação da Constituição Federal de 1988, que causou uma turbulência no então consolidado entendimento do Supremo Tribunal Federal acerca da desnecessidade de intervenção judicial para o acesso a dados bancários pela administração tributária.

5. A CONSTITUIÇÃO FEDERAL DE 1988 E A LEI COMPLEMENTAR N. 105/2001 COMO NOVOS PARADIGMAS

A discussão sobre a possibilidade do acesso direto ou sobre a necessidade de autorização do Poder Judiciário para que a administração tributária obtivesse as informações bancárias abrangidas pelo sigilo renova-se com a Constituição Federal de 1988, que dispôs, expressamente, acerca da inviolabilidade da intimidade e da vida privada como um direito fundamental.

O art. 5º, inciso X, da Constituição Federal de 1998 afirma que são invioláveis a intimidade, a vida privada, a honra e a imagem das pessoas – de onde a doutrina e jurisprudência passam a extrair a fundamentação do sigilo bancário. Ao mesmo tempo, o art. 145, parágrafo único, da CF/88 faculta à administração tributária identificar, respeitados os direitos individuais e nos termos da lei, o patrimônio, os rendimentos e as atividades econômicas do contribuinte.

Na sequência, é editada a Lei Complementar (LC) n. 105/2001 prevendo, em seu art. 5º, caber ao Poder Executivo disciplinar os critérios segundo os quais as instituições financeiras informarão à administração tributária da União as operações financeiras efetuadas pelos usuários de seus serviços. Esse artigo é hoje regulamentado pelo decreto n. 4.489, de 28 de novembro de 2002, que estatui as obrigações das instituições financeiras e delimita a forma pela qual as informações devem ser encaminhadas ao fisco.

As operações financeiras a serem informadas à administração tributária estão discriminadas no parágrafo 1º do mesmo art. 5º da

LC n. 105/2001[19]. Como requisito para o acesso às informações sobre os contribuintes, o art. 6º do mesmo diploma legal prevê que as autoridades e os agentes fiscais tributários somente poderão examinar documentos, livros e registros de instituições financeiras quando houver processo administrativo instaurado ou procedimento fiscal em curso e quando tais exames sejam considerados indispensáveis pela autoridade administrativa competente.

Conforme discorre Erik Grasmtrup (2014), a definição legal de instituição financeira da Lei Complementar n.105 aproxima-se da chamada lei de reforma bancária (Lei n. 4.595/64). O primeiro diploma preferiu a técnica da enumeração, e o segundo conceituou-as como pessoas jurídicas que coletam, intermedeiam ou aplicam recursos financeiros próprios ou de terceiros, bem como custodiam valores. A Lei n. 4.595 já determinava o sigilo nas operações ativas e passivas, ressalvada requisição judicial, de Comissão Parlamentar de Inquérito ou da fiscalização tributária, e criminalizava a conduta de quebra de sigilo, cominando a pena de reclusão, de um a quatro anos. Os destinatários da lei eram e continuam sendo sociedades empresárias cujo objeto é a intermediação do dinheiro e o depósito de recursos e valores pertencentes a terceiros.

Analisando os dispositivos da Lei Complementar n. 105, José Paulo Baltazar Junior (2005) classifica as seguintes hipóteses de

---

19 Art. 5º: [...]
§ 1º Consideram-se operações financeiras, para os efeitos deste artigo: I – depósitos à vista e a prazo, inclusive em conta de poupança; II – pagamentos efetuados em moeda corrente ou em cheques; III – emissão de ordens de crédito ou documentos assemelhados; IV – resgates em contas de depósitos à vista ou a prazo, inclusive de poupança; V – contratos de mútuo; VI – descontos de duplicatas, notas promissórias e outros títulos de crédito; VII – aquisições e vendas de títulos de renda fixa ou variável; VIII – aplicações em fundos de investimentos; IX – aquisições de moeda estrangeira; X – conversões de moeda estrangeira em moeda nacional; XI – transferências de moeda e outros valores para o exterior; XII – operações com ouro, ativo financeiro; XIII – operações com cartão de crédito; XIV – operações de arrendamento mercantil; e XV – quaisquer outras operações de natureza semelhante que venham a ser autorizadas pelo Banco Central do Brasil, Comissão de Valores Mobiliários ou outro órgão competente.

"quebra" de sigilo bancário: a) troca ou fornecimento de informações para fins privados (arts. 1º, § 3º, I e II); b) acesso a informações para fiscalização do sistema financeiro nacional (arts. 2º e 7º); c) comunicações para fins de investigação criminal ou administrativa (arts. 1º, § 3º, IV, 2º, § 6º e 9º); d) informações determinadas pelo Poder Judiciário (art. 1º, § 4º, 3º e 7º); e) informações e documentos necessários ao exercício do Poder Legislativo ou para investigação por Comissão Parlamentar de Inquérito (art. 4º); f) informações de interesse da fiscalização tributária (art. 1º, § 3º, III; art. 5º; art. 6º); e g) informações prestadas com o consentimento do interessado (art. 1º, § 3, V).

A possibilidade de acesso a informações bancárias ou financeiras de contribuintes é um verdadeiro poder-dever da administração tributária, mas que ao mesmo tempo está atrelado a um poder-dever de preservação do sigilo das informações recebidas. Assim é que o parágrafo único do art. 6º da LC n. 105/2001 estabelece que o resultado dos exames, as informações e os documentos *serão conservados em sigilo*. Ademais, a "quebra" de sigilo fora das hipóteses autorizadas na LC n. 105/2001 constitui crime e sujeita os responsáveis à pena de reclusão, de um a quatro anos, e multa, aplicando-se, no que couber, o Código Penal, sem prejuízo de outras sanções cabíveis (art. 10, *caput*, da LC n. 105/2001).

Da mesma sorte, o Código Tributário Nacional – Lei n. 5.172/66 – veda a divulgação, por parte da Fazenda Pública ou de seus servidores, de informação obtida em razão do ofício sobre a situação econômica ou financeira do sujeito passivo ou de terceiros e sobre a natureza e o estado de seus negócios ou atividades (art. 198 do CTN). Excetuam-se desse dever de sigilo: I – a requisição de autoridade judiciária; II – solicitações de autoridade administrativa no interesse da Administração Pública, desde que seja comprovada a instauração regular de processo administrativo por prática de infração administrativa (art. 198, § 1º, do CTN). Em qualquer caso, o intercâmbio de informação sigilosa no âmbito da Administração Pública será realizado de forma a assegurar a preservação do sigilo (art. 198, § 1º, do CTN).

Desse último dispositivo decorre a compreensão de que, ao compartilhar informações sigilosas com outros órgãos da Administração Pública, as autoridades fiscais não estão exatamente "quebrando" o sigilo dessas informações, que continuam a ter caráter sigiloso e nessa qualidade devem ser mantidas pela autoridade que recebe as informações compartilhadas.

Em síntese, dados bancários ou fiscais são, via de regra, sigilosos, e esse caráter não se perde quando há compartilhamento com outras autoridades do Estado. Não há nesses casos, portanto, verdadeira "quebra" do sigilo, mas sim compartilhamento do dever de preservação do caráter sigiloso dos dados repassados. A ausência de quebra, nessas hipóteses, foi um dos principais fundamentos invocados pelo STF no julgamento das ADI 2390, 2386, 2397 e 2859 e do RE 601.314 em 24-2-2016, consoante abordado adiante.

Contudo, uma melhor e mais abrangente compreensão quanto aos limites de acesso a informações bancárias e fiscais e ao dever que toca às autoridades públicas de preservação de seu sigilo exige o estudo de alguns outros dispositivos constitucionais: os incs. X, XI, XII e LXI, da Constituição Federal de 1988.

6. O ACESSO DIRETO POR FORÇA DE DISPOSIÇÃO LEGAL COMO REGRA – DEVER DE COMPARTILHAMENTO – E A RESERVA JURISDICIONAL COMO EXCEÇÃO

O acesso a informações sigilosas referentes a dados bancários e fiscais pode ser feito diretamente ou demandar a autorização do Poder Judiciário, sendo necessário analisar os dispositivos constitucionais previstos nos incisos X, XI, XII e LXI, de modo a compreender qual o alcance da chamada reserva jurisdicional[20] e quando a legislação ordinária autoriza o acesso direto aos referidos dados.

---

20 É precisa a distinção traçada pelo Ministro Teori Zavaski, em seu voto proferido na ADI 2.390, entre reserva de jurisdição, que pode ser identificada com os princípios da inafastabilidade e da indeclinabilidade da jurisdição, e reserva prévia de jurisdição, que se traduz exatamente nas chamadas cláusulas de reserva jurisdicional (STF, T.P., ADI 2390, j. em 24-2-2016, p. 97. Disponível em: http://redir.stf.jus.br/paginadorpub/paginador.jsp?docTP=TP&docID =11899965. Acesso em: 12-2-2020.

Advirta-se, desde logo, que não há estudos aprofundados específicos sobre as cláusulas de reserva jurisdicional do ordenamento brasileiro, tema que costuma ser tratado apenas em manuais de direito constitucional ou em obras de direito processual penal. Quando muito, as cláusulas de reserva jurisdicional são referidas, sem maior aprofundamento quanto a sua natureza e limites, na abordagem do art. 58, § 3º, da CF/88, que outorga às Comissões Parlamentares de Inquérito "poderes de investigação próprios das autoridades judiciais"[21].

Canotilho (2003), debruçando-se sobre o ordenamento constitucional português, aponta que a reserva de jurisdição consiste no "'monopólio da primeira palavra', monopólio do juiz ou reserva absoluta de jurisdição quando, em certos litígios, compete ao juiz não só a última e decisiva palavra mas também a primeira palavra referente à definição do direito aplicável a certas relações jurídicas".

Nos EUA, a discussão sobre a reserva jurisdicional para acesso a informações sigilosas é encontrada em recorrentes julgados da Suprema Corte sobre a abrangência da 4ª e da 5ª emendas à Constituição norte-americana, formando uma jurisprudência que frequentemente tem tangenciado as repercussões decorrentes da evolução da tecnologia[22].

Embora a Constituição Federal de 1988 tenha previsto, de forma expressa, a inviolabilidade da intimidade e da vida privada como um direito fundamental, limitou-se a estabelecer apenas três hipóteses em que o Poder Judiciário deve sempre ser acionado antes da

---

21 Conforme se percebe da leitura de Comparato (1995) e Bulos (2001). O Supremo Tribunal Federal analisou os limites dos poderes investigatórios das Comissões Parlamentares de Inquérito no julgamento do MS 23.452/RJ, em 16-9-1999 (Informativo n. 162 do STF).

22 Um exemplo: em Carpenter v. United States, a Suprema Corte dos Estados Unidos, em 22-6-2018, decidiu que o acesso aos registros de localização do celular de um suspeito (dados de CSLI, ou *cell-site location information*, que são gerados a partir do momento em que um terminal se conecta a uma ERB ou antena), com algumas exceções, depende de prévia autorização judicial.

execução de uma medida invasiva: i) interceptação de comunicações telefônicas; ii) entrada em domicílio (com as exceções que a própria Constituição assinala); e, iii) prisões (exceto a prisão em flagrante). São as denominadas *cláusulas de reserva jurisdicional*, constantes expressamente no art. 5º, incs. XI, XII e LXI.

Somando-se a estes os incs. XXXV, LIII, LIV e LV do mesmo art. 5º – que consagram os princípios da inafastabilidade da jurisdição, do juiz natural, do devido processo legal, contraditório e ampla defesa –, tem-se o leque de garantias fundamentais do indivíduo correspondentes ao poder do Estado de exercer, com exclusividade, o poder-dever da jurisdição.

A rigor, a realização de medidas outras que não se amoldem àquelas hipóteses descritas no art. 5º, incs. XI, XII e LXI da Constituição Federal de 1988 não estão inseridas no escopo da reserva jurisdicional e, portanto, poderiam ser realizadas pelo Estado-administração diretamente, sem a intervenção prévia do Poder Judiciário como requisito de validade, bastando para tanto a existência de autorização conferida pela legislação infraconstitucional.

Os incs. XI, XII e LXI do art. 5º tratam de medidas mais invasivas à liberdade individual, geralmente associadas ao processo penal, daí a opção do constituinte originário em restringir a sua execução aqueles casos em que houvesse uma prévia autorização judicial – reserva jurisdicional – não sendo lícito, em tais casos, que o legislador infraconstitucional autorize a realização direta pelo Estado-administração à míngua de decisão judicial prévia.

Não chega a impressionar a argumentação de que o comando normativo do inc. X do art. 5º da Constituição Federal abarcaria – em estatura constitucional – a reserva jurisdicional, obrigando-se ao Estado recorrer previamente ao Poder Judiciário para obter acesso a dados bancários sigilosos.

O inc. X do art. 5º da CF/88 versa sobre a inviolabilidade da intimidade, da vida privada, da honra e da imagem, e estabelece as consequências decorrentes de sua violação, não fazendo nenhuma menção a dados fiscais ou bancários e nem mesmo a decisão judicial, muito menos a uma hipotética necessidade de prévia autorização do

Poder Judiciário. A leitura atenta dos incs. XI, XII e LXI do art. 5º permite verificar que têm estrutura bastante distinta do inc. X, eis que lançam mão das expressões "salvo (...) por determinação judicial" (inc. XI), "salvo, no último caso, por ordem judicial" (inc. XII) e "senão (...) por ordem escrita e fundamentada de autoridade judiciária competente" (inc. LXI). Essa clara diferença em relação ao inc. X do art. 5º da CF/88 deve ter sentido e consequências para sua interpretação.

Os tribunais brasileiros, entretanto, interpretando o art. 5º, incs. X e XII, da Constituição Federal/88, ampliaram o leque de medidas submetidas à reserva jurisdicional, a exemplo da obtenção de dados bancários e fiscais, em decisões proferidas no âmbito do controle difuso de constitucionalidade, equívoco que contava, inclusive, com o respaldo de decisões proferidas pelo próprio Supremo Tribunal Federal.

Um caso bastante representativo é o julgamento da constitucionalidade do acesso direto pelo Fisco a dados bancários autorizado pelo disposto na Lei n. 8.021/90. Esse diploma legal foi aprovado com o intuito de superar o posicionamento do Superior Tribunal de Justiça[23], que entendia ser obrigatório a existência de processo judicial para o compartilhamento de informações bancárias sigilosas. Nessa linha, dispôs em seu art. 8º que a autoridade fiscal poderia solicitar informações sobre operações realizadas pelo contribuinte em instituições financeiras, inclusive extratos de contas bancárias, não se aplicando, nesta hipótese, o disposto no art. 38 da Lei n. 4.595/64.

A despeito do que passou a dispor o art. 8º da Lei n. 8.021/90, o Supremo Tribunal Federal rechaçou, de modo contundente, no julgamento do RE 389.808[24], a possibilidade da Administração Tri-

---

23 O STJ, à época, entendia que a expressão "processo instaurado" do parágrafo 5º do art. 38 referiam-se a processo judicial e não administrativo fiscal e, que o sigilo bancário se fundamentava no art. 5º, incs. X e XI da Constituição Federal, só podendo ser quebrado através de autorização judicial, conforme AgRg nos EDcl no REsp 1135908/SP, rel. Min. LUIZ FUX, PRIMEIRA TURMA, j. em 17-6-2010, DJe 1º-7-2010.

24 STF, T.P., RE 389808, rel. Min. MARCO AURÉLIO, Data de julgamento: 15-12-2010, Data de publicação: DJe-086 10-5-2011.

butária ter acesso aos dados do contribuinte sem prévia autorização judicial, mesmo que existente um processo administrativo, invocando, para tanto, o disposto no art. 5º, XII, da Constituição Federal:

SIGILO DE DADOS – AFASTAMENTO. Conforme disposto no inciso XII do art. 5º da Constituição Federal, a regra é a privacidade quanto à correspondência, às comunicações telegráficas, aos dados e às comunicações, ficando a exceção – a quebra do sigilo – submetida ao crivo de órgão equidistante – o Judiciário – e, mesmo assim, para efeito de investigação criminal ou instrução processual penal.

SIGILO DE DADOS BANCÁRIOS – RECEITA FEDERAL. Conflita com a Carta da República norma legal atribuindo à Receita Federal – parte na relação jurídico-tributária – o afastamento do sigilo de dados relativos ao contribuinte.

O equívoco dessa interpretação reside em desconsiderar que o inc. XII do art. 5º trata especificamente do sigilo das *comunicações*, e não de outro sigilo. Tal equivocada leitura do inc. XII já havia sido identificada anos antes pelo min. Sepúlveda Pertence, no julgamento do MS 21.729/DF[25], ao pontuar que o âmbito de proteção do inc. XII da CF/88 é a comunicação de dados, e não os dados em si, o que tornaria impossível qualquer investigação administrativa, fosse qual fosse.

A constitucionalidade do tratamento de dados bancários por autoridades do fisco sem a necessidade de prévia autorização judicial foi finalmente reconhecida no julgamento das ADI 2390[26], 2386, 2397 e 2859 e do RE 601.314 (com repercussão geral admitida), em 24-2-2016, quando o STF, contando com nova composição, voltou atrás em seu entendimento proclamado no RE 389.808, decidindo, de forma vinculante, o seguinte:

---

25 MS 21729, rel. Min. MARCO AURÉLIO, rel. p/ Acórdão: Min. NÉRI DA SILVEIRA, Tribunal Pleno, julgado em 5-10-1995, *DJ* 19-10-2001, p. 00033 EMENT VOL-02048-01, p. 00067 *RTJ* VOL-00179-01, p. 00225.

26 STF, T.P., ADI 2859/DF, rel. Min. DIAS TOFFOLI. Data de julgamento: 24-2-2016, Data de publicação: *DJe* 21-10-2016.

[...] Expressão "do inquérito ou", constante no § 4º do art. 1º, da Lei Complementar n. 105/2001. Acesso ao sigilo bancário nos autos do inquérito policial. Possibilidade. Precedentes. Arts. 5º e 6º da Lei Complementar n. 105/2001 e seus decretos regulamentadores. Ausência de quebra de sigilo e de ofensa a direito fundamental. Confluência entre os deveres do contribuinte (o dever fundamental de pagar tributos) e os deveres do Fisco (o dever de bem tributar e fiscalizar). Compromissos internacionais assumidos pelo Brasil em matéria de compartilhamento de informações bancárias. Art. 1º da Lei Complementar n. 104/2001. Ausência de quebra de sigilo. Art. 3º, § 3º, da LC 105/2001. Informações necessárias à defesa judicial da atuação do Fisco. Constitucionalidade dos preceitos impugnados. ADI n. 2.859. Ação que se conhece em parte e, na parte conhecida, é julgada improcedente. ADI n. 2.390, 2.386, 2.397. Ações conhecidas e julgadas improcedentes. 1. Julgamento conjunto das ADI n. 2.390, 2.386, 2.397 e 2.859, que têm como núcleo comum de impugnação normas relativas ao fornecimento, pelas instituições financeiras, de informações bancárias de contribuintes à administração tributária. [...] 4. Os arts. 5º e 6º da Lei Complementar n. 105/2001 e seus decretos regulamentares (Decretos n. 3.724, de 10 de janeiro de 2001, e n. 4.489, de 28 de novembro de 2009) consagram, de modo expresso, a permanência do sigilo das informações bancárias obtidas com espeque em seus comandos, não havendo neles autorização para a exposição ou circulação daqueles dados. Trata-se de uma transferência de dados sigilosos de um determinado portador, que tem o dever de sigilo, para outro, que mantém a obrigação de sigilo, permanecendo resguardadas a intimidade e a vida privada do correntista, exatamente como determina o art. 145, § 1º, da Constituição Federal. 5. A ordem constitucional instaurada em 1988 estabeleceu, dentre os objetivos da República Federativa do Brasil, a construção de uma sociedade livre, justa e solidária, a erradicação da pobreza e a marginalização e a redução das desigualdades sociais e regionais. Para tanto, a Carta foi generosa na previsão de direitos individuais, sociais, econômicos e culturais para o cidadão. Ocorre que, correlatos a esses direitos, existem também deveres, cujo atendimento é, também, condição *sine qua non* para a realização do projeto de sociedade esculpido na Carta Federal. Dentre esses deveres, consta o dever fundamental de pagar tributos, visto que são eles que, majoritariamente, financiam as ações estatais voltadas à concretização dos direitos do cidadão. Nesse quadro, é preciso que se adotem mecanismos efetivos de combate à sonegação fiscal, sendo o instrumento fiscalizatório instituído nos arts. 5º e 6º da Lei Complementar n. 105/ 2001 de extrema significância nessa tarefa. 6. O Brasil se comprometeu, perante o G20 e o Fórum Global sobre Transparência e Intercâmbio de Informações para Fins Tributários (Global Forum on Transparency and Exchange of Information for Tax Purposes), a cumprir os padrões internacionais de transparência e de troca de informações bancárias, estabelecidos com o fito de evitar o descumprimento de normas tributárias, assim como combater práticas criminosas. Não deve o Estado brasileiro prescindir do acesso automático aos dados bancários dos contribuintes por sua administração tributária, sob pena de descumprimento de seus compromissos internacionais. 7. O art. 1º da Lei Complementar n. 104/2001, no ponto em que insere o § 1º, inc.II, e o § 2º ao art. 198 do CTN, não determina quebra de sigilo, mas transferência de informações sigilosas no âmbito da Administração Pública. Outrossim, a previsão vai ao encontro de outros comandos legais já amplamente consolidados em nosso ordenamento jurídico que permitem o acesso da Administração Pública à relação de bens, renda e patrimônio de determinados indivíduos.

Em suma, a partir do julgamento das ADI 2390, 2386, 2397 e 2859 e do RE 601.314, em 24-2-2016, o STF sacramentou o entendimento de que a Administração Tributária pode ter acesso aos dados bancários independentemente de prévia autorização judicial. Os fundamentos centrais para esse julgamento foram: (a) a ausência de verdadeira "quebra" de sigilo e de ofensa a direito fundamental individual, eis que os dados não perdem seu caráter sigiloso ao serem remetidos às autoridades fazendárias; (b) a necessária harmonização, mediante uma interpretação sistêmica, entre o direito fundamental à intimidade, o dever fundamental do contribuinte de pagar tributos e o dever do Estado de bem tributar e fiscalizar.

Com esse julgamento, como bem acentuou Denise Lucena Cavalcante (2017), é de se esperar que tenha ter sido encerrado esse largo período de jurisprudência oscilante em relação ao sigilo bancário e que o país possa direcionar-se conforme as diretrizes internacionais de transparência fiscal.

Um ponto que passou a merecer acompanhamento próximo é o possível impacto da chamada "Lei Anticrime" – Lei n. 13.964/2019 – que acrescentou ao Código de Processo Penal o art. 3-B, dispondo competir à novel figura do *Juiz das Garantias* decidir sobre os requerimentos de afastamento dos sigilos bancário e fiscal, dentre outros, na jurisprudência atual do Supremo Tribunal Federal acerca do acesso direto pelo Fisco aos dados bancários sigilosos.

Antecipando um pouco a argumentação, que precisa ser objeto de análise futura, acredita-se que o STF manterá indene a possibilidade de o Fisco acessar as informações bancárias sigilosas, em razão do dever de compartilhamento previsto na Lei Complementar n. 105/2001, cuja espécie diferenciada pelo quórum qualificado afastaria a possibilidade de um retrocesso sem que ocorresse uma verdadeira ginástica hermenêutica em detrimento do texto constitucional.

7. O SIGILO BANCÁRIO E O MINISTÉRIO PÚBLICO: UMA QUESTÃO A SER RESOLVIDA

Ainda pendente de uma solução mais abrangente, a questão do acesso direto a dados bancários sigilosos pelo Ministério Público sempre vem à tona nas discussões perante os Tribunais brasileiros, sendo relevante destacar os principais argumentos que permeiam o debate ainda aceso.

As leis orgânicas do Ministério Público brasileiro – *i.e.*, a Lei n. 8.625/93 (para o Ministério Público dos Estados) e a Lei Complementar n. 75/93 (para o Ministério Público da União – preveem a possibilidade de acesso, pelo Ministério Público, de quaisquer dados de interesse para uma investigação, cível ou criminal, independentemente de prévia autorização judicial[27].

---

27 Não há previsão semelhante para autoridades policiais, nem no Código de Processo Penal e nem mesmo na Lei n. 12.830/2013 – que dispõe sobre a investigação criminal conduzida pelo delegado de polícia. O máximo que esta lei contém é que "cabe ao delegado de polícia a requisição de perícia, informações, documentos e dados que interessem à apuração dos fatos" (art. 1º, § 2º, da Lei n. 12.830/2013).

Segundo o art. 8º da LC n. 75/1993 (LOMPU), o Ministério Público da União poderá, nos procedimentos de sua competência e para o exercício de suas atribuições requisitar informações, exames, perícias e documentos de autoridades da Administração Pública direta ou indireta, bem como requisitar informações e documentos a entidades privadas. Dispõe, ainda, que o membro do Ministério Público será civil e criminalmente responsável pelo uso indevido das informações e documentos que requisitar (§1º) e nenhuma autoridade poderá opor ao Ministério Público, sob qualquer pretexto, a exceção de sigilo, sem prejuízo da subsistência do caráter sigiloso da informação, do registro, do dado ou do documento que lhe seja fornecido (§ 2º).

Com relação ao Ministério Público dos Estados, a Lei n. 8.625/93, em seu art. 26, estatui que, no exercício de suas funções, o MP poderá *requisitar* informações, exames periciais e documentos de autoridades federais, estaduais e municipais, bem como dos órgãos e entidades da administração direta, indireta ou fundacional, de qualquer dos Poderes da União, dos Estados, do Distrito Federal e dos Municípios; e requisitar informações e documentos a entidades privadas (art. 26, incs. I e II). Ademais, o membro do Ministério Público será pessoalmente responsável pelo uso indevido das informações e documentos que requisitar, inclusive nas hipóteses legais de sigilo (art. 26, § 2º).

O STF, contudo, tem sido bastante restritivo quanto à possibilidade de que o Ministério Público tenha acesso a dados bancários sem prévia autorização judicial. É representativo desse entendimento o acórdão do STF proferido no RE 215.301[28], mesmo diante do comando normativo expresso na Lei Complementar n. 75/93 e na Lei n. 8.625/93:

> CONSTITUCIONAL. MINISTÉRIO PÚBLICO. SIGILO BANCÁRIO: QUEBRA. C.F., art. 129, VIII. I. – A norma inscrita no inc. VIII, do art. 129, da C.F., não autoriza ao Ministério Público, sem a in-

---

28 STF, 2ª T., RE 215301, rel. Min. CARLOS VELLOSO, Data de julgamento: 13-4-1999, Data de publicação: *DJ* 28-5-1999

terferência da autoridade judiciária, quebrar o sigilo bancário de alguém. Se se tem presente que o sigilo bancário é espécie de direito à privacidade, que a C.F. consagra, art. 5º, X, somente autorização expressa da Constituição legitimaria o Ministério Público a promover, diretamente e sem a intervenção da autoridade judiciária, a quebra do sigilo bancário de qualquer pessoa. II. – R.E. não conhecido.

A restrição ao acesso direto a dados bancários pelo Ministério Público não alcança, por óbvio, as transferências de informações bancárias concernentes a utilização de recursos públicos. Em tais situações, não se exige a prévia autorização judicial, conforme tese fixada em acórdão paradigma proferido pelo Supremo Tribunal Federal, no julgamento do MS 21.729[29]:

> Mandado de Segurança. Sigilo bancário. Instituição financeira executora de política creditícia e financeira do Governo Federal. Legitimidade do Ministério Público para requisitar informações e documentos destinados a instruir procedimentos administrativos de sua competência. [...] 4. O poder de investigação do Estado é dirigido a coibir atividades afrontosas à ordem jurídica e a garantia do sigilo bancário não se estende às atividades ilícitas. A ordem jurídica confere explicitamente poderes amplos de investigação ao Ministério Público – art. 129, incs.VI,VIII, da Constituição Federal, e art. 8º, incs. II e IV, e § 2º, da Lei Complementar n.75/1993. 5. Não cabe ao Banco do Brasil negar, ao Ministério Público, informações sobre nomes de beneficiários de empréstimos concedidos pela instituição, com recursos subsidiados pelo erário federal, sob invocação do sigilo bancário, em se tratando de requisição de informações e documentos para instruir procedimento administrativo instaurado em defesa do patrimônio público. Princípio da publicidade, *ut* art. 37 da Constituição. [...].

Merece destaque o fim da discussão quanto à possibilidade de compartilhamento de dados bancários sigilosos pela unidade de

---

[29] STF, T.P., MS 21729, rel. Min. MARCO AURÉLIO, rel. p/ Acórdão: Min. NÉRI DA SILVEIRA, Data de julgamento: 5-10-1995, Data de publicação: *DJ* 19-10-2001.

inteligência financeira brasileira (COAF) e pela autoridade fiscal (RFB) com o Ministério Público, sem prévia autorização judicial, no julgamento do recurso repetitivo RE n. 1.055.941[30], pelo Supremo Tribunal Federal.

Como nos recorda Cunha (2019), o julgamento do caso teve marchas e contramarchas, chegando a contar com uma decisão liminar do Ministro Relator Dias Toffoli que suspendeu por meses não somente a comunicação de informações da Unidade de inteligência financeira (COAF) ao Ministério Público, mas também milhares de investigações e de processos em todo o Brasil que se baseavam nessas comunicações. Ao cabo desse julgamento, foram fixadas as seguintes teses:

1 – É constitucional o compartilhamento dos relatórios de inteligência financeira da UIF e da íntegra do procedimento fiscalizatório da Receita Federal do Brasil, que define o lançamento do tributo, com os órgãos de persecução penal, para fins criminais, sem a obrigatoriedade de prévia autorização judicial, devendo ser resguardado o sigilo das informações em procedimentos formalmente instaurados e sujeitos a posterior controle jurisdicional.

2 – O compartilhamento pela UIF e pela Receita Federal do Brasil, referente ao item anterior, deve ser feito unicamente por meio de comunicações formais, com garantia de sigilo, certificação do destinatário e estabelecimento de instrumentos efetivos de apuração e correção de eventuais desvios.

Assim, o RE 1.055.941 foi julgado procedente, por maioria de votos, e restabeleceu sentença condenatória que se amparava em dados compartilhados com Ministério Público pela Receita Federal sem prévia autorização judicial. Resolveu-se, por ora, a questão atinente à possibilidade de compartilhamento, pelas autoridades fiscais e de inteligência financeira, de dados sigilosos – sejam estes dados oriundos de instituições bancárias ou produzidos pela própria autoridade fiscal –, mediante a remessa de tais dados, de ofício, diretamente ao Ministério Público.

---

30 STF, T. P., RE 1055941 RG, rel. Min. DIAS TOFFOLI, julgado em 12-4-2018, *DJe*-083 DIVULG. 27-4-2018 PUBLIC. 30-4-2018.

Resta em aberto, ainda, a controvérsia relativa à possibilidade de requisição de dados bancários sigilosos às instituições financeiras (não ao fisco ou à UIF) diretamente pelo Ministério Público. No quadro atual, como dito, o que se tem sedimentado é a impossibilidade do acesso direto, salvo quando se tratar de recursos públicos, entendimento fixado no controle difuso de constitucionalidade, sem efeitos vinculantes.

Nesta perspectiva, calha sublinhar que, no julgamento das ADI 2390, 2386, 2397 e 2859 e do RE 601.314, em 2016, o STF não identificou a existência de verdadeira reserva jurisdicional para o acesso a dados bancários, reputando, destarte, constitucional a Lei Complementar n. 105/2001 nas disposições em que autoriza o seu compartilhamento direto ao Fisco. Com base no mesmo argumento, sendo coerente o STF, decidirá também pela constitucionalidade das disposições da Lei n. 8.625/93 e da Lei Complementar n. 75/1993, nos pontos em que versam sobre a requisição de dados – inclusive bancários – e sobre a impossibilidade de recusa ao fornecimento desses dados, por parte das instituições financeiras, ao argumento de que se trata de dados sigilosos.

De qualquer sorte, certamente não se poderá afirmar que o Ministério Público tem poderes para dispor, *sponte propria*, do caráter sigiloso dos dados recebidos, até porque a entrega desses dados não se confunde com uma "quebra" de sigilo, devendo ser compreendido, sim, como um compartilhamento do dever de preservação do sigilo. Abusos podem e devem ser coibidos, mediante controle judicial concomitante ou posterior[31]. Outrossim, eventual decisão do Supremo Tribunal Federal sobre o tema deverá cotejar as leis orgânicas do Ministério Público brasileiro com as alterações

---

31 É a conclusão a que chega, também, CAVALCANTI, José Robalinho: Sigilo bancário no Brasil, dualidade e globalização: duas propostas para reunificação e retomada da coerência perante o texto constitucional. In: CALABRICH, Bruno; FISCHER, Douglas; PELELLA, Eduardo. *Garantismo penal integral*: questões penais e processuais, criminalidade moderna e a aplicação do modelo garantista no Brasil. São Paulo: Verbo Jurídico, 4. ed. 2017. p. 297-321.

do Código de Processo Penal promovidas pela Lei n. 13.964/2019 (lei"anticrime"), em especial o rol de atribuições do nominado *Juiz das Garantias* (art. 3-B, inc. XI, alíneas *b* e *d*) – cuja eficácia foi suspensa em janeiro de 2020, por decisão do min. Relator nas ADI 6.298, 6.299, 6.300 e 6305.

8. Conclusão

Buscou-se, no presente artigo, expor o conceito do sigilo bancário e de suas teorias fundantes, apresentar um histórico sobre a evolução do tema no ordenamento jurídico e na jurisprudência brasileira, discorrer sobre a controvérsia acerca da necessidade de prévia autorização judicial para o acesso a dados bancários por parte de autoridades fazendárias e do Ministério Público, tal qual espelhada em julgados do Supremo Tribunal Federal.

Apontou-se que o sigilo bancário alcança as operações ativas e passivas e os serviços das instituições financeiras (aplicações, transferências, depósitos etc.), não estando submetidos a este segredo os dados cadastrais bancários (número da conta-corrente, nome completo, documentação pessoal, número de telefone e endereços físicos e eletrônicos do respectivo titular, RG e CPF).

Demonstrou-se que o tratamento dispensado ao tema do sigilo bancário não é unívoco, seja no direito estrangeiro, seja, ao longo do tempo, no próprio direito brasileiro, embora exista uma preocupação atual por parte dos países que integram a OCDE com a possibilidade de que contribuintes ocultem atividades ilegais e escapem da tributação, provocando consequências danosas, local e internacionalmente, em situações de abuso do direito ao sigilo bancário.

A evolução do tratamento jurídico conferido ao sigilo bancário no Brasil segue uma trilha que passa pela atribuição de segredo absoluto a um sigilo moderado, sob o manto normativo da Constituição Federal de 1988 e da Lei Complementar n. 105/2001.

O compartilhamento de informações bancárias sigilosas para o Estado-administração não está inserido no escopo da reserva jurisdicional e, portanto, pode – deve – ser realizado, diretamente, sem a intervenção prévia do Poder Judiciário como requisito de validade, tendo em vista as disposições normativas constantes na legislação infraconstitucional.

Destacou-se que o julgamento das ADI 2390, 2386, 2397 e 2859 e do RE 601.314, em 24-2-2016, representou um importante marco na estabilização de nossa jurisprudência a respeito da constitucionalidade do compartilhamento de dados bancários e do dever de manutenção de seu caráter sigiloso pelo agente público responsável, tendo o STF então decidido que a Administração Tributária, respeitados certos requisitos previstos em lei, pode ter acesso aos dados bancários do contribuinte independentemente de prévia autorização judicial.

O julgamento do Recurso Extraordinário (RE) 1.055.941, em 4-12-2019, com repercussão geral, foi o passo subsequente e necessário à consolidação da constitucionalidade da legislação pátria sobre o tema, tendo o STF chancelado o compartilhamento de dados bancários feito de ofício, por autoridades fazendárias e de inteligência financeira, com o Ministério Público – a quem também tocará o dever de preservação do sigilo dos dados recebidos.

Ainda não se tem a manifestação definitiva da Corte Constitucional brasileira quanto à possibilidade de compartilhamento de dados com o Ministério Público e com outras autoridades relacionadas à persecução penal, por iniciativa própria, de modo previamente dependente, ou não, de autorização judicial. Os paradigmas firmados em suas recentes decisões e os vetores para os quais aponta o histórico das inovações legislativas sobre o tema fornecem subsídios relevantes para tanto.

A superação da apontada controvérsia é de grande relevância para que se confira maior segurança a cidadãos e a autoridades públicas, de modo a tutelar, a um só tempo, tanto os direitos fundamentais dos titulares dos dados bancários quanto o interesse público que deve fundamentar o eventual acesso a tais dados pelo Estado.

9. REFERÊNCIAS BIBLIOGRÁFICAS

ABRÃO, Nélson. *Direito bancário*. São Paulo: Saraiva, 2001.

BALEEIRO, Aliomar. *Direito tributário brasileiro*. 2. ed. Rio de Janeiro: Forense, 1970.

BALTAZAR JUNIOR, José Paulo. *Sigilo bancário e privacidade*. Porto Alegre: Livraria do Advogado, 2005.

BULOS, Uadi Lammêgo. *Comissões parlamentares de inquérito*: técnica e prática. São Paulo: Saraiva, 2001.

CANOTILHO, J. J. Gomes. *Direito constitucional e teoria da Constituição*. 7. ed. Coimbra: Almedina, 2003.

CALABRICH, Bruno. *Investigação Criminal pelo Ministério Público*: limites e fundamentos constitucionais. São Paulo: Revista dos Tribunais, 2007.

CAVALCANTE, Denise Lucena. Sigilo bancário: após 15 anos o STF bate o martelo. In: *Administração Pública e Tributação no Brasil*. Rio de Janeiro: Lumen Juris. 2017. p. 3-19.

CAVALCANTE, Marcos Torres. *O direito ao sigilo bancário e sua relativização frente à administração tributária brasileira*. 2007. 184 f. Dissertação (Mestrado em Ciência Jurídica) – Universidade Federal de Alagoas, Maceió, 2007.

CAVALCANTI, José Robalinho: Sigilo bancário no Brasil, dualidade e globalização: duas propostas para reunificação e retomada da coerência perante o texto constitucional. In: CALABRICH, Bruno; FISCHER, Douglas; PELELLA, Eduardo. *Garantismo penal integral*: questões penais e processuais, criminalidade moderna e a aplicação do modelo garantista no Brasil. São Paulo: Verbo Jurídico, 4. ed. 2017. p. 297-321.

CHINEN, Roberto Massao. *Sigilo bancário e o fisco*: liberdade ou igualdade? Curitiba: Juruá, 2005.

COMPARATO. Fábio Konder. Comissão parlamentar de inquérito (Pareceres). *Revista Trimestral de Direito Público*, n. 10, São Paulo, Malheiros, 1995.

CORREIA, Thaíse Francelino; SANTANA, Hadassah Laís de Souza;

BORGES, Antônio de Moura. A mudança de paradigma do direito tributário quanto ao sigilo bancário. *Revista Juridica*, [S.l.], v. 3, n. 44, p. 568 – 596, fev. 2017. ISSN 2316-753X. Disponível em: http://revista.unicuritiba.edu.br/index.php/RevJur/article/view/1880. Acesso em: 15 fev. 2020. doi: http://dx.doi.org/10.21902/revistajur.2316-753X.v3i44.1880.

COVELLO, Sérgio Carlos. *O sigilo bancário*. 2. ed. São Paulo: LEUD, 2001.

CUNHA, Rogério Sanches. *STF fixa tese de repercussão geral para autorizar compartilhamento de dados bancários e fiscais sem autorização judicial.* Disponível em: https://meusitejuridico.editorajuspodivm.com.br/2019/12/05/stf-fixa-tese-de-repercussao-geral-para-autorizar-compartilhamento-de-dados-bancarios-e-fiscais-sem-autorizacao-judicial/. Acesso em: 16-2-2020.

DAVID, René. *Os grandes sistemas do direito contemporâneo*. Tradução: Hermínio A Carvalho. São Paulo: Martins Fontes, 1986.

FARHAT, Raymond. *Le secret bancaire*: étude de droit comparé (France, Suisse, Liban). Paris: Librairie Générale de Droit et de Jurisprudence, 1980.

FLORES, Melina Castro Montoya. *Sigilo bancário e reserva de jurisdição no âmbito das investigações criminais*. Disponível em: https://politica.estadao.com.br/blogs/fausto-macedo/sigilo-bancario-e-reserva-de-jurisdicao-no-ambito-das-investigacoes-criminais/ Acesso em: 14-2-2020.

GRAMSTRUP, Erik Frederico. Sigilo fiscal e bancário – Fundamentos normativos e principiológicos da quebra. *R. bras. Est. const. – RBEC*. Belo Horizonte, ano 8, n. 28, p. 95-117, jan./abr. 2014.

HABER Neto, Michel. *Transparência Fiscal & Sigilo Tributário*. Curitiba: Juruá, 2018.

LABANCA, Jorge. *El secreto bancario y otros estudios*. Buenos Aires, Abeledo-Perrot, 1968.

LAKS. Larissa Rodrigues. Liberdade de informação e privacidade: o debate sobre a constitucionalidade da transferência do sigilo bancário à administração tributária. *Revista do Direito Público*, Londrina, v. 12, n. 1, p. 86-118, abr. 2017.

MALAGARRICA, Juan Carlos. *El secreto bancario*. Buenos Aires: Abeledo--Perrot, 1970.

MARTINS, Ives Gandra da Silva. Sigilo Bancário e Tributario. In: C. ALTAMIRANO, Alejandro et al. *III Colóquio Internacional de Direito Tributário – III Coloquio Internacional de Derecho Tributario*. Buenos Aires: La Ley e IOB, 2001.

OLIVEIRA, Vicente Kleber Melo de. *Direito Tributário*. Belo Horizonte: Editora Del Rey, 2001.

WALD, Arnoldo. Sigilo bancário e os direitos fundamentais. *Cadernos de Direito Tributário e Finanças Públicas*. São Paulo. v. 6. n. 22. 1998.

4.

O foro por prerrogativa de função e os limites impostos pelo Supremo Tribunal Federal na reclamação 25.537/DF

André Luís Callegari[1]
Ariel Barazzetti Weber[2]

1. Introdução

Ao atingir determinado grau de evolução, ao contrário do que ocorria nos Estados Absolutistas, em que os poderes de julgamento se confundiam com o *detentor* do poder, a civilização passou a aprimorar o conceito de Estado de Direito, traçando certas limitações àqueles que detinham maior poder dentro da estrutura social. Com o alcance do Estado Democrático de Direito, a sociedade desassociou os poderes de fazer justiça dos poderes do soberano, entregando tal função ao Estado. Organizando-se em uma tripartição de poderes, coube ao Judiciário a tutela dos direitos subjetivos feridos. Caberia a

---

1 Advogado criminalista. Doutor e Pós-doutor em Direito Penal pela Universidad Autónoma de Madrid. Professor de Direito Penal nos cursos de mestrado e doutorado do IDP/Brasília.
2 Advogado criminalista. Mestre em Direito pela Unisinos. Especialista em Direito Tributário pela UFRGS.

esse poder a *jurisdição*, que se daria por meio do *processo*, e, nesse sentido, o processo *penal* passa a ser o instrumento de realização e aplicação da lei penal.

Dada a complexidade da missão de *dizer o direito* por meio do processo penal, o poder constituinte originário de 1988 optou por cindir a jurisdição, que, embora una, passaria a ser operacionalizada por meio de *competências*. No art. 5º, LIII, da Constituição Federal de 1988 o constituinte prevê que "ninguém será processado nem sentenciado senão pela autoridade competente", dando grande importância, portanto, à divisão organizacional inserida na Carta Magna.

A partir desses recortes, a jurisdição foi dividida, e, dentro dessa distribuição emana a competência *ratione muneris*, delineada em razão das funções públicas exercidas por determinado agente, o que atrairia, então, a competência do órgão constitucionalmente previsto. É exatamente nesse recorte que o presente artigo pretende se imiscuir, trazendo à luz determinados conceitos essenciais para compreensão da matéria, e, consequentemente, da decisão emanada pelo Plenário do Supremo Tribunal Federal na Reclamação 25.537/DF.

O presente artigo não esgotará o assunto, tão latente na atualidade, mas atende à nobre proposta dos organizadores da presente obra, a fim de incentivar a dialética entre a doutrina e a jurisprudência pátria. Longe de constituir espécie de auditoria dos votos, esse breve estudo analisará as passagens mais significativas do julgamento, em busca da ressonância doutrinária que subsidiou o entendimento preponderante no acórdão.

2. Antes de tudo, uma palavra: necessária delimitação dos argumentos jurídicos que circundam o caso concreto

O pano de fundo fático que deu azo à Reclamação 25.537/DF é a denominada Operação Métis, que investigava possíveis ilícitos praticados por policiais legislativos, que, em tese, teriam "implementado ações de contrainteligência direcionadas a frustrar a realização de interceptações telefônicas e/ou escutas ambientais, sendo que, na ótica das forças persecutórias, há a possibilidade de que tais condutas tivessem como finalidade neutralizar meios de obtenção de prova licitamente determinados no contexto da 'Operação Lava Jato'"[3]. No âmbito do caderno investigativo, o Juízo da 10ª Vara Federal da Seção Judiciária do Distrito Federal deferiu medidas constritivas, inclusive prisões temporárias, suspensão de função pública e ordem de busca e apreensão a serem cumpridas na sede da Polícia Legislativa, localizada nas dependências do Senado Federal.

É dentro desse contorno que se desenvolveram os votos dos Ministros do Supremo Tribunal Federal quando do julgamento da questão. Como bem sintetizado pelo Ministro Relator do caso, dois são os principais pontos de enfrentamento: em primeiro lugar, se a determinação de busca e apreensão nas dependências do Senado Federal, por si só, implica a competência do STF. Na etapa seguinte, a Corte deveria analisar se, no caso concreto, o Juízo singular supervisionou investigação destinada a apurar condutas de parlamentares federais.

Feito esse introito, passemos à análise da doutrina relacionada, para, finalmente, analisarmos a decisão, *per se*, e sua repercussão no sistema jurídico vigente.

3. A LIBERDADE: IDEAL QUE DEU ORIGEM À SEPARAÇÃO E INDEPENDÊNCIA DOS PODERES

O autoritarismo vivido no passado remoto deu vazão à criação de teorias que pudessem de alguma forma limitar a *concentração* de poder. O passado ao qual nos referimos remonta a Aristóteles[4], que, já prevendo a utilização do poder em excesso para "desordens" derivadas da mente humana, defendia a separação de poderes. Mais além, possivelmente o embrião do que hoje entendemos por separação de poderes advenha da teoria *lockeana*, que, ao contrário de Hobbes, partiria da premissa de um estado da natureza permeado por igualdade e liberdade, cuja quebra era determinada pela criação

---

3 Página 6 do acórdão.
4 ARISTÓTELES. *Política*. Livro III, Capítulo XI. São Paulo: Nova Cultural, 1999, p. 230-234.

de um pacto social entre os homens[5]. E daí surge uma primeira tripartição, em que são elencados três poderes: Legislativo, Executivo e Federativo. Em que pese ainda não houvesse o Poder Judiciário em sua teoria, a grande preocupação era relacionada à sobreposição, em um mesmo poder, do *lawmaking* e seu posterior *enforcement*, o que levaria os ocupantes de cargos nesse poder à isenção de obediência ou manipulação da norma por elas criada[6].

Mas foi o Barão de La Brède e de Montesquieu, Charles-Louis de Secondat, na obra *Do espírito das leis* em que foi cunhada e sistematizada a teoria que verdadeiramente inspirou a separação de poderes por nós conhecida. Em que pese tanto Locke quanto Montesquieu defendessem o Estado como uno, esse último baseia seus estudos voltado muito mais ao equilíbrio entre os três poderes emanados do Estado, enquanto Locke, de certa forma, colocava o Legislativo acima dos demais. Montesquieu, em sua obra[7], defende a ideia de separação baseado na garantia de liberdade do cidadão, e não com a finalidade de proteção do poder em si:

> Quando na mesma pessoa, ou no mesmo corpo de magistrados, o poder legislativo se junta ao executivo, desaparece a liberdade; pode-se temer que o monarca ou o senado promulguem leis tirânicas, para aplicá-las tiranicamente. Não há liberdade se o poder judiciário não está separado do legislativo e do executivo. Se houvesse tal união com o legislativo, o poder sobre a vida e a liberdade dos cidadãos seria arbitrário, já que o juiz seria ao mesmo tempo legislador. Se o judiciário se unisse com o executivo, o juiz poderia ter a força de um opressor. E tudo estaria perdido se a mesma pessoa, ou o mesmo corpo de nobres, de notáveis, ou de

---

5 "Pois não é toda convenção que põe fim ao estado de natureza entre os homens, mas apenas aquela pela qual todos se obrigam juntos e mutuamente a formar uma comunidade única e constituir um único corpo político; quanto às outras promessas e convenções, os homens podem fazê-las entre eles sem sair do estado de natureza." LOCKE, John. *Segundo tratado sobre governo civil*, Vozes, p. 39.
6 Ibidem, p. 75.
7 MONTESQUIEU, Charles Louis de Secondat. *Do espírito das leis*. São Paulo: Martin Claret, 2006, p. 166.

populares, exercesse os três poderes: o de fazer as leis, o de ordenar a execução das resoluções públicas e o de julgar os crimes e os conflitos dos cidadãos

Contrariamente ao que se acompanha atualmente nas discussões acadêmicas e políticas – que guardam, muitas vezes, certa relação com o corporativismo – a liberdade do cidadão é o alicerce da construção do equilíbrio e independência entre os poderes da União. Independência essa, por sua vez, que jamais será absoluta, à medida que tornaria o poder imune à ação dos demais. Os limites da independência de um poder serão delimitados pelo espectro de funções do outro, o que não se traduz em campos sem contato, mas sim convergentes, eis que para Montesquieu a separação não seria um fim em si própria, mas verdadeiro mecanismo de equilíbrio das funções estatais. Para Ackerman[8], o propósito da separação visa três ideais:

> O primeiro ideal é a democracia. De uma maneira ou de outra, a separação pode servir (ou dificultar) o projeto do autogoverno popular. O segundo ideal é a competência profissional. As leis democráticas permanecem puramente simbólicas, a menos que tribunais e burocracias possam implementá-las de maneira relativamente imparcial. O terceiro ideal é a proteção e aprimoramento dos direitos fundamentais. Sem isso, o governo democrático e a administração profissional podem se tornar prontamente motores da tirania.

A questão da separação, portanto, não se traduz em "esquema constitucional rígido", e, servindo como pano de fundo de organização estatal, a determinado poder deve ser atribuído preponderantemente determinada função, sem que isso impeça a interdependência entre

---

8   The first ideal is democracy. In one way or another, separation may serve (or hinder) the project of popular self-government. The second ideal is professional competence. Democratic laws remain purely symbolic unless courts and bureaucracies can implement them in a relatively impartial way. The third ideal is the protection and enhancement of fundamental rights. Without these, democratic rule and professional administration can readily be-come engines of tyranny. ACKERMAN, Bruce. The New Separation of Powers. Harvard Law Review, v. 113, n. 3, 2000, pp. 633-729. JSTOR, www.jstor.org/stable/1342286. Acesso em: 30-6-2020, p. 639.

eles[9]. É justamente por isso que a independência de um poder, se levada ao extremo, terminaria por exacerbá-lo. A dose do remédio contra a tirania, então, tornar-se-ia em veneno para a sociedade. Nesse sentido, o cidadão tem o direito, ao menos nos países democráticos, à atuação equilibrada entre os poderes, e, determinante para isso, como veremos ao analisar o caso, é a atenção às tentativas de ampliação *sine legem* de imunidades de um dos poderes, implicando limitação da imparcialidade de outro[10].

4. De Montesquieu a Ulysses Guimarães: o tratamento dado pela carta política brasileira à separação de poderes e o papel do judiciário

A Carta Política de 1988, em seu art. 2°[11], prevê a separação dos poderes da União em três: Legislativo, Judiciário e Executivo. Assim como em outras Constituições, e na linha da teoria de Montesquieu, dividem-se as *funções*, mas o Estado segue sendo uno. A previsão constitucional, cláusula pétrea de nossa Carta, entretanto, em consonância com os teóricos referidos no capítulo anterior, não torna estanques e independentes as funções, uma vez que existem previsões residuais, em cada um dos poderes, de funções inerentes ou preponderantemente exercidas por outro.

Possível afirmar que uma das grandes mudanças trazidas pela Constituição de 88 tenha sido a ampliação da importância dada

---

9   CANOTILHO, J.J Gomes. *Direito constitucional e teoria da Constituição*. 7. ed. 2. Reimp. Coimbra: Almedina. p. 556-558.
10 O Ministro Cezar Peluso, na ADI 3367, trouxe à baila importantes argumentos à independência controlada dos poderes, preponderantemente do Poder Judiciário. ADI 3367, rel.(a): CEZAR PELUSO, Tribunal Pleno, j. em 13-4-2005, *DJ* 17-3-2006, p. 00004 EMENT VOL-02225-01, p. 00182 REPUBLICAÇÃO: *DJ* 22-9-2006, p. 00029.
11 Art. 2º São Poderes da União, independentes e harmônicos entre si, o Legislativo, o Executivo e o Judiciário. BRASIL. Constituição (1988). Constituição da República Federativa do Brasil. Brasília, DF: Senado Federal: Centro Gráfico, 1988.

ao Poder Judiciário. Tanto esse último como o Legislativo passaram a ter mecanismos de revisão ou alteração das decisões do Executivo, além de exercerem eventual processo de *accountability* do Presidente da República nos casos de crime de responsabilidade, quando os dois poderes se unem para dar seguimento ao processo. Longe do conceito do século XIX acerca de seu papel, o Judiciário brasileiro, impulsionado pela redemocratização, "deixou de ser um departamento técnico-especializado e se transformou em um verdadeiro poder político, capaz de fazer valer a Constituição e as leis, inclusive em confronto com os outros Poderes"[12]. Jorge Reis Novais[13] resume muito bem a mudança do paradigma da separação de poderes:

> Assim, a superação da concepção oitocentista de separação de poderes conduz a uma reavaliação global das relações entre política e jurisdição que se traduz no reforço da independência do poder judicial e na revalorização do seu papel, manifestado desde logo na consagração generalizada da justiça constitucional. Com efeito, esta surge como a solução encontrada no Estado social de direito, não só para colmatar as insuficiências da justiça administrativa[...] mas, sobretudo, como resposta institucional à contemporânea perda de confiança na racionalidade e na justiça imanentes à função legislativa.

Por aqui, o constituinte de 1988, marcado pelos fatos relacionados ao regime militar, optou pela produção de uma Carta analítica, garantindo determinadas cláusulas e dando mais robustez ao Legislativo e Judiciário para que o passado não se repetisse. Nas palavras de Lênio Streck, "o foco de tensão se volta para o Judiciário. Inércias do Executivo e falta de atuação do Legislativo passam a poder ser supridas pelo Judiciário, justamente mediante a utilização dos mecanismos jurídicos previstos na Constituição que estabeleceu

---

12 BARROSO, Luís Roberto. Judicialização, ativismo judicial e legitimidade democrática. Cadernos [SYN]THESIS. Rio de Janeiro, v. 5, n. 1, p. 23-32, 2012, p. 24.
13 NOVAIS, Jorge Reis. *Contributo para uma teoria do Estado de Direito*. Coimbra: Almedina, 1987, p. 219.

o Estado Democrático de Direito"[14]. A redemocratização e a Carta de 88 tornou todos os poderes, e todos os seus ocupantes – eleitos ou não – sujeitos ao regime das leis, assim como os governados.

Dentro dessa nova ordem constitucional, cabe ao Judiciário "a manutenção da integridade do sistema político, a proteção das liberdades públicas, a estabilidade do ordenamento normativo do Estado, a segurança das relações jurídicas e a legitimidade das instituições da República"[15]. Ao dispor sobre a independência dos poderes, como já destacado, certamente a Assembleia Nacional Constituinte não quis, ou nem sequer imaginou, que essa tripartição resultasse na quebra do convívio harmonioso entre os poderes. Nesse sentido, é do brilhantismo do Ministro Celso de Mello a seguinte constatação acerca do papel do Judiciário:

> É importante ter presente que o Judiciário, quando intervém para conter os excessos do poder e, também, quando atua como intérprete do ordenamento constitucional, exerce, de maneira plenamente legítima, as atribuições que lhe conferiu a própria Carta da República. O regular exercício da função jurisdicional, por tal razão, projetando-se no plano da prática hermenêutica – que constitui a província natural de atuação do Poder Judiciário –, não transgride o princípio da separação de poderes.

Com a redução do desequilíbrio entre os poderes promovida pelo Constituinte, a democracia brasileira teve restaurada a autonomia do Judiciário, cuja ascensão institucional ainda repercute, passadas mais de três décadas da promulgação da Carta[16]. A ascensão a verdadeiro Poder do Judiciário deve-se a vários fatores, dentre os

---

14 STRECK, Lênio Luiz. *Hermenêutica jurídica e(m) crise*: uma exploração hermenêutica da construção do direito. 7. ed. Porto Alegre: Livraria do Advogado, 2007, p. 54-55.

15 Como bem destacado no voto do Ministro Celso de Mello proferido na ADI 5526, rel.(a): EDSON FACHIN, rel.(a) p/ Acórdão: ALEXANDRE DE MORAES, Tribunal Pleno, j. em 11-10-2017, PROCESSO ELETRÔNICO DJe-159 DIVULG 6-8-2018 PUBLIC 7-8-2018.

16 BARROSO, Luis R. *Vinte anos da Constituição Brasileira de 1988*: o estado a que chegamos. São Paulo: Lumen Juris, 2009, p. 45-47.

quais, para o presente trabalho, destacaremos a recuperação das liberdades democráticas e das garantias da magistratura. Essas garantias criaram um ambiente favorável a um outro fenômeno: a judicialização das relações políticas, algo que não necessariamente traduz-se em invasão das funções de outro poder[17].

Da mesma forma, com a constitucionalização das garantias à magistratura, como a inamovibilidade, a irredutibilidade de subsídios, e a vitaliciedade o Poder Judiciário tornou-se autônomo do ponto de vista administrativo, garantindo também a independência funcional dos magistrados[18]. Fortalece-se, assim, a jurisdição, enquanto poder, função e como atividade, criando o filtro necessário e robusto contra a repressão estatal[19]. O perecimento de uma dessas garantias tornaria o Judiciário um poder dependente[20].

A jurisdição surge como necessidade jurídica para que o Estado sobreviva e se legitime perante seus súditos, aplicando o direito objetivo aos reclames, evitando assim a "justiça com as próprias mãos"[21]. Enquanto atividade e expressão do poder estatal, a jurisdição é una, o que significa dizer que todo ato que emane de um órgão ou indivíduo investido de jurisdição, independentemente de qual seja sua competência, afigura-se como manifestação do Estado perante seus jurisdicionados.[22] Enquanto função substitutiva à resolução, a jurisdição é inerte, agindo apenas quando provocada, e, no

---

17 Ibidem, p. 53.
18 MENDES, Gilmar F. Organização do Poder Judiciário. Discurso. Disponível em: https://www.stf.jus.br/arquivo/cms/noticiaartigodiscurso/anexo/judicbrasil.pdf. Acesso em: 5 jul. 2020.
19 TOURINHO FILHO. Fernando da Costa. *Manual de processo penal*. 17. ed. São Paulo: Saraiva, 2017, p. 284.
20 NASCIMENTO, Tupinambá Miguel Castro. *Comentários à Constituição Federal*: princípios fundamentais. Porto Alegre: Livraria do Advogado, 1997, p. 179.
21 TOURINHO FILHO, op. cit. p. 284.
22 PACELLI, Eugenio. *Curso de processo penal*. 21. ed. São Paulo: Atlas, 2017, p. 205.

campo penal, enquanto monopólio estatal[23] exerce complexa atividade resolutiva de conflitos, quiçá um dos mais importantes momentos de aplicação da lei em concreto. Essa divisão inicial, entre penal, civil, eleitoral, e outros ramos, dá-se apenas para organização do trabalho a ser realizado, por meio de uma separação por natureza do conflito, o que de maneira alguma significa a perda da característica de unidade da jurisdição. É a Constituição e a lei que delimitarão o poder estatal de determinado julgador, evitando, até por razões como a quantidade de demandas, grau de especialização e territorialidade, a existência de um juiz universal.

Eis que, de tal delimitação legislativa, o poder de cada órgão jurisdicional é circunscrito, ao que podemos conceituar, de maneira muito sintética, como competência. Essa divisão se dá por diversos fundamentos, seja em razão da matéria, do local, das funções exercidas pelas partes processuais, todas previstas constitucional e legalmente. Na jurisdição penal, que tratará de matéria criminal, haverá outras subdivisões decorrentes de normas jurídicas, utilizando-se de caracteres como a titularidade do bem, valor ou interesse atingido, natureza do crime e função exercida pelo agente do crime[24]. E é justamente sobre essa última competência que a Reclamação *sub examine* se debruça.

5. PRIVILÉGIO *VS* PRERROGATIVA: O FORO *RATIONE MUNERIS* E SUA EVOLUÇÃO INTERPRETATIVA

A competência definida em razão da qualidade da parte define a competência originária dos órgãos de segundo grau e dos Órgão Superiores da Jurisdição[25]. A Constituição brasileira de 1988 definiu que alguns cargos ou funções públicas mereceriam, em face de sua relevância dentro do quadro Estatal e democrático, foro privativo

---

23 Ibidem, p. 206.
24 Ibidem, p. 206-207.
25 BADARÓ, Gustavo Henrique. *Processo penal*. 4. ed. São Paulo: Revista dos Tribunais, 2016, p. 248.

para o julgamento de eventuais infrações penais cometidas por seus *ocupantes*[26]. Daí já se extrai que a competência é definida em razão do cargo ou função, e, embora o efeito prático seja verificado em relação a um indivíduo (*ratione personae*) a verdadeira proteção se dá à "cadeira" por ele ocupada, sendo tecnicamente mais preciso, a nosso ver, tratar essa prerrogativa como *ratione muneris*. Nessa linha, o decano da Suprema Corte, Ministro Celso de Mello[27], já alertava:

> A prerrogativa de foro é outorgada, constitucionalmente, *ratione muneris*, a significar, portanto, que é deferida em razão de cargo ou de mandato ainda titularizado por aquele que sofre persecução penal instaurada pelo Estado, sob pena de tal prerrogativa – descaracterizando-se em sua essência mesma – degradar-se à condição de inaceitável privilégio de caráter pessoal.

A ideia da definição de um foro privativo, se tratada sob a ótica do agente, termina por criar – como já se verifica atualmente – sensação de desigualdade, algo vedado por nossa Carta Magna no *caput* do art. 5º. Sobre a possibilidade de violação da igualdade em razão da prerrogativa prevista na Carta, Tourinho Filho responde negativamente, afirmando não se tratar de privilégio, mas de verdadeira garantia democrática, a fim de resguardar o ocupante do cargo e a própria Justiça, à medida que evita "subversão da hierarquia" e também blinda o processo "contra eventuais pressões que os supostos responsáveis pudessem exercer sobre os órgãos jurisdicionais inferiores"[28]. Pacelli, a seu turno, destaca que a opção do constituinte em relação ao foro privativo também poderia estar ligada à "formação profissional de seus integrantes, quase sempre portadores de mais alargada experiência judicante, adquirida ao longo do tempo de exercício na carreira"[29].

---

26   PACELLI, E. op. cit. p. 209.
27   BRASIL. Supremo Tribunal Federal. Inq 1376 AgR, rel.(a): CELSO DE MELLO, Tribunal Pleno, j. em 15-2-2007, *DJ* 16-3-2007, p. 00021 EMENT VOL-02268-01 PP-00110 LEXSTF v. 29, n. 340, 2007, p. 484-493 RDDP n. 50, 2007, p. 145-148.
28   TOURINHO FILHO, Fernando da Costa. op. cit. p. 326.
29   PACELLI, E. op. cit. p. 210.

Embora seja verdade que a CF/88 foi a Carta brasileira que tratou de maneira mais ampliada o foro por prerrogativa, não é somente no Brasil que existe a previsão de foro para autoridades. Em maior ou menor extensão, diversas são as autoridades que detêm tal prerrogativa na Áustria, Bélgica, Argentina, a título de exemplo[30]. Existirão outras nações que aplicarão em menor escala dito foro privativo, seja em relação ao número de autoridades, ou então restringindo-o a crimes de responsabilidade. Fato é que tal decisão ocorreu no campo de discricionariedade política do constituinte de 1988, que, até o momento, restou inalterada, ao menos textualmente.

Ao longo dos anos, contudo, partiu do Supremo Tribunal Federal a interpretação do art. 102 da Constituição Federal, fonte principal do caso concreto analisado. Em 1999 o Supremo Tribunal Federal decidiu pelo cancelamento da Súmula 394, entendendo ser incompatível com a nova ordem constitucional, prevalecendo o entendimento de que as prerrogativas de foro, pelo privilégio, que, de certa forma, conferem, não devem ser interpretadas ampliativamente, numa Constituição que pretende tratar igualmente os cidadãos comuns, como são, também, os ex-exercentes de tais cargos ou mandatos[31]. A partir dessa decisão, ex-ocupantes dos cargos deixaram de responder perante o Supremo Tribunal Federal, caso esse fosse o foro previsto.

Desde 1999 até 2018, o Supremo Tribunal Federal entendia, portanto, que o foro previsto no art. 102, I, *b* e *c* da Carta Magna alcançava todos os crimes de que são acusados os agentes públicos expressamente mencionados na Constituição, inclusive os praticados antes da investidura no cargo e os que não guardam qualquer relação com o seu exercício. Entretanto, foi no julgamento de Questão de

---

30 CAVALCANTE FILHO, J. T. & LIMA, F. R. Foro, Prerrogativa e Privilégio (Parte 1): Quais e quantas autoridades têm foro no Brasil? Brasília: Núcleo de Estudos e Pesquisas/ CONLEG/Senado, Abri/2017 (Texto para Discussão no 233). Disponível em: www.senado.leg.br/estudos. Acesso em: 27 jun. 2020.
31 BRASIL. Supremo Tribunal Federal. Inq 687 QO, rel.(a): SYDNEY SANCHES, Tribunal Pleno, j. em 25-8-1999, *DJ* 9-11-2001 PP-00044 EMENT VOL-02051-02 PP-00217 RTJ VOL-00179-03 PP-00912.

Ordem na Ação Penal 937/RJ[32] que houve a mudança mais significativa no entendimento da Corte. Nesse *decisum*, a Corte decidiu restringir a interpretação acerca do foro, limitando-o tão somente aos crimes cometidos durante o exercício do cargo e relacionados às funções desempenhadas.

Assim como em todas as mudanças interpretativas relacionadas à questão, a palavra que permeia os votos é *restrição*. A Corte Constitucional tem se posicionado expressa e reiteradamente contrária a qualquer extensão ou ampliação da previsão constitucional. A lógica por trás disso está justamente baseada no que até agora temos demonstrado por meio da doutrina: se, de fato, estamos a tratar de uma proteção ao cargo e seu desempenho, e não à pessoa, a competência *ratione muneris*, ou então, *ratione personae vel muneris*[33], há de valer apenas em relação àqueles fatos intimamente vinculados ao cargo e no decorrer de seu exercício[34].

Com essa limitação ao foro, surgiram inúmeras questões reflexas, que exigiram o pronunciamento do STF e de outros Tribunais no tocante à definição de foro. Essa preocupação, acerca das consequências da decisão tomada, foi levantada durante o julgamento do *leading case*, externada pelo Ministro Dias Toffoli:

> O parlamentar federal, em pleno exercício do mandato, estará sujeito a inúmeras medidas restritivas de direitos fundamentais determinadas por juízos de primeiro grau, como busca e apreensão

---

32 BRASIL. Supremo Tribunal Federal. AP 937 QO, rel.(a): ROBERTO BARROSO, Tribunal Pleno, j. em 3-5-2018, ACÓRDÃO ELETRÔNICO DJe-265 DIVULG 10-12-2018 PUBLIC 11-12-2018.
33 TOURINHO FILHO. op. cit. p. 327.
34 Nesse sentido, Daniel Sarmento afirma: "se o foro por prerrogativa de função não constitui um privilégio estamental ou corporativo, mas uma proteção outorgada às pessoas que desempenham certas funções, em prol do interesse público, não há porque estendê-lo para fatos estranhos ao exercício destas mesmas funções". SARMENTO, Daniel. Constituição e Sociedade: Foro Privilegiado, República e Interpretação Constitucional. JOTA. Disponível em: https://www.jota.info/paywall?redirect_to=//www.jota.info/opiniao-e-analise/artigos/constituicao-e-sociedade-4-02112014. Acesso em: 30 jun. 2020.

domiciliar, levantamento de sigilo de dados e interceptação de conversas telefônicas. Poderá uma autoridade federal, da Nação, submeter-se a uma autoridade local?

Também foi do Ministro Gilmar Mendes, quando daquele julgamento, a preocupação acerca das ordens emanadas por juízes de primeiro grau tendo por alvo as Casas Legislativas:"Se nós ouvirmos, por exemplo, os Presidentes da Câmara e do Senado, os momentos de tensão mais sérios que eles reportam são as buscas e apreensão feitas no âmbito da Casa Legislativa. Isto ordenado pelo Supremo."

Eis que, pouco tempo após aquela decisão, sobreveio a Reclamação 25.537, que versa, assim como outros casos – até mesmo posteriores – sobre a possibilidade de busca e apreensão no Congresso Nacional por determinação de juízo de piso. Passemos, agora sim, à análise detida da decisão proferida naquele caso.

6. Embasamento teórico e *logus* da decisão

Como adiantamos no segundo ponto do artigo, o julgamento buscou definir, após a interpretação dada pelo Supremo Tribunal Federal na Questão de Ordem já mencionada, quais seriam os limites da jurisdição de primeiro grau quando a ordem por ela emanada atingisse eventualmente ou colateralmente autoridade com foro privativo decorrente da função, ou, mais ainda, se eventual determinação atingisse como local o Senado Federal. Comecemos do segundo ponto: de qual autoridade jurisdicional é a competência para apreciar medida de busca e apreensão a ser realizada nas dependências do Senado Federal? De imediato, o voto do Ministro Relator, acompanhado pela maioria, responde:

> O SupremoTribunal Federal não detém competência exclusiva para apreciação de pedido de busca e apreensão a ser cumprida em Casa Legislativa, forte na impropriedade de extensão a locais públicos da prerrogativa de foro conferida a membros do Congresso Nacional.

Correta, a nosso ver, a posição, levada genericamente a cabo. Efetivamente, o foro definido pelo Constituinte e previsto no art. 102,

I, b e c é, como já extensamente tratamos, *ratione muneris*. É o cargo que é objeto de certas garantias, não a pessoa que o ocupa e tampouco o prédio onde se localiza. Grosso modo, fôssemos equiparar a garantia de competência junto ao Supremo Tribunal Federal à imunidade parlamentar conferida pelo art. 53 da Carta, esta última não está adstrita ao local do Congresso Nacional, acompanhando o parlamentar onde quer que esteja. Nesse sentido, o Ministro Celso de Mello já assentou que o exercício da atividade parlamentar não se exaure no âmbito espacial do Congresso Nacional, o que significa que "a prática de atos, pelo congressista, em função do seu mandato parlamentar (*ratione officii*), ainda que territorialmente efetivada no âmbito extraparlamentar, está igualmente protegida pela garantia fundada na norma constitucional em questão"[35].

No caso em análise, em que pese os investigados, ao menos formalmente, fossem policiais legislativos, toda a tese investigativa levava a crer que os supostos crimes por eles perpetrados seriam decorrentes de pedido ou com a ciência de parlamentares. A usurpação da competência do Supremo Tribunal Federal restou reconhecida por essa razão, motivo pelo qual foi reconhecida a nulidade baseada na violação de regra de competência absoluta, em desrespeito ao princípio do juiz natural. O pronunciamento, por envolver atos perpetrados por agentes não políticos, mas a requerimento ou com ciência de parlamentares durante o exercício de seu cargo e de certa maneira relacionados ao seu múnus público – não haveria como fazer um pedido a um policial legislativo sem ser parlamentar – não deixou margem para dúvidas. São as ramificações do enunciado da decisão que criam diversos problemas práticos e de aplicação, gerando incertezas acerca do foro competente, e, consequentemente, do juiz natural, eis que palpável o eventual conflito que essa decisão poderá ter em relação à cláusula de reserva jurisdicional.

O princípio do juiz natural é inafastável da jurisdição penal, sendo, quiçá, a maior expressão democrática mais importante para

---

35 BRASIL. Supremo Tribunal Federal. Inq 2874 AgR, rel.(a): CELSO DE MELLO, Tribunal Pleno, j. em 20-6-2012, ACÓRDÃO ELETRÔNICO *DJe*-022 DIVULG 31-1-2013 PUBLIC 1º-2-2013.

a administração da justiça[36]. Prevista no art. 10 da Declaração Universal dos Direitos do Homem e no Pacto de São José da Costa Rica que dispõe:

> Toda pessoa tem direito a ser ouvida, com as devidas garantias e dentro de um prazo razoável, por um juiz ou tribunal competente, independente e imparcial, estabelecido anteriormente por lei, na apuração de qualquer acusação penal formulada contra ela, ou para que se determinem seus direitos ou obrigações de natureza civil, trabalhista, fiscal ou de qualquer outra natureza.

A fixação prévia das competências dentro de uma jurisdição uma, como já tratamos, assegura tanto ao jurisdicionado como aos julgadores a certeza sobre o juízo que conduzirá uma investigação ou ação penal. Ao tornar deveras dúbia essa questão, a segurança jurídica vira terra arrasada. A decisão tomada na AP 937, em sede de Questão de Ordem, gerou demasiada insegurança jurídica, apta a tornar questionável a efetiva presença de elementos necessários à manifestação de uma mutação constitucional, como argumentado por parte da Corte. Aquela decisão, salvo melhor juízo, utilizou-se de elementos consequencialistas e de ordem numérica, enquanto a mutação constitucional, pela via de interpretação pelo Supremo, deveria ser fundada na "mudança de realidade social ou por uma nova percepção do Direito[37]", já que uma mutação "nada mais são que as alterações semânticas dos preceitos da Constituição, em decorrência de modificações no prisma histórico-social ou fático-axiológico em que se concretiza a sua aplicação"[38].

Ocorre que tal modificação não parece ter atingido a população brasileira. Nesse sentido, essencial a referência à PEC 10/2013, que, em trâmite desde 2013, ainda não foi votada pela Câmara dos De-

---

36 TOURINHO FILHO. op. cit. p. 290.
37 BARROSO, Luís Roberto. *Curso de direito constitucional contemporâneo*: os conceitos fundamentais e a construção do novo modelo. 5. ed. São Paulo: Saraiva, 2015, p. 165.
38 COELHO, Inocêncio Mártires. MENDES, Gilmar Ferreira. BRANCO, Paulo. *Curso de direito constitucional*. São Paulo. Saraiva, 2008, p. 130.

putados. Ou o Supremo Tribunal Federal, antevendo a mudança, decidiu interpretar à sua forma a Carta no tocante ao foro por prerrogativa da função, ou, então, houve alteração da norma sem modificação do texto, sendo discutível a compatibilidade da interpretação frente ao texto, algo que teremos que deixar para outro momento.

O certo é que a decisão tomada na AP 937 deu origem à Reclamação em questão. Pelos argumentos consequencialistas, trocou-se a atuação originária do STF pelos meios recursais ou autônomos. O problema segue, aliado agora a uma série de intranquilidades que afetam a confiança na norma e no poder jurisdicional, já que a competência deixa de ser algo certo e passa a ser um conceito abstrato. O Ministro Dias Toffoli, em ofício datado de maio de 2018, remeteu ofício à então Ministra Presidente buscando suprir essa lacuna interpretativa por meio da edição de súmulas relacionadas à decisão proferida. Ao ver do atual Presidente, era imprescindível que o Supremo Tribunal Federal dispusesse em caráter vinculante acerca da limitação à prerrogativa de foro. A preocupação do Ministro era a criação de controvérsias "entre órgãos judiciários que possam acarretar grave insegurança jurídica, notadamente por sua imbricação com a garantia do juiz natural (art. 5º, LIII, da CF)"[39]. Essa seria a redação da súmula proposta:

> Súmula Vinculante (x): A competência por prerrogativa de foro, prevista na Constituição Federal para agentes públicos dos Poderes Legislativo, Executivo e Judiciário e do Ministério Público, compreende exclusivamente os crimes praticados no exercício e em razão do cargo ou da função pública.

Não há qualquer dúvida que a edição da súmula vinculante proposta esclareceria, tanto aos jurisdicionados como aos órgãos jurisdicionais, a nova interpretação dada à competência em razão da função. Contudo, dúvidas interpretativas decorrentes da súmula persistiriam, ainda mais se consideradas as questões processuais

---

39 TOFFOLI, José Antonio Dias. Ofício 10/2018-GMDT. Disponível em: https://www.migalhas.com.br/arquivos/2018/5/art20180509-13.pdf. Acesso em: 4 jul. 2020.

como intimação, buscas, sequestro, e outras medidas que podem ser determinadas ao longo da marcha processual.

Mas, qual seria, então, a melhor solução à controvérsia? No caso concreto, como sobredito, a solução foi dada de maneira mais simples, à medida que o conteúdo da investigação, mesmo pela via de reclamação, deixava evidente a usurpação de competência. Contudo, essa certamente não é a realidade da maior parte dos casos envolvendo parlamentares e atos praticados durante o exercício do cargo e em decorrência dele, ou, então, anteriormente à diplomação. Fixemo-nos, então, nos argumentos lançados, e não no pano de fundo concreto.

Segundo posicionamento do Ministro Alexandre de Moraes, toda determinação que busque ultrapassar o dissenso de um parlamentar em seus aposentos funcionais ou, então, do Presidente de uma das Casas Legislativas, deve ser proferida pelo Supremo Tribunal Federal. Extrai-se do voto do Ministro:

> se o destinatário final da ordem foi o Chefe do Poder Legislativo ou o próprio parlamentar (nas hipóteses de gabinetes pessoais e apartamentos funcionais) – cuja livre manifestação de vontade poderia evitar a necessidade de mandado judicial – o Juiz Natural para expedi-la, igualmente *sem qualquer dúvida*, somente poderia ser o SUPREMO TRIBUNAL FEDERAL. (destaque nosso)

Ocorre que, seguindo essa corrente, duas consequências imediatas tornam-se visíveis: 1. em um *primeiro* momento, partindo-se do pressuposto de que a proteção constitucional garantida ao cargo não está adstrita aos locais que pertençam ao órgão ou Casa relacionada, todo e qualquer local poderá estar relacionado ao exercício do cargo, tornando discutível a competência a qualquer tempo e local; e 2. O *segundo* efeito desse entendimento levaria à necessária criação de uma espécie de chancela, tornando o Supremo Tribunal o destinatário de pedidos de autorização de juízes de 1º grau, ou, então, de reclamações sucessivas e com as mais diversas alegações, buscando a anulação das provas colhidas ou a desconstituição da decisão de piso.

Prevalecendo o entendimento mencionado, cria-se, na verdade, espécie de competência privativa *ratione loci* relacionada ao Congresso Nacional – podendo ser tal posição estendida a qualquer imóvel relacionado a um parlamentar – algo inexistente na legislação ou Constituição. De se destacar que a competência, critério de delimitação da jurisdição, parte da Constituição, às leis e à organização interna da Justiça. Nos dizeres de Humberto Theodoro Júnior[40], é na Constituição Federal que pode ser encontrado o arcabouço de toda a estrutura do Poder Judiciário nacional. Não bastasse a inexistência de ordem constitucional nesse sentido, também todos os precedentes do STF comungam da intenção de interpretar restritivamente as cláusulas acerca do foro por prerrogativa, à medida que, do contrário, passaria a constituir privilégio pessoal.

Prima facie, a solução que passa a exigir a chancela do Supremo Tribunal Federal para as medidas coercitivas relacionadas a parlamentares sobre fatos que não tenham ocorrido durante o mandato e não guardem relação com o cargo ou função exercida parece não ter ressonância no campo legal. A *coertio* é um dos elementos da jurisdição, e, em sendo a mesma indelegável, dúvida não há que o juiz a quem foi requerida a medida é aquele que, dentro dos limites legais e constitucionais, exercerá sua própria competência[41]. Na tomada de decisão por ocasião do julgamento da AP 937, o STF assentou os limites de sua própria competência, bem como dos demais órgãos jurisdicionais, e, ao fazê-lo, investiu-os do poder de julgar interpretando a Constituição, definindo o juiz natural para os casos.

Ou bem se tem competência ou não se tem. Como já referimos, um dos pontos basilares do juiz natural é o conhecimento antecipado, tanto pelo julgador como pelo jurisdicionado, acerca do órgão jurisdicional que irá julgar o caso. Essa afirmação decorre da própria Carta, que, no art. 5º, XXXVII, estabelece que "não haverá juízo ou tribunal de exceção", ou até mesmo do inc. LIII do mesmo artigo, ao garantir que "ninguém será processado nem sentenciado senão pela autoridade competente". Seja mutação constitucional ou interpretação restritiva, inegável que o Supremo Tribunal Federal se mani-

---

40 THEODORO JÚNIOR, Humberto. Jurisdição e Competência. Belo Horizonte: *Revista da Faculdade de Direito da Universidade Federal de Minas Gerais*. v. 38, 2000, p. 145-182.
41 TOURINHO FILHO. op. cit. p. 288.

festou, por meio do Pleno, acerca da matéria. Nova interpretação, no sentido oposto, poderia se aproximar a uma competência *ad personam*[42], eis que dificilmente seriam verificáveis os pressupostos para uma nova mutação constitucional.

Voltando-se ao caso concreto da Reclamação 25.537, mais uma vez, afirma-se que a decisão tomada se mostrou, a nosso ver, correta, uma vez que considerou indícios suficientes e pré-constituídos de possíveis infrações penais relacionadas, mesmo que indiretamente, a parlamentares no exercício de seus mandatos e cujos atos estariam relacionados aos cargos. Agora, fosse diversa a situação, considerando-se o *decisum* na AP 937, não há como se exigir que o órgão julgador competente tenha que buscar chancela do STF ao determinar qualquer medida de investigação. É claro que, havendo qualquer ato do parlamentar, no exercício de seu cargo e em uso dele, que dê azo à imposição de medidas coercitivas de natureza processual que influenciem no cumprimento de seu mandato, há de se respeitar a competência do Supremo Tribunal Federal, bem como o estabelecido quando do julgamento da ADI 5.526[43], que assentou:

> Os autos da prisão em flagrante delito por crime inafiançável ou a decisão judicial de imposição de medidas cautelares que impossibilitem, direta ou indiretamente, o pleno e regular exercício do mandato parlamentar e de suas funções legislativas, serão remetidos dentro de vinte e quatro horas a Casa respectiva, nos termos do § 2º do art. 53 da Constituição Federal, para que, pelo voto nominal e aberto da maioria de seus membros, resolva sobre a prisão ou a medida cautelar.

Nesse sentido, a determinação de quebra de sigilo ou a busca e apreensão, resguardados os devidos limites, no próprio mandado, acerca do que deve ser apreendido e a explícita relação com os crimes

---

42 BADARÓ, op. cit., 2016, p. 48-49.
43 BRASIL. Supremo Tribunal Federal. ADI 5526, rel.(a): EDSON FACHIN, rel.(a) p/ Acórdão: ALEXANDRE DE MORAES, Tribunal Pleno, j. em 11-10-2017, PROCESSO ELETRÔNICO *DJe*-159 DIVULG 6-8-2018 PUBLIC 7-8-2018.

investigados, na linha de entendimento atualmente vigente no Supremo Tribunal Federal, estão sob a jurisdição do juízo de piso competente. Interpretar de maneira diversa levaria à necessária revisão do precedente da AP 937, já que todos os argumentos consequencialistas cairiam por terra, à medida que tudo pode estar relacionado ao mandato de um parlamentar investigado por crime comum anterior à diplomação ou desconexo do cargo, o que levaria à necessária chancela do STF pela via recursal ou autônoma. Nas palavras do Ministro Marco Aurélio de Mello, em decisão proferida recentemente na Reclamação n. 42.446[44]:

> [..]ou bem se tem competência para atuar no processo, praticando atos que entender cabíveis, ou não se tem. Mostra-se impróprio cogitar da existência de terceira opção, na qual afetada a determinação de diligência em processo de competência do Juízo de origem, conferindo-se, ao Supremo, papel avaliador.

Na Reclamação mencionada, igualmente houve determinação de busca e apreensão na Casa Legislativa por um juiz de piso. Provocado, o Ministro Marco Aurélio afastou a competência do Supremo Tribunal Federal, sob o argumento de ser impossível a interpretação do art. 102, I, *b* e *c* da CF/88, a fim de estender o foro por prerrogativa para locais oficiais do Congresso Nacional. Na mesma linha, a. Ministra Rosa Weber[45], também em decisão recente, utilizando-se de argumentos constantes do voto do Ministro Relator da Reclamação objeto do presente artigo, assentou que as medidas cautelares visando às dependências das Casas Legislativas somente atrairão a competência do Supremo Tribunal Federal"*apenas* quando tenham como alvo parlamentares federais cujos atos se amoldem aos critérios definidos por ocasião do julgamento da Questão de Ordem na Ação Penal 937."

---

44 BRASIL. Supremo Tribunal Federal. Rcl 42.446, Relatoria do Min. Marco Aurélio. Decisão Monocrática proferida em 29 de jul. de 2020. Disponível em: http://portal.stf.jus.br/processos/downloadPeca.asp?id=15343883214&ext=.pdf

45 BRASIL. Supremo Tribunal Federal. Rcl 42.448, Relatoria da Min. Rosa Weber. Decisão Monocrática proferida em 22 de julho de 2020.

Em oposição às duas decisões citadas encontra-se a decisão proferida pelo Ministro Dias Toffoli, no exercício da Presidência do Supremo Tribunal Federal, proferida em 21 de julho de 2020 na Reclamação 42.335/SP. No caso, determinadas buscas no Senado Federal, em relação a parlamentar investigado por delitos desconexos de seu mandato, a Mesa Diretora da Casa Legislativa buscou a suspensão do feito, alegando interferência na tripartição de poderes e desrespeito às decisões já tratadas no presente estudo. Acolhendo a argumentação, o Ministro afirmou a existência de "risco potencial" de apreensão de documentos relacionados ao desempenho da atual atividade do congressista, "o que poderia implicar na competência constitucional da Corte para analisar a medida". Com isso, restou suspensa a ordem de busca e apreensão em que o local de cumprimento era o Senado Federal.

 A Reclamação analisada (25.537) já antevia a questão, consubstanciada em passagem do voto do Ministro Relator que afirma que "a Constituição não elegeu como critério de fixação da competência desta Corte o local do suposto cometimento do delito (competência *ratione loci*)". Na ocasião, traçou-se a expressa diferença entre o tratamento constitucional dado às imunidades diplomáticas, de modo a abranger também os locais e, inclusive, bens relacionados à Missão Diplomática, contraposto às imunidades parlamentares, que não se estendem aos agentes ou locais relacionados aos mandatários.

 A questão, contudo, está longe de ser solvida. A sedutora solução intermediária, entretanto, pode implicar subtração do poder jurisdicional dos dois lados: tanto do julgador de primeiro piso, quanto do próprio Supremo Tribunal. A necessidade de aval proposta por parte dos Ministros da Corte criaria uma espécie de *exequatur* quanto a medidas que tenham como alvo ou como local de cumprimento tudo que seja relacionado à atividade parlamentar, o que, salvo melhor juízo, enfraqueceria a urgência de eventual medida a ser aplicada ou cumprida. Nova alteração interpretativa também abala a segurança jurídica e o princípio do juiz natural enquanto autoridade jurisdicional competente predeterminada pela Constituição e pela lei, a partir de critérios abstratos e objetivos, "não se admitindo qualquer possibilidade de alteração de tais critérios por atos discricionários de quem quer que seja"[46].

Obviamente, não se está a denominar a atividade interpretativa da Constituição Federal por seu Guardião de ato discricionário. Ocorre que a mutação constitucional recentemente ocorrida já parece encontrar frentes de resistência não só do grupo afetado, mas do sistema jurídico como um todo, de modo a apontar a necessidade de uma adequação, para melhor responder às efetivas mudanças sociais e políticas que deram azo, em um primeiro momento, à mudança de entendimento sem alteração de texto.

7. A PRETEXTO DE CONCLUSÃO

A proposição de análise da Reclamação 25.537 exige a compreensão da evolução interpretativa ocorrida até hoje em relação ao foro por prerrogativa de função e às imunidades parlamentares. A tarefa não é tão simples como parece, vez que as ramificações do entendimento são diversas e levam a perguntas que exigem respostas complexas.

Na Reclamação em questão, havia efetivamente evidências de desrespeito à jurisdição do Supremo Tribunal Federal, o que levou à resolução da questão ao reconhecimento da usurpação da competência da Corte, à medida que as investigações analisavam, mesmo que não diretamente, atos relacionados a parlamentares no exercício de suas funções e relacionados às mesmas. Aplicável, portanto, o entendimento lançado na ocasião do julgamento da Questão de Ordem na Ação Penal 937. Entretanto, não é a solução dada que desperta a atenção, mas sim os argumentos lançados pelos Ministros, que conduzem a uma possível reformulação da novel interpretação do texto inserido no art. 102, I, *b* da Carta Política.

De tão conturbada a questão, recentemente foram prolatadas três decisões diversas sobre o mesmo tema que foi objeto da Reclamação: busca e apreensão nas Casas Legislativas. O que ocorre é que

---

46 BADARÓ, op. cit., 2016, p. 51.

as três decisões são distintas, apoiadas em argumentos diversos, sendo que uma delas teve resolução diversa das outras, sob o mesmo contexto fático. Não há a menor dúvida, portanto, que se demanda novo pronunciamento do Supremo Tribunal Federal, a exigir uma solução senão definitiva, que perdure até que nova mutação constitucional seja factível. Fato é que hoje o Judiciário e seus jurisdicionados enfrentam insegurança jurídica extrema, sobre tema que é um dos principais pilares do Estado Democrático de Direito: a predeterminação do juízo competente.

O Constituinte, ao prever na própria Carta o foro em razão da prerrogativa da função, agiu de modo a evitar a colidência de tal determinação ao princípio do juiz natural. A razão para criação de tal critério de fixação de competência, como tratamos, dá-se pela necessária garantia ao pleno exercício de suas funções, que, contrariamente ao corpo técnico, exigem grande responsabilidade social e política. O temor pela repercussão de suas manifestações e decisões, se estivessem sujeitos a juízes singulares, por óbvio, restringiriam sua atuação democrática[47]. A Constituição protege o cargo, não a pessoa que o ocupa, de modo que a prerrogativa jamais poderá ser compreendida como privilégio, incompatível com a ordem democrática e o princípio da igualdade previsto expressamente pelo Constituinte.

Afastados quaisquer argumentos consequencialistas ou inverídicos, tal qual aqueles que buscam de alguma maneira relacionar o foro em decorrência da função à impunidade, restará ao Supremo Tribunal Federal a palavra decisiva, mas não definitiva, sobre a matéria. A incerteza quanto à jurisdição competente levará a consecutivas decisões diversas sobre a mesma temática, paralisando as investigações e ações penais em andamento, rompendo a ordem constitucional acerca da predeterminação do juízo competente. Aos doutrinadores cabe a formação de embasamento teórico adequado que permita a tomada de decisão da Corte Suprema, seja ela qual for.

---

47 MEIRELLES, Hely Lopes. *Direito administrativo brasileiro.* 23. ed. São Paulo: Malheiros Editores, 2004, p. 78.

8. Referências bibliográficas

ACKERMAN, Bruce. The New Separation of Powers. Harvard Law Review, vol. 113, n. 3, 2000, p. 633-729. JSTOR, www.jstor.org/stable/1342286. Acesso em: 30 jun. 2020.

ARISTÓTELES. *Política*. Livro III, Capítulo XI. São Paulo: Nova Cultural, 1999.

BARROSO, Luís Roberto. *Vinte anos da Constituição Brasileira de 1988*: o estado a que chegamos. São Paulo: Lumen Juris, 2009.

BARROSO, Luís Roberto. *Curso de direito constitucional contemporâneo*: os conceitos fundamentais e a construção do novo modelo. 5. ed. São Paulo: Saraiva, 2015.

BARROSO, Luís Roberto. Judicialização, ativismo judicial e legitimidade democrática. Cadernos [SYN]THESIS. Rio de Janeiro, v. 5, n. 1, p. 23-32, 2012.

BRASIL. Constituição (1988). Constituição da República Federativa do Brasil. Brasília, DF: Senado Federal: Centro Gráfico, 1988.

BRASIL. Supremo Tribunal Federal. ADI 3367, rel.(a): CEZAR PELUSO, Tribunal Pleno, j. em 13-4-2005, *DJ* 17-3-2006, p. 00004, ement. vol., 02225-01, p. 00182 REPUBLICAÇÃO: *DJ* 22-9-2006, p. 00029.

BRASIL. ADI 5526, rel.(a): EDSON FACHIN, rel.(a) p/ Acórdão: ALEXANDRE DE MORAES, Tribunal Pleno, j. em 11-10-2017, PROCESSO ELETRÔNICO *DJe*-159 DIVULG 6-8-2018 PUBLIC 7-8-2018.

BRASIL. ADI 5526, rel.(a): EDSON FACHIN, rel.(a) p/ Acórdão: ALEXANDRE DE MORAES, Tribunal Pleno, j. em 11-10-2017, PROCESSO ELETRÔNICO *DJe*-159 DIVULG 6-8-2018 PUBLIC 7-8-2018.

BRASIL. AP 937 QO, rel.(a): ROBERTO BARROSO, Tribunal Pleno, j. em 3-5-2018, ACÓRDÃO ELETRÔNICO *DJe*-265 DIVULG 10-12-2018 PUBLIC 11-12-2018.

BRASIL. Inq 2874 AgR, rel.(a): CELSO DE MELLO, Tribunal Pleno, j. em 20-6-2012, ACÓRDÃO ELETRÔNICO *DJe*-022 DIVULG 31-1-2013 PUBLIC 1º-2-2013.

BRASIL. Inq 687 QO, rel.(a): SYDNEY SANCHES, Tribunal Pleno, j. em 25-8-1999, *DJ* 9-11-2001 PP-00044 EMENT VOL-02051-02 PP-00217 *RTJ* VOL-00179-03 PP-00912.

BRASIL. Rcl 42.446, Relatoria do Min. Marco Aurélio. Decisão Monocrática proferida em 29 de jul. de 2020. Disponível em: http://portal.stf.jus.br/processos/downloadPeca.asp?id=15343883214&ext=.pdf.

BRASIL Rcl 42.448, Relatoria da Min. Rosa Weber. Decisão Monocrática proferida em 22 de jul. de 2020.

CANOTILHO, J.J Gomes. *Direito constitucional e teoria da Constituição.* 7. ed. 2. Reimp. Coimbra: Almedina.

CAVALCANTE FILHO, J. T. & LIMA, F. R. Foro, Prerrogativa e Privilégio (Parte 1): Quais e quantas autoridades têm foro no Brasil? Brasília: Núcleo de Estudos e Pesquisas/ CONLEG/Senado, Abri/2017 (Texto para Discussão no 233). Disponível em: www.senado.leg.br/estudos. Acesso em: 27 jun. 2020.

COELHO, Inocêncio Mártires. MENDES, Gilmar Ferreira. BRANCO, Paulo. *Curso de* direito constitucional. São Paulo: Saraiva, 2008.

LOCKE, John. *Segundo tratado sobre governo civil.* Editora Vozes.

MEIRELLES, Hely Lopes. *Direito administrativo brasileiro.* 23. ed. São Paulo: Malheiros Editores, 2004.

MENDES, Gilmar F. Organização do Poder Judiciário. Discurso. Disponível em: https://www.stf.jus.br/arquivo/cms/noticiaartigodiscurso/anexo/judicbrasil.pdf.

MONTESQUIEU, Charles Louis de Secondat. *Do espírito das leis.* São Paulo: Martin Claret, 2006.

NASCIMENTO, Tupinambá Miguel Castro. *Comentários à Constituição Federal*: princípios fundamentais. Porto Alegre: Livraria do Advogado, 1997.

NOVAIS, Jorge Reis. *Contributo para uma teoria do Estado de Direito.* Coimbra: Almedina, 1987.

PACELLI, Eugenio. *Curso de Processo Penal.* 21. ed. São Paulo: Atlas, 2017.

SARMENTO, Daniel. Constituição e Sociedade: Foro Privilegiado, República e Interpretação Constitucional. JOTA. Disponível em: https://www.jota.info/paywall?redirect_to=//www.jota.info/opiniao-e-analise/artigos/constituicao-e-sociedade-4-02112014. Acesso em: 30 jun. 2020.

STRECK, Lênio Luiz. *Hermenêutica jurídica e(m) crise*: uma exploração hermenêutica da construção do direito. 7. ed. Porto Alegre: Livraria do Advogado, 2007.

THEODORO JÚNIOR, Humberto. Jurisdição e Competência. Belo Horizonte: *Revista da Faculdade de Direito da Universidade Federal de Minas Gerais*. v. 38, 2000.

TOFFOLI, José Antonio Dias. Ofício 10/2018-GMDT. Disponível em: https://www.migalhas.com.br/arquivos/2018/5/art20180509-13.pdf. Acesso em: 4 jul. 2020.

TOURINHO FILHO. Fernando da Costa. *Manual de processo penal*. 17. ed. São Paulo: Saraiva, 2017.

5.

Caminhos da criminologia e macrocriminalidade: dos crimes do colarinho branco ao totalitarismo financeiro

Francisco Codevila[1]

1. INTRODUÇÃO

O processo de expansão do Direito Penal nas sociedades pós-industriais caracteriza-se, entre outros aspectos, pela tutela de novos bens jurídicos, como o meio ambiente e a ordem econômica.

As causas da provável existência de novos bens jurídicos penais são, seguramente, distintas. Por um lado, cabe considerar a conformação ou generalização de *novas realidades* que antes não existiam – ou não com a mesma incidência – e em cujo contexto há de viver o indivíduo, que se vê influenciado por elas; assim, a mero título de exemplo, as instituições econômicas de crédito e de inversão. Por outro lado, deve-se aludir à *deterioração de realidades tradicionalmente abundantes*, que em nossos dias começam a manifestar-se como bens escassos, aos quais se atribui agora um valor que anteriormente não lhes correspon-

---

1 Juiz Federal da Seção Judiciária do Distrito Federal, Doutorando em Direito pelo Instituto Brasileiro de Ensino, Desenvolvimento e Pesquisa – IDP, Mestre em Direito pela Universidade Católica de Brasília – UCB.

dia, ao menos de modo expresso; por exemplo, o meio ambiente. Em terceiro lugar, há que se contemplar o incremento essencial de valor que experimentam, como consequência da evolução social e cultural, certas realidades que sempre estiveram aí, sem que se reparasse nas mesmas, como o patrimônio histórico-artístico[2].

Como resultado, percebe-se, por parte dos formuladores de políticas criminais, o crescente recurso a tipos penais relacionados com a proteção de bens jurídicos difusos e coletivos, tais como a sonegação fiscal, os crimes financeiros e a lavagem de dinheiro – voltados à proteção da ordem econômica; e as modalidades de corrupção ativa e passiva e o peculato – que protegem o patrimônio público e a moral administrativa. Todos eles estão inseridos no contexto dos chamados *crimes do colarinho branco*, também conhecidos pelo termo *macrocriminalidade*, em razão dos efeitos mais abrangentes das condutas criminosas em comparação com a criminalidade clássica.

Contudo, apesar do expansionismo penal experimentado nas sociedades ocidentais pós-industriais, cujos reflexos são percebidos de forma direta na formulação de tipos penais direcionados à criminalidade do colarinho branco, também é possível perceber um movimento político criminal de resistência, iniciado na Europa continental e lastreado, principalmente, nas amplamente disseminadas concepções de *Direito de intervenção*, de Winfried Hassemer[3], e de *Direito penal de duas velocidades*, de Jesús-María Silva Sánchez[4].

Sintetizando ambas as concepções – até porque esse não é o marco teórico que será explorado neste artigo, ao qual se recorre apenas para contextualizar o estágio atual das políticas macrocriminais –, Hassemer defende que o Direito Penal deve restringir-se à tutela de

---

2   SILVA SÁNCHEZ, Jesús-María. *A expansão do direito penal*: aspectos da política criminal nas sociedades pós-industriais. São Paulo: Revista dos Tribunais, 2002, p. 27.

3   HASSEMER, Winfried. Perspectivas de uma moderna política criminal. *Revista Brasileira de Ciências Criminais*. São Paulo, n. 08, p. 49, out. 1994.

4   SILVA SÁNCHEZ, Jesús-María. *A expansão do direito penal*: aspectos da política criminal nas sociedades pós-industriais. São Paulo: Revista dos Tribunais, 2002.

bens individuais objetivamente definidos, como vida, patrimônio e integridade física, por meio de um processo penal em que seja assegurada ampla defesa ao acusado, sendo possível, ao final, a condenação ao cárcere; e que os novos bens jurídicos identificados na modernidade pós-industrial, coletivos e difusos, porém referíveis ao indivíduo (concepção monista individual de bem jurídico penal), devem ser tutelados por um outro tipo de direito, denominado de interventivo, situado entre o Direito Penal e o Administrativo, por meio de um processo menos formal, menos garantista e mais célere, cuja pena, ao final aplicada, deveria ser outra, que não a privação da liberdade.

Por sua vez, Silva Sánchez mantém a tutela dos novos bens jurídicos (difusos e coletivos) no âmbito do Direito Penal, porém, reserva ao agressor as punições exclusivamente restritivas de direito. Assim, o ramo jurídico-penal deveria se bipartir. Para os novéis problemas, notadamente difusos, utilizar-se-ia de um Direito Penal menos garantista, de cunho flexível, ou relativizado, mas que não cominaria pena privativa de liberdade; para os interesses tradicionais, bens jurídicos individuais clássicos, como vida e patrimônio, prevaleceria o vetor liberal garantista, com todo seu rigor técnico[5].

Em suma, ambas as propostas se caracterizam pelo descarte da pena privativa de liberdade em relação à nova criminalidade que atinge os bens difusos, como a criminalidade do colarinho branco e propõem o estabelecimento de duas classes distintas de Direito Penal. O antigo, voltado aos delinquentes tradicionais, membros de classes marginalizadas, enquanto o novo ramo seria uma válvula de escape para os poderosos, ou seja, os criminosos de colarinho branco, os quais seriam infensos à prisão[6].

Portanto, se, de um lado, o movimento expansionista do Direito Penal caracteriza-se pela identificação de novos bens jurídicos tuteláveis, novos tipos penais e, consequentemente, pelo surgimento

---

5   SOUZA, Luciano Anderson de. *Direito Penal Econômico*: fundamentos, limites e alternativas. São Paulo: Quartier Latin, 2012, p. 132.
6   BOTTINI, Pierpaolo Cruz. *Crimes de perigo abstrato e princípio da precaução na sociedade de risco.* São Paulo: Revista dos Tribunais, 2010, p. 101.

de novos criminosos; de outro, o movimento de contenção desse expansionismo notabiliza-se pelo desapego seletivo das penas corporais, socorrendo-se de medidas como multa, proibição de contratar com o poder público e suspensão de direitos, com o nítido intuito de evitar o encarceramento dos criminosos do colarinho branco, aspecto que sempre foi objeto de crítica da criminologia, desde os primórdios das considerações sobre a criminalidade econômica.

O objetivo deste artigo, portanto, é expor, de forma sintetizada, a evolução das principais correntes criminológicas que se debruçaram sobre o fenômeno da criminalidade de colarinho branco (macrocriminalidade, na atualidade), desde Sutherland, passando pela visão criminológica crítica, até a recente concepção de *totalitarismo financeiro*, de Eugênio R. Zaffaroni e Ílison Dias dos Santos. A opção por essas três vertentes deve-se ao fato de serem representativas de momentos históricos e sociais distintos, o que permite uma visão mais ampla ao leitor.

2. A IDEIA DE CRIMINALIDADE DO COLARINHO BRANCO DE EDWIN SUTHERLAND

A partir do surgimento da Escola de Chicago, o estudo da sociologia criminal dividiu-se em duas vertentes: a microssociologia, ou escolas psicológicas, e a macrossociologia criminal. As teorias psicossociológicas ou microssociológicas estudam o problema do crime sob a perspectiva do indivíduo em interação com o meio social. A sociedade cria as condições para o desvio (o espaço geográfico, a pressão por sucesso, a falta de oportunidades etc.) e a microssociologia estuda como essas condições atuam no indivíduo, de forma particular. São teorias que abandonaram a variante puramente individualista (biológica) e consideram importante a influência da sociedade sobre o homem, enfatizando a formação, os valores e os contatos sociais. A linha de pesquisa microssociológica é a predominante nos Estados Unidos[7].

---

7   VERAS, Ryana Pala. *Nova criminologia e os crimes do colarinho branco*. São Paulo: WMF Martins Fontes, 2010, p. 11.

A segunda linha de pesquisa da sociologia, a perspectiva macrossociológica, detém-se na estrutura social, não considerando o indivíduo como objeto de seu estudo. Considera a própria *sociedade criminógena* seu objeto de estudo. O crime é tomado como um fato puramente social, produto da atuação das estruturas sociais, sem referência a condições individuais. A macrossociologia criminal se divide em duas vertentes de estudos: uma voltada ao paradigma etiológico e outra, ao paradigma da reação social. A macrossociologia etiológica tem por objeto a compreensão das causas do crime, como um dado ontológico, resultante das estruturas sociais. A macrossociologia da reação social analisa, de outro lado, o processo de criminalização realizado pelos órgãos da persecução penal. Entende o crime como uma realidade construída pelo homem (e não ontológica), que é criada e recriada por um processo de interpretação e seleção de condutas. Atribui ao fenômeno da criminalização uma natureza política – no sentido do exercício do poder. É a macrossociologia, principalmente sob a perspectiva da reação social, a forma predominante dos estudos criminológicos desenvolvida na Europa na segunda metade do século XX[8].

Pois bem, a tradicional linha de estudo da sociologia norte-americana, com emprego de métodos científicos, estudo das estatísticas oficiais, associação da criminalidade à pobreza e às condições geográficas de desorganização social teve suas estruturas abaladas com a apresentação de um estudo de Edwin Sutherland, sobre as causas da criminalidade.

Em trabalho seminal, apresentado no 34º encontro anual da *American Sociological Society*, realizado em conjunto com o 52º encontro da *American Economic Society*, em 1939, Edwin Sutherland, chamou a atenção para os crimes cometidos por indivíduos bem nascidos, bem formados e que ocupavam posição de destaque na sociedade, colocando em cheque a noção, até então prevalente na criminologia, de que a origem do comportamento criminoso estaria

---

8   VERAS, Ryana Pala. *Nova criminologia e os crimes do colarinho branco*. São Paulo: WMF Martins Fontes, 2010, p. 12-13.

diretamente associada à pobreza e à desestruturação dos lares. Sutherland também chamou a atenção para a ineficácia do sistema penal em relação ao que chamou de criminoso do colarinho branco.

  Segundo o sociólogo americano, os criminólogos da época utilizavam estudos de caso e estatísticas criminais derivados da justiça criminal como sua principal base de dados. Assim, a partir dessas bases, eles formularam teorias gerais do comportamento criminoso e sustentaram que, uma vez que o crime está concentrado na classe baixa, ele é causado pela pobreza ou características pessoais e sociais que acreditavam estar estatisticamente associadas com a pobreza, incluindo enfermidades mentais, desvios psicopáticos, bairros carentes e famílias degeneradas[9].

  Propôs, então, a tese no sentido de que o conceito e explicações para o crime, como descritos até então, eram inadequados e incorretos, porque o crime, de fato, não estaria estritamente correlacionado com a pobreza ou com condições psicopáticas e sociopáticas associadas com a pobreza e que uma explicação adequada do comportamento criminoso deveria proceder por caminhos diversos. Portanto, as explicações convencionais seriam inválidas, sobretudo porque derivadas de amostras enviesadas, as quais não incluíam vastas áreas do comportamento criminoso de pessoas não pertencentes à classe baixa. Uma das áreas negligenciadas seria, justamente, o comportamento criminoso de empresários e outros profissionais[10].

  Para Sutherland, a criminalidade de colarinho branco manifestava-se na forma de deturpação de demonstrativos financeiros de corporações, manipulação na bolsa de valores, corrupção privada, corrupção direta ou indireta de servidores públicos a fim de obter contratos e leis favoráveis, vendas e publicidades enganosas, apropriação indébita e uso indevido de ativos, adulteração de pesos e

---

9 SUTHERLAND, Edwin. A criminalidade de colarinho branco. *Revista Eletrônica de Direito Penal e Política Criminal – UFRGS*, v. 2, n. 2, 2014, (tradução de Lucas Minorelli).

10 SUTHERLAND, Edwin. A criminalidade de colarinho branco. *Revista Eletrônica de Direito Penal e Política Criminal – UFRGS*, v. 2, n. 2, 2014, (tradução de Lucas Minorelli).

medidas e falsificação de mercadorias, fraudes fiscais, uso impróprio de valores em recuperações judiciais e falências, entre outros[11].

Observou, entretanto, que os criminosos de colarinho branco eram relativamente imunes por causa do viés de classe dos tribunais e do poder deles para influenciar na criação e aplicação da lei. Este viés de classe afetaria não somente as cortes contemporâneas, mas em maior escala teria afetado as cortes antecedentes, que definiram os precedentes e regras processuais daquela época[12].

Prosseguindo em seu raciocínio, afirmou que os aspectos nos quais os crimes das duas classes diferem seriam os incidentais em vez dos essenciais da criminalidade. Principalmente em relação à aplicação das leis penais. Os crimes da classe baixa seriam conduzidos por policiais, promotores e juízes, com penas de multa, prisão e de morte. Os crimes da classe alta não resultariam em nenhuma ação oficial ou em ações indenizatórias em cortes civis ou conduzidos por fiscais e por conselhos ou comissões administrativas, limitando-se a sanções penais na forma de advertências, ordens para cessar uma atividade e, ocasionalmente, a perda de uma licença e, somente em casos extremos, aplicação de multas ou penas privativas de liberdade. Por isso, os criminosos de colarinho branco seriam segregados administrativamente dos demais e, em larga medida, como uma consequência disso, não seriam considerados como verdadeiros criminosos por eles mesmos, pelo público em geral ou pelos criminólogos[13].

Além disso, em decorrência do *status* social que usufruíam, os criminosos de colarinho branco possuíam voz ativa para determinar o que seria introduzido na legislação e como o Direito Penal, na medida em que os afetava, seria criado e aplicado[14].

---

11 Ibid.
12 Ibid.
13 SUTHERLAND, Edwin. A criminalidade de colarinho branco. *Revista Eletrônica de Direito Penal e Política Criminal – UFRGS*, v. 2, n. 2, 2014 (tradução de Lucas Minorelli).
14 Ibid.

Em contraste com o poder dos criminosos de colarinho branco estaria a vulnerabilidade de suas vítimas. Consumidores, investidores e acionistas são desorganizados, carecem de conhecimento técnico e são incapazes de se proteger. A criminalidade de colarinho branco surge onde empresários e outros profissionais poderosos entram em contato com pessoas vulneráveis. Muitos dos crimes da classe baixa, no entanto, são praticados contra pessoas ricas e poderosas na forma de furto e roubo. Devido a esta diferença de poder em comparação com as vítimas, os criminosos de colarinho branco gozariam de relativa imunidade[15].

A partir dessas observações, Sutherland afirmou que aquela teoria criminológica, no sentido de que o comportamento criminoso em geral se devia à pobreza ou às condições psicopáticas e sociopáticas associadas com aquela, poderia ser considerada inválida por três razões. Em primeiro lugar, a generalização era baseada em uma amostra enviesada que omitia quase que completamente o comportamento de criminosos de colarinho branco. Os criminólogos restringiram sua base de dados, mais por razões de conveniência e ignorância do que por princípio, na maioria das vezes, aos casos das cortes criminais e varas da infância e juventude, e estas agências eram usadas, principalmente, para criminosos de baixos estratos econômicos. Consequentemente, suas bases de dados seriam grosseiramente enviesadas do ponto de vista do *status* econômico dos criminosos e a generalização de que a criminalidade estaria vinculada com a pobreza não se justificava[16].

Em segundo lugar, a generalização de que a criminalidade estaria estritamente associada com a pobreza, obviamente, não se aplicava aos criminosos de colarinho branco. Eles não estavam na pobreza, não foram criados em bairros carentes ou por famílias deterioradas e não eram enfermos mentais ou psicopatas. Eles raramente eram crianças problemáticas nos primeiros anos de vida e não

---

15 Ibid.
16 Ibid.

precisaram comparecer em varas da infância e juventude ou em conselhos tutelares[17].

Em terceiro lugar, as teorias convencionais não explicariam, nem sequer, a criminalidade da classe baixa. Os fatores sociopáticos e psicopáticos que eram enfatizados, sem dúvida, teriam algo a ver com a origem do crime, mas tais fatores não eram relacionados a um processo geral existente, tanto na criminalidade de colarinho branco, como na de classe baixa e, portanto, não explicavam a criminalidade de uma classe ou de outra. Elas deveriam explicar o modo ou método do crime – por que criminosos da classe baixa cometem furtos ou roubos em vez de fraudes [18].

Concluindo sua exposição, Sutherland propôs uma hipótese substitutiva para as teorias convencionais, no sentido de que a criminalidade de colarinho branco, como qualquer outra criminalidade sistemática, seria aprendida; que ela seria aprendida em associação direta ou indireta com aqueles que já praticam o comportamento; e aqueles que aprendem este comportamento criminoso seriam apartados de contatos íntimos e frequentes com comportamento de obediência à lei. Se uma pessoa se torna um criminoso, ou não, é amplamente determinado pela frequência e intimidade de seus contatos com as duas espécies de comportamento, o que foi denominado processo de *associação diferencial*[19].

Trata-se de uma explicação para a origem das criminalidades de colarinho branco e da classe baixa. Aqueles que se tornam criminosos de colarinho branco, na maioria das vezes, iniciam suas carreiras em bons bairros e lares, são graduados em universidades com algum idealismo e, com pouca escolha por parte deles, participam de certas situações negociais em que a criminalidade é praticamente um costume e são introduzidos naquele sistema de comportamen-

---

17 SUTHERLAND, Edwin. A criminalidade de colarinho branco. *Revista Eletrônica de Direito Penal e Política Criminal – UFRGS*, v. 2, n. 2, 2014 (tradução de Lucas Minorelli).
18 Ibid.
19 Ibid.

to como em qualquer outro costume. Os criminosos da classe baixa geralmente começam suas carreiras em bairros e famílias decadentes, encontram delinquentes disponíveis de quem adquirem as atitudes e técnicas do crime ao se associarem com aqueles e em segregação parcial de pessoas que respeitam a lei[20].

Portanto, segundo Sutherland, o comportamento criminoso não era herdado nem determinado por fatores fisiológicos: era simplesmente aprendido, como qualquer outro comportamento. Nessa visão, o delito é uma conduta aprendida na interação entre as pessoas, principalmente as mais próximas (pais, amigos). Por meio da interação são ensinadas as técnicas de cometimento de delitos e são reforçados os argumentos favoráveis à violação da lei. Um indivíduo se torna criminoso, principalmente, porque está fortemente exposto a motivações, tendências, racionalizações e atitudes que convergem para o crime. E é o ambiente em que ele vive que propicia tais contatos[21].

Além da teoria da associação diferencial, a significativa contribuição de Sutherland foi a criação do termo *white collar crime*[22] para dar ênfase à posição social dos criminosos (que seria o fato determinante de seu tratamento diferenciado) e trazer para o campo cientí-

---

20 SUTHERLAND, Edwin. A criminalidade de colarinho branco. *Revista Eletrônica de Direito Penal e Política Criminal – UFRGS*, v. 2, n. 2, 2014, (tradução de Lucas Minorelli).

21 VERAS, Ryana Pala. *Nova criminologia e os crimes do colarinho branco*. São Paulo: WMF Martins Fontes, 2010, p. 13-14.

22 "Esse conceito não pretende ser definitivo, mas meramente chamar atenção aos crimes que não estão ordinariamente incluídos no escopo da criminologia. Crime do colarinho branco pode ser definido aproximadamente como um crime cometido por uma pessoa de respeitabilidade e alto *status* social no curso de sua atividade. Consequentemente isso exclui muitos crimes da classe mais alta tais como os casos de homicídio, envenenamento, adultério, eis que estes não fazem parte das atividades profissionais. Ainda, isso exclui os jogos de lealdade dos membros ricos do submundo, já que eles não são pessoas de respeitabilidade e alto *status* social." (SUTHERLAND, Edwin H. *Crime de colarinho branco*: versão sem cortes. Tradução de Clécio Lemos. Rio de Janeiro: Revan, 2015, p. 33-34.)

fico o estudo do comportamento de empresários, homens de negócios e políticos como autores de crimes profissionais e econômicos, o que antes não ocorria. Seu trabalho, portanto, ampliou o campo de estudo da criminologia para além das estatísticas oficiais, e mais, realizou uma crítica da própria utilização cega dos números. Impulsionou as pesquisas sobre os crimes do colarinho branco e introduziu elementos suplementares nas discussões sobre as causas do crime como um todo. Buscou a verdadeira raiz da criminalidade nos valores de todo o sistema social, saindo do limitado universo das áreas de pobreza e de seus moradores[23,24].

O sociólogo ressaltou também que, em contraste com o poder dos criminosos do *white collar*, está a fragilidade de suas vítimas, na maioria das vezes coletividades desorganizadas e desprovidas de conhecimentos técnicos específicos ou titulares de interesses difusos, tais como consumidores e investidores, e até mesmo todos os indivíduos, enquanto membros da sociedade. De forma oposta, os crimes tradicionais são cometidos por pessoas das classes mais baixas, sem a mínima influência social, principalmente contra o patrimônio e a integridade física dos mais ricos e mais poderosos. Por isso, sofrem forte reação da sociedade. Esse quadro contribui para a relativa imunidade dos criminosos do colarinho branco[25].

O próprio Sutherland, porém, afirmou, em 1939, que não dispunha de um estudo estatístico para confirmar suas hipóteses, mas que as informações até então disponíveis eram bastante sugestivas no sentido das suas proposições.

---

23 VERAS, Ryana Pala. *Nova criminologia e os crimes do colarinho branco*. São Paulo: WMF Martins Fontes, 2010, p. 24.

24 Sutherland, assim, já antecipava a necessidade de a ciência estudar também a reação social como uma face indissociável da compreensão de todo fenômeno criminal. Entretanto, a inclusão dessa perspectiva no objeto da criminologia só aconteceria duas décadas depois por meio do *labelling approach*. VERAS, Ryana Pala. *Nova criminologia e os crimes do colarinho branco*. São Paulo: WMF Martins Fontes, 2010, p. 24.

25 VERAS, Ryana Pala. *Nova criminologia e os crimes do colarinho branco*. São Paulo: WMF Martins Fontes, 2010, p. 28.

Entretanto, em 1949, publicou o resultado de outra pesquisa que consistiu em analisar a conduta das setenta maiores empresas dos Estados Unidos em sua época. Realizou basicamente uma "biografia" de tais empresas, coletando todas as decisões proferidas contra elas em toda a sua "vida", que possuíam em média quarenta e cinco anos. Buscou reunir todas as violações a leis que se encaixassem em seu conceito de *white collar crimes*. Suas fontes eram diversas: tribunais federais e estaduais (cíveis e criminais), decisões de tribunais administrativos especializados em matérias econômicas (federais, estaduais e municipais), sanções de outros órgãos da Administração Pública, de comissões e conselhos profissionais. Ao final da pesquisa, todas as empresas analisadas possuíam contra si decisões desfavoráveis, variando de um a cinquenta. A média foi fixada em quatorze condenações por empresa[26].

A pesquisa desenvolvida por Sutherland nos dez anos que se sucederam ao primeiro artigo comprovou sua percepção a respeito dos *white collar crimes*. Afinal, eles eram de fato crimes, fenômenos da mesma natureza da criminalidade das classes baixas. O que diferenciava os *white collar crimes* dos demais delitos era apenas a reação social, que no caso dos primeiros era bem menos rigorosa, quase inexistente. Para Sutherland, a escassa persecução penal a esses crimes se devia principalmente a três fatores: 1) o *status* de seus autores; 2) a tendência a apenas reprimir tais condutas em outros ramos do direito; 3) a falta de organização das vítimas contra os *white collar crimes*[27].

O *status* social dos agentes influi no controle estatal devido a uma combinação de intimidação e admiração. Os agentes responsáveis pela justiça criminal por vezes têm medo de confrontar-se com os homens de negócios, pois o antagonismo pode resultar em prejuízos a suas carreiras, que sofrem influência política, legítima ou ilegítima (até mesmo, mas em menor grau, as carreiras que gozam

---

26 Ibid., p. 33.
27 VERAS, Ryana Pala. *Nova criminologia e os crimes do colarinho branco*. São Paulo: WMF Martins Fontes, 2010, p. 33.

de independência funcional). Já a admiração surge de uma identificação cultural entre os legisladores, juízes e administradores da justiça com os homens de negócios, em razão da formação semelhante que tiveram. São conceitos que atuam no psiquismo dos agentes públicos[28].

Além disso, verifica-se, em relação aos *white collar crimes*, uma tendência de se reprovar comportamentos ilícitos em outras esferas do direito – quando adequado e suficiente – obedecendo ao princípio democrático de um Direito Penal como *ultima ratio*[29].

A obra de Sutherland, embora tenha sido reconhecida pela maioria dos sociólogos como um marco na evolução do estudo da criminologia, foi alvo de várias críticas e enfrentou muita resistência para ser aceita. Em um período em que predominava o rigor científico do positivismo, as principais críticas dirigidas à pesquisa de Sutherland referiam-se à falta de precisão do conceito de *white collar crime* e aos métodos por ele utilizados[30].

Contudo, mesmo diante da dificuldade de comprovação de suas hipóteses e da maior abertura de seus conceitos, nada fez desaparecer o grande mérito da obra de Sutherland, que revelou, pela primeira vez, a existência de um sistema penal desigual, que pune com rigor os crimes praticados pelos mais pobres e membros das camadas inferiores da sociedade, enquanto controla de forma escassa os delitos praticados por indivíduos oriundos das classes mais altas.

Nesse sentido, Fragoso afirmou que o conceito revolucionário de Sutherland deu lugar a largo debate e controvérsia, mas a sua vitalidade é extraordinária. O que caracteriza a criminalidade de colarinho branco é o fato de seus autores pertencerem a classe social elevada, atuando no exercício de sua atividade ocupacional (comerciantes e profissionais) e causando um dano extenso e considerável[31].

---

28 Ibid., p. 33.
29 Ibid., p. 34-35.
30 Ibid., p. 42.
31 FRAGOSO, Heleno Cláudio. Direito penal econômico e direito dos negócios. *Revista de Direito penal e Criminologia,* n. 33, jan-jun. 1982, p. 122-129.

A partir da década de 1960, entretanto, devido à consolidação da guerra fria e à política interna conservadora dos Estados Unidos e da Europa, houve um hiato nos estudos sobre a criminalidade do colarinho branco. Nos anos 1980, os estudos foram retomados, em razão da renovação da linha de pesquisa nas universidades, impulsionados pelo desenvolvimento da criminologia crítica e da sociologia do conflito, que via uma sociedade controlada por pessoas poderosas, de classes sociais dominantes, que utilizavam o direito, em especial o Direito Penal, como meio de manter sua posição[32].

É sobre a criminologia crítica que se tratará a seguir e sua capacidade explicativa do fenômeno da impunidade da criminalidade do colarinho branco, devendo ser chamada a atenção do leitor para a similaridade das constatações, apesar de ser o estudo de Sutherland mais vinculado à criminologia etiológica, e a criminologia crítica pautada pelo paradigma da reação social.

3. A ABORDAGEM CRIMINOLÓGICA CRÍTICA

As escolas macrossociológicas, como dito anteriormente, têm por objeto o estudo do papel da sociedade na produção do crime. Essas teorias descrevem as instituições que formam a sociedade e como seu funcionamento induz os indivíduos a terem comportamentos criminosos. As principais teorias macrossociológicas são a teoria da anomia, o *labelling approach*, a criminologia do conflito e a criminologia crítica[33].

Após o labelling approach, que introduziu o paradigma da reação social, algumas teorias (conflitual e crítica) passaram a entender o crime como um conceito dinâmico, construído pela seleção de comportamentos e sua interpretação, realizada pelos órgãos estatais de reação social. Houve, assim, uma alteração no estudo da crimi-

---

32   VERAS, Ryana Pala. *Nova criminologia e os crimes do colarinho branco.* São Paulo: WMF Martins Fontes, 2010, p. 44.
33   Ibid., p. 16.

nologia para alcançar os órgãos e o processo de seleção, interpretação e definição das condutas criminosas[34].

Nesse influxo, uma outra perspectiva para o tema ora proposto é fornecida pela criminologia crítica. A categoria da criminalidade de colarinho branco não é trabalhada de forma expressa, como no estudo de Sutherland. Entretanto, a ideia da reação social e do controle das formas de criminalização primária e secundária, por parte das classes dominantes, reforça a concepção inicialmente elaborada por Sutherland, acerca do tratamento diferenciado dispensado pelo sistema penal aos criminosos ricos e pobres.

Pois bem, Alessandro Baratta, ao refletir sobre o modelo de ciência penal global ou integral de Liszt[35], propôs um novo modelo integrado de ciências penais, que não se voltasse apenas à colaboração entre os estudiosos dos três campos que a compõem originalmente, ganhando contribuições da Ciência Política, da Sociologia, das teorias da argumentação, da ética social, dentre outros campos do conhecimento, como também para um espaço no qual a Criminologia Crítica se tornasse um ponto de partida para análises externas das questões criminais. Nesse aspecto, o modelo proposto por Baratta supera o de Listz, no sentido de considerar que o componente criminológico deixa de ser interno para se tornar um dos demais pontos de vistas externos – juntamente com a política criminal, a

---

34 VERAS, Ryana Pala. *Nova criminologia e os crimes do colarinho branco*. São Paulo: WMF Martins Fontes, 2010, p. 16-17.

35 "Segundo o modelo da ciência penal global ou integral, de Franz von Liszt, do final do século XIX, composto por Criminologia, Política Criminal e Dogmática Jurídico-Penal, a Criminologia seria a ciência responsável pela análise dos fatos sociais reprováveis e, por esta razão, deveriam ser objeto de uma norma penal. A Política Criminal seria a ciência responsável pela valoração deste fato social, definido como relevante pela Criminologia: à análise político-criminal, portanto, caberia o juízo de valoração (moral, religiosa, social). Por fim, caberia à Dogmática Jurídico-Penal a normatização do fato social, relevante, reprovável, sob a forma de crime – com a descrição de uma conduta e sua consequente reprovação, em caso de descumprimento da norma, então, positivada." FERREIRA, Carolina Costa. *A política criminal no processo legislativo*. Belo Horizonte: D'Plácido, 2017, p.

atuação dos atores do sistema de justiça criminal, a ciência política, as ciências sociais, dentre outros – que podem ser úteis à reflexão sobre os processos de criminalização[36].

Segundo Baratta, sobre a base do paradigma etiológico a criminologia se converteu em sinônimo de ciência das causas da criminalidade. Este paradigma, com o qual nasce a criminologia positivista perto do final do século passado, constitui a base de toda a criminologia tradicional, mesmo de suas correntes mais modernas, às quais, à pergunta sobre as causas da criminalidade, dão respostas diferentes daquelas de ordem antropológica ou patológica do primeiro positivismo, e que nasceram, em parte, da polêmica com este (teorias funcionalistas, teorias ecológicas, teorias multifatoriais etc.)[37].

O paradigma etiológico supõe, portanto, uma noção ontológica da criminalidade, entendida como uma premissa pré-constituída às definições e, portanto, também à reação social, institucional ou não institucional, que põe em marcha essas definições. Desta maneira, ficam fora do objeto da reflexão criminológica as normas jurídicas ou sociais, a ação das instâncias oficiais, a reação social respectiva e, mais em geral, os mecanismos institucionais e sociais por meio dos quais se realiza a definição de certos comportamentos qualificados como "criminosos"[38].

A partir da mudança do paradigma etiológico para o paradigma da reação social, processada desde a década de 1960, a criminologia não mais se define como uma ciência que investiga as causas da criminalidade, mas as condições da criminalização, ou seja, como o sistema penal enquanto mecanismo de controle social formal (legislativo – lei penal – polícia – ministério público – judiciário – prisão – ciências criminais, etc.) constrói a criminalidade e os criminosos

---

36 FERREIRA, Carolina Costa. *A política criminal no processo legislativo*. Belo Horizonte: D'Plácido, 2017, p. 38-39.
37 BARATTA, Alessandro. *Criminologia Crítica e Crítica do Direito Penal*: introdução à sociologia do direito penal. Tradução por Juarez Cirino dos Santos. Rio de Janeiro: Revan, 2013, p. 209.
38 ANDRADE, Vera Regina Pereira de. *Pelas mãos da criminologia*: o controle penal para além da (des)ilusão. Rio de Janeiro: Revan; ICC, 2012, p. 343.

em interação com o controle social informal (família – escola – universidade – mídia – religião – moral – mercado de trabalho – hospitais – manicômios), funcionalmente relacionados às estruturas sociais. Nesse movimento, a criminologia converte o sistema penal como um todo e consequentemente a lei penal e as ciências criminais (dimensões integrantes dele) em seu objeto e problematiza a função de controle e dominação por ele exercida[39].

A criminologia da reação social, portanto, promove uma ruptura no conhecimento etiológico da criminologia positivista. A partir de então, a criminologia tem como objetivo, não mais a busca das causas da criminalização levado a cabo pelo sistema penal. A criminologia crítica assimila este novo paradigma e acrescenta a ele a perspectiva da sociedade de conflito e a perspectiva do materialismo histórico, buscando, a partir de então, o entendimento do funcionamento do sistema penal, vinculado às estruturas econômicas e políticas respectivas[40].

Segundo Baratta, o momento crítico atinge a maturação na criminologia quando o enfoque macrossociológico se desloca do comportamento desviante para os mecanismos de controle social dele e, em particular, para o processo de criminalização. O Direito Penal não é considerado, nesta crítica, somente como sistema estático de normas, mas como sistema dinâmico de funções, no qual se podem distinguir três mecanismos analisáveis separadamente: o mecanismo da produção das normas (criminalização primária), o mecanismo da aplicação das normas, isto é, o processo penal compreendendo a ação dos órgãos de investigação culminando com o juízo (criminalização secundária) e, enfim, o mecanismo da execução da pena ou das medidas de segurança[41].

---

39 Ibid., p. 343-344.
40 PRANDO, Camila Cardoso de Mello. Orientação político-criminal do Estado brasileiro: uma análise de leis promulgadas no período de 1998 a 2002. In: *Revista de Estudos Criminais*, n. 31, Out./Dez. 2008.
41 BARATTA, Alessandro. *Criminologia Crítica e Crítica do Direito Penal*: introdução à sociologia do direito penal. Tradução por Juarez Cirino dos Santos. Rio de Janeiro: Revan, 2013, p. 161.

Segundo essa perspectiva, as maiores chances de ser selecionado para fazer parte da "população criminosa" aparecem, de fato, concentradas nos níveis mais baixos da escala social (subproletariado e grupos marginais). A posição precária no mercado de trabalho (desocupação, subocupação, falta de qualificação profissional) e defeitos de socialização familiar e escolar, que são características dos indivíduos pertencentes aos níveis mais baixos, e que na criminologia positivista e em boa parte da criminologia liberal contemporânea são indicados como as causas da criminalidade, revelam ser, antes, conotações sobre a base das quais o *status* de criminoso é atribuído[42].

E mais, a aplicação seletiva das sanções penais estigmatizantes, e especialmente o cárcere, é um momento superestrutural essencial para a manutenção da escala vertical da sociedade. Incidindo negativamente, sobretudo no *status* social dos indivíduos pertencentes aos estratos sociais mais baixos, ela age de modo a impedir sua ascensão social[43].

Segundo Juarez Cirino dos Santos, a tese fundamental da criminologia crítica sobre o sistema de justiça criminal fundado no cárcere é clara: as funções declaradas de prevenção da criminalidade e de ressocialização do criminoso constituem retórica legitimadora da repressão seletiva de indivíduos das camadas sociais inferiores, fundadas em indicadores sociais negativos de marginalização, desemprego, pobreza etc., que marca a criminalização da miséria no capitalismo; ao contrário, as funções reais do sistema penal fundado no cárcere constituem absoluto sucesso histórico, porque a gestão diferencial da criminalidade garante as desigualdades sociais em poder e riqueza das sociedades fundadas na relação capital/trabalho assalariado[44].

---

42 Ibid., p. 165.
43 BARATTA, Alessandro. *Criminologia Crítica e Crítica do Direito Penal*: introdução à sociologia do direito penal. Tradução por Juarez Cirino dos Santos. Rio de Janeiro: Revan, 2013, p. 166.
44 SANTOS, Juarez Cirino. A criminologia crítica e a reforma da legislação penal. Trabalho apresentado na XIX Conferência Nacional dos Advogados (25-30 de setembro de 2005), Florianópolis, SC.

Sob tal perspectiva, o sistema penal realiza a mesma função de reprodução das relações sociais e de manutenção da estrutura vertical da sociedade, criando, em particular, eficazes contraestímulos à integração dos setores mais baixos e marginalizados do proletariado, ou colocando diretamente em ação processos marginalizadores[45].

Ao tratar da aplicação da pena e de suas funções, Juarez Cirino dos Santos salienta que existe grave tensão entre a *aparência* do processo legal devido e a *realidade* do exercício seletivo do poder de punir: a) o discurso jurídico destaca o *processo legal devido*, regido pela dogmática penal e processual penal como critério de racionalidade, define o crime como realidade ontológica *pré-constituída* e apresenta o sistema de justiça criminal como instituição *neutra* que realiza uma atividade imparcial; b) a criminologia crítica revela o processo legal devido como *exercício seletivo do poder de punir*, mostra o crime como qualidade *atribuída* a determinados fatos, a criminalização como um *bem social negativo* distribuído desigualmente e, finalmente, o sistema de justiça criminal como instituição *ativa* na transformação do cidadão em criminoso, segundo a lógica menos ou mais inconsciente das chamadas *metarregras* (ou *basic rules*), definidas por Fritz Sack como o *momento decisivo* do processo de criminalização: mecanismos psíquicos emocionais atuantes no cérebro do operador do direito, constituídos de preconceitos, estereótipos, traumas e outras idiossincrasias pessoais, que explicariam porque a repressão penal se concentra nas drogas e na área patrimonial, por exemplo, e não nos crimes contra a economia, a ordem tributária, a ecologia etc[46].

Em suma, enquanto a criminologia tradicional guia-se pelo paradigma etiológico e tem por objetivo justamente entender as causas do comportamento criminoso em face de uma lei penal previamente estabelecida; a criminologia crítica, guiada pelo paradigma da reação social, quer entender porque determinado comportamen-

---

45 BARATTA, Alessandro. *Criminologia Crítica e Crítica do Direito Penal*: introdução à sociologia do direito penal. Tradução por Juarez Cirino dos Santos. Rio de Janeiro: Revan, 2013, p. 175.
46 SANTOS, Juarez Cirino. *Política criminal*: realidades e ilusões do discurso penal.

to é tipificado como crime, quais forças agiram para que determinado comportamento fosse classificado como crime, quais as consequências da tipificação do comportamento como atividade criminosa, como agem as estruturas de criminalização primária e secundárias, quais suas motivações – esses são os seus questionamentos. O paradigma etiológico, portanto, conduz ao estudo do criminoso e do contexto social em que inserido o indivíduo, ao passo que o paradigma da reação social tem por objeto a própria estrutura que conforma o sistema criminal, desde a tipificação da conduta, passando pela persecução criminal e julgamentos, até a execução da pena e os efeitos estigmatizantes do cárcere.

Na sequência, apresenta-se um novo referencial criminológico, o qual traz elementos que permitem pensar o sistema penal como resultado da influência decisiva do capital estrangeiro sobre as escolhas políticas internas nos países em desenvolvimento.

4. O TOTALITARISMO FINANCEIRO

Com o objetivo de defender a hipótese no sentido de que o totalitarismo econômico fora substituído pelo totalitarismo financeiro, do qual decorrem novas implicações penais, Zaffaroni e Santos partem de dois questionamentos básicos. O primeiro é se o continente latino-americano conseguiu desenvolver uma criminologia própria, regionalizada, capaz de examinar a hipercomplexidade do mundo ao qual pretende servir; ou, se apenas limitou-se a importar passivamente um saber criminológico construído por nossos colonizadores europeus[47].

O segundo é se, após quase meio século de giro crítico da criminologia acadêmica e de sua expansão na nossa região, ela refletiu uma crítica ao poder punitivo de sociedades que não eram as nossas, e, portanto, teria sido desnecessário trasladá-la para o nosso conti-

---

47 ZAFFARONI, Eugenio Raúl; SANTOS, Ílison Dias dos. *La nueva crítica criminológica*: criminologia en tiempos de totalitarismo financiero. Quito, Ecuador: Editorial El Siglo, 2019, p. 35.

nente, ou, se, ao contrário, foi útil e, nesse caso, qual a sua validade no momento atual[48].

A partir desses questionamentos, os autores sustentam que a crítica criminológica acadêmica recaía sobre o controle social punitivo de sociedades de consumo correspondentes aos modelos de Estado de bem-estar. Contudo, nas últimas décadas e em todo o planeta, operou-se uma regressão do *welfare state* e da sua sociedade de consumo, ao tempo em que se acelera a concentração de riqueza, o que, no contexto latino-americano, aprofunda o subdesenvolvimento na forma de colonialismo em fase avançada ou *colonialismo tardio*[49].

Dessa forma, a atual polarização de riqueza tende a configurar sociedades nas quais – apesar de não desaparecer – perde importância a relação entre explorador e explorado (dialética própria do capitalismo produtivo: não há explorador sem explorado), pois se polariza agora, prioritariamente, entre *incluído* e *excluído* (que não é dialética, porque o incluído não necessita do excluído), própria do *capitalismo financeiro* que submete e condiciona o setor produtivo[50].

Nesse sentido, a concentração de riquezas, tanto nos países sedes de corporações financeiras ou *post-soberanos*, como nos que ocupam uma posição geopolítica subordinada, tende a configurar sociedades segundo um modelo excludente, com 30% de incluídos e o resto de excluídos ou descartáveis.

Afirmam, ainda, Zaffaroni e Santos que o período transcorrido a partir da crítica criminológica do final do século passado culminou com a última etapa do neocolonialismo, no qual se exerce agora sobre os países do hemisfério sul uma nova fase superior ou avançada do neocolonialismo que às vezes se denomina globalização – ou globalizações no plural, dado que suas múltiplas dimensões geram uma enorme diversidade de fenômenos sociais globais – pelo que, para evitar confusões, prefere-se chamar de *colonialismo tardio*.

---

48 Ibid., p. 36.
49 Ibid., p. 51.
50 Ibid., p. 51.

Nesse cenário, a acelerada concentração de riquezas cria uma plutocracia mundial, um governo de ricos que concentram mais riquezas, os quais se valem da livre atuação das corporações transnacionais (massas de dinheiro), que desconhece a condição de pessoas e a correspondente dignidade das pessoas reais, tanto humanas como não humanas (natureza).

Portanto, o controle social punitivo de nossos dias responde a um marco de poder planetário diferente do que gerou as críticas criminológicas – tanto as moderadas como as radicais – da segunda metade do século passado[51].

Este novo momento de poder facilitou a revolução tecnológica (em especial nas comunicações) e na nossa região impactou o controle social punitivo com traços particulares. É por isso que, devido às suas diferenças com a etapa de aspiração ao Estado de bem-estar e à sociedade de consumo, demande a criminologia uma nova aproximação crítica[52].

A diferença substancial do marco de poder se deve, segundo Zaffaroni e Santos, a que nos anos 1970 tenha ocorrido uma desaceleração do desenvolvimento econômico rápido – terminaram os anos gloriosos – e as grandes corporações acabaram com as políticas *keynesianas* no norte e as desenvolvimentistas no sul. Como consequência dessa mudança, os países sedes das corporações se endividaram consideravelmente e, assim, seus governantes reduziram seu papel ao de agentes e lobistas destas corporações, impotentes para impor qualquer mudança disfuncional a elas[53].

Nesse contexto, o poder político de origem democrática está se transferindo aos gestores de corporações, que são os atuais tomadores de decisão, das quais não podem se liberar os governantes dos

---

51 ZAFFARONI, Eugenio Raúl; SANTOS, Ílison Dias dos. *La nueva crítica criminológica*: criminologia en tiempos de totalitarismo financiero. Quito, Ecuador: Editorial El Siglo, 2019, p. 52.
52 Ibid., p. 52.
53 Ibid., p. 52.

países sedes destas corporações, que passaram a ser Estados *post--soberanos*, porque seus políticos não respondem à vontade de seus eleitores, mas aos limites impostos pelos *organismos creditícios* funcionais às corporações[54].

Por outro lado, quando querem responder à vontade de seus eleitores, o fazem na estrita medida da vontade viciada pelas mídias – pertencentes ao totalitarismo financeiro – que condicionam a opinião com falsidades, etiquetas e pânico moral, assumindo o papel de *empresários morais da contemporaneidade* para eleger governos obedientes a seus interesses corporativos.

Afirmam Zaffaroni e Santos também que os *chief executive officers* das corporações financeiras arrebataram grande parte da capacidade política de determinar condutas alheias, convertendo-se em uma nova oligarquia ou *plutocracia* planetária[55].

Nesse cenário, o sistema penal desempenha um papel central na tática da dominação colonialista tardia na América Latina. Nas frágeis democracias dos nossos países – o que agora acontece legalmente nos Estados Unidos – é praticado de forma velada. O empresariado nacional financia campanhas políticas de modo formalmente ilícito, porém, tolerado, o que posteriormente escandaliza as mídias monopolizadas e operadores judiciais obedientes, descobrindo a corrupção e estigmatizando tanto os políticos populares como os empresários locais.

Assim, o *lawfare* (combinação de monopólios midiáticos e juízes obedientes) mata dois pássaros com um tiro: criminaliza os políticos que podem obstruir o avanço da submissão colonialista (antipolítica) e também a burguesia nacional (capital produtivo), para que as empresas transnacionais substituam o capital nacional, sugando toda a renda[56].

---

54 ZAFFARONI, Eugenio Raúl; SANTOS, Ílison Dias dos. *La nueva crítica criminológica*: criminologia en tiempos de totalitarismo financiero. Quito, Ecuador: Editorial El Siglo, 2019, p. 53.
55 Ibid., p. 54.
56 Ibid., p. 89.

Como fruto dessa nova política, nas últimas décadas, expandiu-se a chamada responsabilidade penal das pessoas jurídicas, o que, de um ponto de vista minimamente realista, outra coisa não é do que conferir competência administrativa à jurisdição penal. Deixando de lado a discussão acerca da natureza das sanções a pessoas jurídicas, o certo é que se trata de uma resposta materialmente punitiva e, como o poder punitivo é distribuído seletivamente segundo o grau de vulnerabilidade do candidato à criminalização, o resultado é uma relação inversa entre o poder econômico de uma pessoa jurídica e sua vulnerabilidade: quanto maior o poder econômico menor a vulnerabilidade.

A partir de uma análise superficial sobre como opera o poder punitivo, verifica-se que as pessoas jurídicas mais vulneráveis são as menores, pois carecem de capacidade para montar o complicado aparato de controles internos e cumprir as sofisticadas exigências externas, como também de exercer pressão ou lobby político, administrativo e judicial.

O efeito paradoxal do punitivismo econômico é o favorecimento da concentração de capital e a consequente eliminação das empresas menores que são as de capital nacional. Em outras palavras: o punitivismo econômico acaba transformando-se em um instrumento de destruição do capitalismo produtivo nacional.

O agora difundido *criminal compliance* é uma espécie de *compliance program*, que pretende que as pessoas jurídicas prevejam as condutas delituosas cometidas por seus sócios, agentes e representantes, evitando sanções que a prejudicariam. Dessa forma, reafirmam a fidelidade às normas por parte da corporação[57]. Contudo, estes programas de *cuidado penal* têm altos custos de implementação, o que, na prática, impede que as pequenas e médias empresas – principalmente de capital nacional – desenvolvam-se, convertendo-se em um privilégio de grandes corporações e, em especial, das transnacionais.

---

57 ZAFFARONI, Eugenio Raúl; SANTOS, Ílison Dias dos. *La nueva crítica criminológica*: criminologia en tiempos de totalitarismo financiero. Quito, Ecuador: Editorial El Siglo, 2019, p. 92.

Assim, as corporações contam a seu favor com um elemento processual que reduz sua vulnerabilidade à criminalização, o que, pelo custo, não pode ser acessado pelas empresas de menor dimensão[58].

Como consequência, a macrodelinquência do *totalitarismo financeiro*, em geral, não é punida na América latina, em razão da posição geopolítica subordinada. Cabe acrescentar que nos próprios países *post-soberanos*, onde as corporações estão sediadas, também prevalece a impunidade, salvo querelas de poder ocasionais e retiradas de cobertura (eliminação de alguma corporação, no geral situada nos países do sul, algum CEO que viola as regras do jogo)[59].

A velha delinquência de colarinho branco, de Sutherland, praticada na região, se entrelaça agora, localmente, com a macrodelinquência. Como regra, só é punida quando gera contradições com outros delinquentes de colarinho branco locais, quando se torna disfuncional a macrodelinquência ou esta lhe retira a cobertura por considerar que deixou de ser útil[60].

Portanto, a outra face da seletividade criminalizante é a impunidade seletiva. Assim, nos próprios países *post-soberanos* existe especial cuidado de não se criar atrito com os autocratas corporativos e seus aliados, desde que não quebrem os códigos vigentes entre os participantes das organizações criminosas ou que não surjam conflitos entre elas, o que às vezes acontece, dando lugar a escândalos que geraram prejuízos astronômicos, como da Enrom ($64 bilhões), Worldcom ($3.850 bilhões), o fundo Madoff ($500 milhões), Kerviel e Societé Genérale ($7 bilhões), etc.

Por fim, um exemplo claro de total impunidade no âmbito da macrocriminalidade, segundo Zaffaroni e Santos, são os delitos ecológicos do totalitarismo. A legislação penal sobre a matéria, em

---

58 Ibid., p. 93.
59 ZAFFARONI, Eugenio Raúl; SANTOS, Ílison Dias dos. *La nueva crítica criminológica*: criminologia en tiempos de totalitarismo financiero. Quito, Ecuador: Editorial El Siglo, 2019, p. 116.
60 Ibid., p. 116.

função da seletividade, salvo exceções, somente alcança os delitos menores cometidos por particulares ou se traduz na aplicação de multa a uma corporação transnacional[61].

5. Conclusão

O pensamento criminológico pertinente à macrocriminalidade apresentou-se, com vigor, a partir da crítica formulada por Edwin Sutherland a respeito das causas da criminalidade em geral. Segundo o sociólogo americano, atribuir a criminalidade à pobreza e à má formação educacional dos indivíduos não explicava porque também eram cometidos crimes no âmbito das grandes corporações, constituídas, na sua essência, por pessoas bem formadas e de alto nível financeiro e intelectual.

Por isso, Sutherland desenvolveu o que denominou de teoria da associação diferencial. Segundo sua teoria, de viés microssociológico, independentemente da origem e formação, o que gera o comportamento criminoso é o aprendizado do indivíduo com aqueles que estão próximos, o que explicaria, tanto a criminalidade clássica, como a do colarinho branco. Nesse sentido, o convívio prolongado com indivíduos que não respeitam as leis, mais do que com os que as respeitam, conduziria ao comportamento desviante.

Além disso, Sutherland destaca que o sistema penal norte-americano daquela época, em relação aos criminosos do colarinho branco, caracterizava-se pela definição de meios de punição que não conduzissem ao encarceramento, ao contrário do que acontecia com os criminosos clássicos, em flagrante demonstração do caráter seletivo da política criminal.

A criminologia crítica, por sua vez, além de enxergar a seletividade do tratamento criminal em prejuízo da classe mais pobre, desenvolveu-se a partir de um referencial que passou a compreender o sistema penal como instrumento de perpetuação da estruturação

---

61 Ibid., p. 147.

social marcada pela dicotomia ricos-pobres, empregadores-empregados, exploradores-explorados, no especial sentido de que o Direito Penal cumpre a função real de instrumentalizar a reação da classe dominante a qualquer tentativa da classe dominada de mudar a realidade social.

Nesse sentido, ao contrário da criminologia etiológica, não se questiona mais qual a origem do comportamento criminoso, mas, *como*, *quem* e *porque* são escolhidos os comportamentos taxados de criminosos pelas classes detentoras do poder. Dessa forma, a condição de criminoso deixa de ser ontológica e passa a ser adquirida, ou imposta, em razão do exercício de um controle político e social.

Por fim, este artigo traz a contribuição inovadora de Eugênio Zaffaroni e Ílison dos Santos, no sentido de que as bases da criminologia crítica, quais sejam, Estado do bem-estar, sociedade de consumo e divisão entre exploradores e explorados, teriam desaparecido no quadro atual. Segundo os autores, como resultado do processo de colonização tardia, os países teriam esgotado seus recursos com políticas keynesianas em favor das grandes corporações, fazendo com que tivessem que contrair dívidas impagáveis e seus governantes perdessem a capacidade de se opor aos interesses das grandes corporações, de tal maneira que as escolhas políticas, tanto nos países de colonização tardia, como nos países sedes das grandes corporações financeiras (*post*-soberanos), passaram a ser definidas pelas instituições financeiras transnacionais, as verdadeiras detentoras do poder na atualidade.

Como consequência, segundo os autores, a política criminal lastreada no referencial do totalitarismo financeiro estaria redundando na extinção das empresas locais com a consequente transferência das riquezas nacionais para as corporações transnacionais, mediante a adoção das seguintes medidas: a) criminalização do comportamento dos agentes políticos que poderiam reagir a esse processo destrutivo; b) criminalização do comportamento dos empresários locais, e c) responsabilização penal das corporações nacionais, as quais, inferiorizadas na sua capacidade de atenderem aos novos marcos regulatórios e de implementarem programas de *compliance* de alto custo, sucumbiriam e abririam espaço às empresas de maior capacidade financeira, notadamente, as transnacionais. Essas, juntamente com o papel da mídia – também controlada pelas grandes corporações – seriam as bases do punitivismo econômico.

Trata-se, sem dúvida, de inovadora contribuição ao pensamento criminológico, a qual, contudo, não substitui o paradigma da reação social da criminologia crítica, mas o complementa, a partir da consideração dos efeitos globalizantes do poderio financeiro sobre as criminalizações primária e secundária.

O curioso é que, tanto Sutherland, como os criminólogos críticos, sempre questionaram o caráter seletivo das políticas criminais que excluíam os agentes políticos e os empresários dos processos de criminalização, enquanto Zaffaroni e Santos, na sua nova crítica criminológica, ressaltam os efeitos deletérios da criminalização desses mesmos agentes.

6. REFERÊNCIAS BIBLIOGRÁFICAS

ANDRADE, Vera Regina Pereira de. *Pelas mãos da criminologia*: o controle penal para além da (des)ilusão. Rio de Janeiro: Revan; ICC, 2012.

BARATTA, Alessandro. *Criminologia Crítica e Crítica do Direito Penal*: introdução à sociologia do direito penal. Tradução por Juarez Cirino dos Santos. Rio de Janeiro: Revan, 2013.

BOTTINI, Pierpaolo Cruz. *Crimes de perigo abstrato e princípio da precaução na sociedade de risco.* São Paulo: Revista dos Tribunais, 2010.

DÍEZ RIPOLLÉS, José Luis. *A política criminal na encruzilhada.* Tradução de André Luís Callegari. Porto Alegre: Livraria do Advogado, 2015.

EISELE, Andreas. *Crítica ao direito penal tributário brasileiro.* Blumenau: Acadêmica, 2007.

FERREIRA, Carolina Costa. *A política criminal no processo legislativo.* Belo Horizonte: Editora D'Plácido, 2017.

FRAGOSO, Heleno Cláudio. Direito penal econômico e direito dos negócios. *Revista de Direito penal e Criminologia*, n. 33, jan-jun. 1982, p. 122-129.

HASSEMER, Winfried. Perspectivas de uma moderna política criminal. *Revista Brasileira de Ciências Criminais*. São Paulo, n. 08, p. 49, out. 1994.

PRANDO, Camila Cardoso de Mello. Orientação político-criminal do Estado brasileiro: uma análise de leis promulgadas no período de 1998 a 2002. In: *Revista de Estudos Criminais*, n. 31, Out./Dez. 2008.

SANTOS, Juarez Cirino. A criminologia crítica e a reforma da legislação penal. Trabalho apresentado na XIX Conferência Nacional dos Advogados (25-30 de setembro de 2005), Florianópolis, SC.

SANTOS, Juarez Cirino_____. *Política criminal*: realidades e ilusões do discurso penal.

SILVA SÁNCHEZ, Jesús-María. *A expansão do direito penal*: aspectos da política criminal nas sociedades pós-industriais. São Paulo: Revista dos Tribunais, 2002.

SOUZA, Luciano Anderson de. *Direito Penal Econômico*: fundamentos, limites e alternativas. São Paulo: Quartier Latin, 2012.

SUTHERLAND, Edwin. A criminalidade de colarinho branco. *Revista Eletrônica de Direito Penal e Política Criminal – UFRGS*, v. 2, n. 2, 2014, (tradução de Lucas Minorelli).

SUTHERLAND, Edwin. *Crime de colarinho branco*: versão sem cortes. Tradução de Clécio Lemos. Rio de Janeiro: Revan, 2015.

VERAS, Ryana Pala. *Nova criminologia e os crimes do colarinho branco*. São Paulo: WMF Martins Fontes, 2010.

ZAFFARONI, Eugenio Raúl; SANTOS, Ílison Dias dos. *La nueva crítica criminológica*: criminología en tiempos de totalitarismo financiero. Quito, Ecuador: Editorial El Siglo, 2019.

6.

Anotações sobre a reparação civil nas sentenças penais condenatórias

Danyelle Galvão[1]

INTRODUÇÃO

Há muito se trata sobre a possibilidade de reparação civil decorrente de ilícito penal, tendo previsão legal em vários diplomas diferentes no país. O Código Civil, em seu art. 935, prevê que a responsabilidade civil independe da criminal, mas estabelece que não se pode mais questionar, na esfera cível, sobre "a existência do fato, ou sobre quem seja o seu autor, quando estas questões se acharem decididas no juízo criminal".

Por sua vez, o Código de Processo Civil dispõe, em seu art. 515, inc. VI, inciso II, que a sentença penal condenatória é título executivo judicial. Já no âmbito penal, a disposição do art. 91, inciso I, do Código Penal estabelece que é efeito da condenação criminal "a obrigação de indenizar o dano causado pelo crime". E, por sua vez, o Código de Processo Penal prevê (art. 63) a execução da sentença penal para o efeito de reparação do dano, sem excluir a possibilidade de proposição de ação civil *ex delicto* no juízo cível (art. 64).

---

1 Advogada, Mestre e Doutora em Direito Processual pela Faculdade de Direito da Universidade de São Paulo.

Uma leitura atenta e dependente dos artigos supra mencionados conduzem à conclusão que, apesar das searas penal e civil serem independentes, têm estreita e direta ligação no que se refere ao dever de indenizar.

Apesar de todas estas disposições legais e da independência das instâncias, o Código de Processo Penal foi alterado em 2008 para incluir o inciso IV ao art. 387 e possibilitar a fixação, perante o juízo criminal, de valor indenizatório.

Diante deste panorama, tem-se como objetivo analisar a disposição legal relativa à fixação de valor mínimo de reparação civil pelo juízo criminal quando da sentença condenatória e algumas questões controvertidas sobre o tema.

1. A REFORMA DO CÓDIGO DE PROCESSO PENAL EM 2008 E A DISCIPLINA SOBRE A POSSIBILIDADE DE FIXAÇÃO MÍNIMO DE REPARAÇÃO CIVIL EM SENTENÇA PENAL (ART. 387, IV, CPP)

A Lei n. 11.719/2008, que alterou o Código de Processo Penal, inovou ao permitir, no art. 387, inc. IV, pretensão indenizatória cível na seara criminal, pois dispõe que o juiz, ao proferir sentença condenatória, "fixará valor mínimo para reparação dos danos causados pela infração, considerando os prejuízos sofridos pelo ofendido".

Além disto, a mesma lei incluiu um parágrafo único ao art. 63 do Código de Processo Penal, que trata da execução da reparação do dano, que poderá ser efetuada pelo valor fixado em sentença (art. 387, IV, CPP), sem prejuízo de eventual liquidação no juízo cível.

Duas foram as justificativas para as alterações acima mencionadas: garantir uma maior observância à garantia da duração razoável do processo, dando maior celeridade à pretensão indenizatória ao ofendido[2]; e conceder uma maior importância à

---

2   Antonio do Passo Cabral afirma que "o principal objetivo da reforma foi conferir celeridade à indenização, sem que o lesado tenha que suportar a demora do processo de liquidação de sentença ou ajuizar ação autônoma: algum valor já fica definido desde logo". CABRAL, Antonio do Passo. O

vítima no processo penal, ao passo que seus interesses são parcialmente tutelados nesta seara[3].

Como será abordado mais adiante, a realidade indica que as justificativas eram pertinentes quando da aprovação e sanção da legislação, no entanto, algumas questões polêmicas surgiram desde então.

Inicialmente, apontamento deve ser feito quanto a sua aplicação no tempo. O art. 2º do Código de Processo Penal dispõe que a lei processual aplicar-se-á desde então. No entanto, o pedido de fixação de valor indenizatório mínimo, apesar de ter natureza civil, tem característica condenatória.

Assim sendo, entende-se que a sua aplicação deve ocorrer apenas em relação aos fatos típicos praticados após a sua entrada em vigor, até porque a novel legislação não exclui a possibilidade de propositura de ação civil *ex delicto*, portanto, não obstaria a busca da vítima pela reparação civil[4]. Este é o posicionamento uniforme do Superior Tribunal de Justiça, a saber: "a referida norma, por possuir caráter processual e penal, não pode ser aplicada à espécie, em face

---

Valor Mínimo da Indenização Cível Fixado na Sentença Condenatória Penal: Notas sobre o novo art. 387, IV, do CPP. *Revista da Emerj*, v. 13, n. 49, 2010, p. 307. Sobre a celeridade processual como objetivo da modificação legislativa, *vide* HERTEL, Daniel Roberto. Aspectos processuais civis decorrentes da possibilidade de fixação de indenização civil na sentença *penal* condenatória. *Revista da Ajuris*, v. 36, n. 114, junho de 2009, p. 63.

3   Sobre o enfoque dado à vítima, *vide* FILIPPO, Thiago Baldani Gomes de. A valorização da vítima e o valor mínimo de indenização em sentença penal condenatória. *Revista Jurídica*, ano 59, julho de 2011, n. 405, p. 99/101. Consta na Mensagem n. 213, de 30 de março de 2001, que é a exposição de motivos do projeto de lei: "a vítima poderá ser desde logo satisfeita, embora parcialmente, sem a necessidade de aguardar as delongas do processo civil de liquidação" (item D. 5).

4   Na doutrina, Aury Lopes Jr. enfatiza que "a indenização a ser fixada na sentença (art. 387) – inovação introduzida pela reforma de 2008 – somente pode ser aplicada pelo juiz em relação aos fatos ocorridos após 23-8-2008. Trata-se de lei processual penal mais gravosa e que não pode retroagir". LOPES JR, Aury. *Direito processual penal*. São Paulo: Saraiva jur, 2020. p. 169.

do preceito constitucional previsto no art. 5º, XL, da CF/88, que veda a retroatividade da lei penal in pejus"[5].

Diante das alterações legislativas, a doutrina e a jurisprudência debruçaram-se para discutir questões relativas à pretensão cível, especialmente sobre a necessidade ou não de pedido expresso e consequente possibilidade de fixação do valor mínimo de ofício, além da legitimidade para o mencionado pedido nos autos criminais.

Aury Lopes Jr. discorre sobre a imprescindibilidade de que haja um pedido expresso na denúncia, sob pena de ofensa ao princípio da correlação entre acusação e sentença[6].

No mesmo sentido tem-se Alexandre Mota Brandão de Araújo quando defende que a fixação do valor indenizatório deriva de uma atividade cognitiva do magistrado, que somente deve se manifestar quando provocado, sendo imprescindível a observância das garantias processuais da ampla defesa e do contraditório, suprimidas quando o *quantum* é decidido de ofício. E que, ainda, a decisão de ofício infringe o sistema acusatório preconizado pela Constituição Federal[7]. Até porque, como salienta Antonio Scarance Fernandes, "a acusação contém a imputação mais o pedido de condenação e de aplicação de pena, ou seja, a acusação abrange a imputação e o pedido"[8].

Como aponta Gustavo Henrique Righi Ivahy Badaró, ao tratar especificamente sobre a correlação entre a acusação e sentença, é de rigor que "o objeto do processo permaneça inalterado, durante todo

---

5   STJ, 5ª T., REsp 1569171, rel. Min. Gurgel de Faria, j. 16-2-2016, *DJe* 25-2-2016, RT, v. 967, p. 477. O posicionamento é idêntico na 6ª Turma do mesmo Tribunal: "A regra do art. 387, inc. IV, do Código de Processo Penal, que dispõe sobre a fixação, na sentença condenatória, de valor mínimo para reparação civil dos danos causados ao ofendido, não se aplica a delitos praticados antes da entrada em vigor da Lei n. 11.719/2008, que deu nova redação ao dispositivo". STJ, 6ª T., REsp 1449981, rel. Min. Laurita Vaz, j. 12-11-2019, *DJe* 16-12-2019.

6   LOPES JR, p. 169.

7   ARAÚJO, Alexandre Mota Brandão de. *Indenização cível como capítulo da sentença penal*. Revista IOB de Direito Penal e Processual Penal, ano X, n. 58, out/nov. 2009, p. 98/99. E também BURINI, Bruno Corrêa. *Efeitos civis da sentença penal*. São Paulo: Atlas, 2007, p. 136-137.

8   FERNANDES, Antonio Scarance. *A reação defensiva à imputação*. São Paulo: Revista dos Tribunais, 2002, p. 153.

o desenvolver do iter procedimental. Não pode haver alteração do objeto do processo, considerado em seus momentos extremos"[9].

Desta forma, deve o juiz, em relação à reparação civil, ater-se ao que foi pedido na denúncia, não podendo conhecer de questões não suscitadas[10]. É inadmissível tal condenação de ofício, por duas razões: além de não garantir, nem minimamente, a possibilidade de o acusado apresentar suas razões de defesa e convencimento, viola o princípio da correlação entre acusação e sentença[11].

Instado a se manifestar em várias oportunidades, o Superior Tribunal de Justiça, por meio das suas duas Turmas com competência criminal, vem dispondo que não há que se falar em fixação de ofício, sob pena de violação aos princípios constitucionais da ampla defesa, do contraditório e do devido processo legal. Isto porque, segundo a íntegra das decisões, é inadmissível que não se oportunize ao acusado a possibilidade de apresentar defesa e contra argumentar as razões e o próprio pedido da acusação[12].

Não por outra razão, entende-se que a disposição legal do inc. IV, art. 387, CPP (*"fixará"*) deve ser interpretada como *"poderá fixar"*, visto que depende de pedido expresso da acusação[13] e da concessão

---

9   BADARÓ, Gustavo Henrique. *Correlação entre acusação e sentença.* 3. ed., São Paulo: Revista dos Tribunais, 2013, p. 99.
10 Neste sentido, tem-se também RANGEL, p. 578.
11 Neste sentido, LOPES JR, p. 169. Em sentido contrário, tem-se CABRAL, Antonio do Passo, p. 310 e FILIPPO, p. 104.
12 A título exemplificativo, tem-se: STJ, 6ª T., AgRg no REsp 1615913, rel. Min. Antonio Saldanha Palheiro, j. 19-5-2020, *DJe* 25-5-/2020; STJ, 6ª T., AgRg no AREsp n. 720.055, rel. Min. Rogério Schietti Cruz, j. 26-6-2018, *DJe* 2-8-2018; STJ, 6ª T., AgRg no AREsp 352.104, rel. Sebastião Reis Júnior, j. 19-11-2013, *DJe* 6-12-2013; STJ, 5ª T., AgRg no REsp 1186956, rel. Laurita Vaz, j. 18-12-2012, *DJe* 1-2-2013; STJ, 5ª T., Edcl no Resp 1286810, rel. Campos Marques, j. 23-4-2013, *Dje* 26-4-2013, dentre outros.
13 Ressalva deve ser feita para apontar entendimento do Superior Tribunal de Justiça em considerar desnecessário o pedido de aplicação de juros moratórios:"Os juros moratórios têm por finalidade a efetiva recomposição do patrimônio de eventual credor, em função da mora perpetrada por aquele que se encontra na qualidade de devedor. Por esta razão, a sua incidência é implícita e não depende de pedido expresso ou de prova do prejuízo, conforme se depreende do art. 407 do Código Civil, perfeitamen-

de oportunidade ao acusado para apresentar defesa específica sobre tal pedido. Ou seja, considera-se que a disposição prevista no mencionado inciso legal não é imperativa ao juiz sentenciante, cabendo a fixação de valor mínimo de reparação apenas quando for expressamente requerido nos autos.

2. LEGITIMIDADE PARA FORMULAÇÃO DO PEDIDO NA ESFERA CRIMINAL E MOMENTO PROCESSUAL ADEQUADO

Diante da premissa que o valor mínimo de reparação de danos somente pode ser fixado em decorrência de pedido expresso ao juízo criminal, deve-se analisar a legitimidade para a sua formulação, bem como o momento processual adequado para tanto.

Primeiramente, é forçoso reconhecer que a legitimidade é a questão mais controvertida na doutrina ao tratar do tema de reparação civil pela sentença penal. Isto porque são, pelo menos, quatro posicionamentos conflitantes a este respeito.

Renata Caroline Kroska aponta que o pedido pode ser feito pelo Ministério Público, *"não havendo necessidade de que seja aduzido pela vítima"*[14]. Antonio do Passo Cabral entende que há uma legitimidade extraordinária do Ministério Público não prevista em lei, defendendo que o legislador dispensou o pedido ou requerimento, *"até porque a vítima muitas vezes desconhece o direito à indenização ou possui algum temor em ajuizá-lo"*[15]. Para estes autores, o Ministério Público é legi-

---

te aplicável à hipótese, em virtude da característica obrigacional do dever de reparar o dano. (...) Da exegese a ser empregada aos arts. 63, parágrafo único e 387, IV, do CPP, não se verifica qualquer irregularidade na fixação de juros legais quando do arbitramento do valor do dano pelo juízo criminal, uma vez que seriam consectários lógicos e decorrentes do próprio dever de indenizar, ostentando, portanto, natureza de ordem pública". (STJ, 5ª T., AgRg no REsp 1765139, rel. Min. Felix Fischer, j. 23-4-2019, *DJe* 9-5-2019, RSTJ, v. 254, p. 994).

14 KROSKA, Renata Caroline. Aspectos polêmicos da execução civil da sentença penal condenatória. *Revista Brasileira de Direito Processual*, ano 22, n. 88, out/dez 2014, p. 75.

15 CABRAL, Antonio do Passo, p. 313. No mesmo sentido, CÂMARA, Alexandre Freitas. Efeitos civis e processuais da sentença condenatória criminal – reflexões sobre a Lei n. 11.719/2008. RDPP, n. 56, jun/jul 2009, p. 74.

timado para requerer, em qualquer hipótese, a fixação do valor mínimo indenizatório.

Em outra direção, tem-se posicionamento de Alexandre Mota Brandão de Araújo restringindo a legitimidade do Ministério Público apenas às hipóteses de vítimas pobres[16]. Isto porque, na visão dos mencionados autores, o Supremo Tribunal Federal declarou a inconstitucionalidade progressiva do art. 68 do Código de Processo Penal, que autoriza a execução da sentença condenatória e a proposição de ação civil *ex delicto* pelo órgão acusatório.

Decidiu o Supremo Tribunal Federal que "a teor do disposto no art. 134 da Constituição Federal, cabe à Defensoria Pública, instituição essencial à função jurisdicional do Estado, a orientação e a defesa, em todos os graus, dos necessitados, na forma do art. 5º, LXXIV, da Carta, estando restrita a atuação do Ministério Público, no campo dos interesses sociais e individuais, àqueles indisponíveis (parte final do art. 127 da Constituição Federal)"[17].

Em que pese a discussão levada à Corte Constitucional não ter sido em relação à disposição do art. 387, IV, CPP, visto que inexistente à época, o raciocínio é o mesmo, já que a formulação de pedido na seara criminal é alternativa à propositura de ação civil *ex delicto*. Desta forma, entendem aqueles autores que o pedido só poderia ser feito pelo Ministério Público nas hipóteses de vítimas pobres, até que haja a efetiva instalação, em todas as comarcas, da Defensoria Pública[18].

Apesar do disposto pelo Supremo Tribunal Federal acima transcrito, e do incremento da Defensoria Pública nos últimos anos, inclusive com o imperativo constitucional (EC 80), denota-se da análise da jurisprudência que os Tribunais não têm discutido sobre a legitimidade do Ministério Público para os pedidos de reparação civil na seara criminal.

---

16 ARAÚJO, p. 99.
17 STF, Pleno, RE 135328, rel. Min. Marco Aurélio, j. 19-6-94, *DJ* 20-4-2001.
18 Autores defendem que não compete ao Ministério Público, mas à Defensoria Pública estes pedidos de indenização na seara criminal. PACELLI, Eugênio; FISCHER, Douglas. *Comentários ao Código de Processo Penal e sua jurisprudência*. 12. ed., São Paulo: Atlas, 2020, p. 975.

Por sua vez, Nereu Giacomolli e Aury Lopes Jr. justificam a impossibilidade de fixação de ofício justamente por defenderem que "a pretensão indenizatória é de natureza privada e exclusiva da vítima"[19], podendo dela dispor (pedir, renunciar ou transacionar).

Entende-se que a posição mais acertada, é a defendida por Thiago Baldani Gomes de Filippo, compreendida como intermediária. Apesar de entender que não há necessidade de pedido expresso na denúncia, com o que não se concorda, afirma que só existe legitimidade do Ministério Público para formulação de pedido de reparação civil na seara criminal quando a acusação versar sobre interesses difusos, coletivos ou individuais homogêneos, não relativos a direitos individuais disponíveis[20].

Ou seja, admite-se a possibilidade de formulação do pedido pelo Ministério Público apenas em algumas hipóteses, deixando para a vítima – quando existir e for determinada – a análise sobre a pertinência/interesse em buscar reparação civil e realizar o respectivo pedido. Nestas situações, portanto, caberia apenas ao querelante, nas ações penais provadas, ou ao assistente de acusação o pedido de fixação do valor indenizatório no juízo criminal[21].

A discussão sobre a legitimidade tem relação direta com o momento processual adequado para a formulação do pedido no âmbito criminal. Aceitar a legitimidade do Ministério Público para tanto, mesmo que em algumas hipóteses apenas, enseja reconhecer que o mais adequado é a formulação do pedido de reparação civil quando do oferecimento da denúncia ou em seu aditamento, cumulativamente ao pedido de condenação criminal[22].

---

19 LOPES JR., p. 169-170; GIACOMOLLI, Nereu. *Reformas (?) do Processo Penal.* Rio de Janeiro: Lumen Juris, 2008, p. 111.
20 FILIPPO, p. 104-105.
21 FILIPPO, p. 105.
22 O mesmo raciocínio deve ser considerado nas hipóteses de oferecimento de queixa-crime nos casos de ação penal privada. Além disso, não se pode olvidar da possibilidade de formulação de pedido posterior pelo Ministério Público nas hipóteses em que for promovida, pelo ofendido ou seu representante legal, ação penal privada subsidiária da pública (art. 29, CPP).

Por outro lado, o rechaço à legitimidade do Ministério Público acarreta o reconhecimento de que cabe apenas a vítimas a formulação do pedido. Considerando que a sua intervenção no processo penal ocorrerá como assistente da acusação e nos termos do art. 269 do Código de Processo Penal, *"receberá a causa no estado em que se achar"*, conclui-se que o pedido de reparação civil certamente não ocorrerá quando do oferecimento da denúncia, visto que é atividade privativa do Ministério Público (art. 129, inc. I, da Constituição Federal), mas em momento posterior[23]. No entanto, não se pode esquecer que a assistência à acusação é facultativa, podendo, portanto, não haver pedido de reparação civil durante toda a relação processual penal[24].

A questão primordial que acaba por definir a questão relativa ao momento adequado para formulação do pedido é a concessão de oportunidade – e prazo adequado – para que o acusado apresente as suas razões defensivas em relação a todo conteúdo acusatório (penal e civil). Em síntese, entende-se que o pedido de reparação civil pode ser formulado a qualquer tempo, desde que se oportunize ao acusado tempo e meios adequados para que exerça – de maneira plena e efetiva – o contraditório, nos termos do previsto constitucionalmente e na Convenção Americana de Direitos Humanos[25]. Trata-

---

Nestes casos, a intervenção do Ministério Público é necessariamente posterior ao oferecimento da denúncia, portanto, entende-se possível o pedido tardio de reparação civil.

23 Há quem defenda que o pedido tem como prazo máximo o início da audiência de instrução, após a oitiva da vítima, visto que "até esse momento ainda há a possibilidade de a defesa se manifestar sobre os argumentos do Ministério Público ou do Assistente da Acusação, ou ainda da própria vítima, com observância às garantias do contraditório e da ampla defesa". ARAÚJO, p. 100.

24 Sobre a assistência à acusação, dispõe Hidejalma Muccio que "sua intervenção é facultativa. Enquanto aquelas [Ministério Público e acusado] são partes principais, necessárias, o assistente de acusação é parte desnecessária, portanto, contingente". MUCCIO, Hidejalma. *Curso de processo penal*. 2. ed. São Paulo: Método, 2011, p. 588.

25 Até mesmo quem defende a possibilidade de fixação de valor mínimo *ex officio* acentua a necessária observância do contraditório. Antonio do Passo Cabral afirma que "a moderna configuração do princípio do contraditório exige que haja debate entre as partes mesmo a respeito das questões que o juiz possa conhecer *ex officio*". CABRAL, p. 317.

-se, portanto, de adaptação dos sistemas processuais à realidade constitucional, em que a observância das garantias é imprescindível para uma melhor – e mais legítima –prestação jurisdicional.

3. (IM)POSSIBILIDADE DE CUMULAÇÃO DE VALOR A TÍTULO DE DANO MORAL

Outra questão que merece destaque é a (im)possibilidade de pedido e condenação de valor mínimo a título de danos morais. Parte da doutrina sustenta que o pedido e eventual condenação são impossíveis, visto que "a expressão valor mínimo é indicativa de que os danos a serem considerados são os materiais. Eventuais danos de natureza diversa, como o dano moral, deverão ser pleiteados na esfera competente"[26].

Thiago Baldani Gomes de Filippo também afasta a possibilidade por entender que para a fixação de danos morais é necessária a observância de uma série de fatores (capacidade econômica das partes, repercussão à esfera patrimonial da vítima, por exemplo), "que dificilmente podem ser extraídos do conjunto probatório criminal"[27].

Por outro lado, com posicionamento com o qual se concorda, tem-se doutrina que defende a possibilidade de cumulação de dano moral, ante a inexistência de restrição na disposição legal[28].

---

26 SILVA, Marco Antônio Marques da; FREITAS, Jayme Walmer de. *Código de processo penal comentado*. Saraiva, 2012, p. 594.
27 FILIPPO, p. 108. No mesmo sentido, PACELLI, Eugênio; FISCHER, Douglas. *Comentários ao Código de Processo Penal e sua jurisprudência*. 12. ed. São Paulo: Atlas, 2020, p. 771; e SILVA, FREITAS, p. 594. Inclusive este foi o posicionamento do Tribunal de Justiça do Estado de São Paulo assentado na Apelação n. 0006566-81.2008.8.26.0002: "a indenização por danos morais ou extrapatrimoniais é pretensão que não compete ao juízo criminal conhecer, cumprindo, acaso expressamente requerida pela vítima ou seus familiares, o que não também é o caso, ser apreciada no âmbito cível" (TJSP, 14ª Câmara de Direito Criminal, rel. Miguel Marques e Silva – j. 12-2-2015 – registro 25-2-2015).
28 CABRAL, p. 316; HERTEL, p. 67; RANGEL, p. 579.

Para justificar tal posição, Alexandre Mota Brandão de Araújo utiliza-se da disposição contida na Súmula 37 do Superior Tribunal de Justiça, que autoriza a cumulação de indenização por dano material e moral oriunda do mesmo fato[29].

Gustavo Henrique Righi Ivahy Badaró defende que apesar da lei utilizar a expressão "reparação do dano", "tem-se entendido que o dispositivo não se limita ao dano moral, mas abrange qualquer forma de dano causado pelo delito, seja ele moral ou material, e, neste caso, envolva o dano emergente ou lucro cessante"[30].

Em verdade, entende-se que o legislador, ao utilizar a mencionada expressão, não restringiu a discussão dos danos na esfera criminal apenas àqueles materiais. Primeiro porque a própria Constituição Federal, no seu art. 5º, inc. V, assegura o direito à indenização por dano moral. E, por conseguinte, como visto anteriormente, um dos objetivos da modificação legislativa foi garantir maior celeridade processual e reduzir a quantidade de demandas propostas no Poder Judiciário para a discussão do mesmo fato. Restringir a discussão, no processo penal, às questões materiais, não atinge os objetivos desejados pela mudança na legislação, devendo-se, portanto, interpretar a expressão de forma mais ampla, englobando os danos morais e materiais.

Neste sentido é o posicionamento do Superior Tribunal de Justiça, apontando que a condenação "inclui também os danos de natureza moral"[31].

No entanto, questão controversa é a relativa aos danos morais coletivos e que merece um debate mais aprofundado. O Supremo Tribunal Federal vem discutindo a questão em suas Turmas, sem um posicionamento ainda do Plenário sobre a questão.

---

29 ARAÚJO, p. 104.
30 BADARÓ, Gustavo. *Processo Penal*. Rio de Janeiro: Campus; Elsevier, 2012, p. 372.
31 STJ, 6ª T., AgRg no AREsp n. 720.055, rel. Min. Rogério Schietti Cruz, j. 6-6-2018, *DJe* 2-8-2018 e STJ, 6ª T., AgRg no REsp 1615913, rel. Min. Antonio Saldanha Palheiro, j. 19-5-2020, *DJe* 25-5-2020.

Primeiramente, quando da análise de pedido de medidas assecuratórias para garantia de eventual pagamento de danos morais coletivos a serem fixados no âmbito penal, a 1ª Turma daquele Tribunal dispôs que "embora exista uma tendência de se reconhecer a possibilidade de danos morais coletivos em decorrência de atos de corrupção, ainda não houve manifestação a respeito por parte do Supremo Tribunal Federal. É prematuro, portanto, arrestar antecipadamente bens dos agravantes para assegurar a reparação dessa espécie de danos"[32].

No mesmo ano, a 2ª Turma daquele Tribunal, ao julgar o mérito de ação penal por atos de corrupção e lavagem de dinheiro, fixou valor mínimo de reparação civil, mas rechaçou a condenação por danos morais coletivos, nos termos do voto do Min. Dias Toffoli[33].

Entretanto, com composição alterada, em julgamento mais recente, a 2ª Turma, ao analisar o mérito de ação penal pelos mesmos crimes, entendeu, por maioria de votos, ser cabível a condenação em danos morais coletivos[34], questão que ainda demanda maior aprofundamento pela doutrina penal e pela própria jurisprudência, sob pena de desvirtuamento do objetivo inicial do dispositivo legal, que era estabelecer – de maneira mais célere – um valor mínimo de reparação civil, não a discussão ampla sobre a existência ou não de dano moral à coletividade, o que de certo demanda produção probatória diferenciada da exigida no âmbito penal.

De qualquer sorte, enquanto se debate a questão, entende-se que eventual condenação em dano moral (individual ou coletivo) deve ser feita de maneira destacada na sentença, com fundamentação autônoma da relativa aos danos materiais, inclusive com valores individualizados, visando possibilitar a impugnação e/ou posterior execução e liquidação[35].

---

32 STF, 1ª T., AgReg na Pet 7069, rel. Min. Marco Aurélio, rel. para acórdão Min. Roberto Barroso, j. 12-3-2019, *Dje* 9-5-2019.
33 STF, 2ª T., AP 996, rel. Min. Edson Fachin, j. 29-5-2018, *Dje* 8-2-2019.
34 STF, 2ª T., AP 1030, rel. Min. Edson Fachin, j. 22-10-2019, *Dje* 13-2-2020.
35 Neste mesmo sentido, tem-se HERTEL, p. 67.

4. Critérios de fixação de valor mínimo pelo juízo criminal

Apesar da importância de estabelecimento de critérios para fixação do valor mínimo no juízo criminal, o assunto não encontra muita discussão na doutrina. Evidentemente que só poderá haver fixação de valor mínimo indenizatório quando o acusado for condenado, afinal, trata-se de pedido secundário na ação penal e detém relação de dependência com o pedido condenatório propriamente dito. Ademais, só pode haver condenação quando houver ação ou omissão do agente, dano, prova da sua ocorrência e que *"permitam ao juiz aferir a extensão do dano ou ao menos ter algum parâmetro para tanto"*[36].

Para a fixação de valor de reparação civil em sentença penal, além da autoria e materialidade do crime, devem ser utilizados os mesmos critérios adotados pelo juízo cível para a fixação do *quantum indenizatório*[37], destacando-se que "a reparação do dano não pode converter-se em fonte de enriquecimento da vítima"[38].

Entende-se que a melhor forma de fixação de valor a título de dano material, mesmo que em seu patamar mínimo, é de acordo com o estabelecido no art. 944 do Código Civil, medindo-se a indenização em razão da extensão do dano[39], sempre de acordo com critérios de razoabilidade e proporcionalidade.

Com relação ao dano moral, solução é trazida pela doutrina e consagrada na jurisprudência. Segundo Rui Stoco, "impõe-se a obediência ao que podemos chamar de 'binômio do equilíbrio', cabendo

---

36 CABRAL, p. 310. O mesmo autor, na p. 326, defende que poderá haver condenação em danos morais caso haja provas nos autos, em que pese reconhecer que para a reparação deste dano muitas vezes é necessária prova mais alongada.

37 Neste sentido também, tem-se HERTEL, p. 68.

38 STOCO, p. 152. Clóvis do Couto e Silva aponta importância de se impedir que "através da reparação, a vítima possa ter benefícios, vale dizer, possa estar numa situação econômica melhor do que aquela em que se encontrava anteriormente ao ato delituoso". COUTO E SILVA, Clóvis do. *O conceito de dano no Direito brasileiro e comparado*. São Paulo: Revista dos Tribunais, 1991, p. 11.

39 Com este posicionamento, tem-se STOCO, p. 152; HERTEL, p. 68.

reiterar e insistir que a compensação pela ofensa irrogada não deve ser fonte de enriquecimento sem causa para quem recebe, nem causa da ruína para quem dá. Mas também não pode ser tão apequenada que não sirva de punição e desestímulo ao ofensor, ou tão insignificante que não compense e satisfaça o ofendido, nem o console e contribua para a superação do agravo recebido"[40].

Entretanto, a condenação à reparação de danos em sentença penal deve guardar consonância direta com a ação/omissão praticada pelo agente e a medida da sua culpabilidade, sob pena de ofensa à individualização da pena e enriquecimento ilícito do beneficiário dos valores indenizatórios. Este aspecto vem ganhando espaço de discussão no âmbito da jurisprudência dos tribunais pátrios, especialmente após o início da Operação Lava Jato, cujas denúncias geralmente apresentam pedido de condenação em reparação civil sem apontamento específico – ou qualquer correlação – entre ação/omissão do agente e valores pleiteados, apontando-se apenas o valor total a ser ressarcido pelos acusados.

Sobre estes pedidos de reparação total de forma solidária entre todos os acusados, sem qualquer distinção em relação à ação de cada agente, vem Superior Tribunal de Justiça dispondo que "o valor do dano deva estar diretamente vinculado à conduta do agente e àquilo que foi a ele imputado no processo", e que a condenação "não pode gerar para o recorrente o dever de indenizar que ultrapasse os limites da vantagem cujo recebimento lhe foi imputado"[41].

Com razão este posicionamento jurisprudencial, por algumas razões. Primeiro porque o art. 927 do Código Civil, que inicia a disciplina sobre a responsabilidade civil – justamente a questão ora discutida, mesmo que fixada no *âmbito penal* –, estabelece que "aquele que, por ato ilícito (arts. 186 e 187), causar dano a outrem, fica

---

40   STOCO, p. 152.
41   STJ, 5ª T., AgRg no REsp 1765139, rel. Min. Felix Fischer, j. 23-4-2019, *DJe* 9-5-2019, RSTJ, v. 254, p. 994. Do acórdão ainda se extrai que "não se mostra razoável admitir que o réu seja condenado a arcar, sozinho, com todo esse montante, já que inexiste prova de que ele tenha sido beneficiado com o valor integral".

obrigado a repará-lo". Por sua vez, o art. 186 do mesmo diploma legal dispõe expressamente que comete ato ilícito aquele que, por "ação ou omissão voluntária, negligência ou imprudência, violar direito e causar dano a outrem, ainda que exclusivamente moral". Não restam dúvidas que o Código Civil condiciona a reparação do dano à existência de uma ação ou omissão do agente. Assim, não atende aos postulados de direito civil a eventual condenação à reparação de danos que não foram causados pelas suas ações ou omissões, merecendo reforma, tal como vem sendo operada pelo Superior Tribunal de Justiça, apontado acima.

Depois porque, tal como a pena criminal (privativa de liberdade, restritiva de direitos ou multa), a reparação de danos requerida no âmbito penal está diretamente ligada à conduta do agente, sob pena de responsabilização por fato de terceiro e ofensa aos parâmetros previstos no art. 59 do Código Penal.

5. Termo inicial da execução e liquidação da sentença penal que fixa valor mínimo de reparação de danos e efeitos da prescrição penal sobre a reparação civil em sentença penal

Proferida sentença condenatória criminal com a fixação de valor mínimo de reparação civil, passa-se a discutir o termo inicial para que seja promovida a execução na esfera cível, além do regime submetido e meios de defesa cabíveis.

A Constituição Federal, no seu art. 5º, inc. LVII, prevê que "ninguém será considerado culpado até o trânsito em julgado da sentença penal condenatória"[42]. Recentemente o Plenário do Supremo Tribunal Federal, quando do julgamento das Ações Diretas de Constitucionalidade n. 43. 44 e 54, estabeleceu que a execução da sentença penal condenatória somente é possível após o trânsi-

---

42 Trata-se da garantia da presunção de inocência. A este respeito, *vide* a obra de MORAES, Maurício Zanoide de. *Presunção de inocência no processo penal brasileiro*: análise de sua estrutura normativa para elaboração legislativa e para a decisão judicial. Rio de Janeiro: Lumen Juris, 2010.

to em julgado, garantindo-se, portanto, efeito suspensivo aos recursos especiais e extraordinários.

Apesar do valor mínimo de reparação civil ter natureza indenizatória, entende-se que foi fixada em sentença criminal, sendo indissociável do restante da condenação contida naquele *decisum*. Desta forma, tal como é feito em relação às penas privativas de liberdade, restritivas de direito ou de multa fixadas pelo juízo criminal, é imprescindível observância da garantia da presunção de inocência – e efeito suspensivo dos recursos – também para a condenação em reparação civil[43].

O próprio Código de Processo Civil, no seu art. 515, inc. VI, dispõe expressamente sobre o tema quando dispõe que é título executivo judicial a sentença penal condenatória transitada em julgado. Ou seja, a execução do valor mínimo fixado na sentença criminal só será possível após o trânsito em julgado da decisão, não havendo o que se falar em autonomia dos capítulos da sentença que embasaria eventual execução provisória da parte indenizatória[44].

Outro ponto importante para ser discutido é o efeito da prescrição penal sobre o valor mínimo de reparação civil fixado em sentença condenatória. Entende-se que o mesmo raciocínio de utilizado para determinar o termo inicial da execução do valor deve ser transposto para esta questão. Com efeito, a condenação em reparação

---

43 Apesar de não adentrar à discussão específica sobre o termo inicial, Daniel Roberto Hertel estabelece que é executável a sentença transitada em julgado. HERTEL, p. 69.

44 Com posicionamento diverso, tem-se Alexandre Mota Brandão de Araújo ao sustentar a possibilidade de execução provisória do capítulo da sentença condenatória relativa à indenização civil, desde que apresentada caução, por aplicação analógica do art. 475-O do Código de Processo Civil. ARAÚJO, p. 106. Sabe-se que após o trânsito em julgado da sentença condenatória, desde que sejam cumpridos determinados requisitos legais, surge a possibilidade de propositura de revisão criminal. Desta forma, entende-se que em havendo reversão da condenação, haverá a extinção da execução e/ou liquidação da sentença sem ônus ao acusado. E em já tendo sido satisfeita a obrigação na esfera cível, nasce o direito ao acusado de propor ação de regresso para reaver o valor pago indevidamente.

civil em sentença penal é indissociável da condenação às penas privativa de liberdade/restritiva de direitos.

Assim sendo, entende-se que a ocorrência da prescrição extingue não só a punibilidade do agente (art. 107, inc. IV, Código Penal), mas também atinge a condenação do valor mínimo de reparação civil em âmbito penal, já que decorre da mesma decisão, cujos capítulos de sentença são indissociáveis.

Neste sentido foi a decisão proferida pelo Tribunal Regional Federal da 1ª Região: "ante a ocorrência da prescrição da pretensão punitiva do Estado, todos os efeitos principais ou secundários, penais ou extrapenais da sentença condenatória não definitiva encontram-se irremediavelmente extintos em razão dela"[45].

Em verdade, a extinção da punibilidade do agente pela prescrição surte efeito no âmbito criminal em relação à reparação civil. Em síntese, a prescrição afasta a possibilidade de fixação de reparação civil no âmbito criminal, uma vez que o pedido condenatório principal não é mais viável, mas "não produz o efeito, na esfera cível, de isentar o autor do ato ilícito da reparação correspondente"[46], a ser discutida e aferida no juízo cível competente.

6. Conclusão – apontamentos críticos sobre a fixação de valor mínimo de reparação civil na esfera criminal

Além de todas as conclusões parciais trazidas no bojo do presente estudo, é fácil verificar que a aplicação deste novo instituto vem

---

45 TRF1, ACR 87958420064013600, rel. Alexandre Buck Medrado Sampaio – e-DJF1 25-10-2013.
46 STJ, 4ª T., AgInt no REsp 1280184, rel. Min. Luis Felipe Salomão, j. 4-10-2018, *DJe* 25-10-2018. E ainda: "desinfluente que o REsp n. 1.046.316/SP, sob a relatoria do eminente Ministro Antonio Saldanha Palheiro, DJe de 2-10-2018, tenha sido provido para declarar a extinção da punibilidade pela ocorrência da prescrição, porquanto, a extinção da punibilidade, em função da prescrição retroativa da pretensão punitiva do Estado, não vincula o juízo cível na apreciação de pedido de indenização decorrente do ato delituoso". (STJ, 3ª T., AgInt no AREsp 1333528, rel. Min. Marco Aurélio Bellizze, j. 19-8-2019 – *DJe* 22-8-2019).

causando debates e controvérsias. O apontamento de Antonio do Passo Cabral, feito há 10 anos, permanece atual: "aplicação prática destes novos dispositivos vem criando uma série de problemas e fomentando grande número de indagações sobre seu correto tratamento"[47].

Ao nosso ver, a modificação legislativa operada no Código de Processo Penal, que tinha como intuito dar maior importância à vítima e garantir a celeridade processual para satisfazer dever indenizatório, não alcançou todos os seus objetivos de maneira plena.

Primeiro porque há enorme discussão, como acima exposto, sobre a legitimidade para a realização do pedido nos autos, exigindo-se, na maioria das vezes, a intervenção do ofendido ou representante como assistente litisconsorcial.

Depois porque a fixação de valor relativo ao dano depende de prova, mesmo que mínima, mas a persecução penal tem como intuito primeiro a verificação sobre a existência do fato, sua autoria e materialidade, não a discussão alongada e instrução probatória sobre eventual extensão do prejuízo de natureza civil.

Ademais, porque compete ao juízo criminal apenas a fixação de valor mínimo a título de reparação de danos. Ou seja, tem-se uma sentença parcialmente líquida para posterior execução no cível, restando possível ainda rediscussão e/ou apuração do valor efetivo em sede de liquidação de sentença ou ação civil própria.

Melhor seria, portanto, manter o tratamento anterior dado à matéria, com a independência relativa das instâncias e possibilidade de execução cível da sentença penal transitada em julgado (art. 63, *caput*, CPP), ou propositura de ação civil de conhecimento para reparação de danos (art. 64, CPP), revogando-se o parágrafo único do art. 63, bem como do inc. IV do art. 387, ambos do Código de Processo Penal.

No entanto, considerando a atual vigência do dispositivo, o melhor é o estabelecimento de critérios precisos para a fixação dos

---

47 CABRAL, p. 307.

valores cíveis no âmbito criminal, especialmente quanto a necessária correlação entre a conduta do agente e o valor a ser reparado, evitando-se responsabilização por fato de terceiro ou ofensa aos ditames dos arts. 186 e 927 do Código Civil e art. 59 do Código Penal.

7. REFERÊNCIAS BIBLIOGRÁFICAS

ARAÚJO, Alexandre Mota Brandão de. Indenização cível como capítulo da sentença penal. *Revista IOB de Direito Penal e Processual Penal*, ano X, n. 58, out./nov. 2009.

BADARÓ, Gustavo Henrique. *Correlação entre acusação e sentença*. 3. ed. São Paulo: Revista dos Tribunais, 2013.

BADARÓ, Gustavo. *Processo Penal*. Rio de Janeiro: Campus; Elsevier, 2012.

BURINI, Bruno Corrêa. *Efeitos civis da sentença penal*. São Paulo: Atlas, 2007.

CABRAL, Antonio do Passo. O Valor Mínimo da Indenização Cível Fixado na Sentença Condenatória Penal: Notas sobre o novo art.387, IV, do CPP. *Revista da Emerj*, v. 13, n. 49, 2010.

CÂMARA, Alexandre Freitas. Efeitos civis e processuais da sentença condenatória criminal – reflexões sobre a Lei n. 11.719/2008. *RDPP*, n. 56, jun/jul 2009.

COUTO E SILVA, Clóvis do. *O conceito de dano no direito brasileiro e comparado*. São Paulo: Revista dos Tribunais, 1991.

FERNANDES, Antonio Scarance. *A reação defensiva à imputação*. São Paulo: Revista dos Tribunais, 2002.

FILIPPO, Thiago Baldani Gomes de. A valorização da vítima e o valor mínimo de indenização em sentença penal condenatória. *Revista Jurídica*, ano 59, julho de 2011, n. 405.

GIACOMOLLI, Nereu. *Reformas (?) do Processo Penal*. Rio de Janeiro: Lumen Juris, 2008.

HERTEL, Daniel Roberto. Aspectos processuais civis decorrentes da possibilidade de fixação de indenização civil na sentença penal condenatória. *Revista da Ajuris*, v. 36, n. 114, junho de 2009.

KROSKA, Renata Caroline. Aspectos polêmicos da execução civil da sentença penal condenatória. *Revista Brasileira de Direito Processual*, ano 22, n. 88, out./dez. 2014.

LOPES JR, Aury. *Direito processual penal*. São Paulo: Saraiva jur, 2020.

MORAES, Maurício Zanoide de. *Presunção de inocência no processo penal brasileiro*: análise de sua estrutura normativa para elaboração legislativa e para a decisão judicial. Rio de Janeiro: Lumen Juris, 2010.

MUCCIO, Hidejalma. *Curso de Processo Penal*. 2. ed., São Paulo: Método, 2011.

PACELLI, Eugênio; FISCHER, Douglas. *Comentários ao Código de Processo Penal e sua jurisprudência*. 12. ed. São Paulo: Atlas, 2020, p. 975.

RANGEL, Paulo. *Direito Processual Penal*. 20. ed. São Paulo: Atlas, 2012.

SILVA, Marco Antônio Marques da; FREITAS, Jayme Walmer de. *Código de Processo Penal comentado*. São Paulo: Saraiva, 2012.

STOCO, Rui. *Tratado de Responsabilidade Civil*: Doutrina e Jurisprudência. 8. ed., São Paulo: Revista dos Tribunais, 2011.

7.

O crime de recolhimento de ICMS próprio a partir do entendimento firmado pelo supremo tribunal federal: Uma necessária análise jurídica e extrajurídica quanto aos fundamentos e consequências do recurso ordinário em *habeas corpus* 164.334/SC

Francis Rafael Beck[1]
Gabriela Manjabosco[2]

---

1 Advogado. Pós-Doutorando em Direito Penal pela Universidade de Coimbra. Doutor e Mestre em Direito pela Universidade do Vale do Rio dos Sinos (UNISINOS). Especialista em Direito Penal pela Universidade de Salamanca. Especialista em Direito Penal Econômico e Europeu pela Universidade de Coimbra. Professor dos cursos de Graduação, Especialização e Mestrado Profissional em Direito das Empresas e dos Negócios (UNISINOS).

2 Advogada. Pós-graduanda em Direito Digital pela Fundação Escola Superior do Ministério Público (FMP). Bacharel em Direito e em Administração com linha de formação específica em Comércio Exterior pela Universidade do Vale do Rio dos Sinos (UNISINOS).

1. CONSIDERAÇÕES INICIAIS

O não recolhimento de ICMS próprio, de acordo com doutrina e jurisprudência majoritárias ao longo dos últimos anos, embora tratado com um ilícito tributário (e, portanto, passível das sanções legalmente impostas pelo fisco, bem como objeto de execução fiscal), não representava um ilícito penal, reservado apenas aos casos de ICMS em substituição tributária.

Entretanto, tal entendimento foi radicalmente (e até mesmo, se pode dizer, surpreendentemente) alterado a partir do julgamento do *Habeas Corpus* 399.109/SC, pela 3ª Seção do Superior Tribunal de Justiça, bem como pelo Recurso Ordinário em *Habeas Corpus* 163.334/SC, relacionados ao mesmo processo, pelo Plenário do Supremo Tribunal Federal.

O presente artigo se propõe a realizar uma análise dos fundamentos jurídicos e extrajurídicos do entendimento firmado pelo Supremo Tribunal Federal, assim como as consequências práticas da decisão pela criminalização do não recolhimento do ICMS próprio no âmbito empresarial.

2. O RECURSO EM *HABEAS CORPUS* 163.334/SC E A CONSOLIDAÇÃO DO ENTENDIMENTO PELA TIPICIDADE PENAL NA CONDUTA DE NÃO RECOLHIMENTO DE ICMS PRÓPRIO NO ÂMBITO DO SUPREMO TRIBUNAL FEDERAL

Em dezembro de 2019, o Supremo Tribunal Federal firmou maioria para considerar criminosa a conduta do contribuinte que declara ICMS próprio e deixa de repassá-lo ao fisco, incorrendo o agente no tipo penal do art. 2º, II, da Lei n. 8.137/90, conhecido como crime de apropriação indébita tributária.

O julgamento contou com o voto dos Ministros Luís Roberto Barroso (relator do recurso), Alexandre de Moraes, Edson Fachin, Gilmar Mendes, Luiz Fux, Rosa Weber, Carmen Lucia, Ricardo Lewandowski, Marco Aurélio e Dias Toffoli.

Antes mesmo do julgamento, em razão da complexidade e repercussões da matéria (penais e extrapenais), o relator realizou uma reunião com os representantes das partes e terceiros admitidos no processo (entidades habilitadas como *amici curiae*[3], tanto favoráveis quanto contrárias à criminalização do não recolhimento de ICMS).

Na referida reunião, o relator já afirmara que não é correto sobrecarregar o sistema penal brasileiro, mas não agir na falta de recolhimento de tributos significaria prejuízos aos cofres públicos e concorrência desleal. As falas da defesa e das entidades contrárias à criminalização reforçaram o argumento de que o não recolhimento do ICMS declarado configuraria mera inadimplência, que deveria ser objeto de cobrança pelo fisco, e não crime de sonegação. Por outro lado, o Ministério Público alertou para o prejuízo aos cofres públicos, tendo por base dados da ineficiência da execução fiscal, e argumentou que a sonegação tem sido substituída pelo não recolhimento após a declaração. A representante da Procuradoria-Geral do Distrito Federal acrescentou que a execução fiscal é um meio falido de cobrança de imposto, razão pela qual declarar e não pagar seria um bom negócio para o empresário[4].

Quando do julgamento do recurso, o Supremo Tribunal Federal, por maioria, lhe negou provimento, nos termos do voto do relator, vencidos os ministros Gilmar Mendes, Ricardo Lewandowski e Marco Aurélio.

De acordo com o voto do relator, nos termos do já assentado no âmbito do Superior Tribunal de Justiça, na prática, é o consumidor quem arca com o custo do imposto, já que o ICMS é embutido no

---

3   Participaram como *amici curiae* o Sindicato Nacional das Empresas de Telefonia e de Serviços Móvel Celular e Pessoal (SINDITELEBRASIL), a Associação Brasileira do Agronegócio (ABAG), a Federação do Comércio de Bens, Serviços e Turismo do Estado de São Paulo (FECOMERCIO-SP), a Federação das Indústrias do Estado de São Paulo (FIESP), o Centro das Indústrias do Estado de São Paulo (CIESP), o Conselho Nacional da OAB, o Estado de Santa Catarina e o Colégio Nacional de Procuradorias-Gerais dos Estados e do Distrito-Federal (CONPEG).

4   FREITAS, Hyndara. Para Barroso, não recolhimento de ICMS declarado gera concorrência desleal. *Jota*, 2019. Disponível em: https://www.jota.info/tributos-e-empresas/tributario/barroso-icms-concorrencia-desleal-12032019. Acesso em: 6 set. 2020.

preço pelo comerciante. Assim,"para caracterizar o delito, a conduta deve ser dupla: a empresa comete crime quando embute o valor referente ao imposto no preço e ainda assim não recolhe o ICMS", que, segundo o voto,"é o tributo mais sonegado no país e a inadimplência chega a R$ 91,5 bi por ano". Acrescentou que "no momento que se sinalizou que a apropriação indébita não era crime, os contribuintes deixam de sonegar e passam a declarar:'olha eu devo esse tributo, mas não pago'. Portanto, aumentou exponencialmente a quantidade de episódios de apropriação tributária indébita e os dados de Santa Catarina são muito impressionantes"[5].

Ainda de acordo com o ministro Barroso, os crimes tributários não são de pouca importância, e o calote impede o país de "acudir as demandas da sociedade". Ademais, como afirma o ministro, o ICMS não faz parte do patrimônio da empresa, que seria apenas a depositária do valor, devendo repassá-lo ao fisco[6].

A divergência, que restou vencida, foi inaugurada pelo ministro Gilmar Mendes, que destacou o "vilipêndio da criminalização do mero inadimplemento", tendo em vista que as empresas repassam para o preço todos os custos de operação, "além de outros tributos como Imposto de Renda e Contribuição Previdenciária paga aos empregados, e isso não torna o consumidor o devedor do tributo"[7].

No mesmo sentido foi o entendimento do ministro Alexandre de Moraes, para quem a sonegação fiscal seria, inclusive, muito mais

---

5 COELHO, Gabriela. Barroso vota a favor da criminalização por dívida de ICMS declarado. Conjur, 2019. Disponível em: https://www.conjur.com.br/2019-dez-11/barroso-vota-favor-criminalizacao-divida-icms-declarado. Acesso em: 6 set. 2020.

6 COELHO, Gabriela. Plenário do STF fixa tese sobre criminalização por dívida de ICMS declarado. Conjur, 2019. Disponível em: https://www.conjur.com.br/2019-dez-18/stf-fixa-tese-criminalizacao-divida-icms-declarado. Acesso em: 6 set. 2020.

7 COELHO, Gabriela. Gilmar vota contra a criminalização por dívida de ICMS declarado. Conjur, 2019. Disponível em: https://www.conjur.com.br/2019-dez-11/gilmar-vota-criminalizacao-divida-icms-declarado. Acesso em: 6 set. 2020.

grave do que a própria corrupção, sob o ponto de vista econômico, eis que retira muito mais dinheiro de políticas públicas em setores como saúde, educação, segurança pública, saneamento básico e habitação. Em seu voto, apresentou o dado de que, segundo o CNJ, dos 80,1 milhões de processos pendentes no ano de 2017, 31 milhões eram execuções fiscais. De acordo com o ministro, existem duas formas de se combater a sonegação fiscal: a "brasileira" e a "correta", eis que "no Brasil, nem se pedir para ser preso um sonegador vai conseguir. É mais arriscado jogar na roleta em Las Vegas do que sonegar imposto no Brasil. Infelizmente, sonegar acaba dando bons resultados para a empresa". Para Moraes, "aquele que recolhe esses valores de ICMS tem a posse temporária", sendo que "não se transformou de dinheiro público, vindo de imposto, em patrimônio particular" e, "no momento em que ele se apropriou, se apropriou indevidamente, praticou o crime"[8].

Acrescentou o ministro Luiz Fux que, para o crime de apropriação indébita tributária é preciso comprovar o dolo, ou seja, a intenção de não pagar tributo e enriquecer às custas do Estado. Essa, no fundo, seria a gênese da corrupção. O ministro ainda reiterou a comparação entre os delitos de sonegação fiscal e corrupção, afirmando que "ao passo que a corrupção pode levar a período de 2 a 12 anos de prisão, a pena debatida no caso concreto varia de 6 meses a 2 anos de prisão", sendo que "o rigor das punições penais serve para dissuadir as pessoas de cometer sonegação fiscal"[9].

O ministro Edson Fachin, ainda no mesmo sentido, afirmou que "o não recolhimento do ICMS configura não repasse ao fisco de recursos de titularidade de terceiros", tendo em vista que "não denota apenas inadimplemento fiscal, mas sim disposição de recursos

---

8 COELHO, Gabriela. Alexandre segue Barroso e criminaliza dívida de ICMS declarado. Conjur, 2019. Disponível em: https://www.conjur.com.br/2019-dez-11/alexandre-segue-barroso-criminaliza-divida-icms-declarado. Acesso em: 6 set. 2020.

9 COELHO, Gabriela. Fux segue Barroso e vota por criminalizar dívida de ICMS declarado. Conjur, 2019. Disponível em: https://www.conjur.com.br/2019-dez-12/fux-segue-barroso-vota-criminalizar-divida-icms-declarado. Acesso em: 6 set. 2020.

de terceiros aproximando-se de espécie de apropriação tributária". Afirma concordar com os contribuintes quando "defendem que a mera inadimplência não é suficiente para justificar uma sanção penal", eis que "a Constituição impede a prisão por dívida". No entanto, entende que "não é disso que se trata o caso"[10].

A ministra Rosa Weber acrescentou que "o fato de a empresa declarar o imposto devido não consegue afastar a prática do delito", tendo em vista que "o crime não pressupõe a clandestinidade". No seu entendimento, "é necessário comprovar que o contribuinte agiu com dolo de se apropriar de recursos que são dos cofres públicos"[11].

O ministro Marco Aurélio, por sua vez, seguindo a divergência, referiu ter sido "criativo" o Tribunal de Justiça de Santa Catarina, que começou a considerar crime o não recolhimento de ICMS declarado, ou seja, "uma ação penal fazendo as vezes de executivo fiscal". O ministro acrescentou que a sociedade vive "tempos estranhos", sendo que "o STF jamais permitiu a punição penal pela simples existência de dívida fiscal", e "não cabe no caso discurso simplesmente moral a partir da sonegação, um discurso estatístico quanto ao que se deixa de recolher aos cofres públicos"[12].

Ao final, por maioria, o Supremo fixou a tese de que "o contribuinte que, de forma contumaz e com dolo de apropriação, deixa de recolher o ICMS cobrado do adquirente da mercadoria ou serviço incide no tipo penal do art. 2º, II, da Lei n. 8.137/1990".

---

10 COELHO, Gabriela. Supremo forma maioria para criminalizar ICMS declarado e não pago. Conjur, 2019. Disponível em: https://www.conjur.com.br/2019-dez-12/supremo-forma-maioria-criminalizacao-icms-nao-declarado. Acesso em: 6 set. 2020.

11 COELHO, Gabriela. Supremo forma maioria para criminalizar ICMS declarado e não pago. Conjur, 2019. Disponível em: https://www.conjur.com.br/2019-dez-12/supremo-forma-maioria-criminalizacao-icms-nao-declarado. Acesso em: 6 set. 2020.

12 COELHO, Gabriela. Supremo forma maioria para criminalizar ICMS declarado e não pago. Conjur, 2019. Disponível em: https://www.conjur.com.br/2019-dez-12/supremo-forma-maioria-criminalizacao-icms-nao-declarado. Acesso em: 6 set. 2020.

3. Dos fundamentos jurídicos e extrajurídicos do entendimento firmado e as consequências práticas da decisão

Os votos acima referidos, em apertado resumo, deixam claro que os fundamentos da decisão ultrapassam o campo jurídico para adentrarem em questões extrajurídicas, como a carência de recursos do Estado diante da crescente demanda de gastos, as elevadas estimativas de sonegação fiscal e a "falência" da execução fiscal, o que tornariam as fraudes e inadimplementos tributários altamente atrativos.

No entanto, sob o ponto de vista jurídico, o Pretório Excelso estabeleceu que, para que ocorra a configuração do delito do art. 2º, inc. II, da Lei n. 8.137/90, em relação ao ICMS, contribuinte deve: (1) deixar de recolher o ICMS cobrado do adquirente da mercadoria ou serviço; (2) agir com dolo de apropriação; (3) agir de forma contumaz[13].

Quanto ao item (1), a tese fixada pelo Supremo se refere à tipicidade objetiva do delito (na linha do que já decidira o Superior Tribunal de Justiça). De se notar que aponta apenas o tributo ou contribuição "cobrado", desconsiderando a elementar "descontado", igualmente prevista no tipo penal. No item (2) da tese, o foco é o tipo subjetivo, estabelecendo a necessidade do dolo de apropriação (descartando, como não se poderia esperar fosse diferente, a modalidade culposa, mas, por outro lado, não fazendo menção expressa a um especial fim de agir). O item (3) da tese, por fim, é aquele que estabelece maior discussão, ou seja, a exigência da contumácia para fins de configuração do delito. Dito de outra forma, não haveria o crime tributário quando o não recolhimento se desse em oportunidade única, ou mesmo eventual ou esporádica. O grande problema será o critério para o estabelecimento do que seria o não recolhimento tido como contumaz. Por outro lado, não pode deixar de ser referido que o Supremo criou elemento normativo não previsto no tipo penal. A impressão gerada, portanto, é que, ao mesmo tempo em que se estabeleceu uma possibilidade de criminalização de conduta que facilmente pode ser entendida como mero inadimplemento, ao

---

13 BECK, Francis Rafael. Aspectos práticos da antecipação, amplitude e intensidade da intervenção penal nos crimes contra a ordem tributária. *Revista de Direito da Empresa e dos Negócios*. v. 3. n. 2. (2019). p. 3-21.

mesmo passo o Tribunal criou um critério, igualmente discutível, para a configuração do ilícito. Dito de outra forma, quem deixa de recolher o tributo ou contribuição não comete o delito, apenas se o fizer de forma contumaz[14].

De fato, o próprio relator do processo ressaltou que alterou a proposta inicialmente feita para acrescentar uma referência direta às expressões "contumaz" e "dolo", avaliando que "isso acode as preocupações dos colegas e dos empresários honestos". Acrescentou o ministro Ricardo Lewandowski, vencido no julgamento, que "tendo em conta não diria o abrandamento, mas o refinamento da tese, o perigo da criminalização da atividade comercial rotineira fica afastado". A jornalistas, o relator ainda avaliou que a tese não criminalizaria a mera inadimplência do ICMS, mas sim a prática dos devedores contumazes, que prejudica os consumidores, o fisco e a concorrência[15].

De qualquer forma, a opção de criminalizar conduta que majoritariamente era entendida como atípica deverá conferir à nova interpretação da lei penal um grau suficiente de clareza e determinação do sentido concreto da norma penal incriminadora, tendo em vista que alterações substanciais da jurisprudência *in malam partem* podem sofrer não apenas o constrangimento da vedação à retroatividade, como também gerar a ocorrência de erros de proibição ou de tipo, o que sugere a modulação de efeitos da tese enunciada[16]. Diante da

---

14 De se destacar que o caso em concreto envolve um casal de empresários de Santa Catarina que deixou de pagar ICMS por oito meses alternados, entre 2008 e 2010, totalizando um valor devido pouco superior a R$ 30 mil (MENGARDO, B. Indefinição sobre contumazes pode prejudicar sócios após decisão do STF sobre ICMS. *Jota*, 2020. Disponível em: https://www.jota.info/tributos-e-empresas/tributario/indefinicao-contumaz-stf-icms-03022020. Acesso em: 6 set. 2020.

15 RACANICCI, J. STF criminaliza o não recolhimento de ICMS. *Jota*, 2019. Disponível em: https://www.jota.info/stf/do-supremo/stf-criminaliza-icms-18122019. Acesso em: 6 set. 2020.

16 LEITE, A.; BORGES, Ademar. Parâmetros interpretativos para a criminalização do não recolhimento de ICMS próprio. Jota, 2020. Disponível em: https://www.jota.info/opiniao-e-analise/colunas/penal-em-foco/parametros-interpretativos-para-a-criminalizacao-do-nao-recolhimento-de-icms-proprio-17122019. Acesso em: 6 set. 2020.

celeuma posta, a vedação da aplicação retroativa da mudança jurisprudencial certamente será uma discussão a ser ainda enfrentada, a fim de evitar a punição daqueles contribuintes que optaram pela via do débito declarado e não pago diante da expectativa normativa de que, assim agindo, não estariam praticando conduta criminosa[17].

Embora referida decisão não possua efeito vinculante, o fato de ter sido apreciada pelo Plenário, bem como corresponder, ao menos em parte, com o entendimento firmado pela 3ª Seção do Superior Tribunal de Justiça, a tendência é que o entendimento pela criminalização do não recolhimento de ICMS próprio passe a ser adotado pelos tribunais estaduais, inclusive aqueles historicamente contrários à posição[18].

De acordo com levantamento realizado pela Defensoria Pública de Santa Catarina, órgão que defende uma das denunciadas no caso em análise, o número de processos criminais pelo não recolhimento de ICMS junto ao Tribunal de Justiça catarinense saltou de 93 em 2015 para 275 em 2019, representando um crescimento de 196%. Ademais, entre 2018 e 2019, dos 462 processos criminais analisados, a absolvição foi determinada em 0,64% dos casos, enquanto em 90,90% a decisão foi condenatória e em 8,22% ocorreu a prescrição[19]. Tais números, a partir de agora, devem crescer substancialmente em âmbito nacional[20].

---

17 ESTELLITA, H.; PAULA JUNIOR, A. de. O STF e o RHC 163.334: uma proposta de punição da mera inadimplência tributária? *Jota*, 2019. Disponível em: https://www.jota.info/opiniao-e-analise/colunas/penal-em-foco/o-stf-e-o-rhc-163-334-uma-proposta-de-punicao-da-mera-inadim plencia-tributaria-10122019. Acesso em: 6 set. 2020.

18 BECK, Francis Rafael. Aspectos práticos da antecipação, amplitude e intensidade da intervenção penal nos crimes contra a ordem tributária. *Revista de Direito da Empresa e dos Negócios*. v. 3. n. 2. (2019). p. 3-21.

19 MENGARDO, B. 2020. Indefinição sobre contumazes pode prejudicar sócios após decisão do STF sobre ICMS. Jota, 2020. Disponível em: https://www.jota.info/tributos-e-empresas/tributario/indefinicao-contumaz-stf-icms-03022020. Acesso em: 6 set. 2020.

20 BECK, Francis Rafael. Aspectos práticos da antecipação, amplitude e intensidade da intervenção penal nos crimes contra a ordem tributária. *Revista de Direito da Empresa e dos Negócios*. v. 3. n. 2. (2019). p. 3-21.

4. Considerações Finais

A consolidação do entendimento acerca da interpretação do art. 2º, inc. II, da Lei n. 8.137/90 deixa claro que existe uma tendência de ampliação da intervenção penal para casos de não recolhimento de tributo próprio que, em sua essência, constituem mero inadimplemento. Por ora, a questão afeta o ICMS, mas em uma lógica que poderia ser estendida a outros tributos (em especial, o IPI e ISS).

De outro lado, resta evidenciado que a interpretação jurídica restou fortemente condicionada por fundamentos extrajurídicos, em especial as dificuldades financeiras do Estado, os crescentes gastos necessários para a realização das suas funções e missões, as altas estimativas de sonegação fiscal e a ineficiência da execução fiscal. Desde já, o empresário, diante de uma dificuldade financeira, deverá optar pelo recolhimento desses tributos em detrimento de outros, a fim de afastar o risco da repercussão penal da conduta. Para o futuro, existe o receio de ser aventada a possibilidade (legislativa ou mesmo jurisprudencial, eis que não seria novidade ao Supremo Tribunal Federal a criminalização de condutas não expressamente previstas no texto legal, como recentemente ocorreu no caso da homofobia e transfobia – ADO26 e MI 4733) de uma penalização mais ampla do inadimplemento tributário (sob argumentos supostamente jurídicos, mas que, em essência, não o são), sempre com o destaque da relevância social do ingresso da receita derivada do pagamento dos tributos, até mesmo como condição de possibilidade da dignidade humana.

De fato, entre aprimorar os mecanismos de execução fiscal ou promover a reforma tributária há anos esperada, a tentativa mais fácil de reduzir delitos que violem a ordem tributária, ao menos por ora, pode ser a utilização do direito penal como forma de ainda maior intimidação frente ao não recolhimento de tributos.

5. Referências bibliográficas

BECK, Francis Rafael. Aspectos práticos da antecipação, amplitude e intensidade da intervenção penal nos crimes contra a ordem tributária. *Revista de Direito da Empresa e dos Negócios*. v. 3. n. 2. (2019). p. 3-21.

COELHO, Gabriela. Barroso vota a favor da criminalização por dívida de ICMS declarado. *Conjur*, 2019. Disponível em: https://www.conjur.com.br/2019-dez-11/barroso-vota-favor-criminalizacao-divida-icms-declarado. Acesso em: 6 set. 2020.

COELHO, Gabriela. Plenário do STF fixa tese sobre criminalização por dívida de ICMS declarado. Conjur, 2019. Disponível em: https://www.conjur.com.br/2019-dez-18/stf-fixa-tese-criminalizacao-divida-icms-declarado. Acesso em: 6 set. 2020.

COELHO, Gabriela. Gilmar vota contra a criminalização por dívida de ICMS declarado. Conjur, 2019. Disponível em: https://www.conjur.com.br/2019-dez-11/gilmar-vota-criminalizacao-divida-icms-declarado. Acesso em: 6 set. 2020.

COELHO, Gabriela. Alexandre segue Barroso e criminaliza dívida de ICMS declarado. Conjur, 2019. Disponível em: https://www.conjur.com.br/2019-dez-11/alexandre-segue-barroso-criminaliza-divida-icms-declarado. Acesso em: 6 set. 2020.

COELHO, Gabriela. Fux segue Barroso e vota por criminalizar dívida de ICMS declarado. Conjur, 2019. Disponível em: https://www.conjur.com.br/2019-dez-12/fux-segue-barroso-vota-criminalizar-divida-icms-declarado. Acesso em: 6 set. 2020.

COELHO, Gabriela. Supremo forma maioria para criminalizar ICMS declarado e não pago. Conjur, 2019. Disponível em: https://www.conjur.com.br/2019-dez-12/supremo-forma-maioria-criminalizacao-icms-nao-declarado. Acesso em: 6 set. 2020.

ESTELLITA, H.; PAULA JUNIOR, A. de. O STF e o RHC 163.334: uma proposta de punição da mera inadimplência tributária? *Jota*, 2019. Disponível em: https://www.jota.info/opiniao-e-analise/colunas/penal-em-foco/o-stf-e-o-rhc-163-334-uma-proposta-de-punicao-da-mera-inadimplencia-tributaria-10122019. Acesso em: 6 set. 2020.

FREITAS, Hyndara. Para Barroso, não recolhimento de ICMS declarado gera concorrência desleal. *Jota*, 2019. Disponível em: https://www.jota.info/tributos-e-empresas/tributario/barroso-icms-concorrencia-desleal-12032019. Acesso em: 6 set. 2020.

LEITE, A.; BORGES, Ademar. Parâmetros interpretativos para a criminalização do não recolhimento de ICMS próprio. Jota, 2020. Disponível em: https://www.jota.info/opiniao-e-analise/colunas/penal-em-foco/parametros-interpretativos-para-a-criminalizacao-do-nao-recolhimento-de-icms-proprio-17122019. Acesso em: 6 set. 2020.

MENGARDO, B. Indefinição sobre contumazes pode prejudicar sócios após decisão do STF sobre ICMS. *Jota*, 2020. Disponível em: https://www.jota.info/tributos-e-empresas/tributario/indefinicao-contumaz-stf-icms-03022020. Acesso em: 6 set. 2020.

RACANICCI, J. STF criminaliza o não recolhimento de ICMS. *Jota*, 2019. Disponível em: https://www.jota.info/stf/do-supremo/stf-criminaliza-icms-18122019. Acesso em: 6 set. 2020.

8.

Primeiras linhas sobre cegueira deliberada na jurisprudência brasileira

Guilherme Brenner Lucchesi[1]

1. Introdução

Chama interesse o recurso por segmentos da jurisprudência nacional a uma suposta "teoria" chamada "cegueira deliberada", utilizada em casos que o acusado alega desconhecer alguma circunstância fática elementar do delito imputado. A partir de critérios *ad hoc*, estabelecidos caso a caso, é atribuído dolo eventual a tais situações de desconhecimento – ou, melhor, de ausência de comprovação de conhecimento pelo órgão acusatório.

Embora não haja disposição legal nesse sentido, nos últimos dez anos parece ter havido a criação de uma nova categoria de imputação que permite tratar como dolosas as situações de desconhecimento provocado pelo autor do fato. Esta nova jurisprudência tem como marco inicial o julgamento do célebre caso do furto à sede do Banco Central em Fortaleza, sentenciado em 2007, no qual os pro-

---

1 Professor da Faculdade de Direito da UFPR. Doutor em Direito pela UFPR. Master of Laws (LL.M.) pela Cornell Law School. Presidente do Instituto Brasileiro de Direito Penal Econômico. Advogado sócio do escritório Lucchesi Advocacia.

prietários de uma concessionária de veículos foram condenados pelo crime de lavagem de dinheiro, ao receberem como pagamento R$ 980 mil em cédulas de R$ 50 como pagamento para a venda de carros, mesmo antes do descobrimento do furto pelas autoridades[2]. No princípio, a adoção desse entendimento foi bastante tímida, sendo aplicado apenas em decisões esparsas, principalmente dos Tribunais Regionais Eleitorais de Rondônia[3] e do Rio Grande do Norte[4]. A partir do julgamento da Ação Penal n. 470 pelo Supremo Tribunal Federal – mais conhecido como o caso "Mensalão" –, a "cegueira deliberada" ganhou projeção nacional, vindo a compor a decisão pelo voto da ministra Rosa Weber[5].

Gera preocupação, no entanto, a ausência de reflexões teórico--dogmáticas pelas decisões quanto aos elementos constitutivos do dolo e à compatibilidade desse novo modo de imputação – originário dos sistemas da tradição *common law*, em especial do direito dos Estados Unidos da América – com o direito brasileiro. Tais limitações

---

2   Sentença proferida na Ação Penal n. 2005.81.00.014586-0, 11ªVara Federal da Subseção Judiciária de Fortaleza, Seção Judiciária do Ceará. n. 221. Disponível em: http://goo.gl/9iB8qJ. Acesso em: 22 ago. 2015.
3   TRE/RO, APn n. 80, rel. Élcio Arruda, *DJe* 27 nov. 2007; TRE/RO, Acórdão n. 490, rel. Élcio Arruda, *DJe* n. 223, p. 38-39, 2007; TRE/RO, Ap. Crim. n. 88, rel. Élcio Arruda, *DJe* 25 abr. 2008; TRE/RO, Ap. Crim. n. 38, rel. Élcio Arruda, *DJe* 9 dez. 2008; TRE/RO, Ap. Crim. n. 89, rel. Élcio Arruda, *DJe* 30 nov. 2010.
4   TRE/RN, R. Crim. n. 14576-68.2009.6.20.0000, rel. Marco Bruno Miranda, *DJe* 30 jun. 2011.
5   STF, APn n. 470/MG, rel. Joaquim Barbosa, *DJe* 22 abr. 2013. p.1.061-1.478. Deve-se observar que, de todo o famoso julgamento feito em instância originária pelo Supremo, o voto de Rosa Weber foi o único a fornecer parâmetros objetivos para a aplicação da cegueira deliberada no direito brasileiro. Cita-se com frequência, por outro lado, os excertos dos debates orais daquele julgamento referentes ao voto do ministro Celso de Mello, publicados nos Informativos n. 677 e 684 do STF, que pouco acrescentam em termos conceituais, apenas noticiando a existência da cegueira deliberada e sua possível aplicação no Brasil, não provendo qualquer critério para a sua configuração. Tais manifestações de Celso de Mello não constaram do voto escrito ou mesmo da transcrição dos debates orais publicados no acórdão. Da leitura da decisão se verifica que o ministro requereu o cancelamento de boa parte de suas intervenções nos debates orais.

de fundamentação representam perigosas armadilhas, na medida em que permitem tratar como dolosas situações de fato que não comportariam a definição legal de dolo.

Propõe-se analisar os critérios utilizados na jurisprudência para imputar responsabilidade penal a título de dolo nas situações de "cegueira deliberada", comparando, na sequência, estes critérios com os critérios utilizados no sistema penal de maior desenvolvimento da *willful blindness*, os Estados Unidos da América, a fim de avaliar a compatibilidade dessa noção com o direito nacional. Ao final, analisando-se os critérios necessários para a configuração do dolo, propõe-se confrontar dolo e cegueira deliberada, chegando-se à conclusão de que dolo eventual é suficiente para a resolução dos casos penais brasileiros, sendo despiciendo utilizar a "cegueira deliberada".

2. O QUE É "CEGUEIRA DELIBERADA" PARA A JURISPRUDÊNCIA?

Com o intuito de compreender com exatidão a origem e os desdobramentos da utilização da "cegueira deliberada" enquanto critério de responsabilidade criminal subjetiva, entendeu-se necessário levantar as decisões que de alguma maneira aplicaram "cegueira deliberada" no Brasil, chegando-se a dois acórdãos que são reiteradamente citados nas outras decisões analisadas.

A primeira destas decisões é o voto da ministra Rosa Weber, proferido no julgamento do caso "Mensalão"[6]. Tal voto trata da cegueira deliberada ao analisar as imputações feitas a título de lavagem de dinheiro no âmbito de pagamentos feitos por agência de propaganda, sem que os destinatários fizessem "qualquer ressalva ou tentativa de esclarecer a origem deles"[7].

---

6 STF, APn n. 470/MG, rel. Joaquim Barbosa, *DJe* 22 abr. 2013. p.1.061-1.478. Para uma análise aprofundada, ver LUCCHESI, Guilherme Brenner. Acertando por acaso: uma análise da cegueira deliberada como fundamento para a condenação por lavagem de dinheiro no voto da ministra Rosa Weber na APN 470. *Jornal de Ciências Criminais*, São Paulo, v. 1, n. 1, p. 93-106, jul.-dez. 2018.

7 STF, APn n. 470/MG, rel. Joaquim Barbosa, *DJe* 22 abr. 2013. p.1.295.

Segundo a ministra relatora, a cegueira deliberada permite estabelecer que "age intencionalmente não só aquele cuja conduta é movida por conhecimento positivo, mas igualmente aquele que age com indiferença quanto ao resultado de sua conduta"[8]. Pontua, assim, que as Cortes americanas exigem três requisitos para a admissão da cegueira deliberada nos casos envolvendo lavagem de dinheiro: (i) a ciência pelo autor da elevada probabilidade de que os bens envolvidos tinham origem delituosa, (ii) a atuação indiferente do autor quanto à ciência dessa elevada probabilidade e (iii) a escolha deliberada pelo autor de permanecer ignorante a respeito dos fatos, em sendo possível a alternativa.

Analisando as provas do caso do "Mensalão", a relatora pondera ser difícil afirmar que os dirigentes das empresas responsáveis pelas transações de ocultação e dissimulação do dinheiro recebido das empresas de Marcos Valério agiram com dolo direto, isto é, "cientes, com absoluta certeza, da procedência criminosa dos valores envolvidos"[9]. Entende a ministra, contudo, parecer "óbvio que tinham ciência da elevada probabilidade da origem criminosa dos valores envolvidos e, mesmo assim, persistiram na conduta, evitando se aprofundar a respeito e assumindo o risco de lavar produto de crime"[10]. Por tal motivo, conclui terem agido com dolo eventual.

Buscando vacinar-se contra eventuais críticas, a ministra Rosa Weber ressalta não estar buscando "ampliar indevidamente o alcance do tipo[11]" de lavagem, mas somente aplicar ao crime "institutos *consagrados* do Direito Penal brasileiro[12]", por entender que a conduta é dolosa não apenas quando o autor quer o resultado delitivo, como também quanto assume o risco de produzi-lo agindo de maneira indiferente ao resultado de sua conduta.

---

8   STF, APn n. 470/MG, rel. Joaquim Barbosa, *DJe* 22 abr. 2013. p. 1.297. A afirmação é problemática, na medida em que trata de intenção, categoria que no direito americano melhor se assemelha a *purpose* que a *knowledge*, elemento subjetivo passível de substituição pela *willful blindness*.
9   STF, APn n. 470/MG, rel. Joaquim Barbosa, *DJe* 22 abr. 2013. p. 1.300.
10 STF, APn n. 470/MG, rel. Joaquim Barbosa, *DJe* 22 abr. 2013. p. 1.300.
11 STF, APn n. 470/MG, rel. Joaquim Barbosa, *DJe* 22 abr. 2013. p. 1.300.
12 STF, APn n. 470/MG, rel. Joaquim Barbosa, *DJe* 22 abr. 2013. p. 1.300.

O ponto crucial do voto da ministra Rosa Weber quanto à aplicação da cegueira deliberada aos casos de lavagem de dinheiro reside no grau de ciência que possui o autor no momento da conduta, entendendo que não basta "mera suspeita" da procedência ilícita dos bens envolvidos na transação. Defende a ministra serem necessários três requisitos cumulativos para a existência de dolo eventual nos casos de lavagem de dinheiro em que o autor esteja em situação de cegueira deliberada. Primeiro, deve o autor realizar o *tipo objetivo* do crime de lavagem, isto é, praticar condutas de ocultação ou de dissimulação da natureza, origem, localização, disposição, movimentação ou propriedade dos bens, direitos ou valores envolvidos. Segundo, ao praticar as condutas típicas, o autor deve ter ciência da *elevada probabilidade* de que os bens, direitos ou valores envolvidos tenham por origem algum crime antecedente de lavagem. Terceiro, deve o agente, mesmo ciente da probabilidade de origem criminosa, persistir indiferente a essa suposta origem na conduta delitiva de ocultação ou de dissimulação, *evitando propositadamente aprofundar seu conhecimento* quanto à origem dos bens, direitos ou valores envolvidos quando estiver em condições de fazê-lo[13].

A outra decisão considerada influente foi proferida pelo então juiz federal Sergio Fernando Moro, quando juiz federal substituto em 2º grau no TRF-4, na Apelação Criminal n. 5009722-81.2011.4.04.7002/PR, envolvendo crime de descaminho de cigarros[14]. A decisão relatada por Moro foi a primeira decisão proferida pelo Tribunal Regional Federal da 4ª Região sobre cegueira deliberada, sendo citada por oito acórdãos posteriores daquele tribunal[15], e seus

---

13 STF, APn n. 470/MG, rel. Joaquim Barbosa, *DJe* 22 abr. 2013. p. 1.300-1.301.
14 TRF-4, Ap. Crim n. 5009722-81.2011.4.04.7002, rel. Sergio Fernando Moro, *DJe* 23 set. 2013.
15 TRF-4, Ap. Crim. n. 5001945-68.2013.4.04.7000, rel. Ricardo Rachid de Oliveira, *DJe* 25 fev. 2015; TRF-4, Ap. Crim. n. 5011122-62.2013.404.7002, rel. Cláudia Cristina Cristofani, *DJe* 29 abr. 2015; TRF-4, Ap. Crim. 50044064-08.2013.4.04.7002, rel. Cláudia Cristina Cristofani, *DJe* 21 maio 2015; TRF-4, Ap. Crim n. 5004477-06.2013.4.04.7007, rel. Cláudia Cristina Cristofani, *DJe* 29 abr. 2016; TRF-4, Ap. Crim. n. 5004125-n. 63.2013.4.04.7002, rel. Cláudia Cristina Cristofani, *DJe* 18 jun. 2015; TRF-4, Ap. Crim. n. 5000095-34.2013.4.04.7115, rel. Cláudia Cristina Cristofani, *DJe* 29 ago. 2015; TRF-4,

fundamentos reproduzidos integralmente sem citação por outras quatro decisões[16].

No caso, o proprietário de dois veículos utilitários os locou para a realização de um frete entre Foz do Iguaçu, Paraná, e Itajaí, Santa Catarina, tendo emprestado os veículos à locatária uma semana antes do frete para a vistoria, sendo devolvidos com alterações na estrutura do baú de carga e colocação de nova forração interna. Durante a viagem, o apelante-locador conduzia o maior dos dois veículos, uma camionete Ford F-4000, e a locatária uma camionete Ford F-1000, tendo sido parados pela Polícia Rodoviária Federal em Céu Azul, Paraná. Foram encontrados 62.690 maços de cigarro. O apelante-locador disse desconhecer o conteúdo da carga, pois esses teriam sido carregados exclusivamente pela locatária.

Entendeu o relator ser o álibi do recorrente pouco provável, visto que os veículos eram de sua propriedade e haviam sido alterados com a colocação de fundos falsos para o transporte de cigarro, não sendo crível que a modificação tivesse sido feita sem o conhecimento e a anuência do locador. Mesmo diante dessa situação, haveria dolo eventual, pois diversas circunstâncias indicariam o transporte de mercadorias ilícitas, tendo o apelante persistido na atividade sem aprofundar seu conhecimento sobre a natureza da carga[17].

Ao tratar dos requisitos para a configuração da cegueira deliberada, Moro aponta as mesmas três exigências já anotadas no voto de Rosa Weber: (i) a ciência pelo autor da elevada probabilidade de

---

ED/Ap. Crim. n. 5004957-96.2013.404.7002, rel. Cláudia Cristina Cristofani, DJe 27 ago. 2015; TRF-4, Ap. Crim. n. 5006501-89.2013.4.04.7206, rel. Cláudia Cristina Cristofani, DJe 5 nov. 2015; TRF-4, Ap. Crim n. 5001231-40.2015.4.04.7004, rel. Cláudia Cristina Cristofani, DJe 2 dez. 2015.

16 TRF-4, Ap. Crim. n. 5001079-31.2011.4.04.7004, rel. João Pedro Gebran Neto, DJe 19 nov. 2013; TRF-4, Ap. Crim. n. 5000220-41.2013.4.04.7005, rel. João Pedro Gebran Neto, DJe 22 nov. 2013; TRF-4, Ap. Crim. n. 5000059-24.2010.4.04.7009, rel. João Pedro Gebran Neto, DJe 27 mar. 2014; TRF-4, Ap. Crim. n. 5004606-31.2010.404.7002, rel. João Pedro Gebran Neto, DJe 17 jul. 2014.

17 TRF-4, Ap. Crim. n. 5009722-81.2011.4.04.7002, rel. Sergio Fernando Moro, DJe 23 set. 2013.

que os bens envolvidos tinham origem delituosa, (ii) a atuação indiferente do autor quanto à ciência dessa elevada probabilidade e (iii) a escolha deliberada pelo autor de permanecer ignorante a respeito dos fatos, em sendo possível a alternativa[18].

É este, portanto, o panorama da cegueira deliberada no Brasil: se o autor, cumulativamente, tiver ciência da elevada probabilidade de existência de alguma circunstância elementar de crime, mantiver-se indiferente quanto a tal ciência e evitar aprofundar o seu conhecimento acerca da circunstância elementar que desconfia existir, será condenado pelo crime a título de dolo eventual.

3. DIFERENÇAS ENTRE OS CONCEITOS DE *WILLFUL BLINDNESS* E "CEGUEIRA DELIBERADA"

A comparação entre a *willful blindness* utilizada no sistema jurídico-penal dos Estados Unidos depende de extensa e aprofundada análise não apenas do desenvolvimento e aplicação dessa categoria nos tribunais dos Estados Unidos da América, como do próprio desenvolvimento das categorias de *imputação subjetiva* nos principais sistemas jurídicos da tradição *common law*. Isso porque a realidade jurídica daquela tradição em muito difere da realidade do sistema jurídico-penal brasileiro, eis que trabalha-se em cada qual com categorias de imputação absolutamente distintas, com matrizes jurídico-filosóficas diferentes. Tal análise não é possível nas poucas linhas disponíveis a este breve ensaio[19].

O direito penal americano desconhece as categorias jurídicas do dolo e da culpa utilizadas nos sistemas jurídico-penais de bases continentais. Ainda que não existe "um" sistema jurídico americano[20],

---

18 TRF-4, Ap. Crim n. 5009722-81.2011.4.04.7002, rel. Sérgio Fernando Moro, *DJe* 23 set. 2013.
19 Para uma abordagem completa, ver L.UCCHESI, Guilherme Brenner. *Punindo a culpa como dolo*: o uso da cegueira deliberada no Brasil. São Paulo: Marcial Pons, 2018.
20 MEADOR, Daniel John. *American Courts*. 2. ed. St. Paul: West, 2000. p.1.

em geral são utilizadas as categorias *purpose, knowledge, recklessness* e *negligence*, identificadas no Código Penal Modelo[21], que não podem ser simplesmente sobrepostas às categorias de dolo direto de primeiro grau, dolo direto de segundo grau, dolo eventual e culpa inconsciente[22]. Há pontos de tangência entre tais noções, no entanto não há correspondência. Tal leitura não passaria de grosseira simplificação de conceitos, predisposta a encontrar pontos de comunicação na análise comparada dos sistemas. Quando se parte da premissa de que serão encontradas equivalências, a probabilidade de encontrar equivalências aumenta. É de fundamental importância que não se contamine o trabalho de pesquisa comparada com expectativas de tal natureza, sob pena de, ao projetar sobre a *common law* as categorias jurídicas da *civil law*, fazer da pesquisa comparada um processo da preparação das conclusões já traçadas de antemão.

Não é correto, portanto, afirmar levianamente que *purpose*, tal como definida no Código Penal Modelo dos Estados Unidos, corresponde ao dolo direto de primeiro grau, e que *knowledge* corresponde ao dolo direto de segundo grau[23]. Da mesma forma, *recklessness* não é dolo eventual ou culpa consciente, tampouco uma categoria intermediária entre ambos. O direito penal americano não conhece o dolo eventual ou a culpa consciente, não havendo como desenvolver uma

---

21 AMERICAN LAW INSTITUTE. *Model Penal Code*. Filadélfia: American Law Institute, 1962. Ver também DUBBER, Markus D. *An introduction to the Model Penal Code*. 2. ed. New York: Oxford, 2015.
22 DUBBER, Markus D. Comparative criminal law. In: REIMANN, Mathias; ZIMMERMANN, Reinhard. *The Oxford handbook of comparative law*. Oxford: Oxford University Press, 2006. p.1320. Em português, ver FRAGOSO, Heleno Claudio. Notas sobre o direito penal anglo-americano. In: *Direito penal e direitos humanos*. Rio de Janeiro, Forense, 1977. p.89.
23 Ver, por todos, JIMÉNEZ DE ASÚA, Luis. *Tratado de Derecho Penal*. 3. ed. Buenos Aires: Losada, 1964. t.I. p. 669. No Brasil, ao analisar a cegueira deliberada, Spencer Toth Sydow comete o mesmo equívoco: "As figuras de '*purposely*' and [sic] '*knowingly*' são equivalentes à nossa figura de dolo direto e dolo indireto, respectivamente." (SYDOW, Spencer Toth. *A teoria da cegueira deliberada*. Belo Horizonte: D'Plácido, 2016. p.75, nota 85). Ver Alan Watson: WATSON, Alan. *Legal transplants*: An approach to comparative law. 2. ed. Athens: University of Georgia, 1993. p.10-11.

categoria intermediária entre tais conceitos, que possa ser simplesmente transplantada ao direito penal continental como alguma espécie de resolução da recorrente discussão sobre o limite entre dolo e culpa[24]. O que se chama de *culpa grave* ou *leviandade*[25] não se confunde com *recklessness*; trata-se de categorias de conteúdos e alcances distintos. *Recklessness* é uma categoria bem definida no Código Penal Modelo americano, que exige para sua configuração diversos elementos, estando fundada no conhecimento do risco pelo autor[26].

Assim sendo, não se pode simplesmente querer transplantar ao Brasil – ou a qualquer outro sistema jurídico de matrizes distintas – a cegueira deliberada sem verificar se o papel a ser desempenhado corresponde àquele desempenhado no seu sistema jurídico originário. É preciso que se atue com algum método ao realizar esforços de direito comparado.

A cegueira deliberada em seu sistema originário esteve desde sempre situada como um substituto para o elemento subjetivo *knowledge* nos crimes que exigem do autor conhecimento a respeito de alguma circunstância elementar do delito. O elemento *knowledge*, nos sistemas influenciados pelo Código Penal Modelo americano, é um requisito adicional imposto pela legislação com relação ao elemento padrão de responsabilidade subjetiva, a *recklessness*. Significa dizer que no direito penal americano, em geral, toda vez que o legislador não inclui na definição de crime algum modo de responsabilidade subjetivo, presume-se que o autor será responsabilizado se agir no mínimo com *recklessness*. Isto é, se o autor conscientemente ignorar algum risco substancial e injustificável de que alguma circunstância elementar do delito exista ou resultará de sua conduta.

---

24 Ver a esse respeito BUSATO, Paulo César. Apresentação. In: *Dolo e direito penal*: modernas tendências. 2. ed. São Paulo: Atlas, 2014. p. viii.
25 A tradução do termo alemão *Leichtfertigkeit* como "leviandade" é proposta por Luís Greco (Algumas observações introdutórias à "distinção entre dolo e culpa", de Ingeborg Puppe. In: PUPPE, Ingeborg. *A distinção entre dolo e culpa*. Trad. Luís Greco. Barueri: Manole, 2004. p.13-14. nota 5).
26 DUBBER, Markus D.; HÖRNLE, Tatjana. *Criminal Law*: A comparative approach. Oxford: Oxford, 2014. p.247.

Alguns crimes podem exigir mais: que o autor – em vez de ignorar o risco existente ou criado – aja sabendo da presença de alguma elementar do crime ou sabendo que o resultado criminoso de sua conduta é praticamente certo. A cegueira deliberada em tais sistemas serve para permitir que o autor possa ser condenado mesmo quando tal conhecimento a respeito da certeza do resultado, da natureza de sua conduta ou da presença de alguma circunstância elementar concomitante não esteja plenamente configurada. Vale dizer, aplicando-se a cegueira deliberada, os tribunais podem condenar um indivíduo nos crimes que exigem conhecimento mesmo que tal indivíduo não tenha conhecimento dele.

Desde seu remoto surgimento no direito inglês, a noção de que pudesse ser imputada a um autor a prática de um delito que exige conhecimento como elemento subjetivo mesmo que o autor não tivesse conhecimento de fato sofreu transformações até que viesse a ser estabelecida de forma mais ou menos estável. Essas transformações se deram no campo processual, com o constante resgate de decisões anteriores e reiterada aplicação até se estabelecer uma regra não positivada. Convencionou-se denominar essa regra "cegueira deliberada". Devido à inexistência de uma fonte central e unificadora do direito penal americano, não é possível se estabelecer um enunciado único e preciso do que pode se entender por cegueira deliberada. Há, no entanto, elementos comuns encontrados nas decisões dos principais tribunais americanos que permitem extrair alguma síntese de sua aplicação: a partir das sucessivas aplicações dessa regra e a remissão ao Código Penal Modelo, pode-se afirmar que uma pessoa age com cegueira deliberada quando tem ciência da elevada probabilidade de existência de uma circunstância ou fato elementar do delito, toma medidas deliberadamente voltadas a evitar comprovar a existência do fato ou da circunstância e não acredita na inexistência do fato ou da circunstância. Quando os três elementos enunciados estão presentes é possível condenar o autor por um crime que exige *knowledge*, mesmo que ele não tenha conhecimento do fato ou da circunstância elementar do delito. Isso é cegueira deliberada nos Estados Unidos da América.

Nesse ponto, há clara inconsistência entre a doutrina majoritária proponente da cegueira deliberada no Brasil e a regra extraída a partir da análise dos precedentes americanos. Por um lado, *cegueira deliberada* nos Estados Unidos é utilizada como substituto do elemento *knowledge*, estando presente quando o autor (i) tem ciência da elevada probabilidade de existência de uma circunstância ou fato elementar do delito, (ii) toma medidas deliberadamente voltadas a evitar comprovar a existência do fato ou da circunstância e (iii) não acredita na inexistência do fato ou da circunstância. Por outro lado, a jurisprudência brasileira, amparada direta ou indiretamente nos escritos de Moro[27], convencionou aplicar o que se chama "cegueira deliberada" a partir do reconhecimento de dolo eventual na lavagem de dinheiro quando o autor (i) tem ciência da elevada probabilidade de que os bens envolvidos tinham origem delituosa; (ii) age de forma indiferente quanto à ciência dessa elevada probabilidade e (iii) escolhe deliberadamente manter-se ignorante a respeito dos fatos, em sendo possível a alternativa.

Embora os enunciados contenham pontos em comum, nota-se de plano uma distinção relevante. A construção americana da "cegueira deliberada" trata da subjetividade do autor, ao exigir que ele não acredite que a circunstância elementar era inexistente. Com isso, afasta-se o recurso a algum critério objetivamente estabelecido, como da pessoa média, utilizado para a responsabilidade a título de *recklessness* e *negligence*[28]. Incorre em erro Spencer Toth Sydow, portanto, quando afirma que "baliza-se a teoria da cegueira deliberada no instituto do homem médio ou homem razoável, aqui denominado de homem prudente"[29]. Em que pese não esteja presente na construção originária da cegueira deliberada, ou mesmo em suas formulações contemporâneas, a jurisprudência brasileira busca aplicar a

---

27 MORO, Sergio Fernando. *Crime de lavagem de dinheiro*. São Paulo: Saraiva, 2010.
28 Utiliza-se também no Brasil o conceito de pessoa média ou prudente para se estabelecer responsabilidade penal, como nos crimes de imprudência. Ver, por todos, CIRINO DOS SANTOS, Juarez. *Direito penal*: parte geral. 3. ed. Curitiba: ICPC Lumen Juris, 2010. p.176-177.
29 SYDOW, Spencer Toth. *A teoria da cegueira deliberada*. Belo Horizonte: D'Plácido, 2016. p.133.

cegueira deliberada em conjunto com um pretenso dever de conhecimento por parte do autor, que seria fundamento para o dolo eventual caso comprovado seu desconhecimento[30].

Por outro lado, a formulação majoritária brasileira sobre cegueira deliberada inclui um requisito inexistente no enunciado americano: a indiferença do autor quanto à elevada probabilidade de ocorrência do resultado[31]. Naturalmente, a exigência de indiferença não é feita no direito anglo-americano, pois a indiferença não é uma categoria fundamental para a identificação de *knowledge* ou *recklessness*[32]. Como o CP, segundo Nelson Hungria[33], supostamente adotou no inc. I do seu art. 18 a teoria do consentimento[34], a indiferença do

---

30 TRF-4, Ap. Crim n. 0000625-16.2009.4.04.7000, rel. João Pedro Gebran Neto, *DJe* 25 abr. 2014.

31 TRF-4, Ap. Crim. n. 5009722-81.2011.4.04.7002, rel. Sérgio Fernando Moro, *DJe* 23 set. 2013; TRF-4, Ap. Crim. n. 5001079-31.2011.4.04.7004, rel. João Pedro Gebran Neto, *DJe* 19 nov. 2013; TRF-4, Ap. Crim. n. 5000220-41.2013.4.04.7005, rel. João Pedro Gebran Neto, *DJe* 22 nov. 2013; TRF-4, Ap. Crim n. 5000059-24.2010.4.04.7009, rel. João Pedro Gebran Neto, *DJe* 27 mar. 2014; TRF-4, Ap. Crim. n. 5002540-78.2010.4.04.7002, rel. João Pedro Gebran Neto, *DJe* 21 maio 2014. Em todas as decisões, o trecho mencionando indiferença é semelhante, quando não idêntico: "Tais construções em torno da cegueira deliberada assemelham-se ao dolo eventual da legislação e doutrina brasileira. Embora utilizados mais amplamente no Direito Comparado para lavagem de dinheiro e tráfico de drogas, plenamente pertinentes para delitos de contrabando, inclusive de armas, quando o responsável pela introdução dos produtos ilícitos em território nacional afirma ignorância e indiferença em relação ao objeto transportado."

32 Alan C. Michaels, porém, propõe que a aceitação do resultado pelo autor como produto de sua conduta, agindo com indiferença quanto à produção de um resultado seja incorporado ao direito penal americano (MICHAELS, Alan C. Acceptance: the missing mental state. *Southern California Law Review*, v. 71, n. 5, p. 962, 1998). Para Michaels, no entanto, a aceitação seria algo distinto de *knowledge* e *recklessness*, entendendo que tal categoria ainda não se encontra perfeitamente contemplada pelo direito penal americano.

33 HUNGRIA, Nelson. *Comentários ao Código Penal*. 4. ed. Rio de Janeiro: Forense, 1958. v. 1. t. II. p. 122.

34 Sobre a teoria da vontade ou do consentimento, ver por todos VIANA, Eduardo. *Dolo como compromisso* cognitivo. São Paulo: Marcial Pons, 2017. p. 91-101.

autor pelo resultado é característica marcante do dolo eventual, em oposição ao propósito, de um lado, e o mero descuido, de outro. Com isso, buscou-se aparentemente introjetar artificialmente um componente do dolo eventual na definição de cegueira deliberada visando facilitar a acomodação da cegueira deliberada enquanto dolo eventual no direito brasileiro. Isso ocorre porque, ao contrário de autores que entendem a necessidade de incorporar a cegueira deliberada nos ordenamentos jurídicos nacionais a partir de propostas *de lege ferenda*[35], a jurisprudência brasileira tem entendido que a cegueira deliberada é aplicável mesmo diante da *lex lata*, uma vez que constituiria espécie de dolo eventual. Não é por outro motivo que Moro incorre em erro grosseiro ao afirmar que o dolo eventual vem sendo admitido nos crimes de lavagem de dinheiro nos Estados Unidos por meio da cegueira deliberada[36]: a noção de dolo eventual, como dito, é estranha ao direito penal americano. Dolo eventual não se confunde com *knowledge* – no âmbito do qual se aplica a cegueira deliberada – ou mesmo com *recklessness*.

Cotejando o teor dos enunciados de cegueira deliberada nos Estados Unidos da América e no Brasil, verifica-se não haver coincidência. Comparando-se tais formulações, demonstrou-se serem conceitos diferentes, aplicados com finalidades diferentes – nos

---

35 RAGUÉS I VALLÈS, Ramón. Mejor no saber: Sobre la doctrina de la ignorancia deliberada en Derecho penal. In: VALENZUELA S., Jonatan (Ed.). *Discusiones XIII*: Ignorancia deliberada y Derecho Penal. Buenos Aires: EdiUNS, 2013. p. 33. No Brasil, ver SYDOW, Spencer Toth. *A teoria da cegueira deliberada*. Belo Horizonte: D'Plácido, 2016. p. 259.

36 "A lei norte-americana não é explícita quanto à admissão ou não do dolo eventual no crime de lavagem de dinheiro. Não obstante, por construção jurisprudencial, tal figura vem sendo admitida nos tribunais norte-americanos através da assim denominada *willful blindness* ou *conscious avoidance doctrine*, literalmente a doutrina da 'cegueira deliberada' e de 'evitar a consciência'" (MORO, Sergio Fernando. *Crime de lavagem de dinheiro*. São Paulo: Saraiva, 2010. p. 63; Id. Sobre o elemento subjetivo no crime de lavagem. In: BALTAZAR JUNIOR, José Paulo; MORO, Sergio Fernando (Org.). Lavagem de dinheiro: comentários à lei pelos juízes das varas especializadas em homenagem ao Ministro Gilson Dipp. Porto Alegre: Livraria do Advogado, 2007. p. 98). A passagem transcrita é idêntica em ambas as obras.

Estados Unidos, como substituto do elemento subjetivo *knowledge*; no Brasil, como subespécie de dolo eventual –, não havendo identidade entre tais categorias, apesar da insistência pela jurisprudência nacional.

Se os critérios para identificação da cegueira deliberada no Brasil são diferentes daqueles enunciados em seu sistema de origem, e se *cegueira deliberada* pode ser considerada equivalente ao dolo eventual, não se vislumbra sentido em desenvolver uma teoria sobre cegueira deliberada no Brasil. Não há motivo algum para se denominar pelo mesmo nome categorias distintas. Se o enunciado da *cegueira deliberada* "à brasileira" não corresponde ao enunciado da *cegueira deliberada* em seu sistema de origem, evidentemente não são a mesma coisa. Com isso, *cegueira deliberada* no Brasil não é o mesmo que *willful blindness* nos Estados Unidos. Ademais, se o dolo eventual já é capaz de resolver por si as situações colocadas pela jurisprudência como cegueira deliberada, sem qualquer espécie de alteração legislativa, tal formulação seria de todo desnecessária. Não há porque se desenvolver uma teoria para colmatar lacuna inexistente.

4. "CEGUEIRA DELIBERADA" E DOLO NO DIREITO BRASILEIRO

As conclusões relatadas no tópico anterior permitem formular nova proposição a ser demonstrada: diante da desnecessidade da teoria para a responsabilização criminal, a insistência na necessidade da cegueira deliberada e na sua compatibilidade com o direito penal brasileiro em realidade pode conduzir à expansão do alcance do dolo eventual, permitindo punir a título de dolo condutas que, sem a cegueira deliberada, seriam consideradas culposas.

4.1. O elemento cognitivo no dolo

Ao contrário de muitos sistemas jurídico-penais continentais, o Código Penal brasileiro, ao dispor sobre os elementos subjetivos dos crimes em sua parte geral, fornece uma definição mais ou menos precisa de *dolo* e de *culpa*. Sob a rubrica "crime doloso", o Código brasileiro estabelece que o autor age com dolo quando ele quis o resultado ou assumiu o risco de produzi-lo.[37] Por outro lado, a lei penal nacional indica haver "crime culposo" quando o autor dá causa a um resultando ao agir com imprudência, negligência ou imperícia[38].

Embora não seja usual[39], a partir da redação do art. 18 pode-se dizer que o legislador brasileiro adotou uma das diversas teorias desenvolvidas pela doutrina para definição de dolo. Segundo Nelson Hungria, o Código Penal adotou a teoria do consentimento[40]. Há, porém, que se pontuar duas importantes reflexões a esse respeito. Primeiro, deve-se apontar para a crítica que seria papel da doutrina e não do legislador definir *dolo* e seu alcance[41]. Não se concorda integralmente com essa posição, pois não se pode impedir que a legislação defina conceitos jurídicos. Em que pese as teorias jurídicas sejam mutáveis e em constante transformação, nada obsta que

---

37 Art. 18, inc. I, do Código Penal.
38 Art. 18, inc. II, do Código Penal.
39 Não há uniformidade na legislação penal dos países de tradição jurídica continental. Há países em que não há qualquer definição de dolo na legislação. Nesse sentido, Alemanha (§ 15), Argentina (não há no Código Penal argentino qualquer disposição geral sobre o dolo ou a culpa, apenas referências esparsas sobre condutas dolosas e culposas, por exemplo arts. 27, 35 e 72(2)) e Espanha (art. 5). Por outro lado, há países como o Brasil que trazem alguma definição de dolo e de culpa em seus respectivos códigos penais. Nesse sentido, Portugal (arts. 13º, 14º e 15º) e Suíça (art. 12(2)).
40 "Pela leitura da *Exposição de motivos*, não padece dúvida que o Código adotou a *teoria do consentimento*." (HUNGRIA, Nelson. *Comentários ao Código Penal*. 4. ed. Rio de Janeiro: Forense, 1958. v.1. t.II. p.122). Como demonstra Luís Greco (Algumas observações introdutórias à "distinção entre dolo e culpa", de Ingeborg Puppe. In: PUPPE, Ingeborg. *A distinção entre dolo e culpa*. Trad. Luís Greco. Barueri: Manole, 2004. p. xi), o entendimento de Hungria foi repetido pelas obras nacionais posteriores.
41 Nesse sentido, ZILIO, Jacson Luiz. Metodologia e orientação do anteprojeto de Código Penal Brasileiro. *Boletim IBCCRIM*, São Paulo, n. 239, p. 8, out. 2012:"exist[e]m na doutrina continental mais de dez conhecidas teses sobre dolo eventual e quase nenhum Código Penal ous[a] apresentar um conceito, porque isso é trabalho da doutrina".

a lei possa capturar determinado estágio de desenvolvimento teórico, adotando-o como parâmetro padrão do ordenamento jurídico. Ciente, porém, da mutabilidade dos conceitos, pode o legislador optar por não eleger uma definição como oficial. Sendo assim, ainda que existam sistemas jurídicos que optaram por não incluir alguma definição de dolo e de culpa no texto legal – e isso não resulta necessariamente em "incerteza jurídica"[42] –, não está o legislador impedido de fazê-lo. Isso, todavia, conduz à segunda – e mais importante – reflexão acerca do conceito legal de dolo. Ainda que o legislador tenha estabelecido alguma definição sobre dolo, isso não preclui a atividade da dogmática. Ao contrário da posição de Feuerbach, segundo quem "onde o legislador fala, a filosofia cala"[43], sendo a dogmática do direito penal ciência jurídica, e não mero saber legal, os conceitos estabelecidos pela lei são o ponto de partida da análise do jurista, a quem cabe criticar e interpretar o sentido da norma criada.[44]

Analisando-se o teor da definição de dolo fornecida pelo legislador brasileiro, logo percebe-se que se definiu muito pouco. Não basta simplesmente tomar o sentido comum das expressões "quis o resultado" e "assumiu o risco de produzi[r o resultado]". É preciso definir o que pode ser entendido por *querer* um resultado, se há algum grau de volição e de cognição nesse querer. Da mesma forma, a *assunção de risco* de um resultado precisa ser definida, principalmente porque todo aquele que conscientemente cria um risco de lesão a bens jurídicos de alguma forma assume o risco de produzir a lesão representada como possível – ainda que se esteja atuando de forma

---

42 DOTTI, Rene Ariel. Respostas a equívocos e ofensas pessoais. *Boletim IBCCRIM*, São Paulo, v. 20, n. 241, p. 3, dez. 2012.

43 FEUERBACH, Paul Johann Anselm Ritter von. Über Philosophie und Empirie in ihrem Verhältnis zur positive Rechtswissenschaft. *Apud* GRECO, Luís. Dolo sem vontade. In: D'ALMEIDA, Luís Duarte; DIAS, Augusto Silva; MENDES, Paulo de Sousa; ALVES, João Lopes; RAPOSO, João António (Orgs.). Líber amicorum *de José de Sousa Brito em comemoração do 70º aniversário*: estudos de direito e filosofia. Coimbra: Almedina, 2009. p. 885.

44 GRECO, op. cit., p. 885-886.

imprudente, tomando as precauções necessárias para evitar que o resultado venha a ocorrer. Por tal motivo, mesmo quem atua culposamente assume o risco de produzir o resultado delitivo de sua conduta. É necessário, assim, que a dogmática do direito penal estabeleça a delimitação do alcance da expressão definida pelo legislador, de modo a orientar a correta aplicação do direito penal. Greco, inclusive, defende que a "lei não resolveu nada" com relação ao conceito de dolo[45]. O entendimento de Hungria a respeito da adoção da teoria do consentimento pelo legislador diz mais que a própria lei, colocando-se como critério para limitar o alcance do dolo nos casos de assunção do resultado para as hipóteses em que o autor efetivamente consente com a sua produção. A posição quanto à teoria do consentimento é uma interpretação possível do sistema de imputação subjetiva colocado pelo Código Penal, mas certamente não é a única possível.

Tomando-se os próprios dispositivos do Código Penal, pode-se perceber, em verdade, que o art. 18 não esgota o conceito de dolo; deve ser complementado pelo *caput* do art. 20, que define erro de tipo. Ao estabelecer a lei penal que "[o] erro sobre elemento constitutivo do tipo legal de crime exclui o dolo", coloca-se o conhecimento do autor a respeito das circunstâncias elementares do crime como elemento essencial do dolo[46].

Greco aponta que é o conhecimento – e não a vontade – o elemento essencial para se estabelecer o dolo, pois *conhecimento* é o

---

45 "O fato é que, ao contrário do que a doutrina brasileira ainda costuma pensar, *a lei não resolve nada*. Isso porque as palavras que a lei usa – o *assumir o risco* da produção do resultado – são *ambíguas*, podem ser compreendidas tanto no sentido de uma teoria meramente cognitiva, que trabalha tão só com a consciência de um perigo qualquer, como no sentido de uma teoria da vontade, a qual pode ser a teoria da anuência, como também qualquer outra." (GRECO, Luís. Algumas observações introdutórias à "distinção entre dolo e culpa", de Ingeborg Puppe. In: PUPPE, Ingeborg. *A distinção entre dolo e culpa*. Trad. Luís Greco. Barueri: Manole, 2004. p. xvii).

46 GRECO, Luís. Algumas observações introdutórias à "distinção entre dolo e culpa", de Ingeborg Puppe. In: PUPPE, Ingeborg. *A distinção entre dolo e culpa*. Trad. Luís Greco. Barueri: Manole, 2004. p. xvii.

fator fundamental para se estabelecer a atuação pelo autor com domínio ou controle sobre a sua conduta[47]. A partir de uma análise das situações de dolo direto e dolo eventual, defende não haver relevância na vontade do autor, propondo um conceito unitário de dolo, fundado em parâmetros puramente cognitivos[48]. Não se concorda integralmente com tal proposição, não apenas em razão do limite textual imposto pela legislação brasileira, como pela relevância dada na legislação à vontade do autor, seja para a punibilidade[49] ou mesmo para a própria tipificação de condutas[50].

De qualquer modo, partindo do quadro delineado pelo Código Penal em seus arts. 18 e 20, revela-se a centralidade do conhecimento no dolo, a que deve ser subordinada à vontade – se é que há lugar para a vontade no dolo, como defende Greco.

Em se tratando o conhecimento de uma circunstância elementar do dolo, ao mesmo tempo em que não pode ter o seu alcance ampliado indevidamente para situações de desconhecimento a partir de interpretação doutrinária ou jurisprudencial. Pode-se considerar conhecimento tanto a noção tradicional enquanto dado psicológico-descritivo quanto uma construção jurídica a partir de

---

[47] GRECO, Luís. Dolo sem vontade. In: D'ALMEIDA, Luís Duarte; DIAS, Augusto Silva; MENDES, Paulo de Sousa; ALVES, João Lopes; RAPOSO, João António (Orgs.). Líber amicorum *de José de Sousa Brito em comemoração do 70º aniversário*: estudos de direito e filosofia. Coimbra: Almedina, 2009. p. 891.

[48] Ibid., p. 902.

[49] Veja-se, por exemplo, o art. 29, § 2º, do Código Penal: "Se algum dos concorrentes quis participar de crime menos grave, ser-lhe-á aplicada a pena deste; essa pena será aumentada até metade, na hipótese de ter sido previsível o resultado mais grave."

[50] Nos crimes preterdolosos e nos crimes qualificados pelo resultado importa o objetivo visado pelo autor para a tipificação da conduta, não bastando a ocorrência do resultado típico e a consciência pelo autor da criação do risco de tal resultado como produto do domínio do autor. (BITENCOURT, Cezar Roberto. *Tratado de direito penal*. 16. ed. rev., ampl. e atual. São Paulo: Saraiva, 2016. v. 2. p. 119-121). Trata-se de questão que merece aprofundamento em um estudo dedicado, não sendo o propósito do presente trabalho discutir o papel da vontade na configuração do dolo.

parâmetros normativo-atributivos. Não há vedação legal ou dogmática nesse sentido.

Vale dizer, não há uma definição legal de conhecimento. Isso não é necessariamente algo ruim, pois permite que o conceito de conhecimento possa ser preenchido pela academia, desde que atendidos os parâmetros mínimos estabelecidos pelo inciso I do art. 18 e pelo *caput* do art. 20 do Código Penal. Por outro lado, não se pode dizer que há conhecimento em situações de desconhecimento. Dizer que as situações de cegueira deliberada são tão reprováveis e merecedoras de punição quanto as situações em que o autor efetivamente conhece as circunstâncias do fato não permitirá a punibilidade no sistema penal brasileiro. Incidiria, nesse caso, a proibição expressa de analogia em desfavor do acusado ("*in malam partem*"), obstando que se tomasse por "conhecimento" uma situação que se reconhece não haver conhecimento.

Por esse motivo, não se concorda com a doutrina quando esta afirma que a expressão "deve saber", empregada em diversos tipos penais, seria indicativo de dolo eventual[51]. Quando se afirma que o acusado deveria saber algo, reconhece-se que de fato não sabia. Pode parecer um jogo de palavras, mas em verdade se trata de importante diagnóstico do sistema de imputação e da interpretação doutrinária. Se dolo é conhecimento e vontade, a dimensão cognitiva do dolo deve estar presente em todas as suas espécies – dolo direto de primeiro grau, dolo direto de segundo grau e dolo eventual. Ao se afirmar, porém, que dolo eventual pode ser encontrado nas situações em que o autor não sabia de determinada circunstância elementar do tipo penal, mas deveria saber, está-se restringindo a dimensão cognitiva do dolo para uma dimensão normativo-atributiva equivocada, pois não se está a afirmar que o potencial conhecimento deve ser considerado conhecimento. Equipara-se o desconhecimento frente a uma situação de dever de conhecimento ao conhecimento efetivo, ampliando-se o âmbito de alcance dos tipos penais. A equi-

---

51 Veja-se, por exemplo, JESUS, Damásio Evangelista de. O "sabe" e o "deve saber" no crime de receptação. *Boletim IBCCrim*, São Paulo, n. 52, p. 5-7, mar. 1997.

paração entre "dever saber" e dolo eventual é equívoco cometido pela doutrina contemporânea[52], muito embora a doutrina clássica[53] já tivesse superado essa questão.

Tem-se, assim, que não se pode ampliar o âmbito da punibilidade delimitado pelo conhecimento para situações de desconhecimento, ainda que o conhecimento seja potencial. Situação diversa ocorreria quando se estabelece que o conceito de conhecimento engloba alguma situação distinta daquela que normalmente se tem por "conhecimento real" ou "conhecimento efetivo", a partir de uma noção psicológico-descritiva. Utilizando critérios normativo-atributivos, pode-se dizer haver conhecimento mesmo nos casos em que não há necessariamente comprovação empírica pelo autor de determinada situação. Conhecimento, para o direito penal, pode ser menos que o conhecimento pleno e efetivo, desde que não extrapole os limites cognitivos estabelecidos pela legislação, como no regramento do erro.

Nesse sentido, algumas situações de cegueira deliberada poderiam integrar o âmbito de alcance do conhecimento a partir de critérios bem definidos. O que não se pode admitir, porém, é que a noção de "cegueira deliberada" seja indevidamente transplantada do direito americano, em que desempenha uma função de expansão da punibilidade a partir da equiparação ao conhecimento legalmente definido, o que é incompatível com a estrutura do direito penal brasileiro. Essa atuação acrítica da jurisprudência, que acolhe ideias incompatíveis com o direito pátrio, sem os devidos ajustes e prévias

---

52 Veja-se, por exemplo, BALTAZAR JUNIOR, José Paulo. *Crimes federais*. 10. ed. São Paulo: Saraiva, 2015. p.110-1101; BADARÓ, Gustavo Henrique; BOTTINI, Pierpaolo Cruz. *Lavagem de dinheiro*: aspectos penais e processuais penais. 3. ed. São Paulo: Revista dos Tribunais, 2016. p. 141.

53 "No que concerne ao elemento subjetivo, neste crime o dolo é equiparado à culpa. A expressão 'de que sabe ou deve saber que está contaminado' (que consta, aliás, do código dinamarquês e da lei alemã), refere-se, em sua primeira parte, ao dolo, e, na segunda, à culpa." (FRAGOSO, Heleno Claudio. *Lições de direito penal*: parte especial. Rio de Janeiro: José Bushatsky, 1958. v. 1. p. 72); HUNGRIA, Nelson. *Comentários ao Código Penal*. 3. ed. Rio de Janeiro: Forense, 1955. v. 5. p. 394-395.

considerações metodológicas, contribui para o empobrecimento do direito e da dogmática nacional. Não há como se acolher no direito penal brasileiro a cegueira deliberada a partir de aplicação direta à realidade forense cotidiana. Pode-se, todavia, analisar o conceito normativo-descritivo de conhecimento para se avaliar a possibilidade ou não de se alcançar pela teoria do dolo algumas situações de punibilidade existentes no direito comparado. Assim, será possível delimitar se há alguma lacuna de punibilidade no direito brasileiro e, por fim, decidir se eventual lacuna deve ou não ser colmatada, e de que maneira.

4.2. Suficiência do dolo

Defende-se que dolo eventual não coincide com cegueira deliberada. Pode haver situações de sobreposição, mas nem toda situação de desconhecimento provocado pelo autor preencherá os requisitos cognitivos exigidos pelos arts. 18 e 20 do CP para formação do dolo eventual. A despeito dos esforços teóricos despendidos para dar à cegueira deliberada *status* de compatibilidade com o sistema de imputação desenhado na legislação nacional e na doutrina jurídico-penal de matriz germânica, percebe-se do aprofundado estudo do dolo e de seus fundamentos que as construções teóricas feitas sobre a cegueira deliberada em nada acrescentam para distinguir "cegueira deliberada" de dolo.

Vale dizer, tomando uma situação em que estão presentes os fundamentos do dolo, pode-se reconhecer a presença de dolo. Não há nenhum ganho em chamar algumas destas situações em que estão presentes os fundamentos do dolo de "cegueira deliberada" ou de qualquer outro conceito. Muito pelo contrário, dar denominação diversa a um feixe de situações em que se reconhece a existência de dolo obscurece os critérios de imputação, criando insuperável confusão.

De acordo com o disposto no art. 18 do CP, somente pode haver imputação se o autor tiver agido com dolo ou com culpa. Ademais, segundo o parágrafo único de tal dispositivo, só se admite a punição na modalidade culposa nos casos em que houver expressa permissão legal. Desse modo, a regra para a punibilidade no direito penal brasileiro é o dolo. Isto significa que, excetuadas as excepcionais situações de punibilidade a título de culpa, somente é possível a punição se estiver identificado o dolo. A lógica adotada é binária. Não se admitem modalidades intermediárias, como a "culpa grave" ou a "leviandade"[54].

Diante de tais considerações sobre o dolo, salvo a superveniência de alguma alteração legislativa, a punição das situações envolvendo uma possível cegueira deliberada pressupõem que estejam presentes os pressupostos para a punibilidade dolosa. Não pode a doutrina criar um *tertium genus* de categoria de imputação subjetiva. Portanto, é imprescindível que no direito brasileiro qualquer conduta em que se reconheça a existência de cegueira deliberada pelo autor seja praticada dolosamente, caso contrário não poderá ser considerada punível. A "teoria" da cegueira deliberada, dessa forma, se limita a identificar situações em que pode ser reconhecido o dolo.

A dogmática penal vem há séculos teorizado sobre o conceito de dolo e seu alcance. Entende-se que a aplicação do estado da arte na teoria do dolo é suficiente para alcançar as situações envolvendo cegueira deliberada, tratando-se de uma teoria desnecessária para fundamentar a punibilidade. Ademais, não se verifica lacuna de punibilidade na aplicação da teoria do dolo que necessite ser colmatada por uma "teoria" da cegueira deliberada. Não possuem consequência dogmática as considerações a respeito do merecimento de punição de determinadas condutas. Diante da ausência de previsão de modalidade culposa, ou há dolo e, consequentemente, punibilidade, ou não há dolo e não se pode punir a conduta.

A partir do momento em que se analisam as situações reais de aplicação da cegueira deliberada pela jurisprudência, percebem-se as armadilhas criadas pela aplicação indiscriminada da cegueira deliberada. Sob a justificativa de que a cegueira deliberada seria equiparável ou equivalente ao dolo eventual, foram identificados diversos casos em que se usou uma ideia de cegueira deliberada para reconhecer a existência de dolo eventual mesmo ausentes os funda-

---

54 Ver PUPPE, Ingeborg. *A distinção entre dolo e culpa*. Tradução de Luís Greco. Barueri: Manole, 2004. p. 13.

mentos necessários para a configuração de dolo. Ademais, sob a justificativa da existência da "teoria da cegueira deliberada", afastou-se a alegação defensiva do acusado acerca do seu desconhecimento da situação de fato sem qualquer fundamentação probatória, afirmando que o desconhecimento do acusado não impediria o reconhecimento de dolo eventual, mesmo diante da ausência de prova que conduzisse à atribuição de conhecimento ao acusado, criando deveres de conhecimento inexistentes. Nem sequer há exigência em alguns casos de demonstração de evitação consciente do conhecimento pelo autor, marca distintiva do que se pretende como uma teoria sobre a ignorância *deliberada* pelo autor.

Resta claro da aplicação jurisprudencial da cegueira deliberada que, mesmo nos casos de aplicação adequada do conceito, bastaria o reconhecimento de dolo eventual, diante da comprovação de seus fundamentos. Vale dizer, se há demonstração de conhecimento do risco criado pelo autor – seja conhecimento "efetivo" ou conhecimento normativamente atribuído a partir de critérios precisos de imputação – de modo que tal conhecimento permita inferir que a produção do resultado típico é algo que o autor domina, então há dolo. Não é necessário afirmar que o autor agiu com cegueira deliberada. Isto, na melhor das hipóteses.

Identificou-se, por outro lado, duas armadilhas criadas pela aplicação da cegueira deliberada. Há casos em que a cegueira deliberada foi utilizada para permitir a punibilidade de condutas em que seria impossível a atribuição de conhecimento ao autor, de modo a obstar o reconhecimento de dolo. Há, ainda, outros casos em que a cegueira deliberada foi aplicada de modo a superar a ausência efetiva de prova desfavorável ao autor, presumindo – e não atribuindo – conhecimento. Nenhuma destas aplicações é juridicamente permissível. Não há categoria dogmático-penal que possa influir na interpretação judicial de provas ou ultrapassar os limites de punibilidade impostos pelo legislador.

Tem-se, portanto, que a teoria do dolo é suficiente para abarcar os casos em que estão presentes os fundamentos do dolo eventual. Nos demais casos, não deve haver punição dolosa, sob pena de flagrante violação ao princípio da legalidade.

5. Conclusão

Como já afirmado ao longo deste texto, o que se chama de cegueira deliberada no Brasil não guarda identidade com a regra de *willful blindness* presente no direito penal da *common law*. Os pressupostos e fundamentos de tais conceitos são distintos. As semelhanças são apenas duas: o nome dos conceitos e a existência de uma situação de desconhecimento provocado pelo autor. A maneira como cada conceito opera em seu sistema jurídico de aplicação é diversa, bem como o papel desempenhado por cada conceito. A regra de *willful blindness* permite a expansão da punição de condutas que exigem *knowledge*, ampliando o conceito legal de conhecimento. Já a "cegueira deliberada" pode servir tão somente para o reconhecimento de dolo onde os pressupostos legais do dolo já estejam presentes. A "cegueira deliberada" não altera nem amplia o conceito legal de *dolo*; nem poderia fazê-lo. No sistema jurídico brasileiro, o magistrado está adstrito aos contornos legais impostos pela lei penal.

Há, nesse ponto, um importante questionamento a ser colocado: se os critérios para identificação da cegueira deliberada no Brasil são diferentes dos critérios para a identificação da *willful blindness* nos Estados Unidos – suposta origem da "teoria da cegueira deliberada" – e se "cegueira deliberada" deve corresponder ou ao menos se inserir no conceito de dolo, qual o propósito em se desenvolver uma teoria nesses termos? Por que atrelar o desenvolvimento de tal conceito a um conceito jurídico estrangeiro, de bases distintas? Não se acredita que tenha se desenvolvido a cegueira deliberada por mero modismo. Trata-se de construção a partir de duvidosa metodologia comparatista. Não há motivo para o desenvolvimento de uma teoria desnecessária.

Do ponto de vista dogmático, a cegueira deliberada é exatamente isso: desnecessária. Diante da impossibilidade de se punir condutas que não são dolosas, é necessário que se demonstre a existência de dolo para que haja punibilidade. Para tanto, não é suficiente ou necessário que demonstre a cegueira deliberada. Basta que se demonstre o dolo. Diante de toda a exposição teórica e doutrinária sobre a cegueira deliberada, não se vislumbra qualquer utilidade na teoria, visto que não facilita o reconhecimento do dolo, apenas o obscurece ao se sobreporem requisitos indispensáveis, sem previsão legal.

6. REFERÊNCIAS BIBLIOGRÁFICAS

BADARÓ, Gustavo Henrique; BOTTINI, Pierpaolo Cruz. *Lavagem de dinheiro*: aspectos penais e processuais penais. 3. ed. São Paulo: Revista dos Tribunais, 2016.

BALTAZAR JUNIOR, José Paulo. *Crimes federais*. 10. ed. São Paulo: Saraiva, 2015.

BITENCOURT, Cezar Roberto. *Tratado de direito penal*. 16. ed. rev., ampl. e atual. São Paulo: Saraiva, 2016.

BUSATO, Paulo César. Apresentação. In: *Dolo e direito penal*: modernas tendências. 2. ed. São Paulo: Atlas, 2014.

CIRINO DOS SANTOS, Juarez. *Direito penal*: parte geral. 3. ed. Curitiba: ICPC Lumen Juris, 2010.

DOTTI, Rene Ariel. Respostas a equívocos e ofensas pessoais. *Boletim IBCCRIM*, São Paulo, v.20, n. 241, p. 3, dez. 2012.

DUBBER, Markus D. *An introduction to the Model Penal Code*. 2. ed. New York: Oxford, 2015.

DUBBER, Markus D. Comparative criminal law. In: REIMANN, Mathias; ZIMMERMANN, Reinhard. *The Oxford handbook of comparative law*. Oxford: Oxford University Press, 2006.

DUBBER, Markus D; HÖRNLE, Tatjana. *Criminal Law*: A comparative approach. Oxford: Oxford, 2014.

FRAGOSO, Heleno Claudio. *Lições de direito penal*: parte especial. Rio de Janeiro: José Bushatsky, 1958.

FRAGOSO, Heleno Claudio. Notas sobre o direito penal anglo-americano. In: *Direito penal e direitos humanos*. Rio de Janeiro, Forense, 1977.

GRECO, Luís. Algumas observações introdutórias à "distinção entre dolo e culpa", de Ingeborg Puppe. In: PUPPE, Ingeborg. *A distinção entre dolo e culpa*. Trad. Luís Greco. Barueri: Manole, 2004.

GRECO, Luís. Dolo sem vontade. In: D'ALMEIDA, Luís Duarte; DIAS, Augusto Silva; MENDES, Paulo de Sousa; ALVES, João Lopes; RAPOSO, João António (Orgs.). Líber amicorum *de José de Sousa Brito em comemoração do 70º aniversário*: estudos de direito e filosofia. Coimbra: Almedina, 2009.

HUNGRIA, Nelson. *Comentários ao Código Penal*. 4. ed. Rio de Janeiro: Forense, 1958.

JESUS, Damásio Evangelista de. O "sabe" e o "deve saber" no crime de receptação. *Boletim IBCCrim*, São Paulo, n. 52, p. 5-7, mar. 1997.

JIMÉNEZ DE ASÚA, Luis. *Tratado de Derecho Penal*. 3. ed. Buenos Aires: Losada, 1964.

LUCCHESI, Guilherme Brenner. Acertando por acaso: uma análise da cegueira deliberada como fundamento para a condenação por lavagem de dinheiro no voto da ministra Rosa Weber na APN 470. *Jornal de Ciências Criminais*, São Paulo, v. 1, n. 1, p. 93-106, jul.-dez. 2018.

LUCCHESI, Guilherme Brenner. *Punindo a culpa como dolo*: o uso da cegueira deliberada no Brasil. São Paulo: Marcial Pons, 2018.

MEADOR, Daniel John. *American Courts*. 2. ed. St. Paul: West, 2000.

MICHAELS, Alan C. Acceptance: the missing mental state. *Southern California Law Review*, v. 71, n. 5, p. 962, 1998.

MORO, Sergio Fernando. *Crime de lavagem de dinheiro*. São Paulo: Saraiva, 2010.

MORO, Sergio Fernando. Sobre o elemento subjetivo no crime de lavagem. In: BALTAZAR JUNIOR, José Paulo; MORO, Sergio Fernando (Org.). *Lavagem de dinheiro*: comentários à lei pelos juízes das varas especializadas em homenagem ao Ministro Gilson Dipp. Porto Alegre: Livraria do Advogado, 2007.

PUPPE, Ingeborg. *A distinção entre dolo e culpa*. Trad. Luís Greco. Barueri: Manole, 2004.

RAGUÉS I VALLÈS, Ramón. Mejor no saber: Sobre la doctrina de la ignorancia deliberada en Derecho penal. In: VALENZUELA S., Jonatan (Ed.). *Discusiones XIII*: Ignorancia deliberada y Derecho Penal. Buenos Aires: EdiUNS, 2013.

SYDOW, Spencer Toth. *A teoria da cegueira deliberada*. Belo Horizonte: D'Plácido, 2016.

VIANA, Eduardo. *Dolo como compromisso cognitivo*. São Paulo: Marcial Pons, 2017.

WATSON, Alan. *Legal transplants*: An approach to comparative law. 2. ed. Athens: University of Georgia, 1993.

ZILIO, Jacson Luiz. Metodologia e orientação do anteprojeto de Código Penal Brasileiro. *Boletim IBCCRIM*, São Paulo, n. 239, p. 8, out. 2012.

9.

Evadindo divisas com *bitcoins*?

Heloisa Estellita[1], Augusto Périco[2], Caio Giuranno[3], Felipe Takehara[4], João Pedro Rocha Oliveira[5], Matheus Faria de Sousa[6] e Victor Coutinho Ramalho[7]

1. INTRODUÇÃO

A temática das criptomoedas ainda é cercada de incertezas, não havendo entendimento jurídico claro e pacificado sobre se devem ser reguladas e como. Isso faz com que operações realizadas com

---

1 O texto que a leitora e o leitor têm em mãos é produto do esforço de Augusto, Caio, Felipe, João, Matheus e Victor. Meu papel no decorrer da disciplina no qual foi produzido foi o de facilitadora. Para esta versão para publicação, colaborei mais com a redação do que, propriamente, com o mérito, cujos créditos são deles e não meus.
2 Graduando em Direito na FGV Direito SP. Estagiário em Direito Tributário Consultivo e Contencioso.
3 Graduando em Direito na FGV Direito SP. Estagiário em Direito Penal.
4 Graduando em Direito na FGV Direito SP. Estagiário em Regulatório Bancário e Transações Financeiras.
5 Graduando em Direito na FGV Direito SP. Estagiário em Direito Tributário Contencioso.
6 Graduando em Direito na FGV Direito SP. Estagiário em Financiamento de Projetos e Infraestrutura.
7 Graduando em Direito na FGV Direito SP. Estagiário em Contencioso Cível e Arbitragem.

bitcoins e criptomoedas similares possam ser questionadas por sua semelhança com operações criminalizadas, como é o caso da evasão de divisas e da lavagem de capitais.

Nesta oportunidade, oferecemos à leitora e ao leitor uma matriz de risco para avaliação da possibilidade de que transações com *bitcoins* possam subsumir-se ao crime de evasão de divisas. A matriz foi desenvolvida pelos autores deste artigo, no âmbito do Projeto Multidisciplinar "Regulando Criptoativos", ministrado na graduação da Escola de Direito de São Paulo da FGV pelas Professoras Heloisa Estellita e Viviane Muller Prado. A versão que ora se publica sintetiza o que ali foi desenvolvido[8].

A criação de uma matriz de risco pressupõe a categorização jurídica das criptomoedas. Por isso, é importante destacar que criptomoedas não são moedas num sentido jurídico, porque não têm curso forçado, nem poder liberatório. Também não são valores mobiliários, porque, além de não estarem definidas como tal em lei, não há atendimento dos pressupostos genéricos do inc. IX, art. 2º da Lei n. 6.385/76. A própria Comissão de Valores Mobiliários (CVM) já expressou esse entendimento[9]. Finalmente, muito embora a Receita Federal entenda que as criptomoedas devam ser equiparadas a ativos financeiros[10], esse entendimento é questionável, pois elas não geram acréscimo patrimonial e não são fontes de obrigações, isto é, não possuem natureza contratual que estabeleça vínculo de direitos e deveres entre credores e devedores, tal como os ativos financeiros

---

8 Todos os produtos do Projeto Multidisciplinar foram publicados em um volume de acesso livre: https://www.gdpee.com.br/regulando-criptoativos. Acesso em: 1º out. 2020.

9 COMISSÃO DE VALORES MOBILIÁRIOS (CVM). Supervisão Baseada em Risco: Relatório Semestral Julho – Dezembro 2017. Disponível em: http://www.cvm.gov.br/export/sites/cvm/menu/acesso_informacao/planos/sbr/Relatorio_Semestral_julhodezembro_2017.pdf, p. 149. Acesso em: 1º out. 2020.

10 RECEITA FEDERAL DO BRASIL. Imposto sobre a renda – Pessoa Física: Perguntas e Respostas, Exercício de 2019, Ano-calendário de 2018. P. 183. Disponível em: http://receita.economia.gov.br/interface/cidadao/irpf/2019/perguntao/perguntas-e-respostas-irpf-2019.pdf. Acesso em: 1º out. 2020.

regulados pelo Banco Central do Brasil (BCB) e pela CVM. A própria CVM, inclusive, já manifestou entendimento no sentido de que as criptomoedas não se encaixam nessa categoria de ativos[11].

Como se trata de uma matriz de risco relativamente ao crime de evasão de divisas, o texto oferece um breve panorama do tipo objetivo dessa infração penal (abaixo II), ao que se segue uma necessária explicação acerca do funcionamento das *exchanges* (abaixo III). Com isso, pode tratar diretamente das hipóteses de operações que podem atrair a incidência da figura penal (abaixo IV), elaborar a matriz de risco (abaixo V), incluindo comparações a hipóteses de operações já criminalizadas (abaixo subtópicos A, B e C) e oferecer algumas conclusões (abaixo VI).

2. O DELITO DE EVASÃO DE DIVISAS

Tipificado no art. 22 da Lei n. 7.492/86, o delito de evasão de divisas compreende três modalidades distintas, a primeira descrita no *caput* e as demais no parágrafo único do artigo. No *caput*, criminaliza-se a conduta de "efetuar operação de câmbio não autorizada, com o fim de promover evasão de divisas do País". A expressão "não autorizada" é entendida hoje como a exigência de que cada operação de câmbio deva ser feita de acordo com as normas que regem o sistema cambial brasileiro[12]. Exige-se também, no campo do tipo subjetivo, uma finalidade especial, a de evadir divisas do país, de modo que nem toda operação de câmbio feita sem respeito às normas cambiais vigentes configura, por si, o crime de evasão de divisas nesta modalidade. A segunda modalidade, descrita na primeira parte do parágrafo único ("Incorre na mesma pena quem, a qualquer título, promove, sem autorização legal, a saída de moeda

---

11 COMISSÃO DE VALORES MOBILIÁRIOS (CVM). Ofício Circular nº 1/2018. Disponível em: http://www.cvm.gov.br/export/sites/cvm/legislacao/oficios-circulares/sin/anexos/oc-sin-0118.pdf. Acesso em: 1º out. 2020.

12 Cf., especialmente, o art. 65 da Lei n. 9.069/95 e o Regulamento do Mercado de Câmbio e Capitais Internacionais (RMCCI), do Banco Central do Brasil (BCB).

ou divisa para o exterior"), serve ao propósito de criminalizar o envio de divisas para fora do país mesmo que não haja uma operação de câmbio. Por isso é que esquemas mais complexos, como os de dólar-cabo, subsumem-se a esta modalidade. Por fim, a terceira modalidade compreende quem "[...] nele [no exterior] mantiver depósitos não declarados à repartição federal competente"[13].

Aqui, não necessariamente importa como o valor foi disponibilizado no exterior, o que pode até mesmo ter sido feito de maneira lícita. O delito consuma-se pela omissão de declaração ao BCB, na forma e nos prazos definidos por Resolução do Conselho Monetário Nacional (CMN)[14].

No ambiente das moedas de curso legal, o envio para fora do país pode se dar tanto por meio de casas de câmbio e instituições financeiras, como pelos chamados "doleiros". No âmbito das criptomoedas, porém, são as *exchanges* que, via de regra, cumprem esse papel de troca e custódia. Desempenham, por isso, um papel central para a avaliação do risco de evasão, razão pela qual é preciso compreender, ainda que brevemente, como atuam nesse mercado.

3. FUNCIONAMENTO DAS EXCHANGES

As *exchanges* atuam como intermediadoras de compras e vendas de criptomoedas e facilitam o encontro de pessoas que querem transacionar essa *commodity* digital. Sua atividade se explica por três razões:

---

13 Cumpre ressaltar que qualquer das hipóteses trabalhadas neste artigo pode se encaixar aqui, desde que os valores em criptomoedas sejam transformados em um depósito no exterior e não seja feita sua declaração no lapso temporal legalmente determinado.
14 O CMN emitiu a Resolução n. 4.841/2020 que trata da declaração obrigatória quando os valores depositados no exterior somarem, no último dia de cada ano, o mínimo de U$ 1.000.000,00. Antes dessa recente mudança, estava em vigor a Resolução n. 3.854/2010, que estipulava o valor de U$ 100.000,00.

reduzir custos[15], reduzir o tempo de operação[16] e reunir os agentes das transações. Embora existam diversos tipos e formatos de *exchanges*, neste artigo trataremos do modelo mais comum – *exchanges* centralizadas – e das funcionalidades mais úteis para nossa análise.

A reunião dos agentes é simples: a *exchange* disponibiliza uma plataforma e encontra "pares" que querem comprar e vender criptomoedas. Para reduzir custos e tempo de operação, as empresas trabalham em duas interfaces: *onchain* e *offchain*.

Na modalidade *onchain*, a *exchange* opera no *blockchain*, ou seja, suas transações são registradas publicamente no sistema da criptomoeda. Isso acontece quando as pessoas querem retirar seus *bitcoins* (ou qualquer outra criptomoeda) da *exchange* para transferi-los a outra *exchange* ou carteira (*wallet*) privada. Além disso, quando alguém deseja começar a vender seus *bitcoins* na plataforma da empresa, deve primeiro transferir a criptomoeda para a *wallet* da própria *exchange*, utilizando a modalidade *onchain*.

No modelo *offchain*, as transações não passam pelo *blockchain* e são feitas, grosso modo, de forma meramente escritural. Como dito, para negociar *bitcoins* na plataforma da *exchange*, as criptomoedas devem ser transferidas para a *wallet* da empresa. Depois que isso é feito, o vendedor "A" faz uma oferta de venda na plataforma, que a conectará a alguma oferta de compra, de um comprador "B", por exemplo. O vendedor "A" receberá o pagamento em moeda fiduciária e o comprador "B" adquirirá o direito ao *bitcoin* que está na *wallet* da

---

15 Por exemplo, o sistema *Bitcoin* remunera o minerador automaticamente por cada bloco de transações incluído na cadeia. Contudo, para ter sua transação incluída no bloco (e, portanto, validá-la mais rapidamente) é possível que a pessoa que está fazendo a transferência ofereça uma recompensa a mais. Sendo assim, é possível dizer que as operações no *blockchain* são mais onerosas partindo-se da premissa de que operações que oferecem pouca remuneração não serão priorizadas pelos mineradores. Os blocos do sistema *Bitcoin* estão disponíveis no seguinte site: https://www.blockchain.com/btc/blocks?page=1. Acesso em: 1º out. 2020.

16 O protocolo *Bitcoin* força um intervalo de 10 minutos entre cada bloco inserido na cadeia. Além disso, ofertar taxas mais baixas pode não garantir que o próximo bloco da cadeia conterá (validará) a transação.

exchange. Como se vê, a transferência da criptomoeda não é registrada no *blockchain*. A *exchange* registra que aquela quantia deixou de ser de "A" e passou a ser de "B"[17]. Neste caso, é preciso confiar que a *exchange* fará o controle adequado das transações com criptomoedas.

4. Descrição das Hipóteses

Para avaliar o risco de prática de evasão de divisas, formulamos quatro hipóteses envolvendo operações com *bitcoins* que seriam as mais corriqueiras.

Primeira hipótese (venda em moeda estrangeira): uma pessoa física adquire criptomoedas com moeda fiduciária e as transfere para uma carteira própria, ou para carteira de *exchange* internacional, com a intenção de convertê-las em outra moeda fiduciária no exterior. Nessa situação, a criptomoeda está sendo utilizada como instrumento para realizar operação de câmbio.

Segunda hipótese (negócio jurídico): envio de criptomoedas a terceiro residente no exterior, como forma de cumprir uma obrigação pecuniária de negócio jurídico. Esse terceiro pode ter uma conta em *exchange* internacional ou *wallet* na própria *blockchain*. Nessa situação, o terceiro que recebe as criptomoedas poderá ou não convertê-las em moeda fiduciária no exterior, independentemente do conhecimento de quem as envia. O negócio jurídico mencionado pode, por exemplo, ser um empréstimo, compra e venda, reembolso de despesas internacionais etc. O ponto central é que a obrigação pecuniária, normalmente adimplida com pagamento em moeda fiduciária (seja pela natureza do negócio ou por mandamento regulatório), será cumprida com *bitcoins*.

Terceira hipótese (transferência de receita): uma *exchange* que tem sede em um país e filiais em outros remete os lucros gerados pelas filiais ao país-sede por meio das criptomoedas negociadas. Quanto à origem desse lucro, analisaremos dois tipos de modelos de negócio

---

17 MERCADO BITCOIN. Termos de uso. Disponível em: https://www.mercadobitcoin.com.br/termo. Acesso em: 1º out. 2020.

para a cobrança de taxas das *exchanges*: (i) as taxas que são cobradas na criptomoeda que se está negociando; e (ii) as que são cobradas em moeda fiduciária. Os dois modelos funcionam como remuneração à *exchange* pelos serviços prestados.

Quarta hipótese (operação meramente escritural): uma pessoa estrangeira vende uma criptomoeda (dentro do sistema *offchain* de uma *exchange* internacional) e o comprador é pessoa residente no Brasil. A *exchange* intermedeia a operação, recebendo o dinheiro do comprador (em reais) e disponibilizando a quantia para o vendedor (em moeda fiduciária estrangeira). O comprador pagou em moeda do seu país enquanto o vendedor receberá em sua própria moeda fiduciária, sem que ocorra qualquer operação de câmbio, já que a *exchange* simplesmente faz a compensação dos valores.

5. Matriz de Risco

Expostas as hipóteses, passemos à mensuração do risco de subsunção das condutas ao crime de evasão de divisas. Isso será feito a partir da comparação entre as hipóteses e o racional aplicado pelos tribunais em outras situações similares: as operações de *Blue Chip Swap*, de dólar-cabo e com bens de luxo.

Essa comparação gerou a alocação de riscos dentro de três classes: remoto, possível e provável. Quando "remoto", as informações recolhidas indicam que as operações descritas nas hipóteses têm poucas chances de subsunção ao crime de evasão de divisas. Quando "possível", há uma chance considerável, mas não grande. Por fim, quando "provável", as informações coletadas indicaram que as operações descritas têm grande probabilidade de serem entendidas como evasão de divisas pelo Poder Judiciário.

A) Incidência do entendimento aplicado ao *Blue Chip Swap*

Uma operação *Blue Chip Swap* (BCS) ocorre quando uma pessoa deseja criar disponibilidade em moeda estrangeira no exterior sem que haja um contrato de câmbio e, para isso, compra algo (com moeda fiduciária nacional) que tenha valor estável e seja imediatamente liquidável no exterior. Tomemos, por exemplo, uma empresa residente no Brasil que deseja remeter dinheiro para sua filial estadunidense a título de empréstimo internacional. Ela poderá fazê-lo comprando títulos do tesouro direto americano (*T-Bills*) de alguém que aceite receber em real (R$) passando, em seguida, a titularidade desses ativos à filial. Dessa forma, a filial terá como converter esses títulos em moeda estrangeira sem a necessidade de um contrato de câmbio.

É possível definir a ilegalidade de operações BCS diferenciando operações fraudulentas de negócios jurídicos indiretos.

As transações fraudulentas são aquelas que empregam artifícios ilegais para conferir uma aparência de legalidade. Isso deve ser analisado na perspectiva dos arts. 104 e 166 do Código Civil, que dispõem sobre os requisitos de validade do negócio jurídico[18].

Um negócio jurídico indireto tem lugar quando todos os contratos realizados são válidos e eficazes, havendo também intenção das partes de realizar cada um deles. Esses contratos substituirão um outro negócio jurídico. Neste caso, o tipo de transação é totalmente lícito se não houver mandamento legal exigindo que o negócio jurídico seja realizado de determinada forma. A título de exemplo temos as operações de câmbio que têm regulação específica do BCB e de outras normas legais e que não podem ser livremente acordadas pelas partes de forma diversa[19]. As transações como o reembolso internacional de despesas, por outro lado, carecem desse mandamento legal[20] e, portanto, se as partes desejarem se utilizar de negócios jurídicos indiretos (como um BCS), isso seria legal na perspectiva do Conselho de Recursos do Sistema Financeiro Nacional (CRSFN)[21].

---

18   SALAMA, Bruno. Vigência, Punibilidade e Licitude: três questões sobre as operações *Blue Chip Swaps* e o decreto n. 23.258/33. *Revista de Direito Bancário e do Mercado de Capitais,* São Paulo, v. 64, p. 198-209, 2014.
19   Reguladas pelo BCB e pela Lei n. 4595/64, art. 10, inc. IX, *d*.
20   SALAMA, obra citada, *passim*.
21   Uma ressalva: a maioria das decisões judiciais sobre BCS se encontra em segredo de justiça dificultando o trabalho de mapear o entendimento dos tribunais; por outro lado, existem diversas decisões do CRSFN, que serão usadas como parâmetro de determinação do risco em cada hipótese.

Um segundo fundamento para se analisar a analogia entre BCS e as hipóteses citadas é a discussão sobre o termo ativo financeiro. Nas decisões que analisamos, as *T-Bills* – um ativo financeiro – foram utilizadas para operacionalizar o BCS. Por mais que cause estranheza classificar *bitcoins* como ativos financeiros, esse é o entendimento da Receita Federal, razão pela qual adotaremos essa premissa na mensuração do risco.

Dentre as decisões encontradas, o caso paradigmático é o da sentença no processo n. 0000987-59.2004.4.03.6181[22]. O caso tratava de empréstimos e aportes internacionais feitos na Parmalat Participações LTDA. pelo Grupo Parmalat. As operações foram feitas da seguinte maneira: o Grupo Parmalat vendia T-Bills a uma empresa com atuação no Brasil e essa empresa fazia o pagamento (em reais) para a Parmalat Participações LTDA. Dessa forma, evitava-se a intermediação de uma instituição financeira autorizada a atuar com câmbio e também a incidência de impostos (IOF-câmbio), que decorreria da remessa dos dólares para o Brasil, diretamente. Os gestores da empresa Crescente Construtora LTDA., empresa que repassou o dinheiro para a Parmalat Participações LTDA. no Brasil, foram condenados pelo art. 22, *caput*, da Lei n. 7.492/86. Segundo o magistrado, eles transformaram a moeda nacional brasileira em dólares, já que as T-Bills são ativos imediatamente conversíveis em moeda internacional[23]. Além

---

22 TRF3, Apelação Criminal 0000987-59.2004.4.03.6181/SP, Juiz Marcelo Costenaro Cavali, 6ªVara Federal, j. em 17-11-2011.

23 Nesse ponto vale citar trecho da decisão do magistrado Marcelo Costenaro Cavali:"Diversa, contudo, é a conclusão quando se analisam as operações de *blue chip swaps* do ponto de vista das empresas que negociaram os *T-Bills* com a Parmalat Participações LTDA. – Caso da Crescente Construtora LTDA. e, por consequência, do acusado ROBERTO –, haja vista que, em relação a elas (ele), exsurge o propósito de remeter, de forma clandestina – e, portanto, ilegal –, dinheiro para o exterior. Indubitavelmente, o único motivo plausível para as empresas comprarem *T-Bills* da Parmalat Participações LTDA. é a possibilidade de receber, no exterior, o equivalente ao valor negociado em reais no Brasil, fechando, assim, o ilícito esquema de compensação privado de câmbio engendrado por meio das *blue chip swaps*."E ele conclui da seguinte forma:"(ii) já sob o ponto de vista do sócio-gerente da Crescente Construtora LTDA. – o acusado ROBERTO –, a operação

disso, a decisão aponta que a transação visada pelas partes tinha regulação específica quanto à forma pela qual deveria ser realizada.

No que diz respeito ao risco, ele é alto (provável) para a Hipótese 1 (venda em moeda internacional) e para a Hipótese 2 (negócio jurídico). Na primeira, há criação de disponibilidade no exterior por meio de compra de *bitcoins*, com grande semelhança com os casos de BCS, ainda mais se considerarmos que *bitcoin*, na visão da Receita Federal, é um ativo financeiro. Na segunda, há uma analogia quase que perfeita com o que acontece com as BCS: compra-se *bitcoin* para realizar negócio jurídico indireto. Sendo assim, deve-se analisar se o negócio jurídico que se objetiva realizar tem regulação específica e, se a resposta for afirmativa, alto é o risco de que seja enquadrado no art. 22 da Lei n. 7.492/86, *caput*, como feito no caso Parmalat.

Quanto à Hipótese 3 (transferência de receita), deve-se analisar se a remuneração é paga em moeda fiduciária ou em *bitcoins*. Se em moeda fiduciária e a *exchange* utilizá-la para comprar *bitcoins* e, posteriormente, convertê-las no exterior, aplica-se o raciocínio semelhante ao das hipóteses anteriores. Quando a remuneração se der em *bitcoins*, a situação é outra. Isso ocorre já que, em nenhum momento, a operação envolveu moeda fiduciária, sendo impossível classificá-la como uma operação de câmbio (impossibilidade, portanto, de aplicar o *caput*). Ainda que se considere *bitcoin* como divisa, seria possível dizer que elas "estavam" no Brasil e que alguma divisa foi "evadida"? Uma resposta afirmativa se defrontaria com uma série de consistentes obstáculos, dada a natureza virtual e descentralizada das criptomoedas (que nunca "estão" em algum lugar físico). Sendo assim, partindo do raciocínio das BCS para formular uma analogia com a Hipótese 3, quando a remuneração for em *bitcoins*, o risco seria remoto.

---

tem o condão de se enquadrar no delito tipificado no art. 22, *caput*, da Lei n. 7.492/86, porque consubstancia inegável operação de câmbio não autorizada tendente à remessa ilegal de divisas para o exterior, na medida em que realizada à margem do sistema bancário oficial, sem qualquer conhecimento da autoridade monetária" (TRF3, Apelação Criminal 0000987-59.2004.4.03.6181/SP, Juiz Marcelo Costenaro Cavali, 6ª Vara Federal, julgamento em 17-11-2011).

Finalmente, quanto à Hipótese 4 (operação escritural), não é possível enxergar uma analogia tão clara com as BCS e, portanto, não há como concluir acerca do risco a partir das decisões e da doutrina consultadas.

B) Incidência do entendimento aplicado ao dólar-cabo

As operações dólar-cabo funcionam como um sistema de compensação, no qual um indivíduo A, que tem dinheiro no Brasil, transfere-o para a conta brasileira do indivíduo B, que já tem disponibilidades em moeda fiduciária no exterior e as transfere para uma outra conta de A, também no exterior. Assim, nenhum dos valores sai ou entra no Brasil, mas há uma troca de moedas operada via compensação.

Analisamos 3 decisões do STJ, de relatoria do Min. Sebastião Reis Júnior, em sede de Recurso Especial, a fim de verificar a plausibilidade de que o mesmo raciocínio usado para avaliar como criminosas as operações dólar-cabo venha também a ser aplicado em determinadas operações com criptomoedas[24].

As decisões convergem no entendimento de que, por causa do parágrafo único, primeira parte, do art. 22, a configuração do crime de evasão de divisas não exige que a moeda efetivamente "saia" do país, no sentido físico e literal, podendo a saída ocorrer de forma "meramente escritural". A doutrina aponta para o elemento "a qualquer título", presente no tipo penal, como indicador de que não é apenas a operação de câmbio ilegal que enseja evasão de divisas, mas também operações realizadas de outras formas, desde que seu "resultado contábil gere um crédito liquidável no estrangeiro"[25].

Embora essa interpretação apareça em alguns acórdãos, o argumento desenvolvido nos acórdãos referidos é prioritariamente de cunho

---

24   As decisões foram proferidas nos REsps 1.367.650-RS, 1.460.561-PR e 1.501.852-RS, tendo sido também analisado o acórdão da Apelação Criminal que deu origem a este último (TRF4, Apelação Criminal 5008710-63.2010.404.7100/RS, rel. Des. Leandro Paulsen, 8ª Turna, j. em 3-9-2014).

25   SCHMIDT, Andrei Zenkner; FELDENS, Luciano. *O crime de evasão de divisas*: a tutela penal do sistema financeiro nacional na perspectiva da política cambial brasileira. Rio de Janeiro: Lumen Juris, 2006, p. 175.

consequencialista. Nos três, encontramos o seguinte argumento: "Caso o crime fosse restringido à transferência física, apenas seriam penalizadas remessas marginais e fronteiriças, deixando-se à margem da lei vultosas transferências informais realizadas por meio do mercado de câmbio negro".

Com base nisso, concluímos que esse entendimento poderá ser aplicado às Hipóteses 1 (venda em moeda internacional) e 4 (operação escritural), o que implica um risco alto (provável) de questionamento judicial pelas vias penais. Isso porque ambas guardam muita semelhança com o sistema de compensações do dólar-cabo: a moeda fiduciária não chega a sair do país, mas passa para a mão de um terceiro também no mesmo país. Na 1ª hipótese, esse valor, sob a forma de criptomoeda, é então liquidado numa troca no estrangeiro, recebendo-se a quantia em outra moeda (dólares, por exemplo), que também nunca deixou o seu país. Na 4ª, a própria atuação da *exchange*, compensando os valores, apresenta-se como um paralelo perfeito com atuação do doleiro. Nos dois casos, constituiu-se disponibilidade no exterior.

Quanto às Hipóteses 2 (negócio jurídico) e 3 (transferência de receita), o risco é remoto, em relação à aplicação do entendimento do dólar-cabo. Na 2ª hipótese, há uma reprodução quase que exata de uma operação BCS, o que pode indicar um caminho muito mais provável de ser seguido por juízes e tribunais. Na 3ª, considerando os casos em que a *exchange* já recebe os valores em criptomoedas (fruto, por exemplo, das taxas cobradas nas transações feitas por seus usuários) e não em moeda fiduciária, a aproximação com dólar-cabo é frágil, sendo difícil enxergar uma semelhança com o sistema de compensações privadas.

C) Incidência do entendimento aplicado a bens de luxo

A pesquisa jurisprudencial[26] sobre a saída não declarada de bens

---

26 TRF1, AP 0003309-31.2000.41.01.3600 (2000.36.00.003309-6) /MT, rel. Des. Mário César Ribeiro. Revisor Marcus Vinícius Reis Bastos, j. em 18 de outubro de 2010; TRF2, AP 0534558-35.2001.4.02.5101/RJ, rel. André Fontes. Revisora Simone Schreiber, j. em 4 de outubro de 2016.

de luxo (especificamente, pedras preciosas) não retornou um posicionamento conclusivo, que permitisse fazer um raciocínio analógico com as hipóteses aqui tratadas. Mesmo assim, encontramos denúncias que postulavam a aplicação do art. 22, parágrafo único, primeira parte, da Lei n. 7.492/86: a evasão de divisas pela saída física do bem de luxo. Entretanto, o entendimento majoritário é no sentido de que não é possível subsumir a saída de pedras preciosas do Brasil ao crime de evasão de divisas, já que o termo "divisas" deve ser interpretado restritivamente.

O ponto principal de debate, como se vê, está relacionado à interpretação do termo divisas. Nas denúncias, sustenta-se que os bens de luxo devem ser entendidos como divisas por uma interpretação teleológica da norma (proteger a política cambial), uma vez que estes objetos seriam altamente liquidáveis no exterior, de modo que a sua evasão deveria ser considerada crime. Esse entendimento, contudo, não tem sido acolhido pelos Tribunais, que consideram que o conceito de divisa deve ter interpretação restritiva e que somente se subsumem a essa categoria os ativos que podem ser imediatamente liquidados, como os títulos de crédito, cheques e ouro como instrumento financeiro. Em outras palavras: para a incidência da norma penal deve-se evadir exclusivamente moeda ou divisa ou ativo a elas equiparadas, não qualquer ativo que possa vir a ser divisa. O termo divisa deve ser entendido, portanto, como disponibilidades internacionais que um país ou um particular possui em moedas estrangeiras obtidas a partir de um negócio jurídico que lhe dá origem. Logo, não se enquadram nesse conceito as pedras preciosas, as joias, as obras de arte e as mercadorias em geral.

Aplicando essa mesma lógica aos casos aqui examinados, não conseguimos chegar a uma conclusão plausível sobre o risco a partir de um raciocínio analógico. Nos casos analisados, os magistrados se prenderam ao conceito de "divisas", sendo que *bitcoins* não o são. Tanto as denúncias quanto as decisões acabaram não discutindo se os bens de luxo seriam instrumentos (meio) para a prática do crime tipificado no art. 22 da Lei n. 7.492/86. De qualquer forma, o exame permitiu ao menos esclarecer que *bitcoins* não podem ser considerados, por si sós, como divisas.

6. Conclusão

Em apertada síntese, a Hipótese 1 guarda relevante semelhança com os casos de BCS e dólar-cabo, implicando um risco provável de ser subsumida à figura da evasão de divisas. A conduta da Hipótese 2 guarda uma semelhança quase perfeita com as BCS sendo, por isso, igualmente provável que seja vista como conduta criminosa. Para a Hipótese 3, quando a remuneração da *exchange* se der em moeda fiduciária, avaliou-se risco provável pela comparação com BCS; já no caso de remuneração por taxas expressas na própria criptomoeda, à primeira vista, qualificou-se o risco como remoto. Entretanto, em virtude de as conversas com autoridades revelarem um ar de incerteza quanto à sua legalidade, esse segundo caso também foi avaliado como de risco provável. Por fim, o mesmo destino coube à Hipótese 4, aqui em virtude de sua similaridade com as operações de dólar-cabo.

O fato de todas as hipóteses serem classificadas como risco provável se deve, em grande medida, às incertezas regulatórias e à falta de pontos de apoio seguros na jurisprudência e na doutrina, o que está a demonstrar, como produto colateral deste estudo, a importância da regulação para fomentar a inovação com responsabilidade.

7. Referências bibliográficas

BLOCKCHAIN. Bitcoin Explorer: blocos. Disponível em: https://www.blockchain.com/btc/blocks?page=1. Acesso em: 1º out. 2020.

BRASIL. Lei n. 4.595, de 31 de dezembro de 1964. Dispõe sobre a Política e as Instituições Monetárias, Bancárias e Creditícias, Cria o Conselho Monetário Nacional e dá outras providências. Disponível em: http://www.planalto.gov.br/ccivil_03/leis/l4595.htm. Acesso em: 1º out. 2020.

BRASIL. Tribunal Regional Federal (1ª região). APR 0003309-31.2000.4.01.3600 (2000.36.00.003309-6)/MT, Relator: Des. Mário César Ribeiro. Revisor: Marcus Vinícius Reis Bastos, Data de Julgamento: 18/10/2010, 4ª Turma, Data de publicação: 27-10-2010.

BRASIL. Tribunal Regional Federal (2ª região). APR 0534558-35.2001.4.02.5101/RJ, Relator: André Fontes. Revisora: Simone Schreiber, Data de Julgamento: 4-10-2016, 2ª Turma Especializada.

BRASIL. Tribunal Regional Federal (3ª região). ACR 0000987-59.2004.4.03.6181/SP, Relator: Desembargador Federal Nino Toldo, Data de Julgamento: 17-10-2019, Quarta Seção, Data de Publicação: 8-11-2019.

BRASIL. Tribunal Regional Federal (4ª região). ACR 5008710-63.2010.404.7100/RS, Relator: Des. Leandro Paulsen, 8ªTurma, Data de Julgamento: 3-9-2014.

COMISSÃO DE VALORES MOBILIÁRIOS (CVM). Ofício Circular nº 1/2018. Disponível em: http://www.cvm.gov.br/export/sites/cvm/legislacao/oficios-circulares/sin/anexos/oc-sin-0118.pdf. Acesso em: 1º out. 2020.

COMISSÃO DE VALORES MOBILIÁRIOS (CVM). Supervisão Baseada em Risco: Relatório Semestral Julho – Dezembro 2017. Disponível em: http://www.cvm.gov.br/export/sites/cvm/menu/acesso_infor macao/planos/sbr/Relatorio_Semestral_julhodezembro_2017.pdf., p. 149. Acesso em: 1º out. 2020.

GDPEE – GRUPO DE DIREITO PENAL ECONÔMICO E DA EMPRESA. Regulando Criptoativos. Disponível em: https://www.gdpee.com.br/regulando-criptoativos. Acesso em: 1º out. 2020.

MERCADO BITCOIN. Termos de uso. Disponível em: https://www.mercadobitcoin.com.br/termo. Acesso em: 1º out. 2020.

RECEITA FEDERAL DO BRASIL. Imposto sobre a renda – Pessoa Física: Perguntas e Respostas, Exercício de 2019, Ano-calendário de 2018. P. 183. Disponível em: http://receita.economia.gov.br/inter face/cidadao/irpf/2019/perguntao/perguntas-e-respostas-irpf-2019.pdf. Acesso em: 1º out. 2020.

SALAMA, Bruno. *Vigência, Punibilidade e Licitude*: três questões sobre as operações Blue Chip Swaps e o decreto n. 23.258/33. Revista de Direito Bancário e do Mercado de Capitais, São Paulo, v. 64, p. 198-209, 2014.

SALAMA, obra citada, passim.

SCHMIDT, Andrei Zenkner; FELDENS, Luciano. *O crime de evasão de divisas*: a tutela penal do sistema financeiro nacional na perspectiva da política cambial brasileira. Rio de Janeiro: Lumen Juris, 2006, p. 175.

10.

A "mescla" no crime de lavagem de dinheiro em conta bancária sob a luz do direito alemão. Um debate necessário no Brasil

Luís Henrique Machado[1]

No âmbito da Operação Lava Jato, entrou em cena a "mescla" como modalidade de lavagem de dinheiro, no que diz respeito às doações eleitorais realizadas por empresas privadas aos partidos políticos.

A tese defendida pela Procuradoria-Geral da República apoia-se no argumento de que a partir do momento que o valor doado – supostamente ilícito, oriundo de eventual crime de corrupção passiva perpetrado – ingressa na conta do Diretório Nacional ou do Comitê Financeiro Estadual do partido, os ativos lícitos e ilícitos se misturariam, formando um capital inteiramente maculado, isto é, proveniente do crime antecedente.

O *nomen juris* adotado pelo *Parquet* tem sua origem no direito

---

1 Pós-graduado pela Fundação Escola do Ministério Público do Distrito Federal e Territórios; English Legal Methods pela Universidade de Cambridge, Inglaterra; Grundkenntnisse im deutschen Recht e LL.M pela Universidade Humboldt de Berlim; atualmente é doutorando pela Universidade Humboldt de Berlim. Advogado sócio do escritório Machado Ramos & Von Glehn, Brasília-DF.

anglo-saxão. O "commingling" ("mescla")² encontra-se ainda em estágio incipiente no Brasil. A escassez literária e a falta de aprofundamento teórico sobre o tema é sem dúvida um desafio a ser superado pela defesa ao se deparar com denúncias que simplesmente alegam que a mescla de capital "sujo" com o "limpo" enseja automaticamente a mistura, acarretando em crime de lavagem de dinheiro, em virtude da dissimulação do ativo.

Todavia, não se pode partir de uma premissa única. A problemática não pode ser abordada pela metade, sendo necessário um passo adiante, ampliando o objeto do debate. Para tanto, a pergunta que se faz é saber se o ativo supostamente ilícito ao ingressar na conta chegou a contaminar ou não os valores lícitos ali já existentes. Desse modo, poder-se-ia entender pela dissimulação de todo o capital constante na conta pelo simples fato do ativo "sujo" ter ingressado na conta bancária do acusado? Isto é, seria correto considerar a maculação da globalidade do capital formado?

Na Alemanha, o tema vem sendo desenvolvido com a densidade acadêmica necessária desde o início da década de 1990. Por lá, prosperam basicamente duas grandes teses, especificamente sobre a "mistura do dinheiro em conta" (Vermengung Giralgeld von).

A primeira corrente defende a "contaminação total" ("Totalkontamination"). Conforme explica o advogado Sven Hufnagel, ela se baseia no seguinte princípio"[...] que qualquer contaminação parcial conduziria à contaminação total. Baseando-se numa tal opinião bastaria depositar um único Euro sujo na conta corrente para macular milhões de Euros, assim como basta uma gota de óleo para contaminar milhares de litros de água"³.

---

2   "Mescla ou commingling. É a mistura de ativos de origem ilícita com ativos de origem lícita". Dallagnol, Deltan Martinazzo. *Lavagem de dinheiro*: Prevenção e Controle Penal, Org., Carla Veríssimo De Carli, 2. ed., Porto Alegre, Tipologias de Lavagem, p. 385.

3   [...] daß jede Teilkontamination zur Gesamtkontamination fürht. Bei Zugrundelegung einer solchen Auffassung würde letztlich bereits die Einzahlung auch nu reines einzigen schmutzigen Geld auf das Girokonto zur einer Verschmutzung in Millionenhöhe führen können, ähnlich wie ein

Tecnicamente, explica o advogado Felix Ruhmannseder: "de acordo com a doutrina da contaminação total, o objeto parcialmente contaminado, do contrário, provém completamente do crime antecedente"[4].

Exemplificando, elucida a questão o promotor de Munique, Reinhard Glaser: "sobre um saldo legal de € 7.000 foram depositados [mais] € 3.000 de origem ilícita. Do total da conta de € 10.000 foram transferidos € 6.000 para um advogado [...]. Levando em consideração o exemplo segundo a doutrina da "total contaminação", isto é, sob a premissa de que a totalidade do objeto (toda a parte dele) está apto à lavagem, comete assim o advogado de má-fé por meio de recebimento do valor de € 6.000 lavagem de dinheiro, tendo em vista que os € 6.000 provém do delito antecedente"[5].

Consoante delineado, a doutrina da "contaminação total" (Totalkontamination) é clara no sentido de que o ativo estaria todo maculado. A aplicação da corrente sofre, no entanto, restrições na Alemanha.

Rejeitando a aplicação da teoria, os professores Cornelius Nestler, da Universidade de Colônia, e Felix Herzog, da Universidade de

---

Tropfen Öl Tausend liter unseres Grundwassers verseucht". Hufnagel, Sven: *Der Strafverteidiger unter dem Generalverdacht der Geldwäsche gemäß § 261 StGB – eine rechtsvergleichende Darstellung (Deutschland, Österreich, Schweiz und USA)*, Tenea Verlag, Berlin, 2004, p. 121. (tradução livre)

4   "Nach der Lehre von der Totalkontamination rührt der teilkontaminierte Gegenstand hingegen vollständig aus der Vortat her". Ruhmannseder, Felix: StGB § 261 Geldwäsche; Verschleierung unrechtmäßig erlangter Vermögenswerte. Beck'scher Online Kommentar StGB, v. Heintschel--Heinegg 33. Edition. Stand: 1º-12-2016, Rn. 11. (tradução livre)

5   "Auf einen "legalen" Habensaldo von 7,000 € werden 3.000 € bemakeltes Geld eingezahlt. Werden 6.000 aus dem Gesamtsaldo von € 10.000 € da einen Anwalt als Honorar überwiesen [...]. Betrachtet man das Beispiel anhand der Totalkontamination, d.h. unter der Prämisse, dass der Gesamtgegenstand insgesamt (jeder Teil von ihm) geldwäschetauglich ist, begeht der bösgläubige Anwalt durch die Anhahme der 6.000 € eine Geldwäsche, da die 6.000 € aus der Vortat herrühren". Glaser, Reinhard: *Geldwäsche (§ 261 StGB) durch Rechtsanwälte und Steuerberater bei der Honorarannahme*, Herbert Utz Verlag Verlag, München, 2009, p. 24. (tradução livre).

Bremen, asseveram: "ela conduziria quase a uma proibição total sobre os ativos da pessoa referente a qualquer ativo adquirido de um crime antecedente e esta mácula continuaria até o "infinito"[6].

Em clássica passagem, o Professor Stephan Barton da Universidade de Bielefeld, ainda no ano de 1993, exemplificou a contaminação *ad infinitum* do bem originário, sob a luz da "teoria da equivalência dos antecedentes causais" (Äquivalenztheorie), a saber: "um criminoso obtém 1000 Marcos em virtude de negócio com o tráfico de drogas. Com esse valor, ele negocia um objeto, no sentido do § 261, I, Nr. 2, do Código Penal (StGB). O criminoso mistura esse dinheiro com o resto do dinheiro em espécie (não maculado) que possui. Esse novo valor seria também visto como proveniente do tráfico de drogas, tendo em vista que os 1000 Marcos foram incluídos nele. O criminoso, então, compra um automóvel (no valor de 100.000 Marcos), onde ele insere 10.000 Marcos. O novo objeto (o carro) provém em todo caso do crime, porque uma parte do preço da compra foi incluída [oriunda de dinheiro sujo]. Após algum tempo, o criminoso vende este automóvel por 50.000 Marcos. Tanto o automóvel, bem como os 10.000 Marcos, estão agora a ser considerados como objetos que decorrem dos crimes enumerados no catálogo [de delitos antecedentes], uma vez que os 1000 Marcos não podem ser ignorados do pensamento [da cadeia causal] [...]. Depois de muito tempo, o novo adquirente do veículo o revende, após se tornar inutilizável, para um "negociante de ferro velho" por 50 Marcos: tanto a sucata [vendida] como também os 50 Marcos seriam, de agora em diante, considerados objetos oriundos do tráfico de drogas"[7].

---

6   "Sie führt praktisch zu einer vollkommenen Sperre für das Vermögen desjenigen, der irgendeinen Vermögenswert aus einer Vortat erworben hat, und dieser Makel würde sich bis ins „Unendliche" fortsetzen". Nestler; Herzog: StGB § 261 StGB – Geldwäsche; Verschleierung unrechtmäßig erlangter Vermögenswerte, Geldwäschegesetz 2. Aufl. 2014, Rn. 68. (tradução livre)

7   "Ein Täter hat 1000 DM aus dem Handel mit Betäubungsmitteln erlangt. Bei diesem Geld handelt es sich um einen Gegenstand i. S. von § 261 I Nr. 2 StGB. Der Täter vermengt dieses Geld mit seinem übrigen (nicht bemakelten) Bargeld. Es entsteht insgesamt ein Betrag von 10000 DM. Dieser neue Gegenstand wäre ebenfalls als aus dem Drogenhandel herrührend

Abre-se um parêntese, aqui, para relembrar, no que tange ao tema "relação de causalidade", que a teoria da equivalência dos antecedentes considera causa toda a ação sem a qual o resultado não se teria ocorrido. Em suma, tudo o que contribui, em concreto, para o resultado, é causa[8].

Na Alemanha, o Código Penal confiou a solução referente à causalidade tanto à doutrina como à jurisprudência. Em ambos, a posição majoritária se inclina para o acolhimento da teoria dos equivalentes causais, amparando-se no fundamento sedimentado da "supressão mental do pensamento ou do juízo hipotético de eliminação" ("hinwegdenkens"), consoante o conceito explicado no parágrafo anterior[9].

Portanto, de acordo com a lei penal alemã, a aplicação da teoria da "contaminação total" (Totalkontamination) encontra dificuldades de aplicação. Não por acaso, Stephan Barton quando enfrentou o problema, abordou a controvérsia sob a perspectiva da "teoria da imputação objetiva" (Theorie der objektiven Zurechnung)[10].

---

anzusehen, da in ihn die 1000 DM eingegangen sind. Der Täter kauft ein Kraftfahrzeug (Kaufpreis 100000 DM), wobei er die 10000 DM anzahlt. Der neue Gegenstand (das Kfz) rührt ebenfalls aus der Straftat her, weil ein Teil des Kaufpreises damit entrichtet worden ist. Der Täter verkauft diesen Wagen (nach gewisser Zeit) für 50000 DM. Sowohl das Kfz wie auch die 50000 DM sind nunmehr als Gegenstände anzusehen, die aus der Katalogvortat stammen, da die ursprünglichen 1000 DM nicht hinweggedacht werden können, ohne daß die jeweils nachfolgenden Transaktionen und damit auch die 3. Transformation entfielen. Der neue Käufer fährt das Auto eine längere Zeit und verkauft es, nachdem es unbrauchbar geworden ist, an einen Schrotthändler für 50 DM: Sowohl der Schrott als auch die 50 DM wären nunmehr jeweils als Gegenstände anzusehen, die aus dem Drogenhandel stammen". Barton: *Das Tatobjekt der Geldwäsche*: Wann rührt ein Gegenstand aus einer der im Katalog des § 261 I Nr. 1-3 StGB bezeichneten Straftaten her?, NStZ 1993, 159, p. 5 e 6. (tradução livre)

8 Rengier, StrafR AT, 5. Auflage München 2013, § 13 Rdn. 3; Wessels/Beulke/Satzger, StrafR AT, 43. Auflage Heidelberg 2013, Rn. 156; MüKo-BGB/Oetker, Band 2, 6. Auflage München 2012, § 249 Rn. 103.
9 Wessels/Beulke/Satzger, StrafR AT, 43. Auflage Heidelberg 2013, Rn. 156.
10 Barton: *Das Tatobjekt der Geldwäsche*: Wann rührt ein Gegenstand aus einer der im Katalog des § 261 I Nr. 1-3 StGB bezeichneten Straftaten her?, NStZ 1993, 159, ss.

Não somente pela equivalência dos antecedentes procedem as críticas na Alemanha em relação à teoria da "contaminação total" (Totalkontamination), mas, também, leva-se em consideração os princípios da proporcionalidade (Verhältnismäßigkeitsgrundsatz) ou da proibição de excesso (Übermaßverbot), da culpababilidade (Schuldgrundsatz[11]) e da taxatividade (Bestimmheitsgrundsatz[12] – *nulla poena sine lege certa*)[13].

---

11 Com fundamento em inúmeros precedentes da Corte Constitucional alemã, o Professor Wolfgang Frisch da Universidade Freiburg descreve o princípio culpabilidade em seu artigo "Princípios da Culpabilidade e da Proporcionalidade", *ex vi*: "O conteúdo do "princípio da culpa" sentencia, por um lado, que "não existe pena sem culpa", o qual, por sua vez, resulta da dignidade da pessoa humana e do princípio do Estado de direito (da ideia da justiça). Por outro lado, vige a máxima que "a dimensão da pena não deve exceder a medida" (proibição de ultrapassar a culpa), apoiando-se nas mesmas raízes constitucionais". ("Inhalt des Schuldprinzips ist zum einen der – aus der Menschenwürde und dem Rechtsstaatsprinzip (der Idee der Gerechtigkeit) abgeleitete – Satz „keine Strafe ohne Schuld"5. Es ist zweitens der auf dieselben verfassungskräftigen Wurzeln gestützte Satz „keine Strafe über das Maß der Schuld hinaus" (Schuldüberschreitungsverbot)". Frisch: *Schuldgrundsatz und Verhältnismäßigkeitsgrun*, NStZ 2013, 249, p.2. (tradução livre)

12 A Corte Constitucional alemã, quanto ao princípio da taxatividade já decidiu: "O art. 103, al. 2 da Lei Fundamental obriga o legislador a descrever os requisitos de punibilidade, o modo e a medida da pena com a concretude necessária que o destinatário da norma possa prever, com base no tipo penal, se um [determinado] comportamento é punível ou não (BVerfGE 47, 109). Esta obrigação tem dois objetivos: o cidadão – como destinatário da norma – deve estar em condições de prever se um determinado comportamento é proibido e punível. Simultaneamente, deve ser garantido ao legislador que é ele quem decide sobre a punibilidade de um determinado comportamento e não o Poder Executivo (BVerfGE 47, 109 <120>; 73, 206 <234>). [...] O legislador tem que determinar as premissas da punibilidade tanto mais exato e tanto mais preciso quanto mais severa for a pena prevista". ("Art. 103 Abs. 2 GG verpflichtet den Gesetzgeber, die Voraussetzungen der Strafbarkeit und die Art und das Maß der Strafe so konkret zu umschreiben, dass der Normadressat anhand des gesetzlichen Tatbestands voraussehen kann, ob ein Verhalten strafbar ist (BVerfGE 47, 109). Diese Verpflichtung dient einem doppelten Zweck: Der Bürger als Normadressat soll vorhersehen können, welches Verhalten verboten und mit Strafe bedroht ist. Zugleich soll aber auch sichergestellt werden, dass der Gesetzgeber und nicht die Exekutive über die Strafbarkeit eines bes-

Quanto à proporcionalidade e à proibição de excesso, a crítica é evidente, tendo em vista que uma parcela menor ilícita poderia macular um capital majoritariamente formado por ativos lícitos[14].

Disso decorreria um problema lógico, pois, em um curto espaço de tempo, todos os bens referentes à vida econômica estariam também maculados, por estarem em linha de desdobramento, violando, assim, o princípio da proporcionalidade[15-16].

---

timmten Verhaltens entscheidet (BVerfGE 47, 109 <120>; 73, 206 <234>). Der Gesetzgeber muss die Strafbarkeitsvoraussetzungen umso genauer festlegen und umso präziser bestimmen, je schwerer die angedrohte Strafe ist"). BVerfG, Beschluss der 3. Kammer des Zweiten Senats vom 21. August 2001 – 2 BvR 1941/00 – Rn. (3-5). (tradução livre)

13 Jahn, Matthias em Satzger, Schluckbier, Widmaier: Strafgesetzbuch, Kommentar, 3. Auflage, Carl Heymanns Verlag, Köln, 2016, p. 1666. (tradução livre)

14 "Contra a proibição constitucional de proibição de excesso violam os pontos de vista que explicam que na menor "infecção" de um crédito bancário por meio de dinheiro maculado, todo o valor do crédito está apto para a lavagem de dinheiro." ("Gegen das verfassunsrechtliche Übermaßverbot verstoßen die Ansichten, die bereits bei der geringsten "Infizierung" eines Bankguthabens durch bemalketes Geld den gesamten Guthabenbetrag für geldwäschetauglich erklären"). Sommer, Ulrich em Leipold, Klaus; Tsambikakis; Zöller, Mark: Anwaltskommentar, 2. Auflage, C.F. Müller, p. 1933. (tradução livre)

15 "Caso contrário, quase todos os ativos da vida econômica seriam provenientes de um delito antecedente dentro de um curto espaço de tempo no sentido da Seção 1, Alínea 2 [§ 261 do Código Penal], o que estaria em contradição com o princípio constitucional da proporcionalidade". "Ansonsten würde binnen Kurzem nahezu jeder Vermögensgegenstand des Wirtschaftlichtslebens aus einer Vortat i.s.v. Abs 1 S. herrühren, was dem verfassungsrechtlichen Prinzip der Verhältnismäßigkeit widerspräche". Jahn, Matthias em Satzger, Schluckbier, Widmaier: Strafgesetzbuch, Kommentar, 3. Auflage, Carl Heymanns Verlag, Köln, 2016, p. 1667."[…] igualmente tem que se evitar, no entanto, a uma ilimitada extensão da contaminação, a qual conduziria a maculação de toda circulação econômica". ("Gleichzeitig muss aber eine uferlose Ausdehnung der Kontamination, die zur Bemakelung des ganzen Wirtschaftsverlaufs führen würde, vermieden werden"). Petropoulos, Vasileios: Der Zusammenhang von Vortat und Gegenstand in § 261 StGB – Die Problematik der sog. Teilkontamination des Gegenstands – Zeitschrift für Wirschafts – und Steuerstrafrecht, Wistra, 26. Jahrgang, Heft 7, 13 Juli 2007, p. 244. (tradução livre)

A partir do princípio da proporcionalidade, deflagra-se, outrossim, a violação do princípio da culpabilidade. Em seu livro "O direito penal ante os limites dos direito fundamentais", (Strafrecht vor den Schranken der Grundrechte), o Professor da Universidade de Salzburgo, Otto Lagodny, descreve e menciona os diversos precedentes da Corte Constitucional alemã no que diz respeito à limitação dos efeitos da pena no que toca aos princípios da culpabilidade e da proibição de excesso, a saber: "A Corte partiu da tese que o princípio da culpabilidade é idêntico aos "efeitos que limitam a pena imanentes do princípio constitucional de proibição de excesso" e que o mandamento é, "em parte, manifestação do princípio da proporcionalidade". [...] O Tribunal (nas decisões: BVerfGE 73,206,253; 50,205, 215; 50, 125, 133) vê a identidade do princípio da culpabilidade e da proibição de excesso, porque ambos formulam [expressivamente] os limites da pena" (nota de rodapé 98)[17].

Nessa quadra, a aplicação da teoria da "contaminação total" (Totalkontamination) poderia gerar graves problemas em fase de "dosimetria" (Strafzumessung), tomando a parte lícita como ilícita, o que violaria o princípio da culpabilidade bem como o da proporcionalidade.

16 Sob o ponto de vista da materialidade, referente ao aspecto causal, todos que se encontrassem na cadeia de desdobramento responderiam pela lavagem. Contudo, no que tange à autoria, resta evidente que terceiros de boa-fé estariam resguardados, não sendo responsabilizados pelo crime de lavagem de dinheiro. O próprio Código Penal alemão faz ressalva expressa no § 261, Abs. 6 sobre a responsabilidade de indivíduos que adquiriram, guardaram ou receberam bens de boa-fé.
17 "Das Gericht ging dabei von von der These aus, daß sich das Schuldprinzip "in seinen die Strafe begrenden Auswirkungen mit dem Verfassungsgrundsatz des Übermaßverbots" deckt daß das Gebot "teilweise Ausprägung des Verhältnismäßigkeitsprinzips ist.[...] BVerfGE (73, 206, 253; 50, 205, 215; 50, 125, 133) sieht das Gericht die Deckung von Schuldgrundsatz und Übermaßverbot darin, daß es die oben angeführten Strafandrohungs schranken ausformuliert" (Fußnote 98). Lagodny, Otto: Strafrecht vor den Schranken der Grundrechte – Die Ermächtigung zum strafrechtlichen Vorwurf im Lichte der Grundrechtsdogmatik dargestellt am Beispiel der Vorfeldkriminalisierung, J.C.B. Mohr (Paul Siebeck) Tübingen, 1966, p. 66. (tradução livre)

Por outro lado, não por outra razão, a doutrina alemã adverte que, eleita a corrente da "contaminação parcial" (Teilkontamination), deve-se considerar somente o valor maculado para fins de dosimetria de pena[18].

Em virtude de uma possibilidade de uma interpretação enlastecida do tipo penal, a doutrina alemã, tendo em vista o princípio da taxatividade (Bestimmheitsgrundsatz – *nulla poena sine lege* certa), passou a flexibilizar a aplicação da corrente da "contaminação total", utilizando uma espécie de "cota de maculação" (Makelquote), por meio de redução teleológica (teleologische Reduktion)[19] quanto à interpretação do tipo, passando o problema a ser analisado sobre o percentual lícito da composição do bem.

A propósito, os professores Cornelius Nestler e Felix Herzog criticam no sentido de que "vai extremamente longe a corrente que recusa a existência de qualquer valor limite para a parcela ilegal que pode conduzir à contaminação total do objeto através da sua "infecção", de modo que se [deve] negar a contaminação [na maioria dos casos] quando a parcela ilegal introduzida no objeto for inferior a um determinado limite mínimo ou inferior à "cota de maculação"[20].

Os critérios propostos em percentagem não deixam dúvidas. Se a parte maculada superar o índice limite, todo o montante estará contaminado. No entanto, se o valor ilícito for inferior à cota proposta, não será considerado como procedente de uma infração penal prévia, isto é, inocorrendo o crime de lavagem de dinheiro.

---

18 "Zusätzlich ist bei einer Teilkontamination (Rdn. 40) die Wertigkeit der Bemakelung zu berücksichtigen". (Adicionalmente, pela contaminação parcial deve ser considerado o valor da maculação". Parágrafo sobre dosimetria da pena. Jahn, Matthias em Satzger, Schluckbier, Widmaier: Strafgesetzbuch, Kommentar, 3. Auflage, Carl Heymanns Verlag, Köln, 2016der tat, p. 1683 e 1684. (tradução livre)

19 Salditt, Franz: Der Tatbestand der Geldwäsche, Arbeitsgemeinschaft Strafrecht des Deutschen AnwaltsVereins – Strafverteidiger – Forum, 4/92, p. 135.

20 Nestler; Herzog: StGB § 261 StGB: Geldwäsche; Verschleierung unrechtsmäßig erlangter Vermögenswerte, Geldwäschegesetz 2. Aufl. 2014, Rn. 68.

Em outro exemplo, ilustra a questão o promotor Reinhard Glaser:"tome, por exemplo, 25% de cota e deposite € 1.000 ilegais sobre uma conta de € 9.000 legais, seria assim o saldo total de € 10.000 inaptos para a lavagem, em razão de não superar a cota mínima. Se o saldo total de € 10.000 for transferido a título de honorários a um advogado, não há punição por lavagem de dinheiro [...]"[21].

Na doutrina, esclarecem os professores de Colônia e de Bremen que esta "cota de maculação" varia de autor para autor. A doutrina propõe um limite mínimo de 1% (Wessels/Hillenkamp, BT 2, Rn. 901), de 5% (Barton NStZ 1993, 159, 163), de 25% (Leip, p. 109; Leip/ Hardtke wistra 1997, 281, 283) e de mais de 50% (Salditt StraFo 1992, 121, 124) ou uma posição que pondera que meios incriminados não "têm importância"em relação aos legais, (Schönke/Schröder28/Stree/ Hecker, StGB, § 261, Rn. 10; analogamente ver Burr, 1995, S. 78; em exposição minuciosa conferir Bischofberger, p. 140 e s.)[22].

Como visto, existe parcela expressiva da doutrina que advoga a tese superior a 50%, independente de uma porcentagem determinada, como é o caso da obra dos ex-professores Adolf Schönke e Horst Schröder, da Universidade de Freiburg e de Tübingen, respectivamente. (Nesse sentido: SK-StGB8/Hoyer, § 216, Rn 14; Burr, 1995, p. 76; Salditt StraFo 1992, 121, 124; Vest, FS Schmid, 2001, S. 417, S. 433 in Fn. 49; Ambos JZ 2002, 70, 71)[23].

---

21   "Nimmt man z.b. 25% Mindestquote für eine an und werden 1.000 € bemakeltes Geld auf ein Konto mit"legalen"9.000 € einbezahlt, wäre der Gesamtkonto von 10.000 € nicht geldwäschetauglich, wegen Unterschreitung der Mindestquote. Wird der Gesamtsaldo von 10.000 € an einem Anwalt als Honorar überwiesen, besteht keine Geldwäschestrafbarkeit [...]". Glaser, Reinhard: *Geldwäsche (§ 261 StGB) durch Rechtsanwälte und Steuerberater bei der Honorarannahme*, Herbert Utz Verlag Verlag, München, 2009, p. 23. (tradução livre)
22   Nestler; Herzog: StGB § 261 StGB – Geldwäsche; Verschleierung unrechtsmäßig erlangter Vermögenswerte, Geldwäschegesetz 2. Aufl. 2014, Rn. 68. (tradução livre)
23   Nestler; Herzog: StGB § 261 StGB – Geldwäsche; Verschleierung unrechtsmäßig erlangter Vermögenswerte, Geldwäschegesetz 2. Aufl. 2014, Rn. 69. (tradução livre)

Defende-se que, se a parcela ilícita não superar a lícita, a contaminação está descaracterizada, *ex vi:*"problemas adicionais resultam em consequência da mescla de valores maculados com os limpos, por exemplo, através de depósitos criminosos em conta [misturando] com o dinheiro adquirido honestamente. Excedendo as transferências desta conta em relação à parte legal do montante do saldo, provém então o valor adquirido do crime antecedente. Do contrário, permanecendo a transferência do dinheiro ilícito aquém do crescimento do montante lícito, assim não pode o valor adquirido configurar o objeto do crime do § 261"[24].

No mesmo sentido, atentando-se sobre o viés econômico da ação, lecionam os professores Nestler e Herzog:"um objeto legal não "provém" de um delito porque é maculado de qualquer forma; só provém de um delito, quando – sob uma ótica econômica – a parte maculada tiver maior valor do que a parte legal"[25].

Num segundo momento, ambos os professores, após afastarem a tese da"contaminação total", passam a criticar especificamente as "cotas de maculação"pré-estabelecidas (1%, 5%, etc.), argumentando que "todas as abordagens que exigem, pelo menos, um limite

---

[24] "Weitere Probleme ergeben sich infolge Vermischung von schmutzigen Werten mit sauberen, zB bei Einzahlung inkriminierter Gelder auf ein Bankkonto mit redlich erworbenem Geld. Übersteigen Überweisungen von diesem Konto den Anteil des legalen Guthabenanteils, so rührt das hierfür Erlangte aus der Vortat her. Bleibt die Überweisung dagegen unterhalb des Zuwachses an schmutzigem Geld, so lässt sich das Erworbene nicht den Tatobjekten des § 261 zuordnen". (Burr aaO 76 f., Gentzik aaO 120, SSW-Jahn 31, Maiwald Hirsch-FS 631 f., Salditt, StV-Forum 92, 124, Schröder/Textor 18; and. Altenhain NK 75, Bischofberger aaO 158, Leip/ Hardtke wistra 97, 284, Neuheuser MK 55; zum Problem vgl. auch Bauer Maiwald-FS 133 ff.). Schönke/Schröder/Hecker/Stree, 29. Aufl. 2014, StGB § 261 Rn. 10. (tradução livre)

[25] "Ein legaler Gegenstand „rührt" nicht aus einer Straftat her, weil er irgendwie bemakelt ist, sondern nur dann, wenn bei wirtschaftlicher Betrachtungsweise die Bemakelung wertmäßig größer ist als der legale Anteil". Nestler; Herzog: StGB § 261 StGB – Geldwäsche;Verschleierung unrechtsmäßig erlangterVermögenswerte, Geldwäschegesetz 2. Aufl. 2014, Rn. 71. (tradução livre)

mínimo são arbitrárias e incompatíveis com o princípio da taxatividade do tipo legal (Voß, p. 52; Michalke, FS DAV, 2009, p. 348, 354 e s.). Isso fica muito claro analisando as exigências subjetivas do tipo: o criminoso potencial [que lava dinheiro] não só deveria conhecer o montante do "produto" do delito antecedente, mas também deveria conhecer a cota de maculação com que [este] produto do delito antecedente está contido no [objeto] substituto (Michalke, FS DAV, 2009, p. 356). [...] a afirmação do provir [do delito antecedente] só seria constitucional, quando muito, se a parte concreta do valor do objeto estiver preponderantemente contaminada"[26].

Definindo o pensamento da corrente, a qual apregoa que, se a parcela ilícita não for superior à lícita, a contaminação está desfigurada, o ex-juiz Thomas Fischer, do "Bundesgerichtshof"[27], em seu manual de direito penal, resume: "quando se trata da contaminação parcial dos valores de bens econômicos, estes, conforme uma opinião defendida por uma parte da doutrina, provém de delitos antecedentes, se "muito preponderantemente" provenientes dos ganhos desses mesmos delitos [dos crimes antecedentes]"[28].

---

26 "Alle Ansätze, die zumindest auf Mindestgrenzen abstellen, sind willkürlich und mit dem Grundsatz der Bestimmtheit des Tatbestandes unvereinbar (Voß, S. 52; Michalke, FS DAV, 2009, S. 348, 354ff.). Besonders deutlich wird dies bei den Anforderungen an den subjektiven Tatbestand: Der potentielle Geldwäscher müsste nicht nur die Höhe des Vortatenerlöses kennen, sondern auch noch die Makelquote, mit der der Vortatenerlös im Surrogat enthalten ist (Michalke, FS DAV, 2009, S. 356). [...] dann ist es allenfalls noch verfassungskonform, ein Herrühren nur dann zu bejahen, wenn der konkrete (Teil-) Gegenstand in seinem überwiegenden Wert kontaminiert ist". Nestler; Herzog: StGB § 261 StGB – Geldwäsche; Verschleierung unrechtmäßig erlangter Vermögenswerte, Geldwäschegesetz 2. Aufl. 2014, Rn. 71. (tradução livre)

27 Tribunal equivalente ao Superior Tribunal de Justiça no Brasil.

28 "Bei wertmäßigen Teil-Kontamination von Wirtschaftsgütern sollen diese nach teilweise vertretener Ansicht insgesamt aus Vortaten herrühren, wenn sie "weit überwiegend" aus Vortat-Erlösen stammen". Fischer, Thomas: *Strafgesetzbuch 60*. Auflage, C.H. Beck Verlag, München, 2013, p.1826. (tradução livre)

Por outro lado, a corrente majoritária[29] se posiciona a favor da teoria da "contaminação parcial" (Teilkontamination). O promotor Reinhard Glaser explica o seu significado: "conforme a doutrina sobre a contaminação parcial, o objeto substituto – que resulta de processos de transformação – provém do delito antecedente só na medida em que foram introduzidos valores incriminados [...]. Simbolicamente, o óleo sujo não se mistura com a água limpa"[30].

Mais adiante, ele elucida didaticamente: se, por exemplo, dos € 100.000 na conta, € 30.000 resultam de um delito antecedente, um adquirente de má-fé comete o delito se adquirir um valor superior ao montante legal de € 70.000 – se adquirir menos não [comete o crime]. O saldo ativo de € 100.000 não estaria completamente contaminado, só o valor de € 30.000 que corresponde à parcela ilegal depositada. Continuaria a existir uma outra parcela "limpa" de € 70.000. Só quando estiver consumida esta parcela limpa, quer dizer, quando se teria que utilizar obrigatoriamente o dinheiro contaminado, [só então] se trataria de lavagem de dinheiro"[31].

---

29 Comparar com: BT-Drucks. 12/3533 p. 12; Ambos JZ 2002, 70 [71]; Joecks SAM 2013, 170 [172]; Fülbier/Aepfellbach/Langweg/Schröder/Textor § 261 Rn. 18; MüKo-StGB/Neuheuser § 261 Rn. 56; Sc/Sc/Stree/Hecker § 261 Rn. 11; SK-StGB/Hoyer § 261 Rn. 14; BeckOK/Ruhmannseder § 261 Rn. 18; Bischofberger S. 151; erg. § 259 Rdn 14 a.E.). Jahn, Matthias em Satzger, Schluckbier, Widmaier: Strafgesetzbuch, Kommentar, 3. Auflage, Carl Heymanns Verlag, Köln, 2016, p. 1667.

30 "Nach der Lehre von der Teilkontamination rührt der durch Umwandlungsprozesse entstandene Ersatzgegenstand nur insoweit aus der Vortat her, als inkriminierte Vermögenswerte in ihm Eingang gefunden haben [...]. Bildhaft vermischt sich schmutziges Öl nicht mit sauberem Wasser". Glaser, Reinhard: Geldwäsche (§ 261 StGB) durch Rechtsanwälte und Steuerberater bei der Honorarannahme, Herbert Utz Verlag Verlag, München, 2009, p. 21 e 22. (tradução livre)

31 "Rühren etwa von 100.00 € Saldo 30,000 € aus einer Vortat her, macht sich ein bösgläubiger Erwerber der Geldwäsche strafbar, wenn er mehr als den legalen Betrang von 70.000 € erlangt – bei weniger nicht. Der Saldo von 100.000 € wäre nicht insgesamt kontaminiert, sondm nur hinsichtlich eines wertmäßigen Teils von 30.000 €, der dem illegal eingebrachten Vermögensanteil entspricht. Es bliebe ein weiterer „sauberer" teil von 70.000 €. Nur, wenn dieser saubere teil aufgezehrt ist, also zwingend auf den kontaminierten zurückgegriffen werden muss, läge eine Geldwäsche vor".

Esmiuçando o tema, Reinhard Glaser explica o caso em que não se sabe qual parte do dinheiro foi destinada a uma dada pessoa – a limpa ou a suja. Para ele, o hermeneuta deve-se certificar qual teoria deve ser eleita, porque, de acordo com a corrente da "contaminação parcial" (Teilkontamination), a dúvida milita em favor do acusado. Exemplo: "supondo, por exemplo, um saldo de € 10.000, dos quais € 3.000 provém de um delito antecedente, e duas pessoas de má-fé recebem em dinheiro € 5.000 deste saldo, então, seguindo o princípio in dubio pro reo, nenhum dos dois pode ser punido devido à lavagem de dinheiro, porque sempre se deveria supor, que foi [exatamente] a outra pessoa que recebeu a parcela do saldo que contém os € 3.000 contaminados[32].

Reinhard Glaser afirma que, se escolhida a corrente da "contaminação parcial" (Teilkontamination), no caso de muitos indivíduos contemplados pelo ativo, vige o princípio do *in dubio pro reo*, a saber: "que na hipótese de muitos atos de aquisições e de uma pluralidade de adquirentes, aplica-se o princípio *in dubio pro reo* para todos"[33].

Importante destacar, portanto, que de acordo com a teoria da "contaminação parcial" (Teilkontamination), o agente do delito somente responderá por lavagem em duas hipóteses:

Glaser, Reinhard: *Geldwäsche (§ 261 StGB) durch Rechtsanwälte und Steuerberater bei der Honorarannahme*, Herbert Utz Verlag Verlag, München, 2009, p. 22. (tradução livre)

32 "Nimmt man beispielweise einen Saldo von 10.000 Euros, bei dem ein Teil von 3.000 aus einer Vortat herrürt und lassen sich zwei Bösgläubiger jeweils 5.000 Euros auszahlen, dürfte dem in dubio pro reo Grundsatz folgend keiner der beiden wegen Geldwäsche bestraft werden, da angenommen werden müsste, jeweils die andere Person habe denjenigen Betrag erhalten, der die 3.000 Euros kontaminierten Gelds enthält". Glaser, Reinhard: *Geldwäsche (§ 261 StGB) durch Rechtsanwälte und Steuerberater bei der Honorarannahme*, Herbert Utz Verlag Verlag, München, 2009, p. 27. (tradução livre)

33 "[...] dass bei mehreren Erwerbsakten und mehreren Erwerbern der in dubio Grundsatz für jeden Erwerber gilt". Glaser, Reinhard: *Geldwäsche (§ 261 StGB) durch Rechtsanwälte und Steuerberater bei der Honorarannahme*, Herbert Utz Verlag Verlag, München, 2009, p. 27. Nota de rodapé n. 165. (tradução livre)

a) se o dinheiro transferido ao agente englobar também a parte maculada. Isso implica necessariamente dizer que, se for realizada a transferência até o limite do montante lícito, está descartada a hipótese que o ativo resultou do crime antecedente, não caracterizando a lavagem;

b) se puder averiguar, com certeza, que o agente recebeu a parte relativa ao montante ilícito. Havendo dúvida, isto é, se não for possível determinar quais dos agentes de má-fé receberam o ativo "sujo", deve-se entender, conforme explica o promotor Reinhard Glaser, pela aplicabilidade do princípio *in dubio pro reo*.

Em suma, a mistura, aqui, é heterogênea e não homogênea, como defende a doutrina da "contaminação total" (Totalkontamination). Significa dizer que não basta lançar a maçã "podre" no cesto misturando-a com as outras. É necessário verificar se ela em contato com as demais as contaminou ou não.

No ano de 2015, o Bundesgerichtshof (BGH), tribunal responsável por uniformizar a jurisprudência na Alemanha, possuindo funções equivalentes ao STJ no Brasil, decidiu no sentido de que se o dinheiro tiver surgido tanto de recibos de pagamento legais como por meio de infrações abrangidas pelo § 261 Abs. 1 S. 2 StGB, será, no seu conjunto, um objeto consubstanciado em origem de delito antecedente se a proporção proveniente da infração não for completamente insignificante do ponto de vista econômico[34]. Decisão imprecisa e passível de críticas para uma como Corte de precedentes como o BGH, pois fixa-se um conceito jurídico interdeminado, deixando ao alvedrio do caso concreto determinar o que seja exatamente um valor ou percentual "insignificante do ponto de vista econômico".

Dessa forma, apresentada as teorias e suas variações, com enfoque no direito alemão, sem a pretensão de exaurir o tema, extraem-se importantes reflexões sobre a teoria da "contaminação parcial" (Teilkontamination) em face de possível adoção da teoria da "contaminação total" (Totalkontamination), o que pode servir de referência para os casos discutidos no Brasil.

---

34 BGH 1 StR 33/15 – Beschluss vom 20. Mai 2015 (LG Mannheim).

Quanto à legislação de "lavagem de dinheiro" (Geldwäsche), tanto o Brasil como a Alemanha mantêm uma linha semelhante com diferenças pontuais. O § 261 do Código Penal (StGB), por exemplo, possui a previsão do rol dos delitos antecedentes, o que foi eliminado no direito brasileiro em 2012. Por lá, é possível sustentar a condenação com fundamento na "culpa grave" (Leichtfertigkeit – StGB § 261, Abs. 5), algo impensável no Brasil[35].

Por outro lado, a principal coincidência, a nosso ver, ocorre quanto ao tipo penal básico que define a lavagem na Alemanha, porquanto guarda correspondência com o tipo descrito na lei brasileira.

Compare-se, portanto, o § 261, Abs. 1, do Código Penal alemão (StGB) com o art. 1º da Lei n. 12.683/2012. O StGB dispõe: "quem ocultar um objeto proveniente de fato ilegal, o qual estiver enumerado na segunda frase abaixo, ou dissimular ou frustrar ou colocar em perigo a investigação sobre a sua origem, a [sua] descoberta, o [seu] sequestro ou a [sua] apreensão, será punido com pena privativa de liberdade de três meses a cinco anos"[36].

No Brasil, o tipo legal básico é definido pelo art. 1º da Lei n. 12.683/2012, diferindo *in fine* da antiga Lei n. 9.613/98 que tratava de "crime", a saber: "ocultar ou dissimular a natureza, origem, localização, disposição, movimentação ou propriedade de bens, direitos ou valores provenientes, direta ou indiretamente, de infração penal".

---

35 Ressalva feita pelo Tribunal Constitucional (Bundesverfassungsgericht) em relação ao advogado de defesa (Strafverteidiger), sendo a ação punível somente a título de dolo direto. BVerfG: Verfassungsrechtliche Grenzen einer Bestrafung von Strafverteidigern wegen Geldwäsche. Pressemitteilung Nr. 36/2004 vom 30. März 2004. Urteil vom 30. März 2004. 2 BvR 1520/01, 2 BvR 1521/01.

36 § 261 do Código Penal (StGB): Wer einen Gegenstand, der aus einer in Satz 2 genannten rechtswidrigen Tat herrührt, verbirgt, dessen Herkunft verschleiert oder die Ermittlung der Herkunft, das Auffinden, den Verfall, die Einziehung oder die Sicherstellung eines solchen Gegenstandes vereitelt oder gefährdet, wird mit Freiheitsstrafe von drei Monaten bis zu fünf Jahren bestraft.

Como se percebe é de se entender pela compatibilidade entre os dispositivos. Ademais, ressalte-se, ambos os ordenamentos comungam basicamente dos mesmos fundamentos e princípios. Diante do exposto, agora, sob o enfoque da legislação brasileira, passemos às nossas conclusões sobre o tema, a saber:

1) Somente ocorre o crime de lavagem de dinheiro se houver identidade entre o produto do crime antecedente e o subsequente. Em outras palavras, é necessária a prova de que o dinheiro ilícito que entrou na conta e foi (re)passado adiante é exatamente o mesmo proveniente do crime antecedente;

2) Mormente por se tratar de bem de natureza divisível, necessária a identificação do ativo ilícito por obediência ao tipo penal, uma vez que tanto o art. 1º da Lei n. 9.613/98 quanto o art. 1º da Lei n.12.683/2012 são cristalinos em descrever a elementar do tipo "provenientes, direta ou indiretamente, de infração penal [de crime]";

3) Quanto à parte do objeto auferido legalmente, não há que se vislumbrar a ocultação ou a dissimulação, mesmo porque não existe lavagem de bens originariamente lícitos, o que resultaria em crime impossível, por absoluta impropriedade do objeto[37] (art. 17 do CP);

4) Não podendo se certificar, por meio de prova inequívoca, qual dos agentes recebeu o ativo ilícito, deve-se prevalecer o princípio *in dubio pro reo*;

5) A teoria da "contaminação total" viola princípios constitucionais, a da proporcionalidade e da proibição de excesso, uma vez que a parcela menor ilícita macularia um capital majoritariamente formado por ativos lícitos;

6) Nesse enlace, a teoria da "contaminação total" fere também o princípio da da culpabilidade, porquanto o agente responde por ativo superior do que provém do delito antecedente, redundando em prejuízo ao acusado, principalmente quando o magistrado fundamenta a dosimetria da pena ao analisar a circunstância judicial "consequências do crime", prevista no art. 59 do CP, tendo em

---

37 "Objeto, como já conceituamos, é a pessoa ou a coisa sobre a qual recai a conduta do agente". Greco, Rogério: *Curso de direito penal*: Parte Especial, Impetus, v. 1, 10. ed., Niterói-RJ, p. 290.

vista que quanto maior for o valor da "ocultação" ou da "dissimulação", no que diz respeito ao produto lavado, mais severa será a exasperação da pena[38];

7) Adicione-se que a teoria da "contaminação total" infringe o princípio da culpabilidade, porquanto ao responder pelo montante integral, e não somente pelo valor proveniente do crime antecedente, burla-se a premissa básica inerente ao princípio de que cada pessoa deve responder por seus atos "na medida de sua culpabilidade" – em violação direta ao art. 29 do CP;

8) Além disso, caso se entenda pela adoção da teoria da "contaminação total", até mesmo os bens lícitos seriam passíveis de sequestro que, ao fim, poderiam ser incorporados indevidamente ao patrimônio público, ensejando o enriquecimento sem causa em favor do Estado[39]. Nesse ponto, seria colocada a toda prova a vigência do art. 4º, § 2º, da Lei de lavagem de dinheiro[40];

---

38 Exemplo: Ação Penal n. 5045241-84.2015.4.04.7000/PR – Sentença do juiz Sérgio Moro: "**Para os crimes de lavagem**: José Dirceu de Oliveira e Silva tem antecedentes criminais, já tendo sido condenado por corrupção passiva pelo Egrégio Supremo Tribunal Federal na Ação Penal 470 (evento 632). Conduta social, motivos e comportamento da vítima. Circunstâncias devem ser valoradas negativamente. A lavagem, no presente caso, envolveu especial sofisticação, com a realização de diversas transações subreptícias, simulação de prestação de serviços, com diversos contratos e notas fiscais falsas, não só com a Jamp Engenheiro, mas também com a Engevix Engenharia. Valores de propina ainda foram ocultados em reformas de imóveis realizadas no interesse do condenado, mas que sequer estavam em seu nome. **Consequências devem ser valoradas negativamente. A lavagem envolve a quantia substancial de cerca de R$ 10.288.363,00. A lavagem de significativa quantidade de dinheiro merece reprovação a título de consequências**" [...]. (grifo nosso)

39 "As principais convenções de combate à lavagem de dinheiro, quando tratam do confisco de bens usados na lavagem de dinheiro, indicam a necessidade de separação do patrimônio maculado daquele com a origem lícita, como a Convenção de Viena (incorporada pelo Dec. 154/1991) [...] ou a Convenção de Palermo (incorporado pelo Decreto 5.687/2006). Badaró, Gustavo Henrique; Bottini, Pierpaolo Cruz. *Lavagem de dinheiro*, 3. ed., São Paulo: Revista dos Tribunais, 2016, p. 114.

40 Art. 4º, § 2º: O juiz determinará a liberação total ou parcial dos bens, direitos e valores quando comprovada a licitude de sua origem, mantendo-se

9) Outro ponto incompatível seria a negativa de vigência ao art. 13 do CP, tendo em vista que o Código Penal brasileiro, no tema "relação de causalidade", adotou, como regra, a teoria da equivalência dos antecedentes causais ou (da causalidade simples ou *conditio sine qua non*), considerando causa toda a ação ou omissão sem a qual o resultado não se teria produzido[41]. Caso se endosse a teoria da "contaminação total", do ponto de vista do desdobramento causal, todos os bens passados adiante estariam maculados, havendo contaminação em cadeia, inviabilizando, assim, a circulação econômica de bens[42];

---

a constrição dos bens, direitos e valores necessários e suficientes à reparação dos danos e ao pagamento de prestações pecuniárias, multas e custas decorrentes da infração penal.

41 "No que diz respeito ao resultado, entendemos mais acertado posicionamento dos Professores da Universidade de São Paulo (USP), Gustavo Henrique Badaró e Piorpaolo Cruz Botinni. Para eles," a lavagem de dinheiro na forma típica do *caput* do art. 1º é crime de resultado, porque a descrição do comportamento encerra uma alteração naturalística no objeto do delito, no estado da coisa ou bem procedente da infração. Ocultar ou dissimular é ao mesmo tempo um comportamento e um resultado, uma ação e sua consequência, e ambos são elementos do tipo penal. Como bem ponderou o Min. Sepúlveda Pertence no RHC 80.816-6/SP, a ocultaçãoo é um evento ou resultado exterior à conduta de ocultar. Também do ponto de vista do bem jurídico tutelado pela norma penal, a administraçãoo da justiça é afetada pela ocultação ou dissimulaçãoo, uma vez que tais atos obstruem seu regular funcionamento. Considerada, portanto, a lavagem de dinheiro como crime de resultado" [...]".). Badaró, Gustavo Henrique; Bottini, Pierpaolo Cruz: *Lavagem de dinheiro*, 3. ed., São Paulo: Revista dos Tribunais, 2016, p. 122 e 123.

42 Todavia, importante mencionar a lição de Cezar Roberto Bitencourt sobre as limitações do alcance da teoria da condition *sine qua non,* fazendo naturalmente a ressalva quanto a terceiros de boa-fé: "A relação de causalidade entre a conduta humana e o resultado é sempre uma relação valorada, que deveria ser aferida conjuntamente com o vínculo subjetivo do agente. Causalidade relevante para o Direito Penal é aquela que pode ser prevista, isto é, aquela que é previsível, que pode ser mentalmente antecipada pelo agente. Em outros termos, a cadeia causal, aparentemente infinita sob a ótica puramente naturalística, será sempre limitada pelo dolo ou pela culpa". Bitencourt: Cezar Roberto: *Tratado de direito penal*: Parte Geral 1, 14. ed., São Paulo: Saraiva, 2009, p. 259.

10) Derradeiramente, registre-se que uma interpretação extensiva, tal como propõe a teoria da "contaminação total", violaria também o princípio da legalidade/taxatividade, pois transbordaria os limites impostos pelo tipo penal. Em outras palavras, a teoria da "contaminação total" extrapolaria a subsunção da moldura descrita na própria lei, exigindo do intérprete a sensibilidade ao proceder a redução do âmbito de aplicação, haja vista que a dimensão pragmática da lei está aquém da sua dimensão semântica (seja via interpretação restritiva ou por meio de redução teleológica, para quem preza pela distinção entre ambos[43]).

Nesse contexto, diante de denúncias oferecidas no âmbito da Operação Lava Jato, independentemente qual seja o posicionamento que o Supremo Tribunal Federal venha adotar, seria importante para a jurisprudência criminal que a Corte se pronunciasse sobre a problemática, mormente por envolverem casos de relevo para o país, onde se questionam a legalidade das doações eleitorais realizadas.

Não se pode admitir controvérsias narradas pela metade, por meio de uma fórmula mágica, sob a nomenclatura de "*commingling*", conferindo um grau de certeza à lavagem, desprezando o debate teórico e, mais que isso, ao arrepio de princípios constituticionais consagrados e agasalhados pela Constituição Federal.

Assim sendo, resta a pergunta: contaminação total? Parcial? Ou Cotas?

---

43 "A interpretação restritiva consiste na exclusão de certos casos do âmbito de aplicação da lei, restringindo as consequências interpretativas do elemento literal. Já a redução teleológica pressupõe a não aplicação de uma lei a um caso que é expressamente abrangido pela sua letra (ou a aplicação de uma lei a um caso que é expressamente afastado pela sua letra), em grande parte desconsiderando-a". Henriques, Sérgio Coimbra: A redução teleológica no ordenamento jurídico português: Análise de jurisprudência; *Revista Brasileira de Direito*, 12(1): 141-162, jan.-jun. 2016 – ISSN 2238-0604, p.149.

REFERÊNCIAS BIBLIOGRÁFICAS

Badaró, Gustavo Henrique; Bottini, Pierpaolo Cruz: *Lavagem de dinheiro*, 3. ed., São Paulo: Revista dos Tribunais, 2016.

Barton, Stephan: *Das tatobjekt der geldwäsche*: Wann rührt ein Gegenstand aus einer der im Katalog des § 261 I Nr. 1-3 StGB bezeichneten Straftaten her?, NStZ 1993.

Bitencourt, Cezar Roberto. *Tratado de direito penal*: Parte Geral 1, 14. ed., São Paulo: Saraiva, 2009.

Dallagnol, Deltan Martinazzo: *Lavagem de dinheiro*: Prevenção e Controle Penal, Org., Carla Veríssimo De Carli, 2. ed., Porto Alegre, Tipologias de Lavagem.

Fischer, Thomas: Strafgesetzbuch 60. Auflage, C.H. Beck Verlag, München, 2013.

Frisch, Wolfgang: Schuldgrundsatz und Verhältnismäßigkeitsgrundsatz, NStZ 2013.

Glaser, Reinhard: Geldwäsche (§ 261 StGB) durch Rechtsanwälte und Steuerberater bei der Honorarannahme, Herbert Utz Verlag Verlag, München, 2009.

Greco, Rogério. *Curso de direito penal*: Parte Especial, 10. ed., Niterói, RJ: Impetus, v. 1.

Henriques, Sérgio Coimbra. A redução teleológica no ordenamento jurídico português: Análise de jurisprudência; *Revista Brasileira de Direito*, 12(1): 141-162, jan.-jun. 2016.

Hufnagel, Sven: *Der Strafverteidiger unter dem Generalverdacht der Geldwäsche gemäß § 261 StGB* – eine rechtsvergleichende Darstellung (Deutschland, Österreich, Schweiz und USA), Tenea Verlag, Berlin, 2004.

Jahn, Matthias em Satzger, Schluckbier, Widmaier: Strafgesetzbuch, Kommentar, 3. Auflage, Carl Heymanns Verlag, Köln, 2016.

Lagodny, Otto: Strafrecht vor den Schranken der Grundrechte – Die Ermächtigung zum strafrechtlichen Vorwurf im Lichte der Grundrechtsdogmatik dargestellt am Beispiel der Vorfeldkriminalisierung, J.C.B. Mohr (Paul Siebeck) Tübingen, 1966.

Nestler; Herzog: StGB § 261 StGB – Geldwäsche; Verschleierung unrechtsmäßig erlangter Vermögenswerte, Geldwäschegesetz 2. Aufl. 2014.

Rengier, StrafR AT, 5. Auflage München 2013.

Ruhmannseder, Felix: StGB § 261 Geldwäsche; Verschleierung unrechtmäßig erlangter Vermögenswerte. Beck'scher Online Kommentar StGB, v. Heintschel-Heinegg 33. Edition. Stand: 1-12-2016.

Salditt, Franz: Der Tatbestand der Geldwäsche, Arbeitsgemeinschaft Strafrecht des Deutschen AnwaltsVereins – Strafverteidiger – Forum, 4/92.

Sommer, Ulrich em Leipold, Klaus; Tsambikakis; Zöller, Mark: Anwaltskommentar, 2. Auflage, C.F. Müller.

Vasileios: Der Zusammenhang von Vortat und Gegenstand in § 261 StGB – Die Problematik der sog. Teilkontamination des Gegenstands – Zeitschrift für Wirschafts – und Steuerstrafrecht, Wistra, 26. Jahrgang, Heft 7, 13 Juli 2007.

Wessels/Beulke/Satzger, StrafR AT, 43. Auflage Heidelberg 2013.

11.

O *trust* e o delito de evasão de divisas no direito brasileiro

Ana Letícia Rodrigues da Costa Bezerra[1]
Marcelo Turbay Freiria[2]
Pedro Victor Porto Ferreira[3]

1. Introdução

O instituto do *trust* entrou em voga na discussão penal no Brasil recentemente em decorrência de casos paradigmáticos de lavagem de dinheiro e evasão de divisas, especialmente na Operação Lava Jato, que envolviam vários tipos de movimentações financeiras, dentre elas a constituição de *trusts* no exterior. Assim, diante de sua difusão relacionada à criminalidade econômica, cabe averiguar as particularidades desse negócio jurídico.

---

1 Advogada. Bacharela em Direito pela Universidade de Brasília. Pós-graduanda em Direito Penal e Processual Penal pelo Instituto Brasileiro de Ensino, Desenvolvimento e Pesquisa.
2 Advogado. Graduado pela UnB e mestre pelo IDP. Pós-Graduado em Direito Penal Econômico pela Universidade de Coimbra. Professor e Coordenador do Grupo de Pesquisa Sistemas Penais Econômicos/IDP. Conselheiro Seccional e Presidente da Comissão de Direito de Defesa da OABDF. Secretário-Geral do Instituto de Garantias Penais/IGP.
3 Advogado. Bacharel e Mestrando em Direito pela Universidade de Brasília.

Este instituto de direito privado, apesar de já se estudar sua aclimatação, ainda não é devidamente regulamentado no Brasil, não sendo, portanto, acessível aos brasileiros em geral. Ocorre que, com a maior integração entre os países e a maior facilidade na realização de operações transnacionais, passou a ser mais comum a instituição de *trusts* no estrangeiro por residentes brasileiros, de modo a conferir a esse negócio jurídico maior relevância no direito interno, tornando imprescindível que se discuta e se defina como lidar com a existência de contratos desse tipo.

A constituição de um *trust* traz efeitos em diversas áreas do direito, como nos campos sucessório e tributário. No presente artigo, pretende-se explorar as implicações penais desse instituto, especialmente quanto à possibilidade de imputação do delito de evasão de divisas eventualmente relacionado ao *trust*. Busca-se esclarecer, primeiramente, o que é o contrato *trust* e como ele funciona, bem como abordar a possibilidade de reconhecimento jurídico do *trust* constituído por brasileiro no exterior. Em seguida, será analisada a relação com o delito de evasão de divisas, descrevendo como vem sendo tratada a obrigação legal de declaração de depósitos mantidos no exterior em relação ao *trust*, além de discutir se tal declaração é pertinente e se é possível a imputação de tal infração criminosa ao instituidor ou ao beneficiário de *trust* que não o declara corretamente.

2. COMPREENSÃO JURÍDICA DO INSTITUTO DO *TRUST*

O contrato de *trust* é típico de países da *common law* e não encontra previsão nos ordenamentos de tradição romano-germânica, como no Brasil. Sua origem remonta ao direito inglês medieval, evoluindo do negócio de *use*[4].

Diante disso e da necessidade de normatização desse instituto, tendo em vista a crescente interação entre os países, elaborou-se a

---

4   SALOMÃO NETO, Eduardo. *O trust e o direito brasileiro*. São Paulo: Trevisan, 1. ed., 2016, p. 17.

"Convenção de Haia sobre a lei aplicável aos *trusts* e a seu reconhecimento"[5], concluída em 1985, segundo a qual, conforme disposto no art. 2º, o *trust* se refere a:

relações jurídicas criadas – *inter vivos* ou após a morte – por alguém, o outorgante, quando os bens forem colocados sob controle de um curador para o benefício de um beneficiário ou para alguma finalidade específica[6].

Trata-se, portanto, de relação inicialmente triangular cujos integrantes são o *settlor* (instituidor, outorgante); o *trustee* (curador, administrador que recebe do primeiro o patrimônio) e o *beneficiary* (beneficiário final dos rendimentos do patrimônio).

Em síntese, tem-se que o *settlor* transfere o patrimônio ao *trustee* e, por meio do contrato de *trust*, estabelece as diretrizes de como administrar e utilizar os valores. O *trustee*, então, passa a administrar e a (re)investir os bens, profissionalmente e com objetivo de gerar proveito econômico, porém em estrita observância às balizas estabelecidas no contrato formalizado e sempre em benefício das pessoas definidas como *beneficiary*, a quem atribui os rendimentos de diversas formas.

Logo, o *trustee* será o administrador dos bens, sendo que a confiança nas suas capacidades de administração e de investimento é que constitui a base dessa relação[7]; possui um dever de cuidado, informação e lealdade[8]. Esse ator comumente é uma instituição fi-

---

5   O Brasil não é signatário da Convenção.
6   CONVENÇÃO de Haia sobre a lei aplicável aos trusts e sobre o reconhecimento deles, 1º de julho de 1985. Tradução: Equipe UFRGS de Tradução das Convenções de Haia, Coordenação Profa. Dra. Claudia Lima Marques e Prof. Dr. Fábio Morosini. Disponível: https://bit.ly/3kmR326. Acesso em: 10 jul. 2020.
7   CHIARA, José Tadeu de. *Consulta*. Parecer no processo n. 5027685-35.2016.4.04.7000. Jun/2016, p. 6, 11 e 13.
8   O que poderíamos associar à boa-fé objetiva consagrada no ordenamento pátrio (MARTINS, Raphael Manhães. Análise da "aclimatação" do trust ao Direito brasileiro: o caso da propriedade fiduciária. *Revista de Direito Privado*: vol. 42, 2010, p. 244-276).

nanceira, pois assim é possível oferecer maior segurança para os investimentos, mas nada impede que seja uma pessoa física.

Nessa esteira, atribui-se um feixe de poderes instrumentais para que se cumpra a finalidade estabelecida no contrato então firmado, de modo que, em geral, ao *trustee*[9] é permitido usar, fruir e dispor dos bens sob sua titularidade, alienando-os e oferecendo-os em garantia, desde que sempre em proveito dos beneficiários[10]. Assim, cabe exclusivamente a esse ator as decisões relacionadas à administração daquilo que lhe foi confiado, desde que em proveito futuro dos beneficiários e observadas as disposições do contrato[11].

Nesse contexto, embora haja a transmissão da propriedade, os bens dados em *trust* não passam a integrar a esfera patrimonial comum do *trustee*[12], de modo que, por exemplo, não podem responder por dívidas pessoais do próprio, pois tal patrimônio está afetado consoante às diretrizes determinadas pelo instituidor no contrato, que devem ser preservadas, assim como o direito dos beneficiários[13].

---

9   Ressalta-se que pode haver remuneração para o trustee determinada no contrato, o que é comum, mas esse benefício econômico não torna o contrato oneroso (TEPEDINO, Gustavo. O *Trust* no Direito Brasileiro. In: *Soluções Práticas*: Tepedino, v. 2. São Paulo: Revista dos Tribunais, 2011, p. 509-524).

10 Ibidem, pp. 509-524.

11 Conforme já explicitado, o *trustee* possui sobre os bens em *trust* um direito de propriedade, mas tal direito é limitado pelas condições estabelecidas no contrato. Este, em alguns casos, pode firmar necessária a manifestação ou autorização do *settlor* a depender da operação a ser realizada.

12 Dessa forma, organiza-se o *trust*, geralmente, pela estruturação de pessoa jurídica específica que recebe o patrimônio objeto do contrato com o fim de manter os bens separados do patrimônio do *trustee*, o qual, de toda forma, continua mantendo todo o controle da sua propriedade e administração, segundo critérios técnicos próprios (CHIARA, José Tadeu de. op. cit., p. 22).

13 REZEK, Francisco. Parecer prévio sobre o instituto jurídico estrangeiro conhecido como *Trust*: suas características, sua exata natureza jurídica, as modalidades variantes do negócio e sua possível coexistência com a ordem jurídica brasileira, que até hoje não o disciplina. Nov./2015, p. 3. Disponível em: https://bit.ly/3aexFQq. Acesso em: 12 jul. 2020.

Por sua vez, o *settlor* é aquele que institui o *trust*, podendo até mesmo constituí-lo, de início, por meio de ato jurídico unilateral. Dessa forma, apesar da pluralidade de sujeitos envolvidos na relação, somente o instituidor contribui primariamente para a formação do *trust* com sua declaração inequívoca de vontade e com a transferência efetiva do patrimônio. No entanto, após a consolidação do contrato, o outorgante já não conserva nenhum direito – salvo no caso de um *trust* revogável[14] – quanto ao uso, à fruição ou à disposição dos bens dados em *trust*, não lhe cabendo intervir na administração promovida pelo *trustee*[15], salvo eventual disposição contratual expressa, normalmente atípica.

O *beneficiary*, por fim, não tem parte na formalização do referido negócio jurídico, dado que desnecessária sua manifestação ou mesmo concordância, por conseguinte, é possível que nem sequer saiba da instituição de um *trust* em seu benefício[16]. O mais comum, no entanto, é que os *beneficiaries* sejam familiares e integrantes do círculo afetivo do *settlor*, e, portanto, tenham consciência da existência do *trust*; ademais, nesse contexto, não é incomum que inclusive o próprio instituidor também faça parte do rol de beneficiários. Seu papel, destarte, é sintetizado enquanto"(...) titular de pretensão pessoal em relação aos direitos decorrentes do ato de instituição e cuja efetivação depende da administração, pelo *trustee*, do patrimônio em *trust*."[17].

No entanto, destaca-se que o beneficiário não é realmente parte do negócio, detém apenas uma expectativa de direito quanto

---

14 Os *trusts* podem ser irrevogáveis ou revogáveis, caso no qual o outorgante, por cautela em relação ao patrimônio, preserva o direito de revogar. A revogabilidade do *trust*, no entanto, não o descaracteriza, preservando-se sua natureza e os mesmos pressupostos de existência, validade e eficácia. (Ibidem, p. 4).
15 Ibidem, p. 4.
16 CHALHUB, M. N. *Trust*: perspectivas do direito contemporâneo na transmissão da propriedade para administração de investimentos e garantia. Rio de Janeiro, Renovar, 2001, p. 39.
17 TEPEDINO, Gustavo. O Trust no Direito Brasileiro. In: *Soluções Práticas*: Tepedino: v. 2. São Paulo: Revista dos Tribunais, 2011, p. 509-524.

ao patrimônio em *trust*, isto é, não há direito líquido e certo a precipitar o recebimento dos bens confiados ao *trustee*[18], portanto, não pode se apropriar deles ou interferir na administração do *trustee*[19].

Podemos, então, assim representar as etapas de funcionamento do *trust*:

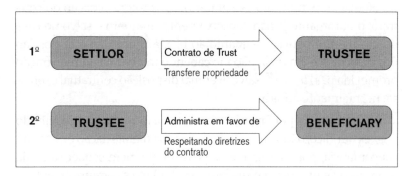

Algumas das finalidades da instituição de *trusts* são, por exemplo, a proteção do patrimônio de um vulnerável ou menor, garantindo a administração confiável de bens de absolutos ou relativamente incapazes; ou no caso dos *family trusts* em que se visa à conservação do patrimônio da família[20].

A principal particularidade do *trust* em relação a institutos semelhantes é a transferência de propriedade para o *trustee*[21]. O *trust*

---

18 Tal premissa somente é flexibilizada caso o curador esteja em falta com seus deveres, de maneira que o beneficiário pode recorrer à tutela jurisdicional para questionar a violação flagrante das obrigações impostas ao então titular, por consequência, possível a indenização pelo inadimplemento ou execução forçada da obrigação inadimplida. (CHIARA, José Tadeu de. *Consulta*. Parecer no processo n. 5027685-35.2016.4.04.7000. Jun/2016, p. 17).
19 Ibidem, p. 17.
20 CHALHUB, M. N. *Trust*: perspectivas do direito contemporâneo na transmissão da propriedade para administração de investimentos e garantia. Rio de Janeiro, Renovar, 2001, p. 34-38.
21 REZEK, Francisco. Parecer prévio sobre o instituto jurídico estrangeiro conhecido como *Trust*: suas características, sua exata natureza jurídica, as modalidades variantes do negócio e sua possível coexistência com a ordem

é, portanto, condicionado ao efeito real, em outras palavras, a sua eficácia só é alcançada com a transmissão da propriedade. A potencialidade funcional desse negócio jurídico é exatamente essa disposição e administração do patrimônio pelo *trustee* para posterior distribuição dos rendimentos ao beneficiário[22]. É a segregação de parcela do seu patrimônio pelo *settlor* que torna o *trust* atrativo e seguro e que o diferencia de figuras jurídicas análogas, a saber, o usufruto e o negócio fiduciário[23].

Há, desse modo, dois efeitos: um real, a transferência de propriedade; e um efeito obrigacional, o administrador que recebe esses bens tem seu direito de propriedade vinculado às obrigações contratuais que lhe foram impostas[24].

Como visto, o *trust* não é disciplinado no Direito brasileiro e o país não é signatário da Convenção de Haia sobre o tema. Contudo, este negócio jurídico pode ser instituído no âmbito de outros ordenamentos legais, ainda que por nacional e residente brasileiro, caso em que pode ser reconhecido[25] com base na Lei de Introdução às normas do Direito Brasileiro[26].

---

jurídica brasileira, que até hoje não o disciplina. Nov./2015, p. 2. Disponível em: https://bit.ly/3aexFQq. Acesso em: 12 jul. 2020.

22 CHIARA, José Tadeu de. *Consulta*. Parecer no processo n. 5027685-35.2016.4.04.7000. Jun/2016, p. 14.

23 OLIVA, Milena Donato. Deve o *trust* ser incorporado no direito brasileiro?. JOTA: Opinião & Análise, 7-1-2018. Disponível em: https://bit.ly/2CdJgm1. Acesso em: 12 jul. 2020.

24 REZEK, Francisco. op. cit. p. 3.

25 SALOMÃO NETO, Eduardo. *O trust e o direito brasileiro*. São Paulo: Trevisan, 1. ed., 2016, p. 100, 103-105.

26 Art. 8º Para qualificar os bens e regular as relações a eles concernentes, aplicar-se-á a lei do país em que estiverem situados. (...)
Art. 9º Para qualificar e reger as obrigações, aplicar-se-á a lei do país em que se constituírem.
§1º Destinando-se a obrigação a ser executada no Brasil e dependendo de forma essencial, será esta observada, admitidas as peculiaridades da lei estrangeira quanto aos requisitos extrínsecos do ato.
§2º A obrigação resultante do contrato reputa-se constituída no lugar em que residir o proponente.

No entanto, apesar da longa tradição do instrumento jurídico do *trust* nos países anglo-saxões, o instituto foi difundido, recentemente, no Brasil como associado a fraudes e ilícitos, especialmente à sonegação fiscal, à evasão de divisas e à lavagem de dinheiro, o que revela necessário o estudo sobre essas interfaces a fim de preservar a legítima e lícita funcionalidade desse negócio jurídico, bem como conceder as adequadas balizas ao exercício do poder punitivo.

3. O *TRUST* E O DELITO DE EVASÃO DE DIVISAS

A Lei n. 7.492/86 (Lei de Crimes Contra o Sistema Financeiro Nacional), em seu art. 22^{27}, tipificou a infração criminosa de evasão de divisas, consignando, na parte final do parágrafo único, que incorre na mesma pena quem mantiver depósitos não declarados à repartição federal competente.

De plano, tal descrição típica evidencia a necessidade de complementação no tocante aos seus elementos essenciais constitutivos, de modo que somente por meio da remissão a conceitos presentes em outros textos (leis, decretos, regulações, dentre outras espécies normativas) consolida-se a adequada compreensão da aludida conduta ilícita.

Nesse sentido, termos como "depósitos", "repartição competente", "moeda", "divisas" não encontram suas respectivas definições no bojo da lei incriminadora, o que enseja inafastável a análise de atos normativos outros, advindos especialmente do Poder Legislativo e Executivo. A consequência disso é a categórica dependência de parâmetros externos ao tipo penal para o aperfeiçoamento do que venha a constituir crime[28].

---

27 Art. 22. Efetuar operação de câmbio não autorizada, com o fim de promover evasão de divisas do País:
Pena – Reclusão, de 2 (dois) a 6 (seis) anos, e multa.
Parágrafo único. Incorre na mesma pena quem, a qualquer título, promove, sem autorização legal, a saída de moeda ou divisa para o exterior, ou nele mantiver depósitos não declarados à repartição federal competente.

28 SILVEIRA, Renato Mello Jorge. A criminalização da evasão de divisas: a questão do momento consumativo e a mudança de paradigmas. *Revista de Direito Bancário e do Mercado de Capitais*, v. 60/2013, p. 261-277, Abr-Jun 2013, p. 263.

Somado a isso, a promulgação da Lei n. 7.492/86 não visou impedir toda saída de divisas ou moedas do país, nem mesmo assentar ilegal sua manutenção no exterior, o que se intentou foi controlar tais operações quando alcançado determinado patamar, a revelar importante o controle do Estado em nome das reservas cambiais e do patrimônio fiscal[29]. Dessa forma, o injusto somente restaria caracterizado quando violada alguma das balizas dessa limitação, estabelecidas nas normas jurídicas e administrativas associadas ao tema.

Devido ao supramencionado caráter ambivalente ínsito à norma – tributário e monetário – durante muito tempo entendeu-se que a declaração consignada na parte final do parágrafo único do art. 22 do referenciado diploma legal, quando obrigatória, deveria ser dirigida à Receita Federal (repartição competente). Assim, por mais de 30 anos, a declaração de valores a esse órgão supriu a necessidade de declaração ao Banco Central do Brasil (Bacen).

Tal delegação decorria do consignado na Resolução n. 139, de 18-2-1970, item I, o qual firmava que a fiscalização das declarações de bens e valores no exterior de pessoas físicas e jurídicas seria executada pelo Ministério da Fazenda,"conforme entendimentos entre esse Ministério e o Banco Central do Brasil"[30].

Sucessivamente e nesse direcionamento, editou-se o Ato Declaratório Normativo n. 7, datado de 31-7-1981, no qual assentado que a aludida obrigação estaria suficientemente cumprida pela declaração anual de imposto de renda[31]. Foi a partir desses atos e de-

---

29 TÓRTIMA, José Carlos; TÓRTIMA, Fernanda Lara. *Evasão de divisas*. 3. ed., Rio de Janeiro: Lumen Juris, 2009, p. 16 e 41.

30 I – O recebimento e o controle das declarações de bens e valores no exterior a que estão obrigadas as pessoas físicas ou jurídicas residentes, domiciliadas ou com sede no Brasil, na forma do Decreto-lei n. 1.060, de 21 de outubro de 1969, serão executados pelo Ministério da Fazenda, conforme entendimentos entre esse Ministério e o Banco Central do Brasil.

31 Declara, em caráter normativo, às Superintendências Regionais da Receita Federal e demais interessados, que a apresentação anual de bens e valores de que trata o art. 619 do Regulamento do Imposto de Renda, aprovado pelo Decreto n. 85.450, de 4 de dezembro de 1980, supre a exigência

cisões administrativas que se construiu o significado dos elementos essenciais ao tipo penal em análise.

Entretanto, em 29-11-2001, o Bacen publicou a Resolução n. 2.911, estabelecendo a autorização ao Banco Central para fixar os limites e as condições da declaração de capitais brasileiros fora do território nacional. Destarte, em 7-12-2001, editou-se a Circular Bacen n. 3.071, que disciplinou a Declaração Anual de Capitais Brasileiros no Exterior a partir de 2002, com data base de 31-12-2001.

Segundo os arts. 1º e 4º da normativa, pessoas físicas ou jurídicas residentes, domiciliadas ou com sede no País, deveriam informar, anualmente, ao Banco Central do Brasil, os valores, ativos, bens e direitos detidos internacionalmente caso superado o limite de dez mil reais[32].

Ante o irrisório montante estabelecido e a fim de evitar o abarrotamento de declarações, a Circular n. 3.110/2002 alterou o referido limite, de modo a instituir como patamar máximo a quantia de R$ 200.000,00 para o ano base de 2001. Na sequência, passou a R$ 300.000,00, para a data-base 31-12-2002, segundo o art. 3º da Circular n. 3.181/2003, e a US$ 100.000,00, desde 2003[33].

---

prevista no art. 1º do Decreto-lei n. 1.060, de 21 de outubro de 1969, que prevê a declaração ao Banco Central do Brasil de bens e valores existentes no exterior, de pessoas físicas residentes no País (MASI, Carlo Velho. *O crime de evasão de divisas na era da globalização*. Porto Alegre: Pradense, 2013, p. 111).

32 Art. 1º Estabelecer que as pessoas físicas ou jurídicas residentes, domiciliadas ou com sede no País, assim conceituadas na legislação tributária, devem informar, anualmente, ao Banco Central do Brasil, os valores de qualquer natureza, os ativos em moeda e os bens e direitos detidos fora do território nacional, por meio de declaração na forma a ser disponibilizada na página do Banco Central do Brasil na Internet, endereço – www.bcb.gov.br – Capitais Brasileiros no Exterior, a partir de 2 de janeiro de 2002. (...)
Art. 4º Os detentores de ativos cujo total, em 31 de dezembro de 2001, seja inferior ao equivalente a R$10.000,00 (dez mil reais) ficam dispensados de prestar a declaração de que trata esta Circular.

33 Conforme as Circulares do Bacen n. 3.225/2004, 3.278/2005, 3.345/2007, 3.384/2008, 3.442/2009, 3.496/2010, 3.523/2011, 3.574/2012, 3.624/2013

Essas sucessivas publicações e modificações ocasionaram diversas dúvidas acerca do dever de apresentação de declaração de manutenção de capitais no exterior, seja ao Banco Central ou à Receita Federal. Questionava-se, então, a qual dos entes deveria ser dirigida a declaração.

A resposta para tal questão por muito tempo não foi uníssona, porém, hoje, possui entonação majoritária no contexto jurisprudencial e doutrinário[34]. Consolidou-se o seguinte entendimento: apenas até a data-base 31-12-2000 é que a falta de declaração da manutenção de depósitos no exterior na Declaração de Ajuste Anual do Imposto de Renda Pessoa Física consumava o delito examinado. E isso pela simples razão de que não existia, até então, uma declaração própria ao Banco Central do Brasil, desempenhando tal papel o documento destinado à Receita Federal, conforme a previsão da citada Resolução n. 139, de 18-2-1970.

Todavia, a partir da Circular n. 3.071 do Bacen, que disciplinou a Declaração Anual de Capitais Brasileiros no Exterior, a começar em 2002 com data-base de 31-12-2001, para a consumação do delito examinado seria relevante apenas a apresentação do comprovativo ao Banco Central[35].

(SILVEIRA, Renato Mello Jorge. A criminalização da evasão de divisas: a questão do momento consumativo e a mudança de paradigmas. *Revista de Direito Bancário e do Mercado de Capitais*, v. 60/2013, p. 261-277, Abr – Jun / 2013, p. 263) e 3.783/2016. Disponível em: https://bit.ly/3gJAgnA. Acesso em: 9 jul. 2020.

34 A esse respeito: BITENCOURT, Cezar Roberto; BREDA, Juliano. *Crimes contra o sistema financeiro nacional & Contra o mercado de capitais*. Rio de Janeiro: Lumen Juris, 2010, p. 283; Superior Tribunal de Justiça, Agravo em Recurso especial n. 1.427.631/SP rel. Min. Joel Ilan Paciornik, 14-5-2019.

35 Cumpre destacar que o eventual erro a respeito da Repartição Competente, sob a ótica da doutrina e jurisprudência, não é suficiente para configuração do elemento subjetivo doloso do tipo em evidência. Ver: Supremo Tribunal Federal, AP 470/MG, fl. e-STF 57.095 e BITENCOURT, Cezar Roberto; BREDA, Juliano. *Crimes contra o sistema financeiro nacional & Contra o mercado de capitais*. Rio de Janeiro: Lumen Juris, 2010, p. 283.

Mais recentemente, no último dia 30 de julho de 2020, o Conselho Monetário Nacional editou a Resolução n. 4.841[36], que aumentou o valor mínimo para a exigência de declaração de capitais brasileiros no exterior, alterando o teto para US$ 1.000.000,00 (um milhão de dólares americanos).

O aumento substancial do patamar haverá de alimentar inúmeras discussões a respeito de retroatividade de lei mais benéfica e *abolitio criminis* para os detentores de valores abaixo do novo montante em data anterior ao início da vigência do aludido regulamento[37].

Em razão da delimitação do objeto de estudo proposto no presente artigo, com recorte específico, não cabe aprofundar tal discussão, mas é certo que o tema em breve alcançará os tribunais brasileiros.

---

36 "RESOLUÇÃO CMN N. 4.841, DE 30 DE JULHO DE 2020 Altera a Resolução n. 3.854, de 27 de maio de 2010, que dispõe sobre a declaração de bens e valores possuídos no exterior por pessoas físicas ou jurídicas residentes, domiciliadas ou com sede no País.
O Banco Central do Brasil, na forma do art. 9º da Lei n. 4.595, de 31 de dezembro de 1964, torna público que o Conselho Monetário Nacional, em sessão realizada em 30 de julho de 2020, com base no art. 1º do Decreto-lei n. 1.060, de 21 de outubro de 1969, e tendo em vista a Medida Provisória n. 2.224, de 4 de setembro de 2001, e o § 1º do art. 201 do Decreto-lei n. 5.844, de 23 de setembro de 1943, RESOLVEU
Art. 1º A Resolução n.3.854, de 27 de maio de 2010, passa a vigorar com a seguinte alteração:
Art. 2º A declaração de que trata o art. 1º, inclusive suas retificações, deve ser prestada anualmente, por meio eletrônico, na data-base de 31 de dezembro de cada ano, quando os bens e valores do declarante no exterior totalizarem, nessa data, quantia igual ou superior a US$1.000.000,00 (um milhão de dólares dos Estados Unidos da América), ou seu equivalente em outras moedas.
Art. 2º Esta Resolução entra em vigor em 1º de setembro de 2020."

37 A esse respeito, confira: https://www.conjur.com.br/2020-ago-17/foppel-mangabeira-complemento-temporal-atemporal. Acesso em: 7-9-2020; https://www.conjur.com.br/2020-ago-28/feldens-hofmeister-neto-crime-evasao-divisas. Acesso em: 30-8-2020; https://politica.estadao.com.br/blogs/fausto-macedo/os-novos-limites-do-crime-de-evasao-de-divisas/. Acesso em: 30-8-2020.

Assim, a diversidade de textos normativos a serem observados por quem visa adimplir a obrigação legal imposta, sob pena de cometer ilícito penal e administrativo, consubstancia ambiente propício para equívocos. Esse fenômeno foi muito bem exposto por Chiavelli Falavigno ao analisar as consequências da estrutura de tipos semelhante ao aqui em comento, a saber, a falta de clareza dos elementos objetivos que redundam em cenários de erros de tipo e proibição, além do dano à efetividade da norma[38].

Tais observações mostram-se ainda mais próprias quando se trata da declaração sobre a participação em *trust*, tendo em vista se tratar de instituto estranho ao sistema jurídico nacional.

Nesta toada, no âmbito do legislativo nacional, foi apenas em 2016 que algum diploma legal brasileiro (Lei n. 13.254/2016 – dispõe sobre o Regime Especial de Regularização Cambial e Tributária (RERCT) reconheceu expressamente o *trust* e a imprescindibilidade de sua declaração, a saber, em seu § 1º, inc. V, do art. 4º[39].

Por sua vez, a Instrução Normativa da RFB n. 1.627, de 11 de março de 2016, que versa a respeito do RERCT, dispôs acerca da Declaração de Regularização Cambial e Tributária (DERCART) por

---

38 FALAVIGNO, Chiavelli Facenda. *A deslegalização do direito penal*: leis penais em branco e demais formas de assessoriedade administrativa. Florianopólis: Emais Editora, 2020.

39 § 1º A declaração única de regularização a que se refere o *caput* deverá conter: (...) V – na hipótese de inexistência de saldo dos recursos, ou de titularidade de propriedade de bens ou direitos referidos no *caput*, em 31 de dezembro de 2014, a descrição das condutas praticadas pelo declarante que se enquadrem nos crimes previstos no § 1º do art. 5º desta Lei e dos respectivos recursos, bens ou direitos de qualquer natureza não declarados, remetidos ou mantidos no exterior ou repatriados, ainda que posteriormente repassados à titularidade ou responsabilidade, direta ou indireta, de *trust* de quaisquer espécies, fundações, sociedades despersonalizadas, fideicomissos, ou dispostos mediante a entrega a pessoa física ou jurídica, personalizada ou não, para guarda, depósito, investimento, posse ou propriedade de que sejam beneficiários efetivos o interessado, seu representante ou pessoa por ele designada.

parte do beneficiário e do instituidor do *trust*, nos termos do seu art. 9º, regulamentado pelo art. 14 do mesmo ato normativo[40].

No mesmo proceder, apenas recentemente, o Banco Central do Brasil incorporou, no Manual ao Declarante de Capitais Brasileiros no Exterior após 2018, as diretrizes atinentes ao *trust*, com a seguinte redação:

> *Trust* ou Fundação: tipos de estruturas que permitem separar o direito aos recursos aplicados da propriedade legal do investimento e de sua administração. **O investidor não tem controle direto da gestão, mas é beneficiário dos ativos, numa relação que, no caso do *trust*, é chamada de fiduciária**. Portanto, tais acordos só deverão ser declarados caso o beneficiário residente seja o próprio declarante. **O valor na data-base será o valor relativo à participação do beneficiário nos ativos do *trust* ou da fundação** (grifos nossos)[41].

Em área reservada às perguntas frequentes, o Bacen assim recomenda:"Os beneficiários de *Trust* devem declará-lo (...). Mesmo que o *Trust* inclua uma série de ativos, informe apenas seu valor total, dado que os ativos estarão refletidos no valor declarado do *Trust*"[42].

O regramento supratranscrito enuncia a problemática aqui exposta concernente ao *trust* e o delito de evasão de divisas, isso porque trata especificamente da declaração a ser feita exclusivamente pelo beneficiário, sem qualquer menção ao instituidor. Destarte, uma vez transferido o patrimônio, não haveria mais obrigação por parte do ator inicial do negócio jurídico (*settlor*)?

---

40 Art. 9º É declarante da Dercat o beneficiário de *trust* ou de fundação de qualquer espécie, sendo de sua responsabilidade a retificação da declaração de ajuste anual ou da escrituração contábil societária correspondente.
Parágrafo único. O instituidor do *trust* ou de fundação que não figure, em 31 de dezembro de 2014, na condição de beneficiário poderá apresentar a Dercat nos termos do inc. VIII do *caput* do art. 7º.
41 Banco Central do Brasil. Capitais Brasileiros no Exterior, Manual do Declarante, 2020. Disponível em: https://bit.ly/2PGkgXP. Acesso em: 8 ago. 2020.
42 Disponível em: https://bit.ly/3ksyKZj. Acesso em: 9 ago. 2020.

Tal questionamento é primordial, pois, a depender de sua resposta, demonstra-se imprópria a imputação do citado crime ao *settlor*, conclusão também fundamental para o aferimento quanto à possibilidade de se formalizar acusação por outras infrações criminais subsequentes.

A esse respeito, o Supremo Tribunal Federal, no julgamento do inquérito n. 4.146/DF, traçou importantes considerações ao receber denúncia pela suposta conduta de evasão de divisas na modalidade de manutenção de depósitos em face de Deputado Federal instituidor e único beneficiário de *trust*. Foi justamente em razão desse último dado informativo que o Pleno entendeu configurada a violação ao dever de declarar ao Banco Central do Brasil *trust*, no caso, apta a configurar indicativo inicial de possível cometimento do ilícito.

Além do mais, o relator Ministro Teori Zavascki atestou que o *trust* era revogável, logo a relação contratual poderia ser a qualquer momento desfeita por iniciativa do próprio instituidor-denunciado e o patrimônio voltaria a sua titularidade. Dessa forma, no entender do ministro, o denunciado ainda detinha a disponibilidade jurídica e econômica dos valores integrantes do negócio jurídico firmado[43].

Dessa forma, o decidido pela Suprema Corte e o editado pelo Bacen, quando presentes os requisitos ensejadores, firmaram a obrigação legal dos beneficiários declararem a participação nos ativos em *trust*. A propósito, ressalta-se, como explicitado no tópico anterior, que há possibilidade destes [beneficiários] nem sequer conhecerem a existência de tal negócio jurídico firmado em seu proveito, circuns-

---

43 "Nesse contexto, embora o "*trust*" fosse modalidade de investimento sem regulamentação específica no Brasil, não haveria dúvidas de que, no caso dos autos, o acusado deteria, em relação a essas operações, plena disponibilidade jurídica e econômica. (...) Aliás, a manutenção de valores em contas no exterior, mediante utilização de interposta pessoa ou forma de investimento que assim o permitisse, além de não desobrigar o beneficiário de apresentar a correspondente declaração ao Banco Central do Brasil, revelaria veementes indícios do ilícito de lavagem de dinheiro" (STF, Inq n. 4146/DF, rel. Min. Teori Zavascki, 22-6-2016).

tância que inviabiliza a configuração do elemento subjetivo do tipo, tornando a conduta atípica.

Quanto ao *settlor*, despontam alguns quadros para o exame da obrigatoriedade de declaração e do eventual ato ilícito: i) *setllor* e *beneficiary* ao mesmo tempo; ii) *settlor* de *trust* com cláusula de revogabilidade e iii) *settlor* de *trust* com cláusula de irrevogabilidade.

A revogabilidade e a posição de beneficiário é binômio essencial, pois indica a conservação, ou não, por parte do outorgante, de algum poder de propriedade, posse ou usufruto dos bens e valores protegidos em *trust*.

A partir das normativas consolidadas pelas autoridades competentes e do julgado pelo Supremo Tribunal, no tocante a primeira situação, o proveito, mediato ou imediato, a ocorrer em favor do instituidor-beneficiário, constitui fator justificante da declaração.

Na segunda situação, há a possibilidade de reversão dos bens/valores ao patrimônio do outorgante, bem como, em alguns casos, de realização de atos de gestão e de autorização das operações, que justifica a imperiosidade do envio das informações ao Bacen, conforme normativa. Isto é, em ambos os casos apresentados, entende-se que o indivíduo mantém depósitos no exterior, seja pelo benefício seja pela titularidade e/ou disponibilidade.

Por sua vez, a terceira hipótese não possui conclusão semelhante, visto que há completa transferência do patrimônio, sem a possibilidade de reintegração[44], nem mesmo há resultados financeiros em seu favor. Como consequência, indevida é a imputação de evasão de divisas lastreada na ausência de declaração de *trust* por ele instituído nessa situação.

Desse modo, a inafastável complementação do tipo penal de evasão de divisas por meio de normativas administrativas, as quais, a seu turno, ainda denotam incertezas ao administrado outorgante ou beneficiário do negócio jurídico do *trust*, apresenta quadro de

---

44 Aqui se excetuam as situações de descumprimento das obrigações contratuais por parte do outorgado.

imprescindível cautela não apenas a esses atores, mas também e sobretudo às autoridades fiscalizadoras administrativas e aos órgãos de persecução penal quando a conduta investigada, em qualquer seara, envolver *trust*.

4. Considerações finais

Embora originário de sistema de *common law*, o instituto do *trust* passou a integrar indistintamente a realidade fático-jurídica de inúmeros países, em particular, do Brasil. Nesse contexto, observa-se quadro ainda incipiente de produção doutrinária, acadêmica e legislativa quanto a sua adequada compreensão e à compatibilização com o ordenamento legal pátrio.

Apesar da recente difusão desse negócio jurídico, até mesmo eventualmente associado ao cometimento de ilícitos, conclui-se que o *trust* não surgiu como mecanismo propiciador de fraudes, em verdade, possui longa tradição que remonta ao direito medieval inglês, apresentando grande potencialidade funcional para diversos fins legítimos. Assim, importante afastar essa associação – afinal qualquer instrumento jurídico pode ser usado de forma desvirtuada – mudança que perpassa o seu devido reconhecimento e normatização[45].

A deficitária regulamentação do instituto, a falta de clareza quanto às diretrizes de declaração a ele pertinentes, o confronto com as categorias jurídicas do sistema de *civil law*, a pluralidade de cenários contratuais e a notória dependência da norma incriminadora aos elementos externos para seu aperfeiçoamento são circunstâncias que

---

45 "Encontra-se difundido o receio de o *trust* ser instrumento propiciador de fraudes. Quanto a este aspecto, é de se ressaltar que não há risco específico associado ao *trust* que seja superior ao já existente pela utilização de outros institutos consagrados. Qualquer instrumento jurídico pode ter sua função desvirtuada e servir para acobertar ilícitos. Um simples contrato de compra e venda pode ser utilizado como fachada para lavagem de dinheiro ou para simular doação proibida." (OLIVA, Milena Donato. Deve o *trust* ser incorporado no direito brasileiro?. JOTA: Opinião & Análise, 7-1-2018. Disponível em: https://bit.ly/2CdJgm1. Acesso em: 12 jul. 2020.)

denotam dificuldade não só aos órgãos fiscalizadores, acusatórios e julgadores, mas também ao investidor, em especial, a pessoa física.

Nesse sentido, sob a premissa de que a transferência do patrimônio ao *trustee* não cessa por completo a titularidade do *settlor* (revogabilidade) e que os beneficiários participam dos rendimentos decorrentes, a inicial construção normativa e jurisprudencial direcionou-se a assentar o dever de declaração ao Bacen por parte desses sujeitos, sob pena de possivelmente incorrer no delito de evasão de divisas na modalidade prevista na parte final do parágrafo único do art. 22 da Lei n. 7.492/86.

A respeito do outorgante, essencial é o exame quanto à revogabilidade ou não do negócio jurídico firmado, pois será esse o dado fático-normativo a indicar a permanência, ou não, de gestão e da titularidade do instituidor a justificar o dever de declarar conforme o estabelecido pelo Banco Central.

Por sua vez, acerca do beneficiário, importante anotar a possibilidade de tal ator nem sequer conhecer a existência do *trust* formalizado em seu favor, o que excluiria o elemento subjetivo do tipo na hipótese. Além do mais, nem mesmo é considerado parte da relação jurídica, pois apenas detém expectativa de direito em relação ao usufruto do patrimônio. Logo, apenas em contextos muito específicos poderia o beneficiário responder pelo delito em análise.

Ante o exposto, o tratamento jurídico do *trust* ainda carece de clareza, o que enseja consequências não só no tocante à forma e ao dever de observância à obrigação legal de declaração e à norma penal aqui debatidas, mas também a outros delitos e searas do direito. Assim, o aprofundado estudo sobre sua verdadeira acepção e efeitos relacionados é passo primeiro para que se evite sua desvirtuação e a precipitada e equivocada criminalização das condutas praticadas pelos atores envolvidos no negócio.

5. REFERÊNCIAS BIBLIOGRÁFICAS

BITENCOURT, Cezar Roberto; BREDA, Juliano. *Crimes contra o sistema financeiro nacional & Contra o mercado de capitais*. Rio de Janeiro: Lumen Juris, 2010.

BRASIL. Banco Central do Brasil. Capitais Brasileiros no Exterior, Manual do Declarante, 2020. Disponível em: https://bit.ly/2PGkgXP. Acesso em: 8 ago. 2020.

BRASIL. Banco Central do Brasil. Circular n. 3.071 de 7 de dezembro de 2001. Disponível em: https://bit.ly/3gKAI57. Acesso em: 9 ago. 2020.

BRASIL. Banco Central do Brasil. Circular n. 3.110 de 15 de abril de 2002. Disponível em: https://bit.ly/3ipYDqS. Acesso em: 9 ago. 2020.

BRASIL. Banco Central do Brasil. Circular n. 3.181 de 6 de março de 2003. Disponível em: https://bit.ly/30HFuef. Acesso em: 9 ago. 2020.

BRASIL. Banco Central do Brasil. Circular n. 3.783 de 28 de janeiro de 2016. Disponível em: https://bit.ly/3gJAgnA. Acesso em: 9 ago. 2020.

BRASIL. Banco Central do Brasil. Perguntas Frequentes. Disponível em: https://bit.ly/3ksyKZj. Acesso em: 9 ago. 2020.

BRASIL. Banco Central do Brasil. Resolução n. 139 de 18 de fevereiro de 1970. Disponível em: https://bit.ly/2XK204m. Acesso em: 9 ago. 2020.

BRASIL. Banco Central do Brasil. Resolução n. 2.911 de 29 de novembro de 2001. Disponível em: https://bit.ly/2XEq2h1. Acesso em: 9 ago. 2020.

BRASIL. Conselho Monetário Nacional. Resolução n. 4.841, de 30 de julho de 2020. Disponível em: https://bit.ly/35clcfw. Acesso em: 7 set. 2020.

BRASIL. Decreto-lei n. 4.657, de 4 de setembro de 1942. Lei de Introdução às normas do Direito Brasileiro. Disponível em: https://bit.ly/2DKdiOK. Acesso em: 10 jul. 2020.

BRASIL. Lei n. 7.492/86, de 16 de junho de 1986. Lei dos Crimes Contra o Sistema Financeiro Nacional. Disponível em: https://bit.ly/3ituNC5. Acesso em: 9 ago. 2020.

BRASIL. Lei n. 13.254/2016 de 13 de janeiro de 2016. Lei de Repatriação. Disponível em: https://bit.ly/33Fbi5j. Acesso em: 9 ago. 2020.

BRASIL. Superior Tribunal de Justiça. Agravo em Recurso especial n. 1.427.631/SP, rel. Min. Joel Ilan Paciornik, Publicada em 14-5-2019.

BRASIL. Supremo Tribunal Federal. Ação Penal n. 470/MG. Disponível em: https://bit.ly/30Fj4tW. Acesso em: 9 ago. 2020.

BRASIL. Supremo Tribunal Federal. Inq n. 4146/DF, rel. Min. Teori Zavascki, 22-6-2016. Disponível em: https://bit.ly/3gKyLpd. Acesso em: 9 ago. 2020.

CONVENÇÃO de Haia sobre a lei aplicável aos *trusts* e sobre o reconhecimento deles, 1º de julho de 1985. Tradução: Equipe UFRGS de Tradução das Convenções de Haia, Coordenação Profa. Dra. Claudia Lima Marques e Prof. Dr. Fábio Morosini. Disponível: https://bit.ly/3kmR326. Acesso em: 10 jul. 2020.

CHALHUB, Melhim Namen. *Trust*: perspectivas do direito contemporâneo na transmissão da propriedade para administração de investimentos e garantia. Rio de Janeiro, Renovar, 2001.

CHIARA, José Tadeu de. *Consulta*. Parecer no processo n. 5027685-35.2016.4.04.7000. Jun./2016.

FALAVIGNO, Chiavelli Facenda. *A deslegalização do direito penal*: leis penais em branco e demais formas de assessoriedade administrativa. Florianópolis: Emais Editora, 2020.

MARTINS, Raphael Manhães. Análise da "aclimatação" do *trust* ao Direito brasileiro: o caso da propriedade fiduciária. *Revista de Direito Privado*: v. 42, 2010, p. 244-276.

MASI, Carlo Velho. *O crime de evasão de divisas na era da globalização*. Porto Alegre: Pradense, 2013.

OLIVA, Milena Donato. Deve o *trust* ser incorporado no direito brasileiro?. JOTA: Opinião & Análise, 7-1-2018. Disponível em: https://bit.ly/2CdJgm1. Acesso em: 12 jul. 2020.

REZEK, Francisco. Parecer prévio sobre o instituto jurídico estrangeiro conhecido como *Trust*: suas características, sua exata natureza jurídica, as modalidades variantes do negócio e sua possível coexistência com a ordem jurídica brasileira, que até hoje não o disciplina. Nov./2015. Disponível em: https://bit.ly/3aexFQq. Acesso em: 12 jul. 2020.

SALOMÃO NETO, Eduardo. *O trust e o direito brasileiro*. São Paulo: Trevisan, 1. ed., 2016.

SILVEIRA, Renato Mello Jorge. A criminalização da evasão de divisas: a questão do momento consumativo e a mudança de paradigmas.

Revista de Direito Bancário e do Mercado de Capitais, v. 60/2013, p. 261-277, Abr-Jun/2013.

TEPEDINO, Gustavo. O Trust no Direito Brasileiro. In: *Soluções Práticas*: Tepedino: v. 2. São Paulo: Revista dos Tribunais, 2011, p. 509-524.

TÓRTIMA, José Carlos; TÓRTIMA, Fernanda Lara. *Evasão de divisas*. 3. ed., Rio de Janeiro: Lumen Juris, 2009.

12.

O novo crime de gestão fraudulenta: breves apontamentos sobre a jurisprudência atual e o PLS 312/2016

Marcelo Turbay Freiria[1]
Camila Crivilin[2]

1. Introdução

A ampla modernização dos sistemas financeiros mundiais e o surgimento das novas tecnologias de informação trouxeram inúmeros desafios no âmbito do direito penal econômico, tendo em vista que a proteção da ordem econômica é indispensável numa sociedade contemporânea.

O tema se reveste de altíssima importância, pois a criminalidade econômica é uma ameaça séria que pode enfraquecer os alicerces

---

[1] Advogado. Graduado pela UnB e mestre pelo IDP. Pós-Graduado em Direito Penal Econômico pela Universidade de Coimbra. Professor e Coordenador do Grupo de Pesquisa Sistemas Penais Econômicos/IDP. Conselheiro Seccional e Presidente da Comissão de Direito de Defesa da OABDF. Secretário-Geral do Instituto de Garantias Penais/IGP.

[2] Advogada. Possui graduação em Direito pela Universidade de Brasília (2018).

de qualquer sociedade organizada, considerando a dimensão dos danos materiais e morais que provoca, além da sua capacidade de adaptação e sobrevivência às mutações sociais e políticas[3].

No caso do Brasil, a questão é ainda mais premente, visto que a história recente do País é marcada por uma série de crises econômicas, sendo que, no contexto conturbado da década de 1980, foi editada a norma que se converteria na Lei mais relevante do ordenamento jurídico nacional sobre crimes contra o sistema financeiro, a Lei n. 7.492, de 1986.

Naquela ocasião, o legislador brasileiro buscou reunir em apenas um único tipo penal – o delito de gestão fraudulenta – inúmeras condutas ofensivas ao sistema financeiro nacional, para tutelar o bem jurídico da ordem econômica.

Em relação ao referido delito, previsto no art. 4º da Lei n. 7.492/1986, temos que o seu caráter genérico, além da grave sanção cominada, traz enormes desafios para a interpretação jurídica. Passados mais de trinta anos desde a edição do diploma normativo, o Senado Federal aprovou o PLS n. 312/2016 – que redefine os conceitos de gestão fraudulenta e temerária, dando-lhes uma redação mais precisa e acabada, muito embora ainda passível de críticas.

Nesse cenário, importante considerar o movimento jurisprudencial que tem começado a se firmar no sentido da melhor compreensão dos tipos de gestão fraudulenta e gestão temerária como normas penais em branco, sujeitas, portanto, a complemento de índole administrativa específico e pautado em conceitos e definições próprios do sistema financeiro.

O presente estudo, mesmo singelo, propõe empreender uma breve análise dessas novas concepções alusivas ao delito de gestão fraudulenta, considerando a relevância desse apontado entendimento jurisprudencial, bem como do referido projeto de lei, pendente de

---

3 FIGUEIREDO DIAS, Jorge de; COSTA ANDRADE, Manuel da Problemática geral das infracções contra a economia nacional. In: PODVAL, Roberto (organizador). *Temas de direito penal econômico*. São Paulo: Revista dos Tribunais, 2000, p. 64-65.

revisão pela Câmara dos Deputados, nos termos do art. 65 da Constituição Federal[4].

Assim, o presente artigo será composto das seguintes partes: primeiramente, será apresentado o contexto de criação da Lei n. 7.492/86, que deu origem ao crime de gestão fraudulenta e outros delitos financeiros no ordenamento jurídico brasileiro.

Em seguida, serão introduzidos os principais conceitos doutrinários relacionados ao art. 4º da legislação em estudo, bem como os aspectos que nos levam a concluir pela excessiva vagueza do tipo penal, citando precedentes dos tribunais brasileiros, que têm se empenhado em construir – dogmática e jurisprudencialmente – hipóteses de complementação administrativa do tipo penal em estudo.

Na sequência, serão tecidas breves considerações sobre a tramitação do PLS 312/2016 para concluir, ao final, pela urgente necessidade de reformulação legislativa do tipo penal de gestão fraudulenta, sob uma perspectiva sistêmica e globalizada.

2. Panorama da criação da Lei n. 7.492/86

Antes de adentrar na tipificação penal da conduta de gestão fraudulenta no ordenamento brasileiro, faz-se necessário traçar um breve panorama histórico, a fim de se compreender como se deu a atuação do legislador no contexto de criação da atual legislação econômica e de que modo surgiu o interesse do direito penal em tutelar determinadas condutas contra o sistema financeiro.

A Lei n. 7.492/86, conhecida como Lei de Crimes contra o Sistema Financeiro Nacional, apelidada também de Lei do Colarinho Branco, foi editada com o objetivo de reprimir no Brasil "com energia as constantes fraudes observadas no sistema financeiro nacional[5]".

---

4 Art. 65. "O projeto de lei aprovado por uma Casa será revisto pela outra, em um só turno de discussão e votação, e enviado à sanção ou promulgação, se a Casa revisora o aprovar, ou arquivado, se o rejeitar."
5 Trechos constantes da justificação do Projeto de Lei n. 273/83, que deu origem à Lei n. 7.492/86 (Lei de Crimes contra o Sistema Financeiro Nacional). Disponível em: http://imagem.camara.gov.br/Imagem/d/pdf/DC-D25MAR1983.pdf#page=28. Acesso em: 13 ago. 2020.

Na aludida legislação, o bem tutelado era justamente o sistema financeiro nacional e, em razão do princípio da fragmentariedade do direito penal, apenas as ofensas especialmente gravosas ao sistema financeiro deveriam entrar no domínio da ilicitude criminal[6].

O Projeto de Lei n. 273/83, de autoria do Deputado Federal Nilson Gibson, que deu origem à referida norma, representava "velha aspiração das autoridades e do povo", com a finalidade de suprir a

---

A completa Exposição de Motivos do projeto de lei afirmava que:
"O presente projeto representa a velha aspiração das autoridades e do povo no sentido de reprimir com energia as constantes fraudes observadas no sistema financeiro nacional, especialmente no mercado de títulos e valores mobiliários.

Os cofres públicos, em função da preocupação governamental de preservar a confiança no sistema, vêm sendo largamente onerados com verdadeiros escândalos financeiros sem que os respectivos culpados recebam a punição adequada, se é que chegam a recebê-la. A grande dificuldade do enquadramento desses elementos inescrupulosos, que lidam fraudulentamente ou temerariamente, com valores do público, reside na inexistência de legislação específica para as irregularidades que surgiram com o advento de novas e múltiplas atividades no sistema financeiro nacional, especialmente, após 1964.

Em consequência, chega-se ao absurdo de processar-se e condenar um mero "ladrão de galinhas", deixando sem punição pessoas que furtaram bilhões não apenas do "vizinho", mas a nível nacional. E oportuno citar, pela proximidade dos acontecimentos, o caso "Tieppo", amplamente divulgado na imprensa, onde se observa que, apesar do empenho das autoridades, a repressão às inúmeras irregularidades apuradas esbarra na ausência de instrumentos institucionais adequados.

Daí submetermos à apreciação deste Congresso Nacional o presente projeto, onde, além de definir novos crimes resultantes das imposições circunstanciais, damos novo tratamento ao procedimento penal, tornando possível, na apuração dos crimes, a participação mais efetiva dos órgãos responsáveis pela gestão do sistema financeiro nacional, além de não permitir que nos crimes mais graves – pena de reclusão ou de detenção superior a dois anos – prevaleça o instituto da fiança e a apelação em liberdade exatamente para criminosos que mais possuem meios financeiros de se livrarem da prisão."

6 MAIA, Rodolfo Tigre. *Dos crimes contra o sistema financeiro nacional*. São Paulo: Malheiros, 1996, p. 16.

inexistência de "legislação penal específica para as irregularidades que surgiram com o advento de novas e múltiplas atividades no sistema financeiro".

Em tese de Doutorado defendida na Universidade Federal de Santa Catarina sobre o controle penal nos crimes contra o sistema financeiro nacional, a Subprocuradora-Geral Ela Wiecko Castilho[7] explica que, antes da edição da Lei, não havia sanção penal aos administradores porque suas condutas não se enquadravam na definição de crimes ou a responsabilidade pessoal era de difícil comprovação, dissimulada em deliberações coletivas da empresa.

Nesse ponto, é importante observar que a Lei do Colarinho Branco foi elaborada num contexto de grande instabilidade político--econômica do Brasil. O período ficou marcado pelo Plano Cruzado, conjunto de medidas econômicas criadas pelo governo do então Presidente da República José Sarney, que tinha como principal aspecto o congelamento de preços. O plano econômico foi um contundente fracasso[8], enfraquecendo sobremaneira a já debilitada economia brasileira. Além do mais, vivia-se um momento de transição democrática, após duros anos de ditadura militar. Essa era, portanto, a conjuntura fática do País na época da criação da Lei n. 7.492/86.

A legislação foi sancionada com vetos. Na Mensagem ao Congresso n. 252 daquele ano, o Presidente José Sarney afirmou que, em breve, enviaria ao Congresso Nacional um novo Projeto de Lei para aperfeiçoar a matéria. Assim, entendia-se que era uma "lei provisória", todavia, a Lei aprovada à época está plenamente vigente, de modo que, desde então, não foi feita nenhuma modificação legislativa relevante.

A Lei n. 7.492 entrou em vigor dois anos antes da promulgação da Constituição Federal de 1988, a qual foi a primeira Carta do país

---

7   CASTILHO, Ela Wiecko Volkmer de. *O controle penal nos crimes contra o sistema financeiro nacional*. Belo Horizonte: Del Rey, 1998, p. 126.
8   SIMONSEN, Mario Henrique. Inércia inflacionária e inflação inercial. In: BARBOSA, Fernando de Holanda, SIMONSEN, Mario Henrique (Org.). *Plano cruzado*: inércia x inépcia. Rio de Janeiro: Globo, 1989.

a disciplinar, em capítulo próprio, o sistema financeiro nacional e os princípios que devem norteá-lo.

Extrai-se do art. 192[9] da Constituição que o sistema financeiro brasileiro tem como finalidade promover, de forma equilibrada, o desenvolvimento socioeconômico do País, servindo aos interesses da coletividade, devendo ser observada ainda em que medida se dará a participação do capital estrangeiro nas instituições financeiras.

Ou seja, a nossa Carta Magna aponta para a subordinação do sistema financeiro ao interesse público, o qual terá primazia sobre o interesse privado das instituições, noção esta que permeia todo o texto constitucional[10].

Ao fazer uma análise do contexto da elaboração da Lei n. 7.492/86, Nicole Trauczynski[11] observa que a redação do art. 4º, a qual prevê a configuração do delito de gestão fraudulenta, foi alterada de forma significativa, pois, originalmente, na Lei n. 1.521/1951[12] (Lei de Economia Popular), exigia-se para a consumação do crime a su-

---

9 Art. 192."O sistema financeiro nacional, estruturado de forma a promover o desenvolvimento equilibrado do País e a servir aos interesses da coletividade, em todas as partes que o compõem, abrangendo as cooperativas de crédito, será regulado por leis complementares que disporão, inclusive, sobre a participação do capital estrangeiro nas instituições que o integram."
10 MAIA, Rodolfo Tigre. *Dos crimes contra o sistema financeiro nacional*. São Paulo: Malheiros, 1996, p. 22.
11 TRAUCZYNSKI, Nicole. *Gestão fraudulenta e concurso de normas na Lei dos Crimes contra o Sistema Financeiro Nacional*. Dissertação (Dissertação de Mestrado em Direito Penal, Criminologia e Medicina Forense) – Universidade de São Paulo, São Paulo, 2014, p. 75.
12 O art. 3º, IX, da Lei n. 1.521/51 prevê que:" IX – gerir fraudulenta ou temerariamente bancos ou estabelecimentos bancários, ou de capitalização; sociedades de seguros, pecúlios ou pensões vitalícias; sociedades para empréstimos ou financiamento de construções e de vendas e imóveis a prestações, com ou sem sorteio ou preferência por meio de pontos ou quotas; caixas econômicas; caixas Raiffeisen; caixas mútuas, de beneficência, socorros ou empréstimos; caixas de pecúlios, pensão e aposentadoria; caixas construtoras; cooperativas; sociedades de economia coletiva, levando-as à falência ou à insolvência, ou não cumprindo qualquer das cláusulas contratuais com prejuízo dos interessados". Disponível em: http://www.planalto.gov.br/ccivil_03/LEIS/L1521.htm Acesso em: 5 set. 2020.

perveniência de intervenção, liquidação extrajudicial ou falência. Vê-se, então, que o tipo penal era bastante restrito.

Na intelecção de Sara Carvalho[13], a Lei de 1951 trazia no seu corpo os elementos necessários para que, face ao caso concreto, pudesse o juiz realizar um seguro juízo de tipicidade sobre a conduta de gestão fraudulenta e temerária.

Contudo, na nova redação do dispositivo legal, foram retirados tais elementos, de modo que foi criado um tipo absolutamente genérico, exigindo-se unicamente o emprego de fraudes na administração da instituição, "desconectadas de qualquer resultado, mas mantendo a grave sanção de 03 a 12 anos de reclusão"[14].

Sobre essa questão, Arnaldo Malheiros Filho[15] opinou que a elaboração da Lei n. 7.492/86 resultou em "uma das piores leis cuja vigência já assistimos no Brasil", propondo, dessa forma, importantes reflexões acerca da sua reformulação legislativa.

Com efeito, ainda que a Lei de Economia Popular seja muito anterior à atual Lei de Crimes contra o Sistema Financeiro Nacional, é inegável admitir que, no tocante ao delito de gestão fraudulenta, a antiga legislação federal brasileira apresentava uma redação mais acabada e precisa, evitando assim, possíveis dificuldades em sua interpretação jurídica.

Nicole Trauczynski resume o objetivo do legislador na tipificação da gestão fraudulenta da seguinte maneira[16]:

---

13 MATANZAZ, Sara Carvalho. A relevância criminal da gestão fraudulenta de instituição financeira. *Revista Brasileira de Ciências Criminais*. n. 112, v. 23, 2015. RBCCRIM Instituto Brasileiro de Ciências Criminais, p. 309.

14 TRAUCZYNSKI, Nicole. *Gestão fraudulenta e concurso de normas na Lei dos Crimes contra o Sistema Financeiro Nacional*. Dissertação (Dissertação de Mestrado em Direito Penal, Criminologia e Medicina Forense) – Universidade de São Paulo, São Paulo, 2014, p. 32.

15 MALHEIROS FILHO, Arnaldo. *Crimes contra o sistema financeiro na virada do milênio*. Boletim IBCCRIM, São Paulo, n. 83 (esp.), out. 1999, p. 5.

16 TRAUCZYNSKI, Nicole. *Gestão fraudulenta e concurso de normas na Lei dos Crimes contra o Sistema Financeiro Nacional*. Dissertação (Dissertação de Mestrado em Direito Penal, Criminologia e Medicina Forense), Universidade de São Paulo, São Paulo, 2014, p. 76.

"(...) por não poder prever todas as formas de fraudes que poderiam ser perpetradas no âmbito econômico-financeiro e o grave potencial lesivo que poderiam apresentar, o legislador optou por um **tipo genérico** para que **nenhuma** conduta potencialmente ofensiva nesse contexto pudesse **escapar da devida resposta penal**."

Em sentido idêntico se posiciona Cezar Bitencourt[17], que critica a ausência de elementares típicas na atual redação da norma incriminadora de gestão fraudulenta. Explica o Professor que o texto legal ignorou o Anteprojeto da Comissão de Reforma da Parte Especial do Código Penal, e respectivas emendas, "preferindo, equivocadamente, uma **redação concisa e sem elementares, consideravelmente pior** do que o projeto referido que lhe antecedeu".

Temos, portanto, que a Lei de 1986, no afã de conferir uma dura resposta penal para o surgimento de novos e intensos tipos de fraudes ao sistema financeiro nacional, acabou criando um delito excessivamente genérico, o que vai de encontro ao princípio constitucional da taxatividade penal.

3. O CRIME DE GESTÃO FRAUDULENTA

Na lição de Cezar Roberto Bitencourt, gerir fraudulentamente é utilizar-se de fraude na gestão empresarial[18]. Por sua vez, fraude "é todo e qualquer meio enganoso, que tem a finalidade de ludibriar, de alterar a verdade de fatos ou a natureza das coisas".

Portanto, fraude deve ser interpretada como gênero, que pode apresentar-se sob várias espécies ou modalidades distintas. A fraude se pode dar por meio de ardil, artifício, distorção ou omissão da verdade. Eis a redação do crime de gestão fraudulenta:

---

17 BITENCOURT, Cezar Roberto; BREDA, Juliano. *Crimes contra o sistema financeiro nacional e contra o mercado de capitais*. 3. ed., São Paulo: Saraiva, 2014, p. 56-57.

18 BITENCOURT, Cezar Roberto; BREDA, Juliano. *Crimes contra o sistema financeiro nacional e contra o mercado de capitais*. 3. ed., São Paulo: Saraiva, 2014, p. 64.

"Art. 4º Gerir fraudulentamente instituição financeira:
Penal – Reclusão, de 3 (três) a 12 (doze) anos, e multa".

Com efeito, a configuração do delito exige um conjunto de atos fraudulentos, os quais constituem a gestão irregular de uma instituição financeira, ao menos por um certo período[19].

Juliano Breda e Nicole Trauczynski, em atualização recente de conhecida obra do professor Manoel Pedro Pimentel, entendem que:

"o crime se consuma desde que a gestão fraudulenta ocorra nos atos de captação, intermediação, aplicação e administração de recursos financeiros de terceiros, em moeda nacional ou estrangeira, ou na custódia, emissão, distribuição, negociação, intermediação ou durante a administração de valores mobiliários, ou nas atividades equiparadas descritas no inciso I do parágrafo único do art. 1º[20].

Desse modo, é fundamental que se descreva na denúncia: (i) em que consiste a fraude; e (ii) quais são os atos *in concreto* que caracterizam aquilo que se denomina fraude, não bastando apenas a indicação de uma ou outra operação, devendo ser demonstrado que a fraude, em quaisquer das suas modalidades, "seja reiterada com habitualidade, e que se tratam realmente de atos típicos de gestão e não apenas de outras atividades meramente administrativas, secundárias ou acessórias irrelevantes para a administração da instituição financeira"[21].

---

19   Trauczynski defende que o tipo penal é de estruturação *sui generis*, decorre de uma conduta complexa e contínua, formada pela pluralidade de atos, que se prolonga no tempo e é integrada por outras ações. Na sua opinião, não se configura um crime habitual ou habitual impróprio, como defende a maioria dos autores, nem permanente, mas exige, pelo menos, uma repetição da conduta proibida – operação fraudulenta – ao longo de razoável período de tempo, de forma constante, planejada e duradoura, 2014, p. 40.
20   PIMENTEL, Manoel Pedro. *Crimes contra o sistema financeiro nacional*: comentários à Lei 7.492, de 16-6-86. 2. ed. rev. e atual. São Paulo: Thomson Reuters Brasil, 2020.
21   BITENCOURT, Cezar Roberto; BREDA, Juliano. *Crimes contra o sistema financeiro nacional e contra o mercado de capitais*. 3. ed., São Paulo: Saraiva, 2014, p. 43.

Nesse ponto, vale fazer uma breve digressão: embora a doutrina seja praticamente uníssona quanto à necessidade de *habitualidade* para a configuração do crime de gestão fraudulenta, essa intelecção não se pode extrair da redação do tipo, a qual é demasiadamente simplificada.

A título de exemplo, o Ministro Dias Toffoli, no julgamento do Mensalão, AP 470[22], registrou em seu voto que não há qualquer elemento especial que leve a acreditar ser necessária a reiteração da conduta fraudulenta para a caracterização do crime, de tal modo que uma única conduta de gestão pode ser "simultaneamente ofensiva aos valores verdade e transparência e ao patrimônio, a ponto de, até mesmo, ameaçar sensivelmente a confiança no Sistema Financeiro Nacional".

Rodolfo Tigre Maia[23] comunga desse entendimento, apontando que esses delitos seriam acidentalmente habituais, de modo a permitir que um ato isolado pode, em tese, configurar a infração prevista no art. 4º, sem que sua recorrência implique uma pluralidade de delitos (não caracterizaria concurso formal, material ou continuidade delitiva).

Ainda sobre a questão da habitualidade, Luiz Flávio Gomes[24] entende que a conduta de *gerir* encerra a prática de uma série de atos de comando, de administração ou direção de uma instituição financeira, de modo que um só ato não pode configurar a gestão exigida pelo tipo. Para além disso, deve-se levar em conta que não será qualquer ato passível de caracterizar gestão de instituição financeira, mas "apenas e exclusivamente aqueles que envolvam deliberações, decisões com certo grau de definitividade ou atuação de comando".

---

22 RUIVO, Marcelo Almeida. *Brevíssimas observações sobre a gestão fraudulenta na AP 470/STF (caso mensalão)*, Boletim IBCCRIM, n. 242, v. 21, 2013, p. 12-14.
23 MAIA, Rodolfo Tigre. *Dos crimes contra o sistema financeiro nacional*. São Paulo: Malheiros, 1996, p. 58.
24 GOMES, Luiz Flávio. Notas distintivas do crime de gestão fraudulenta: art. 4º da Lei 7.492/86. In: PODVAL Roberto (org.). *Temas de direito penal econômico*. São Paulo: Revista dos Tribunais, 2001, p. 358.

Nesse sentido, Antônio Carlos Rodrigues da Silva[25] leciona que o núcleo gerir possui predicado verbal de natureza habitual, evidenciando, assim, condutas reiterativas, repetidas no tempo e no espaço.

Com efeito, o verbo gerir, significando administrar, reger e governar, não se consuma com apenas um ato de gestão, exigindo o tipo penal de gestão fraudulenta uma sucessão de atos apreciáveis num determinado contexto e lapso temporal.

De igual modo, Cezar Bitencourt[26] observa, com absoluta percuciência, que a conduta de *gerir*, significando o exercício de atos de gestão, exige uma "determinada duração desse exercício, sua realização por um certo tempo, impossível de circunscrever-se em atos isolados, como querem algumas decisões judiciais de primeiro grau".

Não obstante a melhor doutrina entenda que, para a configuração do art. 4º é exigível a demonstração de habitualidade, a jurisprudência tem se posicionado de forma oposta[27]. Dentre inúmeros julgados, exemplificamos:

"AGRAVO REGIMENTAL NO AGRAVO EM RECURSO ESPECIAL. CRIMES CONTRA O SISTEMA FINANCEIRO. GESTÃO FRAUDULENTA. COMPROVAÇÃO. REEXAME DE PROVAS. ATOS DE GESTÃO. CRIME HABITUAL IMPRÓPRIO. EMPRÉSTIMO VEDADO. MATERIALIDADE. PENA. FIXAÇÃO ACIMA DO MÍNIMO LEGAL. *MODUS OPERANDI* E CONSEQUÊNCIAS. AGRAVO REGIMENTAL NÃO PROVIDO.

1. É firme o entendimento jurisprudencial de que o crime de gestão fraudulenta se classifica como habitual impróprio, de modo que basta uma única ação para que se configure.

---

25 SILVA, Antônio Carlos Rodrigues da. *Crimes do colarinho branco*. Brasília: Brasília Jurídica, 1999, p. 48.

26 BITENCOURT, Cezar Roberto; BREDA, Juliano. *Crimes contra o sistema financeiro nacional e contra o mercado de capitais*. 3. ed., São Paulo: Saraiva, 2014, p. 61.

27 Pacificou-se nos Tribunais Superiores o entendimento de que o crime de **gestão fraudulenta** se classifica como habitual impróprio, bastando uma única ação para que se configure. Precedentes do Superior Tribunal de Justiça –STJ e do Supremo Tribunal Federal – STF (HC 284.546/SP, rel. Min. JORGE MUSSI, QUINTA TURMA, *DJe* 8-3-2016).

2. Constatado o poder de gestão do acusado, com base no material cognitivo, não há como infirmar tal premissa sem que se faça nova incursão probatória. Incidência da Súmula n. 7 do STJ.

3. O *modus operandi* e as graves consequências do delito, que culminaram com a necessidade de intervenção oficial na instituição financeira, justificam a fixação da pena acima do mínimo legal.

4. Agravo regimental não provido, com determinação de imediato cumprimento da pena[28].

Em artigo sobre a tipicidade nos delitos penais econômicos, Gamil Foppel e Gabriel Dalla Favera[29] atestam que a Lei n. 7.492/86 significa "um retrocesso em razão da extrema vagueza e incerteza decorrentes da redação do seu art. 4º (...). É de se observar que a referida previsão não determina o conteúdo da norma, tampouco sua abrangência".

Desde a edição da lei, em 1986, até os dias atuais, surgiram inúmeras críticas doutrinárias em relação à generalidade e à falta de elementares típicas do art. 4º, haja vista os recorrentes problemas quanto ao âmbito de incidência concomitante com vários outros tipos penais da Lei n. 7.492/86.

Juliano Breda[30] defende que essa tipificação abstrata faz com que sejam subsumidas uma infinidade de práticas do mercado financeiro. Sugere o autor que seria melhor uma descrição mais pormenorizada da conduta ofensiva ao mercado, como existe, por exemplo, nos crimes descritos no art. 379 do Código dos Valores

---

28 AgRg no AREsp 486.689/BA, rel. Min. ROGERIO SCHIETTI CRUZ, SEXTA TURMA, julgado em 25-6-2019, *DJe* 2-8-2019.

29 HIRECHE, Gamil Föppel El; OLIVEIRA, Gabriel Dalla Favera. Notas críticas acerca da tipicidade nos delitos penais econômicos: o viés concreto de análise sobre delito de gestão temerária, previsto no art. 4º, parágrafo único, da Lei 7.492/86. In: *Temas de Direito Penal e Processual Penal*: Estudos em homenagem ao juiz Tourinho Neto. Juspodivm, 2013, p. 279.

30 BREDA, Juliano. *Gestão fraudulenta de instituição financeira e dispositivos processuais da Lei 7.492/86*. Rio de Janeiro: Renovar, 2002, p. 94-95.

Mobiliários de Portugal[31], mais condizente com o princípio da tipicidade.

Ante a descrição excessivamente aberta do tipo penal, Antônio Pitombo[32] defende que "com palavras tão sucintas, deixou-se ao aplicador da lei o dever de descobrir o valor protegido pela norma penal e as características do comportamento ilícito", violando-se assim o princípio da taxatividade.

---

31 Confira a redação do art. 379 do Código dos Valores Mobiliários de Portugal: "Artigo 379.º Manipulação do mercado 1 – Quem divulgue informações falsas, incompletas, exageradas, tendenciosas ou enganosas, realize operações de natureza fictícia ou execute outras práticas fraudulentas que sejam idóneas para alterar artificialmente o regular funcionamento do mercado de valores mobiliários ou de outros instrumentos financeiros, é punido com pena de prisão até 5 anos ou com pena de multa. 2 – Se a conduta descrita no número anterior provocar ou contribuir para uma alteração artificial do regular funcionamento do mercado, o agente é punido com pena de prisão até 8 anos ou pena de multa até 600 dias. 3 – Consideram-se idóneos para alterar artificialmente o regular funcionamento do mercado, nomeadamente, os atos que sejam suscetíveis de modificar as condições de formação dos preços, as condições normais da oferta ou da procura de valores mobiliários ou de outros instrumentos financeiros, as condições normais de lançamento e de aceitação de uma oferta pública ou os atos suscetíveis de perturbar ou atrasar o funcionamento do sistema de negociação. 4 – (Revogado.) 5 – Os titulares do órgão de administração e as pessoas responsáveis pela direção ou pela fiscalização de áreas de atividade de um intermediário financeiro que, tendo conhecimento de factos descritos no n. 1, praticados por pessoas diretamente sujeitas à sua direção ou fiscalização e no exercício das suas funções, não lhes ponham imediatamente termo são punidos com pena de prisão até 4 anos ou pena de multa até 240 dias, se pena mais grave não lhes couber por força de outra disposição legal. 6 – (Revogado.) 7 – Se os factos descritos nos ns. 1, 2 e 5 envolverem a carteira de uma terceira pessoa, singular ou coletiva, que não seja constituída arguida, esta pode ser demandada no processo criminal como parte civil, nos termos previstos no Código de Processo Penal, para efeito da apreensão das vantagens do crime ou da reparação de danos."

32 PITOMBO, Antônio Sérgio Altieri de Moraes – Considerações sobre o crime de gestão temerária de instituição financeira. In: SALOMÃO, Heloísa Estellita (coordenadora). *Direito penal empresarial*. São Paulo: Dialética, 2001, p. 52.

Temos, portanto, que a atual construção redacional do tipo penal de gestão fraudulenta revela-se, além de conservadora, bastante prejudicial à defesa, pois se extrai uma tendência clara do legislador à intervenção máxima do direito penal no domínio econômico.

Como já dito, uma boa técnica legislativa é uma das formas de se preservar o princípio constitucional da segurança jurídica, ao passo que a vagueza na elaboração das normas penais produz considerável insegurança tanto nas decisões judiciais quanto no ambiente doutrinário.

Ao passo que a doutrina sempre criticou a vagueza do art. 4º, a jurisprudência dos Tribunais pátrios jamais reconheceu sua inconstitucionalidade, vez que a indeterminação do tipo penal não se mostraria em grau suficiente para configurar ofensa ao princípio constitucional da legalidade:

"Agravo regimental no recurso extraordinário com agravo. Matéria criminal. Crime contra o Sistema Financeiro Nacional. Alegação de inconstitucionalidade do art. 4º, parágrafo único, da lei 7.492/86 (gestão temerária). Inexistência. Precedentes. Agravo regimental não provido.

1. A indeterminação do tipo penal previsto no art. 4º, parágrafo único, da lei 7.492/86 não se mostra em grau suficiente para configurar ofensa ao princípio constitucional da legalidade, porquanto perfeitamente apreensível no contexto das condutas de natureza formal tipificadas no âmbito do direito penal econômico, visando à coibição de fraudes e descumprimentos de regras legais e regulamentares que regem o mercado financeiro.

2. Diante da impossibilidade de previsão e descrição de todos os atos temerários que poderiam ser praticados em uma instituição financeira, o legislador se valeu do elemento normativo do tipo traduzido no adjetivo "temerário", absolutamente válido no direito penal.

3. Agravo regimental ao qual se nega provimento"[33].

---

33 STF, AgR ARE n. 953446/MG, rel. Min. DIAS TOFFOLI, Segunda Turma, *DJe* 24-8-2018.

Ainda em novembro de 2019[34] o eminente Ministro Antônio Saldanha Palheiro aplicou a caso concreto a pacífica jurisprudência do STJ no sentido de que a conduta de gerir fraudulenta ou temerariamente uma instituição financeira não pode ser caracterizada como algo absolutamente vago ou genérico, pois se trata de tipo penal aberto, todavia dentro dos limites constitucionais.

Resulta disso, dessa omissão legislativa na construção do tipo penal, a iniciativa dos tribunais brasileiros em agregar complementos técnicos e próprios do sistema financeiro à análise de adequação típica das condutas subsumíveis aos tipos de gestão fraudulenta e temerária.

4. O DIREITO PENAL ECONÔMICO E A ESFERA ADMINISTRATIVA

Confrontados com as dificuldades alusivas ao tipo penal, julgadores brasileiros têm se empenhado em introduzir nos procedentes construções dogmáticas que propõem a complementação do tipo penal com categorias e institutos próprios do sistema financeiro, no propósito de agregar conhecimento jurídico específico, sofisticação e segurança jurídica à persecução penal atinente a tais delitos.

Ao longo de muitos anos, os tribunais mostraram-se refratários à importação de conceitos administrativos próprios do sistema financeiros e dos seus órgãos de controle para a esfera judicial, ao superficial e estéril argumento de independência/autonomia entre as instâncias.

Ocorre que a autonomia entre as instâncias (administrativa e judicial) tem pertinência tão somente sob uma ótica estritamente processual, no sentido de que feitos versando sobre mesmos fatos, mas de naturezas distintas, não dependem um do outro para tramitar ou mesmo, em algumas hipóteses, para alcançar determinado resultado.

Nesse particular, Cezar Bittencourt explica que:

---

34 STJ, *HABEAS CORPUS* n. 544.766 – SP (2019/0336339-0), rel. Min. ANTONIO SALDANHA PALHEIRO, *DJe* 12-11-2019.

"(...) um ilícito penal não pode deixar de ser igualmente ilícito em outras áreas do direito, como a civil, administrativa etc. No entanto, o inverso não é verdadeiro: um ato lícito civil não pode ser ao mesmo tempo um ilícito penal. Dessa forma, apesar de as ações penal e extrapenal serem independentes, o ilícito penal, em regra, confunde-se com o ilícito extrapenal. Em outros termos, sustentar a independência das instâncias administrativa e penal é uma conclusão de natureza processual, ao passo que a afirmação que a ilicitude é única implica uma conclusão de natureza material"[35].

Em síntese, uma determinada conduta apta a provocar a persecução de órgãos administrativos e penais deverá impactar a seara penal apenas subsidiariamente, ou seja, caso a resposta administrativa não seja suficiente.

E mais, quando excluída a potencialidade lesiva material no âmbito administrativo sancionador, é necessário importar para o penal as categorias técnico-jurídicas de análise empregadas naquela seara, sobretudo quando tratamos de tipos penais abertos.

Em artigo clássico sobre o tema[36], Pierpaolo Cruz Bottini, de maneira didática, tece reflexões sobre a necessidade de observância ao princípio penal da subsidiariedade:

"Mas, mesmo que a lei não estabeleça relação direta entre as instâncias administrativa e penal, os princípios consagrados neste último impõem uma ligação importante entre elas, em especial nos casos em que o comportamento seja considerado *lícito* na seara administrativa.

Nessas hipóteses, o princípio da subsidiariedade tem interferência central. Se o direito penal é a *ultima ratio* do controle social, se é tratado como o instrumento que age apenas diante de ineficácia de outros mecanismos de inibição de condutas, como

---

35 BITENCOURT, Cezar Roberto. *Tratado de direito penal*. São Paulo: Saraiva, 2018, p. 297.
36 BOTTINI, Pierpaolo Cruz. Independência das esferas administrativas e penal é mito. Disponível em: https://www.conjur.com.br/2013-mai-21/direito-defesa-independencia-ambitos-administrativo-penal-mito. Acesso em: 13 ago. 2020.

explicar a legitimidade da pena para uma ação ou omissão considerada lícita na seara cível ou administrativa? Como justificar a necessidade da repressão penal a uma conduta supostamente anticoncorrencial considerada lícita pelo Cade? Ou uma gestão *temerária* de instituição financeira reputada *insignificante* pelo Banco Central do Brasil?"

Dessa forma, uma determinada conduta administrativamente irrelevante, do ponto de vista da lesão ao bem jurídico protegido, em quaisquer esferas, não pode ser considerada materialmente relevante como infração penal, sob pena de subversão do princípio do direito como *ultima ratio*[37].

Assim já se pronunciou a Suprema Corte Brasileira, cabendo citar, exemplificativamente, o HC 92438/PR, Relator o Ministro Joaquim Barbosa, em voto que merece o apontamento:

"Ausência, na hipótese, de justa causa para a ação penal, pois uma conduta administrativamente irrelevante não pode ter relevância criminal. Princípios da subsidiariedade, da fragmentariedade, da necessidade e da intervenção mínima que regem o Direito Penal. Inexistência de lesão ao bem jurídico penalmente tutelado"[38].

A seu turno, o Superior Tribunal de Justiça vem registrando, nos últimos anos, que a independência entre as esferas penal e administrativa é relativa e, para além disso, a repercussão (ou a ausência dela) de uma determinada conduta na via administrativa deve ser levada em consideração na seara criminal:

"*HABEAS CORPUS*. GESTÃO TEMERÁRIA. AÇÃO PENAL INTENTADA EXCLUSIVAMENTE COM BASE EM REPRESENTAÇÃO DO BANCO CENTRAL DO BRASIL. POSTERIOR DESCARACTERIZAÇÃO DA ILICITUDE DOS FATOS PELO

---

37 CUNHA, Rogério Sanches. *Manual de direito penal*. 4. ed. Salvador: Juspodivm, 2016, p. 69.
38 FEDERAL, Supremo Tribunal. (STF, HC 92438 / PR, rel. Min. JOAQUIM BARBOSA, Julgamento: 19-8-2008, Órgão Julgador: Segunda Turma, Publicação DJe-241 DIVULG 18-12-2008 PUBLIC 19-12-2008 EMENTVOL-02346-04 PP-00925).

CONSELHO DE RECURSOS DO SISTEMA FINANCEIRO NACIONAL. ATIPICIDADE DA CONDUTA. TRANCAMENTO DA AÇÃO PENAL. PRECEDENTES DO STF E STJ. ORDEM CONCEDIDA.

1. A lesão que se pretende evitar com o presente *mandamus* diz respeito ao conceito de probidade indispensável ao exercício da atividade profissional ligada ao Sistema Financeiro Nacional. (...) 2. Desnecessário o exame aprofundado de provas, no caso concreto, bastando cotejar os fatos que deram suporte à denúncia (fundada exclusivamente em representação do Banco Central) com aqueles mencionados no acórdão do Conselho de Recursos do Sistema Financeiro Nacional, que inocentou o paciente da acusação de gestão temerária, determinando o arquivamento da representação, restando evidente a correspondência entre eles. 3. Tendo o órgão estatal responsável pela fiscalização do Sistema Financeiro Nacional, após regular e amplo procedimento administrativo, concluído que as práticas que motivaram a representação administrativa e, posteriormente, a investigação criminal, não caracterizaram gestão temerária, evidente a atipicidade da conduta, a conduzir ao trancamento da Ação Penal por falta de justa causa. Precedentes do STF e do STF (RHC 12.192/RJ, rel. Min. HAMILTON CARVALHIDO, *DJU* 10-3-2003 e HC 83.674/SP, rel. Min. CARLOS VELLOSO, *DJU* 16-4-2004). 4. No Estado Democrático de Direito, o devido (justo) processo legal impõe a temperança do princípio da independência das esferas administrativa e penal, vedando-se ao julgador a faculdade discricionária de, abstraindo as conclusões dos órgãos fiscalizadores estatais sobre a inexistência de fato definido como ilícito, por ausência de tipicidade, ilicitude ou culpabilidade, alcançar penalmente o cidadão com a aplicação de sanção limitadora de sua liberdade de ir e vir. 5. É certo que esta independência também funciona como uma garantia de que as infrações às normas serão apuradas e julgadas pelo poder competente, com a indispensável liberdade; entretanto, tal autonomia não deve erigir-se em dogma, sob pena de engessar o intérprete e aplicador da lei, afastando-o da verdade real almejada, porquanto não são poucas as situações em que os fatos permeiam todos os ramos do direito. 6. Ordem concedida, para trancar a Ação Penal a que responde o paciente por infração ao art. 4º., parág. único da Lei n. 7.492/86, anulando-se a senten-

ça condenatória, nesse ponto, em consonância com o parecer ministerial"[39].

"[...]Quanto à atipicidade da conduta, no entanto, a impetrante apresenta, desta feita, fato novo, consubstanciado na não imputação de responsabilidade civil e não aplicação de penalidade administrativa ao paciente, por parte da Caixa Econômica Federal, sua empregadora e suposta vítima de suas ações. Não desconheço que há independência entre as esferas administrativa e criminal. Todavia, em sendo as provas baseadas em documentação oferecida pela Caixa Econômica Federal, e em sendo as demais provas oriundas todas dessa notável casa de crédito, tem-se que é de importância hercúlea a conclusão – unânime – de seu Conselho, tirada em seu rigoroso procedimento administrativo, isentando o paciente de responsabilidade civil e administrativa frente aos fatos apurados. A decisão publicada está às folhas 85. E não há como desprezar as provas feitas em regular processo administrativo, o que, aliás, bem ponderou só que em sentido adverso aos acusados, o ilustre juiz apontado coator, em sua decisão que ordenou o prosseguimento da ação penal, e citando precedente judicial: "Ademais, uma vez observados os princípios do contraditório e da ampla defesa no processo administrativo interno, não há que se falar em contaminação quanto à utilização da prova produzida naquela seara administrativa." [...] Desse modo, se a própria Caixa Econômica Federal reconheceu que os procedimentos adotados pelo paciente não foram relevantes ou determinantes para a inadimplência dos clientes, e nem aplicou a ele qualquer tipo de responsabilização ou penalidade, não há, no caso concreto, justa causa para a instauração da ação penal. (fl. 458/459) Do trecho acima transcrito, denota-se que a instância recorrida concluiu pela inexistência de justa causa para a ação penal, haja vista que o próprio órgão administrativo encarregado atestou a regularidade das ações perpetradas pelo agente. No caso, constata-se que a Corte de origem decidiu em conformidade com a jurisprudência firmada neste Superior Tribunal de Justiça, no sentido de que se a instituição responsável pela representação e fiscalização da conduta praticada pelo agen-

---

[39] HC 77.228/RS, rel. Min. NAPOLEÃO NUNES MAIA FILHO, QUINTA TURMA, julgado em 13-11-2007, *DJ* 7-2-2008, p. 343.

te, após regular e amplo procedimento administrativo, concluiu que as práticas que motivaram a investigação não caracterizaram gestão temerária, evidente a atipicidade da conduta, o que justifica o trancamento da Ação Penal por falta de justa causa." [...][40]

Como se vê, os Tribunais pátrios têm se esforçado para interpretar a legislação penal econômica sob a luz da independência relativa entre as searas administrativa e penal, inclusive, afastando hipótese de tipicidade penal quando constatado que o fato apurado não foi capaz de infringir normas administrativas de caráter, obviamente, menos gravoso.

O Tribunal Regional Federal da 1ª Região, em sede de embargos de declaração, empreendeu notável julgamento no sentido de absolver condenados pelo crime de gestão fraudulenta, haja vista que, na esfera administrativa, os mesmos fatos foram considerados financeiramente equilibrados:

"PENAL. PROCESSO PENAL. EMBARGOS DE DECLARAÇÃO. CRIMES CONTRA O SISTEMA FINANCEIRO NACIONAL. PRELIMINARES REJEITADAS. NULIDADE PROCESSUAL. DESCABIMENTO. ALEGAÇÃO DE INCONSTITUCIONALIDADE DO ART. 4º DA LEI N. 7.492/86. INOCORRÊNCIA. DIRETORES DO BANCO BMG S/A. SUPOSTA GESTÃO FRAUDULENTA. NÃO COMPROVAÇÃO. AUSÊNCIA DE RISCO AO SISTEMA FINANCEIRO NACIONAL. PARECER MINISTERIAL EM SEDE DE APELAÇÃO PELA ABSOLVIÇÃO DESSE DELITO. FALSIDADE IDEOLÓGICA. SIMULAÇÃO DE EMPRÉSTIMOS. CARACTERIZAÇÃO. AUTORIA E MATERIALIDADE COMPROVADAS. EXCETO QUANTO A UM DOS EMBARGANTES. PENA. DOSIMETRIA. ADEQUAÇÃO. EMBARGOS DECLARATÓRIOS ACOLHIDOS COM EFEITOS MODIFICATIVOS.
(...)
2. "O delito de gestão fraudulenta envolve indispensavelmente, como o nome diz, fraude. Ou seja, a produção de um documento falso, a prestação de uma informação falsa, uma inverdade. O que se está protegendo aqui é a fé pública" (TRF1. APN 0033144-

---

40 STJ – REsp: 1608405 RJ 2016/0164674-2, rel. Min. JORGE MUSSI, Data de Publicação: DJ 12-9-2017.

38.2016.4.01.0000/AM, Segunda Seção, rel. Des. Federal Mônica Sifuentes, e-*DJF*1 de 21-2-2018).

3. Constata-se no delito de gestão fraudulenta, que os empréstimos contratados pelo Partido dos Trabalhadores junto ao banco BMG ou foram efetivamente adimplidos ou esta instituição bancária envidou esforços para reaver o montante emprestado.

4. Ao analisar as operações realizadas pelo Banco BMG, o Conselho de Recursos do Sistema Financeiro Nacional nos autos do processo administrativo n. 0601322935, conclui que: "o risco assumido pelo BMG, considerando os valores de face dos empréstimos concedidos, totalizou R$ 34.811.844,16 em 2-9-2006 (saldo das ações de execução) que tal valor não teve e não tem o condão de provocar qualquer desequilíbrio financeiro e econômico no Banco BMG ou no Sistema Financeiro Nacional".

5. "Quanto crime de gestão fraudulenta, a prova constante dos autos não é suficiente a fundamentar o decreto condenatório, em que pese os esforços empreendidos pela acusação" (excerto extraído do bem fundamentado parecer ministerial).

(...)

11. Embargos de declaração opostos por Flávio Pentagna Guimarães e Ricardo Annes Guimarães, João Batista de Abreu e Márcio Alaor de Araújo, acolhidos, com efeitos modificativos para absolvê-los da imputação do crime de gestão fraudulenta.

12. Embargos de declaração opostos por Rogério Lanza Tolentino acolhidos, com efeitos modificativos, para absolvê-lo do crime de falsidade ideológica.

13. Embargos de declaração opostos por Delúbio Soares de Castro, Cristiano de Mello Paz, Ramon Hollerbach Cardoso e Marcos Valério Fernandes de Sousa, acolhidos em parte, com efeitos modificativos, para reduzir as penas, fixar o regime aberto e substituir as penas privativas de liberdade."

Não obstante o esforço dos julgadores verificado acima, ainda se mostra indispensável a reformulação da legislação financeira brasileira, tanto para melhorar a técnica legislativa do delito de gestão fraudulenta e conferir maior segurança jurídica ao jurisdicionado, quanto para modernizar e compatibilizar as normas penais econômicas com a realidade do direito penal econômico do século XXI.

Nesse cenário, sobreveio, no ano de 2019, a aprovação pelo Senado Federal do PLS n. 312/2016, o qual traz uma definição mais precisa para os delitos de gestão fraudulenta e temerária, além de introduzir, em tese, outras relevantes mudanças no direito financeiro nacional.

5. TRAMITAÇÃO DO PLS N. 312/2016

No ano de 2019, o Senado Federal aprovou o Projeto de Lei n. 312, de 2016, de autoria do Senador José Aníbal, que altera a Lei n. 7.942/86, "para tipificar o crime de facilitação de gestão fraudulenta ou temerária e definir os crimes de gestão fraudulenta e de gestão temerária, bem como determinar a aplicação do disposto na referida Lei, exclusivamente para fins de responsabilização penal, às entidades de previdência complementar e às unidades gestoras dos regimes próprios de previdência social".

A proposição legislativa tem como objetivos principais (a) estender a incidência dos crimes financeiros aos gestores de entidades abertas e fechadas de previdência complementar e de unidades gestoras de regimes próprios de previdência social; (b) permitir que a Superintendência Nacional de Previdência Complementar – PREVIC – verifique a ocorrência de eventual crime e notifique o Ministério Público; (c) redefinir os conceitos dos delitos de gestão fraudulenta e de gestão temerária; e (d) introduzir novo tipo penal para criminalizar a conduta de *facilitar* a gestão fraudulenta ou temerária.

Quanto ao ponto "a", nota-se que os recentes escândalos e operações envolvendo fundos de pensão, tais como Postalis (Correios), Petros (Petrobras), Funcef (Caixa Econômica Federal), motivaram o legislador a declarar no corpo da lei um entendimento que já vinha sendo adotado (ainda que com críticas[41]): a Lei n. 7.492 é aplicável a essas entidades.

---

41 Nesse sentido, ver: BALERA, Wagner e SILVA, Fabiano. Lei 7.492/86 é inaplicável aos fundos de pensão, que possuem regulação própria. Disponível em: https://www.conjur.com.br/2019-jun-10/opiniao-lei-749286-inaplicavel-aos-fundos-pensao. Acesso em: 13 ago. 2020.

Adriano Teixeira e Alaor Leite[42] anotam que "a ampliação – de caráter declaratório – do conceito de instituição financeira para alcançar os fundos de pensão, embora tenha sido propulsora do PLS n. 312/2016 e vise a realizar o ideal de segurança jurídica, não constitui a sua principal novidade".

Além dessa novidade "declaratória", outra mudança pretendida é aumentar o rol de autores potenciais para o caso específico de crimes cometidos a partir de fundos de pensão[43].

Na justificação do projeto, o autor destacou que um dos seus intuitos era trazer para o corpo da Lei n. 7.492, de 1986, definições que complementam os tipos penais referentes aos crimes de gestão fraudulenta e temerária que, hoje, dependem da doutrina e da jurisprudência, de modo a trazer segurança jurídica. Colacionamos trecho da justificação[44]:

"(...) o projeto de lei encerra a celeuma existente na doutrina em relação à tipificação de crimes de gestão fraudulenta e temerária. Muitas são as críticas contra o caráter aberto e genérico do atual art. 4º da Lei n. 7.492/86, que menciona, sem conceituar, estes dois tipos de crime. A questão é o grau de abertura, de vagueza com que os tipos de crime de gestão fraudulenta e temerária estão definidos na lei. Como a pena para o segundo tipo é mais branda do que aquela prevista para o primeiro, essa abertura conceitual pode penalizar mais ou menos severamente um de-

---

42 TEIXEIRA, Adriano; LEITE, Alaor. Fundos de pensão e os novos crimes de gestão fraudulenta e temerária. Disponível em: https://www.jota.info/opiniao-e-analise/colunas/penal-em-foco/fundos-de-pensao-e-os-novos-crimes-de-gestao-fraudulenta-e-temeraria-01072019. Acesso em: 14 ago. 2020.

43 Anotamos que o artigo dos autores Adriano Teixeira e Alaor Leite empreendem interessante análise sobre todos os pontos do PLS 312/2016 enquanto neste artigo o foco é na mudança redacional do art. 4º da Lei n. 7.492/86. Recomendamos a leitura integral do artigo publicado no JOTA.

44 A íntegra do projeto de lei, apresentado originariamente no dia 11 de agosto de 2016, pode ser conferida no seguinte link: https://legis.senado. leg.br/sdleg-getter/documento?dm=567335&ts=1594032151143&disposition=inline. Acesso em: 15 ago. 2020.

terminado ato ilícito. Por essa razão, o projeto traz definições sobre esses crimes, sob perspectiva econômica e contábil, de modo a separar com precisão o tipo em cada caso. Não só isso, inaugura também nova tipificação: a facilitação de gestão fraudulenta ou temerária, com pena prevista de 2 (dois) a 6 (seis) anos de prisão. (...)"

Primeiramente, calha observar que a proposição não foi aprovada em definitivo, faltando ainda a apreciação pela Câmara dos Deputados, em que recebeu o número PL n. 5.546/2019. Na Câmara, o projeto foi encaminhado à Comissão de Finanças e Tributação (CFT), aguardando, desde outubro de 2019, parecer do relator. Nos termos do art. 65 da Constituição Federal, a revisão de um projeto de lei aprovado por uma das Casas (neste caso, o Senado Federal) pode ser enviado à sanção ou promulgação, no caso de aprovação, enquanto, caso seja rejeitado, será arquivado. Além disso, caso eventualmente o PL sofra emendas em seu texto, voltará à Casa iniciadora.

Embora a tramitação do PLS esteja, por ora, paralisada, é digno de registro que a sua aprovação pelo Senado Federal, bem como as discussões havidas pelo Poder Legislativo são importantíssimas. A redação aprovada pelo Senado Federal para o novo delito de gestão fraudulenta é a seguinte:

> "Art. 4º Gestão fraudulenta de instituição financeira
>
> Usar, com habitualidade, de expediente, artifício ou ardil para descumprir normas ou para simular ou dissimular resultado ou situação, com o fim de induzir ou manter pessoa física ou jurídica em erro. Pena – Reclusão, de 3 (três) a 12 (doze) anos, e multa."

Fazendo uma breve análise da redação, tecemos algumas considerações preliminares. A primeira delas é que foi mantida a alta sanção cominada – reclusão de três a doze anos, o que entendemos como problemático. Além disso, chama atenção a maior extensão do tipo penal, em comparação com a redação vigente (*gerir fraudulentamente instituição financeira*), destacando-se a "descrição minuciosa da ação típica", que se aproxima da descrição do estelionato, previsto no art. 171, do Código Penal.

A positivação do requisito da habitualidade ("com habitualidade") representa uma mudança notável que encerra antiga discussão doutrinária e jurisprudencial sobre se bastaria ou não apenas um ato de gestão para a configuração da gestão fraudulenta. Com a nova redação, não restam dúvidas de que o referido delito só se constata com a reiteração de atos fraudulentos.

Na refinada leitura de Adriano Teixeira e Alaor Leite, essa nova elementar configura uma interpretação mais ajustada ao conteúdo semântico corriqueiro de "gestão" e à "dimensão sistêmica que habita todo crime cometido a partir de uma instituição financeira".

Outro aspecto interessante do projeto de lei é a o emprego da expressão "para descumprir normas", reforçando a *acessoriedade* que caracteriza grande parte dos crimes econômicos. Explicam Teixeira e Leite que, dessa forma, a violação a normas de outros ramos do direito (direito societário, bancário, tributário, administrativo etc.) integraria o próprio injusto penal, com a dupla consequência (segundo a teoria da acessoriedade assimétrica): a violação das normas primárias, relativas à regulação da atividade em questão (por exemplo, conduta em desacordo com circular do BACEN), constitui indício, ainda não definitivo (*ratio cognoscendi*), do injusto penal. Por outro lado, o respeito à regulação primária afastaria a tipicidade da conduta.

Nessa esteira, entendemos que a nova redação do crime de gestão fraudulenta de instituição financeira deve exigir a demonstração objetiva de violação a regras e a parâmetros técnicos e específicos, instituídos pelas autoridades de regulação do sistema financeiro nacional.

Em setores dinâmicos e complexos – como a ordem econômica –, a regulação pelo direito penal de determinadas condutas tende a se tornar obsoleta com o passar do tempo. Nesses casos, segundo Garcia-Pablos Molina[45], a obsolescência legislativa é quase imediata,

---

45 GARCIA-PABLOS DE MOLINA, Antonio. *Derecho penal*: Parte General. Madrid: Jurista Editores, 2009, p. 364.

de forma que se criam duas situações antagônicas: a permanente modificação da lei penal ou a sua petrificação e superação.

Como já dito, o delito de gestão fraudulenta nasceu obsoleto, pois, já à época de sua criação, a doutrina tecia críticas ao seu caráter excessivamente aberto/genérico.

Por conseguinte, a mudança na redação do crime de gestão fraudulenta – transformando-o em lei penal em branco – permite que a lei se flexibilize e se atualize, acompanhando as constantes evoluções sociais, sem, por outro lado, descuidar da observância aos princípios constitucionais da legalidade e da taxatividade penal.

Por último, mas não menos importante, a redação final do projeto de lei aprovado pelo Senado Federal traz outra inovação, qual seja o requisito do elemento subjetivo especial do tipo, consubstanciado em um fim especial de agir:"com o fim de induzir ou manter pessoa física ou jurídica em erro".

A redação restringe sobremaneira o alcance do tipo penal, de forma que não será considerada típica qualquer conduta fraudulenta que descumprir normas ou simular ou dissimular resultado ou situação, exigindo-se um especial fim de agir.

Faz-se necessário, portanto, a demonstração de que o agente do delito praticou uma série de atos fraudulentos, com o dolo específico de induzir ou manter pessoa física ou jurídica em erro.

Feita essa singela análise do PLS 312/2016, o diagnóstico inicial é promissor: o Senado Federal conseguiu sugerir uma norma mais técnica e precisa do que a vigente, contudo entendemos que não se resolve o "problema" por inteiro. Embora a intenção do legislador seja bastante louvável, a redação proposta pode trazer outros problemas de interpretação.

Por exemplo, cabe indagar: quanto ao requisito "com habitualidade", como ficam as condenações pretéritas por crime de gestão fraudulenta que se deram a partir de um único ato de gestão? Haverá *abolitio criminis* nesses casos?

Lado outro, também refletimos acerca da elementar "para descumprir normas": de quais normas estamos falando? O complemento a que se faz remissão integraria ou não a lei penal? Com efeito, poderia ou não retroagir?

A partir de uma concepção sistêmica, fundamental se mostra uma inteira reformulação da lei de crimes contra o sistema financeiro, com a criação, por exemplo, de uma Comissão de Juristas destinada a elaborar um anteprojeto de lei para guiar a criação de uma legislação sistêmica e moderna, apta a abarcar os desafios da criminologia econômica globalizada.

Isso porque a Lei n. 7.492 apresenta impropriedades técnicas em todo o seu corpo, não bastando, assim, a alteração redacional de apenas um dispositivo ou de alguns para que sejam resolvidas as inúmeras críticas doutrinárias apresentadas ao longo das últimas três décadas.

Concluímos que já passou da hora de ser reformulada a nossa legislação penal econômica, e, se por um lado, o Poder Legislativo vem, nos últimos anos, demonstrando uma preocupação crescente quanto a essa necessidade, cabe ao Poder Judiciário, até a edição de uma nova lei sobre o tema, zelar pela razoabilidade e pela proporcionalidade, no caso concreto, para atualizar a interpretação da Lei n. 7.492, de 1986, aos princípios constitucionais insculpidos na Carta Magna de 1988.

6. REFLEXÕES FINAIS

Feitos os apontamentos acima, é oportuno lembrar que a Lei de Crimes contra o Sistema Financeiro Nacional foi criada no período de transição democrática do Brasil. Portanto, a lei é anterior à Constituição de 1988, a qual consagrou o Estado Democrático de Direito e garantiu uma série de princípios a serem observados no direito penal. Sob essa perspectiva, não se pode perder de vista que a interpretação ampliativa do delito do art. 4º, da Lei n. 7.492, de 1986, fere também a nossa Constituição, sendo urgente a reformulação legislativa desse dispositivo.

Nesse sentido, deve-se sempre buscar uma análise teleológica e valorativa do caso concreto, a fim de ajustar a normativa penal em vigor aos princípios penais explícitos e implícitos da Constituição de 1988. Deve-se também refletir acerca da abertura conceitual do crime de gestão fraudulenta, para evitar o excesso punitivo no sistema penal brasileiro. Um dos caminhos possíveis é tratar o tipo como norma penal em branco, passível de complemento a partir de normativas, conceitos e institutos próprios do direito administrativo e do sistema financeiro.

Passados quase trinta e cinco anos desde a edição da Lei do Colarinho Branco, e mesmo com a doutrina praticamente uníssona quanto às sérias impropriedades técnicas do art. 4º, jamais houve modificação legislativa na redação do delito de gestão fraudulenta.

Após as considerações feitas, é possível dizer que a recente iniciativa do Poder Legislativo, por meio do PLS n. 312/2016, em aperfeiçoar as definições dos crimes de gestão fraudulenta e temerária representa um avanço, que merece atenção e disposição pelos operadores do direito em participar das discussões no parlamento, na tentativa de aperfeiçoar tecnicamente a redação do tipo.

7. REFERÊNCIAS BIBLIOGRÁFICAS

BALERA, Wagner; SILVA, Fabiano. Lei 7.492/86 é inaplicável aos fundos de pensão, *que possuem regulação própria*. Disponível em: https://www.conjur.com.br/2019-jun-10/opiniao-lei-749286-inaplicavel-aos-fundos-pensao. Acesso em: 13 ago. 2020.

BITENCOURT, Cezar Roberto; BREDA, Juliano. *Crimes contra o sistema financeiro nacional e contra o mercado de capitais*. 3. ed., São Paulo: Saraiva, 2014.

BITENCOURT, Cezar Roberto. *Tratado de Direito Penal*. São Paulo: Saraiva, 2018.

BRASIL. Congresso Nacional. Lei n. 1.521, de 26 de dezembro de 1951. *Altera dispositivos da legislação vigente sobre crimes contra a economia popular. DOU* de 27 de dezembro de 1951. Disponível em: http://www.planalto.gov.br/ccivil_03/LEIS/L1521.htm Acesso em: 13 ago. 2020.

BRASIL. Congresso Nacional. Lei n. 7.492, de 16 de junho de 1986. Define os crimes contra o sistema financeiro nacional. *DOU* de 16 de maio de 1986. Disponível em: http://www.planalto.gov.br/cci vil_03/leis/L7492.htm Acesso em: 13 ago. 2020.

BRASIL. Projeto de Lei do Senado n. 312, de 2016. Tramitação disponível em: https://www25.senado.leg.br/web/atividade/materias/-/materia/126666. Acesso em: 13 ago. 2020.

BREDA, Juliano. *Gestão fraudulenta de instituição financeira e dispositivos processuais da Lei 7.492/86.* Rio de Janeiro: Renovar, 2002.

BOTTINI, Pierpaolo Cruz. Independência das esferas administrativas e penal é mito. Disponível em: https://www.conjur.com.br/2013-mai-21/direito-defesa-independencia-ambitos-administrativo-penal-mito. Acesso em: 13 ago. 2020.

CASTILHO, Ela Wiecko Volkmer de. *O controle penal nos crimes contra o sistema financeiro nacional.* Belo Horizonte: Del Rey, 1998.

CUNHA, Rogério Sanches. *Manual de direito penal.* 4. ed., Salvador: Juspodivm, 2016.

FIGUEIREDO DIAS, Jorge de; COSTA ANDRADE, Manuel da Problemática geral das infracções contra a economia nacional. In: PODVAL, Roberto (organizador). *Temas de direito penal econômico.* São Paulo: Revista dos Tribunais, 2000.

GARCIA-PABLOS DE MOLINA, Antonio. *Derecho Penal*: Parte General. Madrid: Jurista Editores, 2009.

GOMES, Luiz Flávio. Notas distintivas do crime de gestão fraudulenta: art. 4º da Lei 7.492/86. In: PODVAL Roberto (org.). *Temas de direito penal econômico.* São Paulo: Revista dos Tribunais, 2001.

HIRECHE, Gamil Föppel El; OLIVEIRA, Gabriel Dalla Favera. Notas críticas acerca da tipicidade nos delitos penais econômicos: o viés concreto de análise sobre delito de gestão temerária, previsto no art. 4º, parágrafo único, da Lei 7.492/86. In: *Temas de Direito Penal e Processual Penal*: Estudos em homenagem ao juiz Tourinho Neto. Juspodivm, 2013.

HORTA, Frederico Gomes de Almeida. *Do concurso aparente de normas penais*. Rio de Janeiro: Lumen Juris, 2007.

MAIA, Rodolfo Tigre. *Dos crimes contra o sistema financeiro nacional*. São Paulo: Malheiros, 1996.

MALHEIROS FILHO, Arnaldo. Crimes contra o sistema financeiro na virada do milênio. Boletim IBCCRIM, São Paulo, n. 83 (esp.), out. 1999.

MATANZAZ, Sara Carvalho. A relevância criminal da gestão fraudulenta de instituição financeira. *Revista Brasileira de Ciências Criminais*. n. 112, v. 23, 2015. p. 297-328 / RBCCRIM Instituto Brasileiro de Ciências Criminais.

PIMENTEL, Manoel Pedro. *Crimes contra o sistema financeiro nacional*: comentários à lei 7.492, de 16-6-86. 2. ed. rev. e atual. São Paulo: Thomson Reuters Brasil, 2020

PINTO, Frederico de Lacerda da Costa. Os crimes contra o mercado: âmbito material e significado político-criminal após a reforma de 2017. In: *Revista de Direito Financeiro e dos Mercados de Capitais*, 5RDFMC, p. 471-507, Dezembro de 2019.

PITOMBO, Antônio Sérgio Altieri de Moraes. Considerações sobre o crime de gestão temerária de instituição financeira. In: SALOMÃO, Heloísa Estellita (coordenadora). *Direito penal empresarial*. São Paulo: Dialética, 2001.

RUIVO, Marcelo Almeida. Brevíssimas observações sobre a gestão fraudulenta na AP 470/STF (caso mensalão). In: Boletim IBCCRIM, n. 242, v. 21, 2013, p. 12-14.

SILVA, Antônio Carlos Rodrigues da. *Crimes do colarinho branco*. Brasília: Brasília Jurídica, 1999.

SIMONSEN, Mario Henrique. Inércia inflacionária e inflação inercial. In: BARBOSA, Fernando de Holanda; SIMONSEN, Mario Henrique (Org.). *Plano cruzado*: inércia x inépcia. Rio de Janeiro: Globo, 1989.

TEIXEIRA, Adriano; LEITE, Alaor. Fundos de pensão e os novos crimes de gestão fraudulenta e temerária. Disponível em: https://www.jota.info/opiniao-e-analise/colunas/penal-em-foco/fundos-de-pensao-e-os-novos-crimes-de-gestao-fraudulenta-e-temeraria-01072019. Acesso em: 14 ago. 2020.

TRAUCZYNSKI, Nicole. *Gestão fraudulenta e concurso de normas na Lei dos Crimes contra o Sistema Financeiro Nacional*. Dissertação (Dissertação de Mestrado em Direito Penal, Criminologia e Medicina Forense) – Universidade de São Paulo, São Paulo, 2014.

13.

A colaboração premiada equiparada à denúncia espontânea

Marilia Araujo Fontenele de Carvalho[1]
Thiago Dayan da Luz Barros[2]

1. Introdução

O presente artigo destina-se a analisar os efeitos tributários da colaboração premiada no Brasil em face do cúmulo sancionatório baseado em conduta criminosa confessada ao estado sob o carente argumento de independência das instâncias penal, administrativa e fiscal.

Visa-se a demonstração de impossibilidade de sobreposição das sanções por uso das informações obtidas por meio de colaboração para

---

[1] Especialista em Direito Penal e Processual Penal pela Escola de Direito de Brasília, do Instituto Brasileiro de Ensino, Desenvolvimento e Pesquisa (EBD/IDP). Mestre em Direito Constitucional, na sublinha de pesquisa em Tutela Penal e Direito Sancionador no Estado Democrático de Direito, pelo Instituto Brasileiro de Ensino, Desenvolvimento e Pesquisa (IDP). Professora de Direito Penal e Processo Penal do Instituto Brasileiro de Ensino, Desenvolvimento e Pesquisa (IDP). Coordenadora do Grupo de Pesquisa "Sistemas Penais Econômicos" do Instituto Brasileiro de Ensino, Desenvolvimento e Pesquisa (IDP). Advogada Criminalista.

[2] Mestre em Direito Constitucional (IDP/BSB), pós-graduado em direito tributário e constitucional, Conselheiro da 1ª seção do Conselho Administrativo de Recursos Fiscais (CARF). Advogado.

a atuação fiscal, mesmo que em esferas duplamente reguladas, já que a autonomia entre os ramos do direito significa apenas a não vinculação necessária das conclusões alcançadas em um ou outro campo.

E sobre o tema importa destacar a ausência de produção acadêmica e jurisprudencial, à exceção de julgados no âmbito do CARF que desconsideram, sem maiores digressões, a proximidade dos institutos e sua necessidade de equiparação.

Diante desse panorama, far-se-á um breve apanhado sobre a colaboração premiada e sua aproximação com o instituto da denúncia espontânea no âmbito tributário para a uniformização da atividade e segurança jurídica para aquele que resolve contribuir com o estado.

2. Desenvolvimento

Inicialmente, a doutrina brasileira delimitava a colaboração premiada com enfoque em sua natureza penal material[3], a partir do qual, preenchidos determinados requisitos já previstos em lei, poderia o imputado ser beneficiado pela autoridade judicial com o perdão ou a redução de pena.

Tal enfoque foi dado em razão da previsão do instituto apenas em seus requisitos e consequências, ausente o procedimento em caráter processual. Por isso, comumente, distinguia-se o mecanismo de colaboração dos institutos de barganha, já que o primeiro seria implementado, no âmbito do direito material, com as reduções de pena, e o último com impacto processual e concessões oriundas do processo em si[4].

Com a edição da Lei n. 12.850/2013, materializou-se a primazia do viés processual da colaboração premiada, que tem como

---

3   ESTELLITA, Heloisa. A colaboração premiada para identificação dos demais coautores ou partícipes: algumas reflexões à luz do devido processo legal. *Boletim IBCCRIM*, v. 17, n. 202, set. 2009.

4   PEREIRA, Frederico Valdez. *Colaboração premiada*: legitimidade e procedimento. 3. ed. Curitiba: Juruá, 2016, p. 51.

cerne a facilitação da persecução penal a partir da produção ou obtenção de elementos probatórios, como a confissão do delator e seu depoimento incriminador em relação a terceiros, além da produção e indicação probatória[5].

Com sua essência processual, em viés probatório, e o afastamento da posição natural de resistência do acusado e sua aderência à persecução penal[6], a colaboração premiada gera benefícios de ordem penal material, mas que ocorrem precisamente para incentivar a colaboração em termos processuais[7].

Logo, a colaboração é acordo[8] realizado entre Estado e defesa, que visa esvaziar a resistência do réu e a sua conformidade com a acusação, facilitando a persecução penal em troca de benefícios no processamento de sua conduta delitiva.

O acordo premial é permeado pelo elemento negocial, tornando-se ponto comum a afirmação de que se trata de negócio jurídico processual[9-10-11], classificação mais afeta ao Direito Civil do que ao

---

5   VASCONCELLOS, Vinicius Gomes de. *Colaboração premiada no processo penal brasileiro*: introdução ao instituto e ao seu regramento normativo. São Paulo: Revista dos Tribunais, 2018.
6   "O que pretende a colaboração premiada, senão substituir a investigação objetiva dos fatos pela ação direta sobre o suspeito, visando torná-lo colaborador e, pois, fonte de prova!" (PRADO, Geraldo. Da colaboração premiada: aspectos de direito processual. *Boletim IBCCRIM*, São Paulo, n. 159, fev. 2006, p. 10).
7   "Dito de outro modo, embora a colaboração premiada tenha repercussão no direito penal material (ao estabelecer as sanções premiais a que fará jus o imputado-colaborador, se resultar exitosa sua cooperação), ela se destina precipuamente a produzir efeitos no âmbito do processo penal". BRASIL. Supremo Tribunal Federal. HC 127.483/PR. Tribunal Pleno, rel. Min. Dias Toffolli, j. 27-8-2015, p. 24.
8   SUXBERGER, Antonio H. G. Colaboração premiada e a adoção da oportunidade no exercício da ação penal pública. In: MENDES, Soraia da Rosa (org.). *A colaboração/colaboração premiada em perspectiva*. Brasília: IDP, 2016, p. 19.
9   BRASIL. Supremo Tribunal Federal. *HC* 127.483/PR. Tribunal Pleno, rel. Min. Dias Toffolli, j. 27-8-2015, p. 24.

Direito Penal[12], em razão da possibilidade de negociação entre as partes quanto aos efeitos do acordo, desde que este seja feito de forma voluntária por seus agentes.

Entretanto, embora a colaboração seja negócio jurídico processual, não se pode admitir que sua natureza é semelhante a qualquer outro acordo que se faça na esfera do Direito Privado[13], por se tratar de contrato de Direito Público[14].

Assumindo que a função do instituto da colaboração premiada é meio de obtenção de prova[15] com natureza de negócio jurídico

---

10 "Define-se negócio jurídico processual como fato jurídico voluntário em cujo suporte fático, descrito em norma processual, esteja conferido ao respectivo sujeito o poder de escolher a categoria jurídica ou estabelecer, dentre os limites fixados no próprio ordenamento jurídico, certas situações jurídicas processuais." NOGUEIRA, Pedro Henrique. *Negócios jurídicos processuais*. 2. ed. Salvador: Juspodivm, 2016, p. 153.

11 O Supremo Tribunal Federal sintetizou, à vista da aplicação metodológico--sistemática da teoria do diálogo das fontes, que o instituto da colaboração premiada, no qual se inserem os acordos de colaboração premiada, concretiza de *jure* um *negócio jurídico processual*. BRASIL. Supremo Tribunal Federal. Pet 7074 QO. rel. Min. Edson Fachin, Tribunal Pleno, j. 29-6-2017.

12 CALLEGARI, André Luís; LINHARES, Raul Marques. *Colaboração premiada*: lições práticas e teóricas – de acordo com a jurisprudência do Supremo Tribunal Federal. 2. ed. rev. e ampl. Porto Alegre: Livraria do Advogado, 2019, p. 24.

13 CALLEGARI, André Luís; LINHARES, Raul Marques. *Colaboração premiada*: lições práticas e teóricas – de acordo com a jurisprudência do Supremo Tribunal Federal. 2. ed. rev. e ampl. Porto Alegre: Livraria do Advogado, 2019, p. 26.

14 Por óbvio que a liberdade ampla sobre direitos e obrigações derivadas dos contratos privados não se aplica em sua inteireza à colaboração premiada pelo fato de que os interesses envolvidos são de ordem pública e há necessidade expressa de condicionamento aos limites legais para a pactuação. Ver: CALLEGARI, André Luís; LINHARES, Raul Marques. *Colaboração premiada*: lições práticas e teóricas – de acordo com a jurisprudência do Supremo Tribunal Federal. 2. ed. rev. e ampl. Porto Alegre: Livraria do Advogado, 2019, p. 26.

15 BRASIL. Supremo Tribunal Federal. PET 5.700. rel. Min. Celso de Mello, *DJe* 24-9-2015, Informativo 800, 21 a 25 de setembro, 2015.

processual, há de se considerar que os acordos são negócios jurídicos em si, que têm base jus-privatista de relacionamento horizontal, representada pela negociação entre as partes (informações contra a prestação do prêmio), agregada à base jus-criminalista de relacionamento vertical, da funcionalização do meio de prova para a concessão da benesse.

Assim, são aplicáveis alguns dos princípios afeitos aos negócios jurídicos da esfera jus-privatista, que transpassam diversas áreas do Direito[16] e dão maior segurança jurídica e estabilidade às situações negociais.

Tanto o é, que para a caracterização do interesse público na celebração de determinado acordo é comum que existam cláusulas que preveem justamente a repercussão dos ilícitos penais nas esferas cível, administrativa, tributária e disciplinar[17], a exemplo das colaborações de Paulo Roberto Costa[18] e Alberto Youssef[19] no âmbito da famigerada Operação Lava Jato.

No entanto, desnecessária a existência de cláusula expressa sobre o impacto do acordo premial em searas diversas do Direito. Afinal, para que os objetivos da colaboração premiada sejam cumpridos sem a violação dos direitos fundamentais e garantias processuais, essencial o reflexo dos princípios e valores constitucionais que norteiam o inteiro sistema de Direito Público e Privado e dão maior segurança jurídica e estabilidade às situações negociais.

Diante das características do acordo de colaboração enquanto negócio jurídico, a estabilidade e segurança jurídica dessa relação devem se espraiar para a esfera fiscal, refletindo a limitação da dis-

---

16 CALLEGARI, André Luís; LINHARES, Raul Marques. *Colaboração premiada*: lições práticas e teóricas – de acordo com a jurisprudência do Supremo Tribunal Federal. 2. ed. rev. e ampl. Porto Alegre: Livraria do Advogado, 2019, p. 26.
17 ROSA, Alexandre Morais da. *Para entender a colaboração premiada pela teoria dos jogos:* táticas e estratégias do negócio jurídico. Florianópolis: EModara, 2018, p. 241.
18 BRASIL. Supremo Tribunal Federal. Pet 5209.
19 BRASIL. Supremo Tribunal Federal. Pet 5244.

cricionariedade[20] e previsibilidade do comportamento estatal e para que o colaborador saiba, com antecedência, as possibilidades de comportamento do estado depois de sua negociação com o próprio.

Afinal, uma conduta uniforme quanto a procedimentos é sempre esperada dos agentes públicos, numa vedação genérica à deslealdade processual, considerando-se a necessidade de um tratamento coerente e homogêneo entre as instâncias e a aplicação dos princípios das teorias contratuais que, necessariamente, influenciam os acordos premiais[21].

Agir de forma diversa abala o princípio da proteção da confiança[22] e a lealdade entre as partes, concretizando as figuras do *venire contra factum proprium* e do *tu quoque*[23], conceitos correlatos à boa-fé objetiva[24-25] e que tem função integrativa na esfera contratual[26].

20 FERRAJOLI, Luigi. Pasado y futuro del estado de derecho In: CARBONELL, Miguel (org.). *Neoconstitucionalismo(s)*. Madrid: Trotta, 2003, p. 16.

21 As instituições, cada vez mais, produzem ações isoladas, prática que leva a falta de uniformidade legal a consagrar-se como falta de uniformidade institucional.Ver: SOUZA, Renee do Ó. *Os efeitos transversais da colaboração premiada e do acordo de leniência*. Belo Horizonte: D'Plácido, 2020. p. 47.

22 Já o princípio da proteção da confiança ocupa a posição de princípio implícito e se impõe a todos os atos estatais, sejam eles oriundos do executivo, legislativo ou judiciário, independente da atuação em funções constitucionais típicas ou atípicas.

23 Proibição de que alguém faça contra outra aquilo que não faria contra si mesmo."Quem não cumpre seus deveres também não pode exigir seus direitos com base na norma violada, sob pena de abuso."FARIAS, Cristiano Chaves; ROSENVALD, Nelson; NETTO, Felipe Braga. *Manual de direito civil* –volume único. Salvador: Juspodivm, 2017, p. 917.

24 A boa-fé deve ser recíproca e vincular a autoridade estatal para a certeza de um comportamento leal e não abusivo na vigência do acordo, especialmente se considerado o poder vertical que envolve o negócio jurídico da colaboração.

25 O princípio da boa-fé regula o pacto negocial, invocando o respeito de vários deveres acessórios, não necessariamente expressos, mas que caracterizam *de jure* o inteiro relacionamento obrigacional, desde a fase negocial até aquela de execução de cada prestação.

26 ROSA, Luisa Walter da. *Colaboração premiada*: a possibilidade de concessão de benefícios extralegais ao colaborador. Imprenta: Florianópolis, EMais, 2018, p. 33.

Na esfera tributária a proteção da confiança legítima[27] surge como uma reação ao emprego abusivo de normas jurídicas e de atos administrativos que apanhem abruptamente os seus destinatários, preservando o administrado no tocante à estabilidade das suas escolhas jurídicas, tal como o acordo de colaboração premiada. Afinal, é necessária a previsibilidade e estabilidade das relações com o Estado, de maneira a possibilitar ao colaborador a identificação do direito que o dominará, bem como os efeitos decorrentes das condutas que praticar.

Todavia, o agressivo e repressivo aparato do Direito Penal aparentemente não é suficiente para o colaborador, que, após o golpe de misericórdia estatal, ainda recebe sanções administrativas e fiscais em razão dos valores informados e/ou devolvidos em seu pacto premial, nas mais diversas instâncias do poder público, fazendo o caminho inverso da *via crucis* habitual. Para tanto, o argumento utilizado é o da independência das instâncias penal e administrativa.

A premissa de linhas anteriores não é falsa, mas pode ser falaciosa.

A independência de instâncias significa apenas a não vinculação necessária entre esferas diversas do direito[28]. Ou seja, a dita soberania específica é relativa e não absoluta[29], especialmente diante da dita

---

27 Mizabel Derzi nos ensina que, em toda hipótese de boa-fé existe confiança a ser protegida. Isso significa que uma das partes, por meio do seu comportamento objetivo, criou confiança em outra, que, em decorrência da firmada crença na duração dessa situação desencadeada pela confiança criada, foi levada a agir ou manifestar-se externamente, fundada em suas legítimas expectativas, que não podem ser frustradas. DERZI, Misabel Abreu Machado. *Modificações da jurisprudência*: proteção da confiança, boa-fé objetiva e irretroatividade como limitações constitucionais ao poder judicial de tributar. São Paulo: Noeses, 2009, p. 379.

28 COSTA, Helena Regina Lobo da. *Direito penal econômico e direito administrativo sancionador*: *ne bis in idem* como medida de política sancionadora integrada. 2013.Universidade de São Paulo, São Paulo, 2013.

29 Ver: TOSI, Gabriel S. A Lei Anticorrupção e os limites entre o direito penal e o direito administrativo sancionador. In: *Direito Penal Econômico e Empresarial*: Estudos dos Grupos de Pesquisa em Direito Penal Econômico e Empresarial da PUCRS e da FGV DIREITO SP. FELDENS, Luciano; ESTELLITA, Heloísa; WUNDERLICH, Alexandre (orgs). Rio de Janeiro: Lumen

administrativização do direito penal em sua aproximação sancionatória[30]. Caso contrário, significaria dizer que o Poder Público em cada uma das suas esferas é inexpugnável e intacável a valorações de outras searas.

Não se desconhece que a proibição do cúmulo de sanções[31] é tradicionalmente reconhecida no estreito limite entre aparatos sancionadores de um mesmo ramo do direito.

Mas as recentes viradas paradigmáticas na jurisprudência europeia[32] e norte-americana[33] jogam luz sobre a necessidade de ampliação do princípio materialmente constitucional do *ne bis in idem*[34] no Brasil, a fim de evitar o excesso punitivo na perigosa zona de sobreposição de programas jurídicos sancionatórios na esfera penal e tributária quando firmado acordo de colaboração premiada.

Por óbvio que os precedentes indicados não são vinculantes em nosso ordenamento. Todavia essa ampliação se faz necessária para

---

Juris, 2016, p. 213. MELLO, 2007, p. 213-217. TANGERINO e GARCIA (2007), COSTA (2010) E SICA (2009). Para um balanço de situações de múltipla incidência na legislação brasileira na área do meio ambiente, tributária, econômica, relações de consumo, e trânsito, ver SABOYA (2014, p. 261-270).

30   COSTA, Helena Regina Lobo da. Direito administrativo sancionador e direito penal: a necessidade de desenvolvimento de uma política sancionadora. In: *Direito administrativo sancionador*.

31   O princípio *ne bis in idem* preconiza que ninguém deve ser punido mais de uma vez pelo mesmo fato, limitador do direito-dever que o Estado tem de punir diante da violação da norma penal.

32   TRIBUNAL DE JUSTIÇA DA UNIÃO EUROPEIA, Processo contra Giuseppe Francesco Gasparini e outros (C-467/04), julgado em 28-9-2006. Disponível em: http://curia.europa.eu/juris/liste.jsf?language=en&num=C-467/04. Acesso em: 15-9-2020. Processos contra Enzo Di Puma e Antonio Zecca (C-596/16 e C-597/16), julgados em 20-3-2018. Disponível em: http://curia.europa.eu/juris/liste.jsf?language=en&num=C-596/16.

33   Gamble vs. United States.

34   Como cediço, direitos fundamentais fora do catálogo da Constituição que resultam na afirmação autônoma de sua própria essencialidade como decorrência da existência prévia de outro direito expressamente reconhecido e derivado. SARLET, Ingo Wolfgang. *A eficácia dos direitos fundamentais*. Porto Alegre: Livraria do Advogado, 2003, p. 97-98.

deslocar o alcance do *ne bis in idem* para além da esfera penal e com vistas a atingir a atuação sancionatória como um todo, devendo corresponder"a um princípio geral do direito, elevado hodiernamente, a direito fundamental do indivíduo, pelo qual se proíbe a pluralidade de consequências jurídicas derivadas de uma só conduta e sob os mesmos fundamentos"[35].

Isso significa uma unidade do *jus puniendi* estatal[36], em razão da irracionalidade de impor duplo ônus ao investigado[37-38], evitando o desperdício dos bons recursos estatais na atuação sancionatória e a tutela dos direitos fundamentais daquele que adentra o filtro do sistema de justiça criminal, neste artigo na figura do colaborador.

Feita a digressão de interesse, com breves considerações acerca da colaboração premiada e da necessária acepção alargada do *ne bis in idem* em nossa sistemática para evitar o cúmulo sancionatório nas esferas penal e fiscal, note-se que não se pretende neste trabalho apresentar uma teoria sobre a múltipla incidência punitiva, embora algumas angústias tenham sido brevemente expostas.

Buscou-se estabelecer tais premissas a fim de analisar os efeitos da colaboração premiada na seara fiscal e tributária e sua necessária aproximação com o instituto da denúncia espontânea em face da multiplicidade de instâncias decisórias e órgãos estatais com competências próprias e autônomas.

---

35 SABOYA, Keity. *Ne bis in idem*: História, Teoria e Perspectivas. Rio de Janeiro: Lumen Juris, 2014, p. 153.

36 SABOYA, Keity. *Ne bis in idem*: História, Teoria e Perspectivas. Rio de Janeiro: Lumen Juris, 2014, p. 154-155.

37 BITTAR, Walter Barbosa. Instauração simultânea de inquérito penal e civil: *bis in idem*?. *Boletim IBCcrim,* ano 13, n. 156, novembro de 2005, p. 08.

38 Não é a unidade do *jus puniendi* estatal que fundamenta a necessidade de se estabelecer um núcleo comum entre o direito penal e o direito administrativo. É o fato de que ambas as searas trabalham com a aplicação de sanções aos particulares, atividade própria do Estado. COSTA, Helena Regina Lobo da. Direito administrativo sancionador e direito penal: a necessidade de desenvolvimento de uma política sancionadora. In: *Direito administrativo sancionador*. BLAZECK, Luiz Mauricio Souza; MARZAGÃO JR., Laerte I. (Coord.). São Paulo: Quartier Latin, 2014, p.107-118.

Firmadas as asserções propostas, é preciso distinguir duas situações em que há cúmulo sancionatório ao colaborador na esfera tributária: (a) a Receita Federal utiliza informações confidenciadas nas colaborações firmadas e faz autuação fiscal em cima dos crimes confessados; e (b) as informações da colaboração geram autuações de sonegação a partir da movimentação financeira ou de pagamentos que estão diretamente ligados aos crimes relatados, como também são autuadas outras operações que decorreram de movimentações posteriores, não diretamente ligadas aos fatos típicos originários.

Na primeira hipótese a solução constitucionalmente adequada é a impossibilidade de punição e cobrança posterior, uma vez que o próprio Estado não pode sustentar sua arrecadação diretamente no objeto ilícito[39], muito embora o tema no campo tributário esteja sendo cada vez mais discutido, inclusive com viés econômico-social e quase ativista[40], em razão da complexidade dos crimes entregues nas colaborações – e, especialmente, em razão dos valores envolvidos.

O próprio conceito de tributo do Código Tributário Nacional (CTN)[41-42] nos ensina que é impossível a instituição de tributo decorrente de sanção por ato ilícito[43]. Não se trata de olvidar o prin-

---

39 BECKER, Alfredo Augusto. *Teoria geral do direito tributário*. 2. ed. São Paulo: Saraiva, 1972, p. 548.
40 DWORKIN, Ronald. *O império do direito*. São Paulo: Martins Fontes, 1999, p. 451-452.
41 BRASIL. Código Tributário Nacional. Art. 3º Tributo é toda prestação pecuniária compulsória, em moeda ou cujo valor nela se possa exprimir, que não constitua sanção de ato ilícito, instituída em lei e cobrada mediante atividade administrativa plenamente vinculada.
42 "o tributo se distingue da penalidade exatamente porque esta tem como hipótese de incidência um ato ilícito, enquanto a hipótese de incidência do tributo é sempre algo lícito". MACHADO. Hugo de Brito. *Curso de direito tributário*. 33. ed. São Paulo: Malheiros, 2012.
43 Como entendimento contrário à tributação do ilícito, entende-se que se o fato for ilícito, não teremos tributo, mas multa. COELHO, Sacha Calmon Navarro. *Curso de direito tributário brasileiro*. 7. ed. Rio de Janeiro: Forense, 2004. p. 451.

cípio da *pecunia non olet*[44], mas necessário se faz ponderar que ato ilícito, enquanto tal, não é fato gerador de tributo, mas suporte fático de sanção[45-46].

Assim, quando o Fisco lavra auto de infração decorrente de informações veiculadas em acordo de colaboração, há locupletamento ilícito do Estado, que se beneficia de ações proibidas, associando--se à ilegalidade e dela tirando proveito[47-48].

Ademais, o auto de infração é lavrado tendo como hipótese de incidência recursos ou produtos que têm origem criminosa, não sendo reconhecida a titularidade jurídica do colaborador, situação que enseja o confisco[49].

Já no segundo cenário a situação se revela mais complexa, ensejando uma análise pormenorizada das consequências nas linhas seguintes.

A colaboração premiada opera como um jogo de estratégia

---

44 BRASIL. Código Tributário Nacional. Art. 118. A definição legal do fato gerador é interpretada abstraindo-se:
I – da validade jurídica dos atos efetivamente praticados pelos contribuintes, responsáveis, ou terceiros, bem como da natureza do seu objeto ou dos seus efeitos;
II – dos efeitos dos fatos efetivamente ocorridos.

45 BECKER, Alfredo Augusto. *Teoria geral do direito tributário*. 3. ed. São Paulo: Lejus, 1998. p. 615. CARVALHO, Paulo de Barros. *Curso de direito tributário*. 16. ed. São Paulo: Saraiva, 2004, p. 27.

46 "o tributo se distingue da penalidade exatamente porque esta tem como hipótese de incidência um ato ilícito, enquanto a hipótese de incidência do tributo é sempre algo lícito". MACHADO. Hugo de Brito. *Curso de direito tributário*. 33. ed. São Paulo: Malheiros, 2012.

47 BALEEIRO, Aliomar. *Limitações constitucionais ao poder de tributar*. Atualizado por Misabel de Abreu Machado Derzi. 7. ed. Rio de Janeiro: Forense, 197. p. 715-716.

48 LEITE, Alaor; TEIXEIRA, Adriano. *Crime e Política*. Consequências tributárias e penais-tributárias da corrupção. 1. ed. Rio de Janeiro: FGV Editora: 2018, p. 110.

49 BECHO, Renato Lopes. A discussão sobre a tributabilidade de atos ilícitos. *Revista dialética de Direito Tributário*. v. 172, p. 101, 106 e s.

entre sujeitos que ponderam racionalmente custos e benefícios[50] para melhores resultados em uma negociação, movimento típico da Análise Econômica do Direito[51], que acolhe o teorema de Coase[52].

Coase advoga uma mudança de olhar nas relações entre Direito e Economia, destacando as consequências econômicas dos entendimentos jurídicos, de modo que os custos das transações devem ser considerados na propriedade de direitos, levando a maior eficiência.

Aplicada à colaboração premiada, a recompensa gera o incentivo à cooperação, maximizando seus resultados. No entanto, para que isso ocorra, é preciso abater os custos ao colaborador[53], maximizando os resultados da colaboração e impedindo a sobreposição de sanções na esfera fiscal além da penal.

---

50 ROSA, Alexandre Morais da. *Para entender a colaboração premiada pela teoria dos jogos:* táticas e estratégias do negócio jurídico. Florianópolis: EModara, 2018, p. 241.

51 É possível, desse modo, a partir de uma análise econômica do direito, averiguar a reação do sujeito à lei, ou seja, a incentivos e sanções, uma verdadeira teoria científica do comportamento humano. Normas jurídicas passam a ser estudadas sob a ótica da eficiência, a partir de uma análise de custo-benefício, e são consideradas incentivos para alterar condutas (como se fossem preços implícitos). In: TABAK, Benjamim Miranda; FONSECA, Cibele Benevides Guedes da; AGUIAR, Julio Cesar. Delação Premiada, aspectos jurídicos. A Colaboração Premiada Compensa? Brasília: Núcleo de Estudos e Pesquisas/ CONLEG/Senado, agosto/2015 (Texto para Discussão nº 181). Disponível em: www.senado.leg.br/estudos. Acesso em: 15 set. 2020.

52 Coase advoga uma mudança de olhar nas relações entre Direito e Economia, destacando as consequências econômicas dos entendimentos jurídicos, de modo que os custos das transações devem ser considerados na propriedade de direitos, levando a maior eficiência. COASE, Ronald H. *The problem of social cost.* Journal of Law and Ecomics, vol. 03 (Oct., 1960), The University of Chicago Press. 45 p. Disponível em: http://www2.econ.iastate.edu/classes/tsc220/hallam/Coase.pdf.

53 "A noção de prêmio não é expressão de um valor moral positivo, mas, sim, o reflexo de um objetivo político-criminal: desse modo não se responde a uma racionalidade concernente ao valor, mas a uma racionalidade relativa ao propósito". PEREIRA, Frederico Valdez. *Colaboração premiada*: legitimidade e procedimento. 3. ed. Curitiba: Juruá, 2016, p. 32.

Apesar de alçado à categoria de direito fundamental, inexiste no Brasil uma regulamentação clara acerca da aplicação do princípio do *ne bis in idem*, o que se agrava diante da ausência de um posicionamento pacificador da parte do Poder Judiciário[54], muito embora seu espectro de proteção garanta a possibilidade de novas pretensões com sentido retributivo em desfavor do colaborador[55].

É preciso, então, encontrar soluções legais e doutrinárias que possam conciliar de um lado i) o interesse público primário em repelir o ilícito e a autonomia dos diferentes órgãos sancionadores com; ii) a necessidade de redução de custos para máxima eficácia do instituto da colaboração, com as proteções legais inerentes à validade dos negócios jurídicos e os princípios constitucionais que assegurem os direitos fundamentais e as garantias processuais dos cidadãos, incluindo o *ne bis in idem*.

3. Paraquedas dourado na área tributária: a equivalência da colaboração premiada com a denúncia espontânea

A incompreensão e o divórcio das garantias constitucionais nos moldes atuais da colaboração premiada e seus efeitos na esfera tributária, diante da impossibilidade de controle e previsão do comportamento dos agentes estatais, transforma o colaborador na vítima do negócio jurídico processual penal[56].

O tratamento é o estabelecimento de cláusula no pacto premial

---

54 SABOYA, Keity. *Ne bis in idem* em tempos de multiplicidades de sanções e agências de controle punitivo. *Jornal de Ciências Criminais*, São Paulo, v. n. 1, p. 71-92, jul.-dez. 2018.

55 SABOYA, Keity. *Ne bis in idem* em tempos de multiplicidades de sanções e agências de controle punitivo. *Jornal de Ciências Criminais*, São Paulo, v. n. 1, p. 71-92, jul.-dez. 2018.

56 ROSA, Alexandre Morais da. *Para entender a delação premiada pela teoria dos jogos*: táticas e estratégias do negócio jurídico. Florianópolis: EModara, 2018. p. 16. TROTT, Stephen S. *O uso de um criminoso como testemunha: um problema especial*. Trad. Sérgio Fernando Moro. *Revista CEJ*, Brasília, Ano XI, n. 2007.

que consagre um "paraquedas dourado"[57-58], assegurando a expectativa de direitos inicialmente propostos ao colaborador e a garantia de não enfrentamento de mais um braço do poder público além da esfera criminal.

Essa medida é de todo conveniente não apenas em matéria penal, mas também nas demais questões inerentes às esferas administrativas e tributárias, especialmente se considerada a superioridade estatal proporcionada pela posição de comprador da informação[59].

Indo além, sendo a colaboração premiada negócio jurídico processual entabulado com o poder público diante de sua utilidade e interesse[60], com características de um contrato de natureza jus-privativa e que visa a maximização de resultados como incentivo ao instituto, faz com que, no que se refere à matéria tributária, a colaboração premiada opere como um equivalente funcional à denúncia espontânea.

Mesmo não sendo institutos idênticos, mas similares em características, fundamentos e consequências na ordem jurídica, a ideia de equivalência funcional, aliada à necessidade de observância dos princípios acima citados, permite que as recompensas previstas na denúncia espontânea em matéria tributária sejam estendidas e aplicadas também na colaboração premiada, evitando que o colaborador seja surpreendido pelo *piling on*[61] e assim prejudicando o incentivo à colaboração.

---

57 DECENZO, David A. / Robbins, Stephen P. / Verhulst, Susan L. *Fundamentos da administração de recursos humanos*. 11 ed. Elsevier, 2015.
58 Silva, Philipe Benoni Melo e. Natureza jurídica da colaboração premiada – O negócio jurídico criminal: existência, validade e eficácia. *Revista Magister de direito penal e processual penal* Imprenta: Porto Alegre, Magister, 2004. Referência: v. 14, n. 84, p. 68–79, jun./jul, 2018.
59 ROSA, Alexandre Morais da. *Para entender a delação premiada pela teoria dos jogos*: táticas e estratégias do negócio jurídico. Florianópolis: EModara, 2018. p. 16.
60 BRASIL. Lei 12.850/03. Art. 3º-A. O acordo de colaboração premiada é negócio jurídico processual e meio de obtenção de prova, que pressupõe utilidade e interesse públicos.
61 No direito norte-americano o cúmulo de sanções foi cunhado de *piling on*, em alusão a jogada no futebol americano em que jogadores se amontoam sobre um único adversário, já neutralizado. https://globalanticorruptionblog.com/tag/ne-bis-in-idem/

Com efeito, a denúncia espontânea é o instrumento previsto no art. 138 do Código Tribunal Nacional[62] por meio do qual o contribuinte, antes de qualquer procedimento administrativo ou medida de fiscalização, confessa para o Fisco que praticou algum descumprimento da obrigação tributária principal[63]. Como medida de recompensa, ficará dispensado de pagar a multa.

O benefício de denúncia espontânea associa-se à política tributária indutora de comportamento de retorno à legalidade e, para tanto, premia o infrator que por vontade própria fez o caminho de volta à seara do comportamento esperado socialmente[64].

Nesse mesmo sentido, o contribuinte, ciente que cometeu infração tributária, com o temor de que a ilegalidade venha à luz, confessa a prática desse ilícito. Como consequência desse arrependimento, o Fisco atua de forma benevolente e propõe a benesse de excluir as multas aplicáveis ao caso.

Sendo assim, colaboração premiada e denúncia espontânea possuem diversas características comuns:

(i) o ponto de partida é um conflito/desajuste entre o investigado/contribuinte e a lei, gerando a possibilidade de severa punição estatal, seja na esfera judicial ou pelo Fisco;

(ii) a confissão/denúncia tem por objetivo obter a recompensa: livrar-se de sanções ao retirar sua razão jurídica;

---

62 BRASIL. Código Tributário Nacional. Art. 138. A responsabilidade é excluída pela denúncia espontânea da infração, acompanhada, se for o caso, do pagamento do tributo devido e dos juros de mora, ou do depósito da importância arbitrada pela autoridade administrativa, quando o montante do tributo dependa de apuração.

Parágrafo único. Não se considera espontânea a denúncia apresentada após o início de qualquer procedimento administrativo ou medida de fiscalização, relacionados com a infração.

63 MACHADO. Hugo de Brito. *Curso de direito tributário*. 33. ed. São Paulo: Malheiros, 2012, p. 161.

64 AMARO, Luciano. *Direito tributário brasileiro*. 12. ed. São Paulo: Saraiva, 2006, p. 452.

(iii) há interesse público relevante em oferecer a recompensa como um incentivo para que se descubram situações que dificilmente seriam aclaradas;

(iv) o interesse público também se perfaz na cessão da situação ilícita;

(v) ambas prestigiam a eficiência na prestação jurisdicional, uma vez que têm lugar a partir da incapacidade estatal de dar respostas às infrações criminais e/ou tributárias no seu devido tempo;

(vi) promovem a redução de custo na ação estatal, seja persecução penal, seja na administração tributária e;

(vii) facilitam a restituição financeira ao erário, seja na forma de ressarcimento de prejuízos causados por crime, seja no adimplemento de tributo devido.

A partir dessas similaridades, é possível fazer uma interpretação conforme a Constituição e possibilitar que o acordo de colaboração seja instrumento funcionalmente equivalente à denúncia espontânea junto ao Fisco nos casos em que se confessa sonegação sem que esta esteja relacionada a um objeto direto de um outro crime, por si só, redimido.

Note-se que essa leitura não implica a defesa da possibilidade de que o Ministério Público e/ou o delegado de polícia possam transacionar interesses fiscais, uma vez que não existe atribuição legal para tanto. Essa aproximação teoria traz a lume o fato de que tanto os acordos de colaboração premiada, como a denúncia espontânea são celebrados entre colaborador/contribuinte e o Estado, que é a entidade que detém o poder político e soberano para tributar e punir, mas que onera excessivamente em razão da sobreposição de sanções nessas duas searas.

Essa tese apenas traz a discussão sobre a possibilidade de reduzir a carga tributária do colaborador enquanto recompensa e, logo, incentivo para revelar o máximo em seu pacto premial, visto que o objetivo de ambos os institutos é possibilitar a devida elucidação de ilícitos graves, tanto na esfera criminal quanto na esfera tributária.

Por óbvio que a necessidade dessa equiparação traz questões que merecem melhor esclarecimento.

Mesmo sem previsão legal, a Orientação Conjunta n. 01/2018 do Ministério Público Federal[65], que define os parâmetros da celebração do acordo de colaboração premiada, determina, no item 24.5, *i*, que o colaborador declare todos os bens que são de sua propriedade, ainda que em nome de terceiros, sob pena de conduta contrária ao dever de boa-fé e consequente rescisão do acordo[66].

Com o cumprimento do manual de boas práticas para a elaboração de acordo premial, o colaborador apresenta a relação de todo o seu capital, em claro movimento de exposição patrimonial, que fica disponível para os demais órgãos fiscalizadores e de controle.

A utilização dessas informações é fundamento para a lavratura dos autos de infração, balizado pelas informações entregues pelo próprio colaborador, que, muito embora tenha assegurado o direito constitucional do contraditório[67] no processo administrativo tributário, não pode impugnar os fatos confessados no acordo, sob pena de contrariar o pacto premial, em clara postura omissiva perante o acordo de colaboração, que se configura em uma de suas hipóteses resolutivas[68].

Mas não é só.

Além de tolhido seu direito de defesa, o colaborador pode ainda se deparar com a perda e confisco do resto de seus bens diante do não pagamento de seu passivo tributário, já que conhecido o espólio em sua totalidade diante da necessidade de informação quando da celebração do acordo.

Admitindo-se a possibilidade de equiparação da colaboração premiada enquanto denúncia espontânea no âmbito fiscal, o colaborador pagaria os tributos oriundos de eventuais operações finan-

---

65 Orientação Conjunta 1/2018, Disponível em: http://www.mpf.mp.br/atuacao-tematica/ccr5/orientacoes/orientacao-conjunta-no-1-2018.pdf.
66 Sobre o tema ver: CALLEGARI, André Luís. *Colaboração premiada*: aspectos teóricos e práticos. São Paulo: Saraiva Educação, 2019, p. 234.
67 BRASIL. Constituição Federal. Art. 5º, LV.
68 Sobre o tema ver: CALLEGARI, André Luís. *Colaboração premiada*: aspectos teóricos e práticos. São Paulo: Saraiva Educação, 2019, p. 234.

ceiras ilegais, mas isento de multa, maior parte do passivo tributário, maximizando seu interesse na colaboração diante da segurança jurídica nessa concepção.

Por outro lado, cabe pontuar que o parágrafo único do art. 138 do CTN, dispõe que "não se considera espontânea a denúncia apresentada após o início de qualquer procedimento administrativo ou medida de fiscalização, relacionados com a infração"[69].

Por sua vez, a fiscalização acima mencionada está preceituada no art. 196 do CTN[70]. Ainda sobre a fiscalização, Hugo de Brito Machado Segundo ensina que o procedimento tem natureza formal, "com vistas a assegurar o respeito aos direitos fundamentais do cidadão e limitar os poderes da autoridade fiscalizadora"[71].

Portanto, mesmo que exista algum tipo de procedimento administrativo interno no órgão fiscalizador, no qual a autoridade busque elementos para iniciar uma ação fiscal, se não houve intimação, considera-se espontânea a denúncia.

Outra questão importante de se ressaltar é que na denúncia espontânea o pagamento do tributo deverá, obrigatoriamente, ser feito de maneira integral e de uma só vez.

---

69 BRASIL. Código Tributário Nacional. Art. 138. A responsabilidade é excluída pela denúncia espontânea da infração, acompanhada, se for o caso, do pagamento do tributo devido e dos juros de mora, ou do depósito da importância arbitrada pela autoridade administrativa, quando o montante do tributo dependa de apuração. Parágrafo único. Não se considera espontânea a denúncia apresentada após o início de qualquer procedimento administrativo ou medida de fiscalização, relacionados com a infração.

70 BRASIL. Código Tributário Nacional Art. 196. A autoridade administrativa que proceder ou presidir a quaisquer diligências de fiscalização lavrará os termos necessários para que se documente o início do procedimento, na forma da legislação aplicável, que fixará prazo máximo para a conclusão daquelas. Parágrafo único. Os termos a que se refere este artigo serão lavrados, sempre que possível, em um dos livros fiscais exibidos; quando lavrados em separado deles se entregará, à pessoa sujeita à fiscalização, cópia autenticada pela autoridade a que se refere este artigo.

71 MACHADO SEGUNDO, Hugo de Brito. Processo tributário. 10. ed. rev. e atual., São Paulo: Atlas, 2018, p. 63.

Não é permitido o parcelamento do valor declarado, senão estaria caracterizado o parcelamento tributário descrito no art. 155-A, § 1º do CTN[72]. Inclusive, o Superior Tribunal de Justiça (STJ) já consolidou posição no sentido de que o parcelamento não pode ser equiparado ao pagamento para efeitos de gozo dos benefícios da denúncia espontânea[73].

Neste particular, para que seja possível compatibilizar essa exigência com a aplicação dos efeitos da denúncia espontânea a partir do instrumento de colaboração premiada, o procedimento seria a intimação do colaborador por parte do Fisco para pagamento integral do tributo supostamente devido de forma voluntária, se detectada sonegação apta a gerar auto de infração com base nas informações declaradas no pacto premial. Caso optasse pelo não adimplemento da obrigação, estaria sujeito às sanções aplicáveis.

Alternativa diversa e mais producente ao nosso sentir e de acordo com a conjuntura apresentada é que, após a homologação do acordo de colaboração, este seja enviado aos órgãos fiscalizadores para o cálculo de eventual tributação relativa aos fatos narrados, sendo recebido o acordo como denúncia espontânea, sem a incidência de multa.

No ponto, importante trazer a divergência doutrinária sobre a possibilidade de denúncia espontânea relativa à obrigação acessória[74].

Convém ressaltar que parte da doutrina tributária entende que a denúncia espontânea seria também aplicável às obrigações aces-

---

72 BRASIL. Código Tributário Nacional. Art. 155-A. O parcelamento será concedido na forma e condição estabelecidas em lei específica. § 1º Salvo disposição de lei em contrário, o parcelamento do crédito tributário não exclui a incidência de juros e multas.
73 BRASIL. Superior Tribunal de Justiça. EDcl no AgRg no Recurso Especial n. 1.046.929 – RS. rel. Min. Humberto Martins, 23. jun. 2009.
74 No art. 113 do Código Tributário Nacional, a obrigação tributária divide-se em principal e acessória. A obrigação tributária principal é a obrigatoriedade de pagar o tributo e a obrigação tributária acessória é obrigatoriedade de fazer ou deixar de fazer alguma coisa, ou permitir que ela seja feita pelo Fisco, tudo no interesse da arrecadação ou da fiscalização dos tributos.

sórias, tendo em vista a interpretação literal do art. 138 do CTN[75], em que há possibilidade de uso do instituto em circunstâncias onde não há pagamento de tributo, o que corresponderia às obrigações formais[76].

Há recursos interpostos no âmbito do Conselho Administrativo de Recursos Fiscais (CARF) em que os recorrentes pleiteiam a equiparação da colaboração premiada enquanto instrumento de denúncia aplicação espontânea, ao argumento de que as infrações apuradas pelo Fisco foram previamente confessadas ao Ministério Público Federal, além da entabulação de acordo de leniência já homologado.

Na jurisprudência atual do CARF o instituto da denúncia espontânea depende exclusivamente da ação do sujeito passivo tanto sobre a confissão do tributo, quando sobre seu pagamento ou depósito, quando este depende de apuração[77].

Em suma, poderia o contribuinte, se assim quisesse, ter se antecipado a qualquer procedimento fiscal e adotado as medidas necessárias para a denúncia espontânea das obrigações tributárias perante o Fisco, retificando suas declarações e pagando ou efetuando o depósito dos tributos devidos, desconsiderando a aproximação aqui defendida.

---

75 BRASIL. Código Tributário Nacional. Art. 138. A responsabilidade é excluída pela denúncia espontânea da infração, acompanhada, se for o caso, do pagamento do tributo devido e dos juros de mora, ou do depósito da importância arbitrada pela autoridade administrativa, quando o montante do tributo dependa de apuração. Parágrafo único. Não se considera espontânea a denúncia apresentada após o início de qualquer procedimento administrativo ou medida de fiscalização, relacionados com a infração.

76 Outro ponto importante nesse assunto é o entendimento do Ministro Humberto Martins, do Superior Tribunal de Justiça, que entende que "a declaração do débito feita sem o respectivo pagamento tem o condão de constituir o crédito tributário e todos os seus consectários, sem a necessidade de procedimento administrativo para a cobrança da multa moratória". BRASIL. Superior Tribunal de Justiça. 2. Turma. AgRg no REsp 1251419/RJ. rel. Min. Humberto Martins, 1º de setembro de 2011.

77 Acórdão CARF n.1302-003.215 – 3ª Câmara / 2ª Turma Ordinária. Processo n.13896.723093/2016-24.

Necessária a compreensão que a equiparação da colaboração premiada enquanto denúncia espontânea tem o objetivo de aumentar a eficiência estatal na atividade sancionatória, reduzindo custos e aumentando o interesse na celebração de acordos de colaboração premiada.

Desse modo, seja pela via de inserção de cláusulas nos instrumentos, seja pela adição de cláusulas em acordos já celebrados ou ainda pela aplicação da interpretação conforme a Constituição para fins de admitir a analogia com a denúncia espontânea e suas consequências jurídicas, é inescapável que o colaborador seja protegido de surpresas e arbitrariedades, tendo em vista as garantias processuais que tratam da segurança jurídica, a confiança e boa-fé, bem como a proibição do *ne bis in idem*, além dos demais princípios aplicáveis à espécie contratual em questão.

4. Conclusão

Propôs-se, a partir do exposto, a análise de algumas questões postas sobre a equiparação da colaboração premiada como instrumento de denúncia espontânea, pensada a partir da insuficiente produção acadêmica sobre o tema e da ausência procedimental do assunto.

Essas primeiras reflexões já permitem visualizar algumas questões práticas do proposto e suas possibilidades de extensão, sendo essa aproximação teórica possível em razão de que tanto os acordos de colaboração premiada, como a denúncia espontânea são celebrados entre colaborador/contribuinte e o Estado.

Decerto a tese ora esposada exige maior aprofundamento e análise de questões práticas, mas desde já se deve considerar que os novos desafios para a garantia de segurança jurídica e de máxima efetividade da colaboração premiada demandam o enfrentamento de seus efeitos nas esferas administrativas e tributárias em consonância com as garantias processuais constitucionais, o que pode significar aproximações permitidas no âmbito da interpretação constitucional ou, caso necessário, aperfeiçoamentos legislativos.

O que não é constitucionalmente admitido é a ação contraditória e inesperada entre diferentes órgãos estatais ou mesmo que o Estado venha a ser sócio de um ilícito confessado em sede de colaboração.

Portanto, a equiparação desses institutos estimula a elaboração de novos acordos e traz mais segurança jurídica ao colaborador, maximizando os benefícios do acordo ao Estado.

5. REFERÊNCIAS BIBLIOGRÁFICAS

Acórdão CARF n. 1302-003.215 – 3ª Câmara / 2ª Turma Ordinária. Processo n. 13896.723093/2016-24.

AMARO, Luciano. *Direito tributário brasileiro*. 12. ed. São Paulo: Saraiva, 2006, p. 452.

BALEEIRO, Aliomar. *Limitações constitucionais ao poder de tributar*. Atualizado por Misabel de Abreu Machado Derzi. 7. ed. Rio de Janeiro: Forense, 197. p. 715-716.

BECHO, Renato Lopes. A discussão sobre a tributabilidade de atos ilícitos. *Revista dialética de Direito Tributário*. v. 172.

BECKER, Alfredo Augusto. *Teoria geral do direito tributário*. 2. ed. São Paulo: Saraiva, 1972.

BECKER, Alfredo Augusto. *Teoria geral do direito tributário*. 3. ed. São Paulo: Lejus, 1998.

BITTAR, Walter Barbosa. Instauração simultânea de inquérito penal e civil: *bis in idem?*. *Boletim IBCcrim*, ano 13, no 156, novembro de 2005.

BRASIL. Código Tributário Nacional.

BRASIL. Código Tributário Nacional. Art. 118. A definição legal do fato gerador é interpretada abstraindo-se.

BRASIL. Constituição Federal.

BRASIL. Lei n. 12.850/2003.

BRASIL. Orientação Conjunta 1/2018, Disponível em: http://www.mpf.mp.br/atuacao-tematica/ccr5/orientacoes/orientacao-conjunta--no-1-2018.pdf.

BRASIL. Superior Tribunal de Justiça. 2. Turma. AgRg no REsp 1251419/RJ. rel. Min. Humberto Martins, 1º de setembro de 2011.

BRASIL. Superior Tribunal de Justiça. EDcl no AgRg no Recurso Especial n. 1.046.929 – RS., rel. Min. Humberto Martins, 23. jun. 2009.

BRASIL. Supremo Tribunal Federal. HC 127.483/PR. Tribunal Pleno, rel. Min. Dias Toffolli, j. 27-8-2015.

BRASIL. Supremo Tribunal Federal. HC 127.483/PR. Tribunal Pleno, rel. Min. Dias Toffolli, j. 27-8-2015.

BRASIL. Supremo Tribunal Federal. PET 5.700, rel. Min. Celso de Mello, DJe 24-9-2015, Informativo 800, 21 a 25 de setembro, 2015.

BRASIL. Supremo Tribunal Federal. Pet 5209.

BRASIL. Supremo Tribunal Federal. Pet 5244.

BRASIL. Supremo Tribunal Federal. Pet 7074 QO, rel. Min. Edson Fachin, Tribunal Pleno, j. 29-6-2017.

CALLEGARI, André Luís. *Colaboração premiada*: aspectos teóricos e práticos. São Paulo: Saraiva Educação, 2019, p. 234.

CALLEGARI, André Luís; LINHARES, Raul Marques. *Colaboração premiada*: lições práticas e teóricas – de acordo com a jurisprudência do Supremo Tribunal Federal. 2. ed. rev. e ampl. Porto Alegre: Livraria do Advogado, 2019.

CARVALHO, Paulo de Barros. *Curso de direito tributário*. 16. ed. São Paulo: Saraiva, 2004.

COASE, Ronald H. The problem of social cost. Journal of Law and Ecomics, vol. 03 (Oct., 1960) The University of Chicago Press. 45 p. Disponível em: http://www2.econ.iastate.edu/classes/tsc220/hallam/Coase.pdf

COELHO, Sacha Calmon Navarro. *Curso de direito tributário brasileiro*. 7. ed., Rio de Janeiro: Forense, 2004.

COSTA, Helena Regina Lobo da. Direito administrativo sancionador e direito penal: a necessidade de desenvolvimento de uma política sancionadora. In: *Direito administrativo sancionador*. BLAZECK, Luiz Mauricio Souza; MARZAGÃO JR., Laerte I. (Coord). São Paulo: Quartier Latin, 2014.

COSTA, Helena Regina Lobo da. *Direito penal econômico e direito administrativo sancionador*: ne bis in idem como medida de política sancionadora integrada. 2013. Universidade de São Paulo, São Paulo, 2013.

DECENZO, David A. Robbins, Stephen P.Verhulst, Susan L. *Fundamentos da administração de recursos humanos*. 11. ed. Elsevier, 2015.

DERZI, Misabel Abreu Machado. *Modificações da jurisprudência*: proteção da confiança, boa-fé objetiva e irretroatividade como limitações constitucionais ao poder judicial de tributar. São Paulo: Noeses, 2009, p. 379.

DWORKIN, Ronald. *O império do direito*. São Paulo: Martins Fontes, 1999.

ESTELLITA, Heloisa. A colaboração premiada para identificação dos demais coautores ou partícipes: algumas reflexões à luz do devido processo legal. *Boletim IBCCRIM*, v. 17, n. 202, set. 2009.

FARIAS, Cristiano Chaves; ROSENVALD, Nelson; NETTO, Felipe Braga. *Manual de Direito Civil* – volume único. Salvador: Juspodivm, 2017, p. 917.

FERRAJOLI, Luigi. Pasado y futuro del estado de derecho In: CARBONELL, Miguel (org.). *Neoconstitucionalismo(s)*. Madrid: Trotta, 2003.

LEITE, Alaor; TEIXEIRA, Adriano. *Crime e política*. Consequências tributárias e penais-tributárias da corrupção. 1. ed. Rio de Janeiro: FGV Editora: 2018, p. 110.

MACHADO SEGUNDO, Hugo de Brito. *Processo tributário*. 10. ed. rev. e atual., São Paulo: Atlas, 2018.

MACHADO. Hugo de Brito. *Curso de direito tributário*. 33. ed. São Paulo: Malheiros, 2012.

NOGUEIRA, Pedro Henrique. *Negócios jurídicos processuais*. 2. ed. Salvador: Juspodivm, 2016.

PEREIRA, Frederico Valdez. *Colaboração premiada*: legitimidade e procedimento. 3. ed. Curitiba: Juruá, 2016, p. 51. Da colaboração premiada: aspectos de direito processual. *Boletim IBCCRIM*, São Paulo, n. 159, fev. 2006, p. 10.

Revista Magister de direito penal e processual penal Imprenta: Porto Alegre, Magister, 2004. Referência: v. 14, n. 84, p. 68-79, jun./jul, 2018.

ROSA, Alexandre Morais da. *Para entender a colaboração premiada pela teoria dos jogos*: táticas e estratégias do negócio jurídico. Florianópolis: EModara, 2018, p. 241.

ROSA, Luisa Walter da. *Colaboração premiada*: a possibilidade de concessão de benefícios extralegais ao colaborador. Imprenta: Florianópolis, EMais, 2018.

SABOYA, Keity. *Ne bis in idem* em tempos de multiplicidades de sanções e agências de controle punitivo. *Jornal de Ciências Criminais*, São Paulo, v. n. 1, p. 71-92, jul.-dez. 2018.

SABOYA, Keity. *Ne bis in idem*: História, Teoria e Perspectivas. Rio de Janeiro: Lumen Juris, 2014, P. 153.

SABOYA, Keity. *Ne bis in idem*: História, Teoria e Perspectivas. Rio de Janeiro: Editora Lumen Juris, 2014, p. 154-155.

SRLET, Ingo Wolfgang. *A eficácia dos direitos fundamentais*. Porto Alegre: Livraria do Advogado, 2003.

SILVA, Philipe Benoni Melo e. Natureza jurídica da colaboração premiada – O negócio jurídico criminal: existência, validade e eficácia.

SOUZA, Renee do Ó. *Os efeitos transversais da colaboração premiada e do acordo de leniência*. Belo Horizonte: Editora D'Plácido, 2020.

SUXBERGER, Antonio H. G. Colaboração premiada e a adoção da oportunidade no exercício da ação penal pública. In: MENDES, Soraia da Rosa (org.). A colaboração/colaboração premiada em perspectiva. Brasília: IDP, 2016, p. 19.

TABAK, Benjamim Miranda. FONSECA, Cibele Benevides Guedes da. AGUIAR, Julio Cesar. Delação Premiada, aspectos jurídicos. A Colaboração Premiada Compensa? Brasília: Núcleo de Estudos e Pesquisas/ CONLEG/Senado, agosto/2015 (Texto para Discussão nº 181). Disponível em: www.senado.leg.br/estudos. Acesso em: 15 set. 2020.

TOSI, Gabriel S. A Lei Anticorrupção e os limites entre o direito penal e o direito administrativo sancionador. In Direito Penal Econômico e Empresarial: Estudos dos Grupos de Pesquisa em Direito

Penal Econômico e Empresarial da PUCRS e da FGV DIREITO SP. FELDENS, Luciano; ESTELLITA, Heloísa; WUNDERLICH, Alexandre (orgs). Rio de Janeiro: Lumen Juris, 2016, p. 213.

TRIBUNAL DE JUSTIÇA DA UNIÃO EUROPEIA, Processo contra Giuseppe Francesco Gasparini e outros (C-467/04), julgado em 28-9-2006. Disponível em: <http://curia.europa.eu/juris/liste.jsf?language=en&num=C-467/04>. Acesso em: 15-9-2020. Processos contra Enzo Di Puma e Antonio Zecca (C-596/16 e C-597/16), julgados em 20-3-2018. Disponível em: <http://curia.europa.eu/juris/liste.jsf?language=en&num=C-596/16>.

VASCONCELLOS, Vinicius Gomes de. *Colaboração premiada no processo penal brasileiro*: introdução ao instituto e ao seu regramento normativo. São Paulo: Revista dos Tribunais, 2018.

14.
A punição da lavagem de dinheiro quando a infração antecedente é praticada no exterior

Natasha do Lago[1]

1. INTRODUÇÃO

A lavagem de dinheiro passou a ser criminalizada no direito brasileiro em 1998, com a edição da Lei n. 9.613. Isso ocorreu em linha com recomendações internacionais que visavam dificultar a utilização de bens, direitos e valores provenientes de infração penal, inibindo sua reinserção na economia lícita, sobretudo em situações envolvendo tráfico de drogas[2].

A natureza transnacional da lavagem de dinheiro facilita que sua prática ocorra em mais de um país, o que pode gerar dificuldades para a aplicação da lei. Essas dificuldades podem ser resolvidas com base nas regras para aplicação da lei penal no espaço, que serão vistas nos próximos itens.

---

1 Advogada. Mestre em Direito Penal pela USP.
2 Isso decorreu principalmente de ações adotadas pelo Grupo de Ação Financeira, que há 30 anos edita recomendações internacionais sobre o tema (GAFI. As Recomendações do GAFI. Fev. 2012. Disponível em: https://www.fatf-gafi.org/media/fatf/documents/recommendations/pdfs/FATF-40-Rec-2012-Portuguese-Port.pdf. Acesso em: 27 jun. 2020).

2. REGRAS GERAIS PARA DEFINIÇÃO DA LEI PENAL NO ESPAÇO

Como regra, a lei brasileira se aplica a crimes praticados em território nacional, conforme prevê o art. 5º do Código Penal[3]. Isso se explica tanto em razão da configuração da ordem internacional, que entre outros aspectos define o Estado pelo território ocupado, como pela necessidade de delimitar a soberania estatal[4].

No art. 7º, o Código Penal prevê algumas exceções ao princípio da territorialidade, permitindo a punição de crimes praticados no exterior desde que observados determinados critérios[5].

Em um primeiro grupo de casos, previstos no inc. I desse dispositivo, a lei não estabelece condições específicas, além das que já estão contidas no próprio texto legal, bastando, por exemplo, que o crime seja praticado "contra a vida ou a liberdade do Presidente da República" ou "contra o patrimônio ou a fé pública da União" para que a lei brasileira seja aplicada como se o crime tivesse ocorrido em território nacional.

Já no inciso seguinte, o art. 7º trata das hipóteses de "extraterritorialidade condicionada", estabelecendo que determinados crimes que não se enquadrem na primeira hipótese também poderão ser

---

3 "Art. 5º Aplica-se a lei brasileira, sem prejuízo de convenções, tratados e regras de direito internacional, ao crime cometido no território nacional. [...]".
4 SIQUEIRA, Galdino. *Tratado de Direito Penal, Parte Geral.* Tomo I. 2. ed. revista e atualizada. Rio de Janeiro: José Konfino, 1950, p. 169.
5 "Art. 7º Ficam sujeitos à lei brasileira, embora cometidos no estrangeiro: I – os crimes: a) contra a vida ou a liberdade do Presidente da República; b) contra o patrimônio ou a fé pública da União, do Distrito Federal, de Estado, de Território, de Município, de empresa pública, sociedade de economia mista, autarquia ou fundação instituída pelo Poder Público; c) contra a administração pública, por quem está a seu serviço; d) de genocídio, quando o agente for brasileiro ou domiciliado no Brasil; II – os crimes: a) que, por tratado ou convenção, o Brasil se obrigou a reprimir; b) praticados por brasileiro; c) praticados em aeronaves ou embarcações brasileiras, mercantes ou de propriedade privada, quando em território estrangeiro e aí não sejam julgados. [...]".

punidos no Brasil desde que presentes algumas condições, entre as quais o ser "o fato punível também no país em que foi praticado"[6].

Alguns casos, no entanto, podem se revelar especialmente complexos quando apenas parte da infração for praticada no exterior. Nessas situações, a regra a ser utilizada é a do art. 6º do Código Penal, que considera "praticado o crime no lugar em que ocorreu a ação ou omissão, no todo ou em parte, bem como onde se produziu ou deveria produzir-se o resultado".

Assim, se houver, ainda que parcialmente, conduta em território nacional, a lei brasileira incidirá diretamente e não será necessário recorrer aos critérios do art. 7º do Código Penal[7]. Por outro lado, se a conduta for praticada no exterior, a aplicação da lei brasileira apenas poderá ocorrer por extraterritorialidade.

2.1. Lei penal no espaço e lavagem de dinheiro

A Lei n. 9.613/98 pune em seu art. 1º a conduta de "ocultar ou dissimular a natureza, origem, localização, disposição, movimentação ou propriedade de bens, direitos ou valores provenientes, direta ou indiretamente, de infração penal", estabelecendo outras hipóteses derivadas nos parágrafos do mesmo dispositivo[8].

Já no art. 2º, inc. II, a Lei n. 9.613/98 prevê que o processo e

---

6   Art. 7º, § 2º.
7   Situação que, no entanto, pode gerar conflitos positivos de jurisdição caso o Estado estrangeiro também possua competência para punir o crime.
8   "§ 1º Incorre na mesma pena quem, para ocultar ou dissimular a utilização de bens, direitos ou valores provenientes de infração penal: I – os converte em ativos lícitos; II – os adquire, recebe, troca, negocia, dá ou recebe em garantia, guarda, tem em depósito, movimenta ou transfere; III – importa ou exporta bens com valores não correspondentes aos verdadeiros. § 2º Incorre, ainda, na mesma pena quem: I – utiliza, na atividade econômica ou financeira, bens, direitos ou valores provenientes de infração penal; II – participa de grupo, associação ou escritório tendo conhecimento de que sua atividade principal ou secundária é dirigida à prática de crimes previstos nesta Lei." Disponível em: http://www.planalto.gov.br/ccivil_03/Leis/L9613.htm. Acesso em: 27 jun. 2020.

julgamento dos crimes de lavagem de dinheiro "independem do processo e julgamento das infrações penais antecedentes, ainda que praticados em outro país". Por se tratar de um "delito de marcado caráter internacional"[9], não será incomum que a infração antecedente ocorra em país distinto da própria lavagem.

A punição da lavagem de dinheiro quando a infração antecedente ocorre no exterior é também recomendada pelo GAFI na Nota Interpretativa à Recomendação n. 3[10] e está prevista em tratados internacionais dos quais o Brasil é signatário[11].

O fato de a infração antecedente ser praticada no exterior não significa, contudo, que a lavagem, em si, tenha sido praticada parcialmente em outro país[12]. O que se pune é o *comportamento* de "ocultar" ou "dissimular" bens, direitos ou valores provenientes de infração penal, que se pressupõe, nesse caso, ocorrido no Brasil. A infração antecedente é apenas referida na descrição típica do crime e constitui pressuposto para a geração do produto ocultado ou dissimulado, mas a própria Lei n. 9.613/98 estabelece que, por ser independente da lavagem em si, tal infração pode ser inclusive julgada separadamente[13].

---

9 BLANCO CORDERO, Isidoro. *El delito de blanqueo de capitales*. Thomson Reuters, 2012, p. 192.

10 "Os crimes antecedentes da lavagem de dinheiro deveriam se estender a condutas que tenham acontecido em outros países onde constituam crimes, e que também teriam sido crime caso houvessem acontecido domesticamente. Os países poderão definir que o único pré-requisito seja que a conduta teria sido considerada crime antecedente se tivesse acontecido domesticamente" (GAFI. As Recomendações do GAFI. Fev. 2012. Disponível em: https://www.fatf-gafi.org/media/fatf/documents/recommendations/pdfs/FATF-40-Rec-2012-Portuguese-Port.pdf. Acesso em: 27 jun. 2020).

11 Nesse sentido: art. 6.2, *c*, da Convenção de Palermo, introduzida no direito brasileiro pelo Decreto n. 5.015, de 12 de março de 2004, e art. 23.2, "c", da Convenção de Mérida, introduzida no direito brasileiro pelo Decreto n. 5.687, de 31 de janeiro de 2006.

12 O que também pode ocorrer. Não é esse, no entanto, o objeto deste artigo.

13 Por esse motivo é que o art. 2º, inc. II, da Lei n. 9.613/98 prevê que o julgamento da lavagem independe "do processo e julgamento das infrações penais antecedentes".

Nesses casos, além de problemas probatórios, divergências entre os ordenamentos dos países envolvidos podem gerar dificuldades adicionais, o que torna necessário estabelecer critérios para definir se toda e qualquer infração antecedente praticada no exterior poderá tipificar lavagem de dinheiro no Brasil.

3. A DUPLA INCRIMINAÇÃO

3.1. Definição e alcance

A dupla incriminação é o critério pelo qual um delito praticado no exterior apenas pode ser punido em território nacional caso também constitua crime segundo a lei local.

Essa regra tem por objetivo contornar a irracionalidade que decorreria da eventual punição de conduta considerada lícita no local em que praticada. Imagine-se, por exemplo, o caso do cidadão brasileiro que se dirige a determinado país e por lá faz uso, legalmente, de substâncias psicotrópicas cujo uso é criminalizado no Brasil, ou do muçulmano que, tendo contraído mais de um casamento no exterior, passe a aqui residir. Se praticadas no Brasil, tais condutas poderiam constituir crime previsto na Lei n. 11.343, de 23 de agosto de 2006[14], ou de bigamia[15], mas o Código Penal veda que sejam punidas pela regra do art. 7º, § 2º, b ("ser o fato punível também no país em que foi praticado").

Esse critério também está previsto com relação à lavagem de dinheiro na Nota Interpretativa à Recomendação n. 3 do GAFI, quan-

---

14 "Art. 28. Quem adquirir, guardar, tiver em depósito, transportar ou trouxer consigo, para consumo pessoal, drogas sem autorização ou em desacordo com determinação legal ou regulamentar será submetido às seguintes penas: [...]."
15 "Art. 235. Contrair alguém, sendo casado, novo casamento: Pena – reclusão, de dois a seis anos. § 1º Aquele que, não sendo casado, contrai casamento com pessoa casada, conhecendo essa circunstância, é punido com reclusão ou detenção, de um a três anos. § 2º Anulado por qualquer motivo o primeiro casamento, ou o outro por motivo que não a bigamia, considera-se inexistente o crime."

do se dispôs que os crimes antecedentes da lavagem de dinheiro "deveriam se estender a condutas que tenham acontecido em outros países onde constituam crimes, e que também teriam sido crime caso houvessem acontecido domesticamente"[16]. O mesmo ocorre nas Convenções de Palermo e Mérida ao preverem, mais ou menos nos mesmos termos, que as infrações cometidas fora da jurisdição de um Estado apenas constituirão infração antecedente quando o ato correspondente constituir infração penal nos dois ordenamentos[17].

Tais previsões, no entanto, não foram expressamente incorporadas pela Lei n. 9.613/98, que trata apenas de modo genérico da possibilidade de punir a lavagem quando a infração antecedente é praticada no exterior.

No direito espanhol, que possui previsão semelhante[18], a questão foi discutida em precedente de 2003. Para o Supremo Tribunal espanhol[19], o fato de a lavagem poder ser punida independentemente de condenação pelo crime antecedente (como também ocorre no Brasil), significaria que o próprio "crime antecedente" poderia não constituir "crime" de acordo com o direito do lugar em que foi praticado[20].

---

16 GAFI. As Recomendações do GAFI. Fev. 2012. Disponível em: https://www.fatf-gafi.org/media/fatf/documents/recommendations/pdfs/FATF-40-Rec-2012-Portuguese-Port.pdf. Acesso em: 27 jun. 2020.
17 Nesse sentido: art. 6.2, c, da Convenção de Palermo, introduzida no direito brasileiro pelo Decreto n. 5.015, de 12 de março de 2004, e art. 23.2, c, da Convenção de Mérida, introduzida no direito brasileiro pelo Decreto n. 5.687, de 31 de janeiro de 2006.
18 "Artículo 301. [...] 4. El culpable será igualmente castigado aunque el delito del que provinieren los bienes, o los actos penados en los apartados anteriores hubiesen sido cometidos, total o parcialmente, en el extranjero". Disponível em: https://www.boe.es/legislacion/codigos/abrir_pdf.php?fich=038_Codigo_Penal_y_legislacion_complementaria.pdf. Acesso em: 27 jun. 2020.
19 STS 1.501, da Sala Segunda. Julgado em 19 dez. 2003. Disponível em: https://supremo.vlex.es/vid/-18336637. Acesso em: 27 jun. 2020.
20 Observe-se que o GAFI, na Nota Interpretativa n. 3, valida em certa medida esse entendimento ao prever que "os países poderão definir que o único pré-requisito seja que a conduta teria sido considerada crime antecedente se tivesse acontecido domesticamente".

No Brasil, a doutrina entende que "a afirmada independência do processo e julgamento do crime antecedente, pela jurisdição estrangeira (art. 2.º, II, da Lei n. 9.613/98), não elimina a necessidade de reconhecer, na apuração da lavagem de dinheiro, a existência material do crime anterior, entendido como elemento objetivo do tipo":

Todavia, com o auxílio do próprio art. 7.º da lei repressiva, torna-se possível encontrar parâmetros para o juiz de direito nacional identificar a ocorrência do crime antecedente, cujo evento se deu no exterior. [...] Em suma, o fato tem de estar previsto como crime antecedente na capitulação do art. 1.º da Lei n. 9.613/98, enquadrar-se na descrição legal do crime da lei penal brasileira, e, também, ser tipificado como infração penal no local onde foi cometido. Portanto, se por qualquer razão o fato não for considerado crime, numa jurisdição ou outra, exsurge impossível caracterizar o fato anterior como crime antecedente.[21]

Edilson Mougenot Bonfim e Márcia Monassi Mougenot Bonfim também entendem que "o fato antecedente deve estar tipificado tanto no local de sua realização (no estrangeiro, por exemplo), quanto no país em que se consumou a lavagem (*v.g.*, Brasil), ainda que se tenha diferente *nomem iuris*, classificação ou pena", aplicando-se "o princípio da dupla incriminação, previsto no art. 7º, § 2º, *b*, do Código Penal, e também no art. 6.2 *c*, da Convenção de Palermo"[22].

Não há muitos precedentes na jurisprudência sobre o tema. Em 2009, a Quinta Turma do Superior Tribunal de Justiça, embora reconhecendo a existência de dupla incriminação no caso concreto, decidiu que a "conduta apontada como delito antecedente deve ser classificada como infração penal tanto no país de origem, quanto no país para o qual migraram, mediante operação de branqueamento,

---

21 PITOMBO, Antônio Sérgio Altieri de Moraes. *Lavagem de Dinheiro*: a tipicidade do crime antecedente. São Paulo: Revista dos Tribunais, 2003, p. 122-124.
22 BONFIM, Edilson Mougenot; BONFIM, Márcia Monassi Mougenot. *Lavagem de Dinheiro*. São Paulo: Malheiros, 2005, p. 54-55.

os bens ou valores dela decorrentes"[23], observando-se o princípio da dupla incriminação.

Mais recentemente, a Ministra Rosa Weber, do Supremo Tribunal Federal, trancou ação penal em que o crime antecedente, praticado no exterior, não era tipificado segundo a lei estrangeira, acrescentando que, "se os valores forem provenientes de mera infração administrativa praticada no exterior, não se configurará o crime de lavagem de capitais, ainda que a mesma conduta seja considerada delito no Brasil"[24]. Essa decisão acolheu parecer da Procuradoria-Geral da República em que foram analisados os dispositivos da Convenção de Palermo reproduzidos mais acima.

Embora a Convenção de Palermo não tenha instituído, por si só, o crime de lavagem de dinheiro, o dispositivo mencionado pela Procuradoria-Geral da República traz critérios de interpretação e, uma vez que tratados e convenções possuem *status* de lei ordinária ao serem incorporados ao direito brasileiro[25], devem ser utilizados para delimitar o alcance do tipo penal.

3.2. O conteúdo da dupla incriminação

Definido o critério da dupla incriminação, resta saber quais elementos devem ser analisados para que ele incida.

---

23 BRASIL. Superior Tribunal de Justiça. *Habeas Corpus* n. 94.965/SP, da Quinta Turma. Brasília, DF. *DJe* 30 mar. 2009.
24 Supremo Tribunal Federal. *Habeas Corpus* n. 163.612/DF, da Ministra Rosa Weber. Brasília, DF. *DJe* 9 out. 2019.
25 Nesse sentido: "Diferentemente do que ocorre com os tratados que versam sobre direitos humanos (como se verá no próximo ponto), a maioria dos ministros do Supremo mantém o clássico posicionamento conservador da Corte, no sentido de que os tratados internacionais ratificados pelo Brasil têm *status* de lei ordinária" (FEILKE, Pedro Ribeiro Agustoni. "A Posição dos Tratados Internacionais sobre Direitos Humanos no Ordenamento Jurídico Brasileiro". In: Direito e Humanidades: revista eletrônica. São Caetano do Sul, SP: Universidade Municipal de São Caetano do Sul, n. 25, 2013. Disponível em: http://www.mpsp.mp.br/portal/page/portal/documentacao_e_divulgacao/doc_biblioteca/bibli_servicos_produtos/bibli_boletim/bibli_bol_2006/03.pdf. Acesso em: 27 jun. 2020).

Gustavo Henrique Righi Ivahy Badaró e Pierpaolo Cruz Bottini ensinam que a "teoria do crime" fundamenta-se no sistema Liszt--Beling, que divide a estrutura do delito em tipicidade, antijuridicidade e culpabilidade[26]. Como também reconhecem os autores, no entanto, a opção adotada pelo legislador brasileiro não parece ter sido essa: "nota-se pela redação de diversos dispositivos do Código Penal uma concepção *dualista* do delito, para o qual basta o *injusto penal*, o ato *típico e antijurídico*, sendo a *culpabilidade* mera condição de punibilidade"[27].

Isso se evidencia, por exemplo, quando o legislador determina a isenção de pena do agente que atua em erro de proibição em vez de excluir a ocorrência de crime[28], o que também se reflete, naturalmente, na definição de crime antecedente para fins de aplicação da Lei n. 9.613/98.

Assim, quando a infração antecedente é praticada no exterior, os autores entendem que o fato deve ser "*típico e antijurídico* no país em que foi praticado e no Brasil, do contrário não haverá o elemento *infracional* característico da *lavagem de dinheiro*"[29]. Basta, contudo, "que seja injusto penal no local onde ocorreu, não importando *a culpabilidade, a punibilidade*, nem mesmo que seja infração antecedente de *lavagem* em um país e não no outro"[30].

Embora a culpabilidade integre o delito e deva ser considerada ao tratar da condição de dupla incriminação para fins de incidência extraterritorial da lei penal brasileira, faz sentido que a regra seja

---

26 BADARÓ, Gustavo Henrique Righi Ivahy; BOTTINI, Pierpaolo Cruz. *Lavagem de Dinheiro*. São Paulo: Revista dos Tribunais, 2013, p. 87.
27 Idem.
28 Art. 21 do Código Penal: "Art. 21 – O desconhecimento da lei é inescusável. O erro sobre a ilicitude do fato, se inevitável, isenta de pena; se evitável, poderá diminuí-la de um sexto a um terço. Parágrafo único. Considera-se evitável o erro se o agente atua ou se omite sem a consciência da ilicitude do fato, quando lhe era possível, nas circunstâncias, ter ou atingir essa consciência."
29 Cit., p. 93.
30 Ibidem, p. 93-94.

diferente na lavagem de dinheiro, uma vez que o legislador definiu serem "puníveis os fatos previstos nesta Lei, ainda que desconhecido ou isento de pena o autor, ou extinta a punibilidade da infração penal antecedente"[31].

No entanto, se o ordenamento estrangeiro dispuser que a culpabilidade exclui o crime antecedente (e não apenas isenta de pena seu autor), a própria punição da lavagem no Brasil ficará prejudicada, mesmo tendo o legislador brasileiro previsto de outro modo.

A dupla incriminação exige uma correspondência entre os elementos constitutivos do crime entre os dois ordenamentos[32], que será inexistente quando a infração constituir crime antecedente apenas segundo o ordenamento brasileiro. Assim, se a absolvição no exterior fundar-se na inexistência de crime pelo motivo que, no Brasil, apenas isentaria o agente de pena, não poderá a lavagem ser punida porque ausente "infração antecedente".

3.2.1. Dupla incriminação quando existe sentença condenatória estrangeira pelo crime antecedente

Havendo condenação pelo crime antecedente no exterior, a análise da dupla incriminação ficará restrita à correspondência entre os elementos constitutivos do delito estrangeiro e as infrações punidas pelo direito penal brasileiro.

Antes da edição da Lei n. 12.683, de 9 de julho de 2012, o direito brasileiro punia apenas a lavagem de bens, direitos ou valores provenientes de determinadas infrações penais, previstas em rol taxativo. Ou seja, até a entrada em vigor da nova lei, o crime antecedente praticado e julgado no exterior deveria, necessariamente, enquadrar-se em alguma das hipóteses previstas pela Lei n. 9.613/98 para haver lavagem de dinheiro no Brasil. Assim, se a condenação no exterior fosse, por exemplo, por conduta equivalente ao crime de

---

31 Art. 2º, § 1º, da Lei n. 9.613/98.
32 Nesse sentido: LAGO, Natasha do. *Corrupção e Extraterritorialidade: Uma Análise da Condição de Dupla Incriminação*. 2017. Dissertação (Mestrado em Direito Penal) – Faculdade de Direito, Universidade de São Paulo.

furto previsto no art. 155 do Código Penal, não se poderia cogitar a existência de lavagem de dinheiro no Brasil porque furto não era infração antecedente até o advento da Lei n. 12.683/2012.

Com a extinção do rol taxativo, esse problema deixou de existir. Qualquer infração penal capaz de gerar proventos ilícitos pode hoje constituir crime antecedente, mesmo que, no exterior, exista rol taxativo em que ele não esteja inserido. Não se trata, nesse caso, de punir uma lavagem de dinheiro praticada no exterior com base no art. 7º, inc. II, do Código Penal, mas de punir uma lavagem de dinheiro praticada no Brasil com proventos de infração cometida no exterior. Desse modo, a lei que incide diretamente é a brasileira, recorrendo-se ao direito externo apenas e tão somente para garantir que a infração antecedente seja também considerada infração penal no Brasil.

Se houver "decisão judicial definitiva sobre os fatos no exterior, deve[rá] o magistrado nacional atentar para suas conclusões"[33]. Caso a decisão reconheça a atipicidade ou a antijuridicidade da conduta, por exemplo, o fato deixará "de ser infração no local de origem e [esvaziar-se-á] a lavagem de dinheiro"[34]. Se, no entanto, essas condições estiverem presentes, nem por isso o juiz brasileiro ficará vinculado[35].

Com efeito, sem prejuízo da discussão acerca da eventual inexistência de coisa julgada[36] e da necessidade de homologação da

---

33 BADARÓ, Gustavo H. R.; BOTTINI, Pierpaolo C., cit., p. 94.
34 Idem.
35 Idem.
36 Nesse sentido, Ada Pellegrini Grinover defende a absoluta insensibilidade do terceiro com relação à coisa julgada penal, seja ela favorável ou não (GRINOVER, Ada Pellegrini. *Eficácia e autoridade da sentença penal*. São Paulo: Revista dos Tribunais, 1977, p. 2-58). Em sentido diverso, Gustavo Henrique Righi Ivahy Badaró e Pierpaolo Cruz Bottini entendem que a possibilidade de rediscutir a infração antecedente na lavagem de dinheiro apenas será possível no caso do acusado que não a praticou ou concorreu para a sua prática, por não fazer parte da relação processual originária que eventualmente confirme sua existência (cit., p. 205).

sentença estrangeira para que produza efeitos no Brasil[37], o acusado poderá, em regra, discutir novamente os elementos de prova que levaram à condenação pela infração antecedente no exterior, demonstrando, por exemplo, a existência de fato que torne a conduta atípica ou antijurídica.

Essa discussão poderá ainda envolver não apenas os critérios de tipicidade e antijuridicidade segundo o direito estrangeiro, mas também de acordo com a lei brasileira. Desse modo, ainda que o direito estrangeiro não reconheça a existência do estado de necessidade, por exemplo, o acusado poderá alegar que a infração antecedente ocorreu em tal circunstância e, portanto, a conduta não ofendeu a ordem jurídica, tornando atípica eventual lavagem de dinheiro que ocorra em território brasileiro.

4. Conclusão

A punição da lavagem de dinheiro quando a infração antecedente for praticada no exterior deverá ocorrer levando em consideração a existência de dupla incriminação, prevista nas Convenções de Palermo e Mérida e recomendada pelo GAFI.

Isso inclui não apenas a dupla tipicidade e a dupla antijuridicidade, mas também a culpabilidade segundo as regras do país estrangeiro, sempre que tal circunstância excluir a prática de crime. No direito brasileiro, a culpabilidade será irrelevante para que a lavagem exista, pois o legislador definiu que ela apenas isenta o autor de pena.

Logo, mesmo havendo infração penal segundo o direito estrangeiro, o acusado poderá discutir a existência da lavagem de

---

37 A Constituição Federal prevê, em seu art. 105, inc. I, alínea *i*, que cabe ao Superior Tribunal de Justiça "a homologação de sentenças estrangeiras e a concessão de *exequatur* às cartas rogatórias". O procedimento para homologação está previsto nos arts. 216-A e seguintes do Regimento Interno do Superior Tribunal de Justiça. Há limitações no Código Penal com relação ao tipo de sentença que admite homologação.

dinheiro caso a conduta antecedente não seja tipificada no Brasil. O mesmo ocorre com infrações que sejam consideradas crime antecedente no Brasil, mas não sejam tipificadas no exterior: se não houver infração penal em algum dos dois países, não haverá *dupla* incriminação e, portanto, os proventos do "crime" tampouco poderão ser objeto de lavagem.

5. REFERÊNCIAS BIBLIOGRÁFICAS

BADARÓ, Gustavo Henrique Righi Ivahy; BOTTINI, Pierpaolo Cruz. *Lavagem de dinheiro*. São Paulo: Revista dos Tribunais, 2013.

BLANCO CORDERO, Isidoro. *El delito de blanqueo de capitales*. Thomson Reuters, 2012.

BONFIM, Edilson Mougenot; BONFIM, Márcia Monassi Mougenot. *Lavagem de Dinheiro*. São Paulo: Malheiros, 2005.

DEMO, Roberto Luís Luchi. "A jurisdição penal brasileira. Desenho em relação ao espaço e às pessoas. Concorrência de jurisdições nacional e estrangeira. Consequências de sua ausência ou deficiência". In: *Revista do Instituto de Pesquisas e Estudos*, Bauru, v. 40, n. 45, jan./jun. 2006.

FEILKE, Pedro Ribeiro Agustoni. "A Posição dos Tratados Internacionais sobre Direitos Humanos no Ordenamento Jurídico Brasileiro". In: Direito e Humanidades: revista eletrônica. São Caetano do Sul, SP: Universidade Municipal de São Caetano do Sul, n. 25, 2013. Disponível em: http://www.mpsp.mp.br/portal/page/portal/documentacao_e_divulgacao/doc_biblioteca/bibli_servicos_produtos/bibli_boletim/bibli_bol_2006/03.pdf. Acesso em: 27 jun. 2020.

GAFI. As Recomendações do GAFI. Fev. 2012. Disponível em: https://www.fatf-gafi.org/media/fatf/documents/recommendations/pdfs/FATF-40-Rec-2012-Portuguese-Port.pdf. Acesso em: 27 jun. 2020.

GRINOVER, Ada Pellegrini. *Eficácia e autoridade da sentença penal*. São Paulo: Revista dos Tribunais, 1977.

LAGO, Natasha do. *Corrupção e Extraterritorialidade*: Uma Análise da Condição de Dupla Incriminação. 2017. Dissertação (Mestrado em Direito Penal) – Faculdade de Direito, Universidade de São Paulo.

PITOMBO, Antônio Sérgio Altieri de Moraes. *Lavagem de dinheiro*: a tipicidade do crime antecedente. São Paulo: Revista dos Tribunais, 2003.

SILVA, Anamara Osório. *Dupla incriminação no direito internacional contemporâneo: análise sob a perspectiva do processo de extradição*. 2014. Dissertação (Mestrado em Direito Internacional) – Faculdade de Direito, Universidade de São Paulo.

SIQUEIRA, Galdino. *Tratado de Direito Penal*: Parte Geral. Tomo I. 2. ed. revista e atualizada. Rio de Janeiro: José Konfino, 1950.

15.

Fundamentos principiológicos das medidas cautelares pessoais

Nereu José Giacomolli[1]

1. Reserva jurisdicional qualificada

A prisão no Brasil somente terá aderência constitucional quando resultar de flagrante delito ou de ordem escrita e fundamentada de uma autoridade judicial competente. É o que se infere do art. 5º, LXI, da CF, o qual também excepciona os casos de transgressão militar e os crimes militares definidos em lei (não mais se admite a prisão "para averiguações"). Em seu art. 282, § 2º, o CPP estrutura-se na perspectiva constitucional, ao preconizar que as medidas cautelares serão decretadas pelo Juiz. A prisão pode decorrer do flagrante, mas este não possui potencialidade suficiente para mantê-la, depois de cumprida a sua funcionalidade. Assim, a prisão em flagrante poderá deter, mas não se reveste de entidade legal e jurídica para manter o sujeito preso além das vinte e quatro horas (arts. 306, § 1º,

---

[1] Doutor em Direito Processual pela Universidad Complutense de Madrid, professor na PUCRS, Coordenador do Mestrado e Doutorado em Ciências Criminais da PUCRS, desembargador aposentado, advogado. Orcid: https://orcid.org/0000-0003-1753-0334.

e 310, *caput*, do CPP).² Sua potencialidade, no que tange aos efeitos, é limitada e restrita. Por isso, se faz mister a intervenção judicial, não só para controlar a legalidade do flagrante, mas também para preservar os direitos fundamentais do flagrado, mormente o de ir e vir. Isso ocorre, pela primeira vez, na audiência de custódia (art. 310, *caput* e seus parágrafos, CPP). A prisão advinda do flagrante é uma medida pré-cautelar, antecedente não necessário da prisão preventiva. Portanto, a intervenção judicial, na hipótese do flagrante, direciona-se ao controle da legalidade da prisão e também dos direitos fundamentais do flagrado. Por isso, ao magistrado, ao receber o auto de prisão em flagrante, se apresenta uma série de atividades jurisdicionais direcionadas à preservação do *status libertatis*, antes de optar pela manutenção da prisão.

O próprio art. 283 do CPP alinha o sistema legal ao princípio constitucional da reserva jurisdicional qualificada (competência, forma escrita e fundamentação). Qualquer do povo poderá, e as autoridades policiais e seus agentes deverão, prender quem se encontre em flagrante delito, mas os efeitos dessa prisão, por carecer de jurisdicionalidade, circunscrevem-se à detenção, não subsistindo sem o controle jurisdicional da constitucionalidade, convencionalidade e legalidade, bem como da necessidade de o flagrado continuar preso provisoriamente.

O art. 283 do CPP também limita a intervenção jurisdicional sobre o direito de liberdade, ao estabelecer que a ordem judicial para prender alguém somente poderá ocorrer nas hipóteses de prisão cautelar ou em virtude de condenação criminal transitada em julgado, sempre por autoridade competente, por escrito e de forma fundamentada. Não mais se justifica a prisão *ex lege* ou com efeitos automáticos após a prática de determinado delito, constituindo-se tal obrigatoriedade, nos casos de condenação pelo Tribunal do Júri, a pena superior a 15 anos, em manifesta inconstitucionalidade, por

---

2   O que restou suspenso, até o momento, pelo STF, até decisão pelo plenário, foi o efeito da ilegalidade da prisão, caso não seja realizada a audiência de custódia no prazo de 24 horas após a realização da prisão (art. 310, § 4º, CPP).

ofensa ao estado de inocência (art. 5º, LVII, CF). Embora o art. 492, I, e, introduzido pela Lei n. 13.964/2019 se refira à "execução provisória", trata-se de prisão processual e não de prisão-pena, na medida em que ainda não houve o trânsito em julgado.

A determinação judicial, diferentemente da ordem de prisão em flagrante (verbal), há de ser escrita. Essa formalização escritural garante a aderência da prisão aos diplomas internacionais firmados pelo Brasil (convencionalidade), à Constituição Federal e à legalidade ordinária. Por isso, a ordem judicial de prisão há de seguir o devido processo penal, atendendo aos fundamentos da imparcialidade e do contraditório, sempre que o ato não possuir entidade para frustrar a sua efetividade. Em suma, a decisão judicial há de ser qualificada.

Além de escrita, a ordem há de ser fundamentada (arts. 283, 310, 315, CPP), isto é, justificada na motivação fática e jurídica, devidamente racionalizada, vinculativa do suporte fático ao motivo legal (conveniência da instrução criminal, v.g.). Nessa modalidade exemplificada, a decisão há de dizer quais os fatos e quais as circunstâncias congruentes com a conveniência da instrução criminal. As expressões padronizadas, desvinculadas da concretude fática dos autos não oferecem um substrato legítimo à prisão.[3] Ademais, meras referências à espécie do delito praticado, às consequências típicas deste e ao dispositivo legal desvirtuam a garantia da motivação e da fundamentação da prisão.

A autoridade judicial exerce sua função dentro de certos limites territoriais, segundo as regras do reparto da competência, determinadas pela CF, pelo CPP, pela legislação específica (Código de Organização Judiciária, v.g.) e pelos regimentos internos dos Tribunais. Em se tratando de um crime militar, o juízo comum não é a autoridade competente. Caso tenha sido firmada a prisão preventiva por um magistrado da Justiça Comum Estadual, por exemplo, com pro-

---

3 Ainda se pode observar na *Law in action* a utilização das seguintes expressões: "zelar pela credibilidade das instituições" ou do "Poder Judiciário"; "o crime é grave"; "evitar a sensação de impunidade"; "insegurança do meio social", "acautelamento do meio social" etc.

cessamento na respectiva Justiça, o deslocamento da competência fulminará o *decisum,* em razão da incompetência da autoridade, evidenciando o constrangimento ilegal.

Portanto, por reserva jurisdicional qualificada na prisão se compreende poder a prisão preventiva ser decretada por escrito, por uma autoridade judicial competente, de forma motivada e fundamentada sob bases fáticas e jurídicas idôneas (fatos novos ou contemporâneos e idôneos – arts. 315, §§ 1º e 2º, CPP), sob pena de haver constrangimento ilegal, a ser remediado mediante *habeas corpus.*

2. Motivação e fundamentação das decisões

Dos arts. 5º, LXI, e 93, IX, da CF infere-se que todas as decisões do Poder Judiciário devem ser fundamentadas, sob pena de nulidade. Portanto, a falta de fundamentação do decreto da prisão preventiva produz um defeito, um vício, cuja consequência é a invalidade da decisão, a qual implica a soltura do sujeito.

Ademais, a Lei n. 13.964/2019 manteve a exigência de motivação no decreto de prisão preventiva (arts. 312, § 2º e 315, *caput,* §§ 1º e 2º, CPP). Contudo, acrescentou o termo fundamentação à anterior redação. Fundamentar uma decisão é explicar e justificar, racionalmente, a motivação fática e jurídica do convencimento. Não só a exteriorização escritural e pública do convencimento do magistrado possui relevância constitucional, mas também o grau de aceitabilidade produzido nos agentes envolvidos no caso penal e na comunidade jurídica. Isso possibilita a compreensão do *decisum* pelos sujeitos e pelas partes, propiciando uma impugnação adequada, eficaz e plena. Não é suficiente a mera declaração de conhecimento acerca do conteúdo dos autos, e nem a simples emissão volitiva, mas a demonstração argumentativa (*ratio dicendi*) dos pressupostos fáticos e jurídicos da exigência cautelar.

A fundamentação permite o controle interno da decisão (material e formal), o qual se dá pela impugnação por meio dos remédios jurídicos (recursos, ações autônomas de impugnação e medidas correicionais), bem como o controle externo, por meio da possibilidade de os cidadãos fiscalizarem o provimento judicial. Com isso resta diminuído o caráter voluntário e subjetivo da prestação jurisdicional. Os controles epistêmicos legitimam, constitucionalmente, o saber-poder do magistrado, submetendo-o à via impugnativa pré-determinada.

Por motivo se entende a causa ou a condição de uma escolha, a qual direciona a atividade a um fim específico, orientando a conduta humana. Todavia, os motivos não fornecem uma explicação ou uma justificação. O fundamento é a explicação ou a justificação racional da coisa da qual é causa; a razão de ser, permitindo compreender porque determinado *decisum* foi proferido num sentido e não em outro; porque o sujeito há de ser preso, permanecer em liberdade ou serem aplicadas outras medidas restritivas, alternativas da custódia processual. O magistrado, diante de um pedido de prisão processual estará diante da liberdade plena, de outras medidas constritivas previstas em lei ou do encarceramento necessário e justo. Entretanto, essa escolha se desvincula das preferências subjetivas e possui limites convencionais, constitucionais e legais. Pode-se dizer que uma decisão está bem fundamentada quando o seu conteúdo é explicável e justificável objetivamente.

O magistrado fundamenta uma decisão quando justifica, racionalmente, porque procede de certa maneira, em determinado sentido e não em outro, porque faz com que a decisão produza este ou aquele efeito (recolher à prisão, conceder a liberdade plena ou limitada por medidas alternativas ao recolhimento ao cárcere). A motivação se constitui na ação determinante da razão de ser da decisão, nos instrumentos que orientam a explicação do *decisum*. É o motivo que direciona a ação num sentido ou em outro. Portanto, motivar não é sinônimo de fundamentar. Nas hipóteses da prisão preventiva, a fundamentação, constitucionalmente adequada, se perfectibiliza com a racionalização dos motivos fáticos novos ou contemporâneos e jurídicos idôneos.

As mesmas circunstâncias fáticas – motivos – podem embasar duas decisões diferentes, dependendo da compreensão e da justificação do juiz. Em igual perspectiva, idêntica matéria de direito – motivo – poderá levar a duas decisões diferentes. Por isso, a motivação orienta o raciocínio do magistrado, mas resta dependente, a fundamentação, da exteriorização racional, de sua justificação.

A racionalização do juiz poderá ser diferente da explicação dada por outro decisor, embora os dois utilizem os mesmos substratos fáticos e jurídicos. Mas é a fundamentação que permite às partes e aos interessados saber o porquê da conclusão num sentido ou em outro; permite desvendar o aspecto positivo (o explicitado) e o negativo (o porquê da conclusão diferente). A dualidade e o oposto são possibilidades (Janus), motivo pelo qual a decisão comporta impugnação e modificação, via remédios jurídicos. Os fragmentos do ocorrido se incorporam ao processo e nele criam outra realidade fática, muito além do original, cuja compreensão difere de sujeito a sujeito. Isso significa que pode ser emitida uma solução oposta a que foi exteriorizada nos autos do processo, mas também justificável, fundamentada, inclusive sobre o mesmo substrato.

Reproduzir tão somente os termos da lei (prisão para garantir a aplicação da lei penal, *v.g.*), transcrever o parecer do Ministério Público ou o relatório da autoridade policial, não é motivar e nem fundamentar a decisão. O substrato fático concretizado nos autos e não o posto na tela do ordenamento jurídico, fornecerá ao magistrado, no momento de fundamentar (cria a normatividade ao caso concreto), a motivação constitucionalmente adequada e válida[4].

A detenção em flagrante não mantém, validamente, a custódia cautelar do sujeito, em face do art. 93, IX, da CF, referendados nos arts. 283 e 310 do CPP (nova redação dada pela Lei n. 13.964/2019). Com isso, não se retira a hipótese de que alguém não possa ser detido em flagrante delito. Entretanto, a prisão advinda da lavratura do auto de prisão em flagrante tem por suporte uma circunstância fática constatada e consubstanciada pela autoridade administrativa, necessitando de um controle jurisdicional competente, escrito, motivado e fundamentado, o qual há de ocorrer já na audiência de custódia (art. 310, *caput*, CPP). Assim, mesmo quando o auto de prisão em flagrante for homologado, a prisão, ainda, não estará motivada e fundamentada. Faz-se mister analisar os motivos de fato e de direito (cabimento da

---

4 V.TARELO, Giovanni. *L'Interpretazione della legge*. Milão: Giufrrè, 1980, p. 67-75.

prisão preventiva) à sustentação idônea e válida da restrição da liberdade ou da aplicação das medidas alternativas ao recolhimento ao cárcere (art. 319, CPP). O afastamento das alternativas constantes no art. 319 do CPP, a partir da entrada em vigor da Lei n. 13.964/2019, passou a exigir uma motivação e uma fundamentação individualizadas, isto é, com análise de todas as hipóteses quem poderiam ser aplicadas (art. 282, § 6º, CPP). Portanto, o magistrado, mesmo homologando o auto de prisão em flagrante, para manter o flagrado preso, validamente, deverá motivar e fundamentar a sua decisão. Em suma, há de enunciar os motivos de fato e de direito pelos quais mantêm o sujeito preso ou aplica outras medidas cautelares.

O legislador de 2019, no art. 315 do CPP enfatizou a necessidade de motivação e de fundamentação da decisão acerca da prisão preventiva e das medidas alternativas ao recolhimento ao cárcere; determina a indicação dos motivos fáticos. Esses serão idôneos quando se constituírem em fatos novos e contemporâneos (art. 315, § 1º, CPP). Exemplificou, o legislador, no § 2º do art. 315 do CPP, com uma série de fatos e circunstâncias inidôneas ao decreto de prisão, facilmente encontráveis na *law in action*, apesar de não exaustivos: reprodução ou paráfrase de ato normativo, sem explicar sua relação com a causa ou questão decidida; emprego de conceitos jurídicos indeterminados; motivação que serviria para qualquer decisão; deixar de analisar todos os argumentos; invocar súmula ou precedente ou deixar de aplicá-los, sem identificar a pertinência ou não ao caso concreto. O parágrafo segundo deste artigo não se aplica somente às decisões que decidem sobre a prisão e a liberdade, mas a todas as decisões judiciais, sejam interlocutórias, sentenças ou acórdãos, na esteira do que já havia sido introduzido no Código de Processo Civil de 2015, em seus arts. 489, § 1º, e 927[5].

---

5 No âmbito criminal, várias são as questões a serem enfrentadas, em termos de obrigatoriedade dos precedentes: constitucionalidade, em face de constar em lei ordinária (deveria ser por emenda constitucional); dos limites da obrigatoriedade (somente nas hipóteses do art. 927 do CPP; às questões substanciais ou somente aos aspectos formais); princípio da legalidade; aplicação *in malam parte*; limites do *distinguishing* e de *overrruling* (todos os Tribunais ou só os Tribunais Superiores); cabimento da ação de revisão

A existência do crime e de indícios suficientes de autoria (*fumus commissi delicti*), bem como o perigo ou o risco de o indiciado, flagrando ou imputado permanecer solto (*periculum libertatis*), exigem um suporte em motivos de fato, em circunstâncias atuais e concretas, capazes de atender aos requisitos autorizadores. Meras possibilidades afastam os requisitos legais, na medida em que são os fatos concretos que motivam as medidas cautelares.

Tanto a fundamentação do juiz de primeiro grau, quanto dos Tribunais, está limitada pela representação da autoridade policial ou pelo pedido das partes, sob pena de atuação *ex officio*, viciando a fundamentação do *decisum*. Estabelecido o debate e o contraditório acerca da base jurídica e fática que dá suporte à fundamentação (prisão preventiva para garantir a instrução criminal, em face da ameaça de testemunhas, por exemplo). Uma vez impugnada a decisão, outro grau jurisdicional está limitado a esta conformação, não podendo haver inovação, acréscimo de outros motivos de fato (gravidade concreta do delito) ou de direito (garantia da ordem pública), sob pena de haver complementação *ex officio*, iniciativa judicial vedada pelo art. 282, § 2º, do CPP, além de desvirtuamento da separação das funções petitórias e decisórias.

Assim, a restrição da liberdade, seja pela prisão ou pela aplicação de outras medidas cautelares, encontra adequação constitucional quando tiverem por suporte circunstâncias fáticas congruentes com a motivação jurídica, emergentes dos autos, da situação procedimental ou processual. Nessa mesma perspectiva, a revogação da liberdade provisória, a substituição de medida cautelar por outra, a sua cumulatividade, bem como a decretação da prisão preventiva deverão estar devidamente motivadas e fundamentadas.

A sanção processual cominada pelo legislador pela carência de fundamentação foi a nulidade, conforme o art. 564, V, do CPP, acrescentado pela Lei n. 13.964/2019.

---

criminal, em face de precedente mais favorável. Mantendo-se a sua constitucionalidade, a fundamentação desprovida do *distinguishing* e do *everruling*, nos termos do art. 315, § 2º, V e VI, do CPP, receberá a sanção da nulidade ou mesmo a inexistência do ato (um não ato).

3. Presunção de inocência[6]

As expressões *presunção de inocência* (formulação positiva) e *presunção de não culpabilidade* (formulação negativa) são equivalentes, independentemente das possíveis distinções idiomáticas, semânticas e de purificação conceitual. Distinguir é reduzir o alcance da regra humanitária do *status libertatis*, afastando-se do conteúdo da previsão constante nos diplomas internacionais antes mencionados; em suma, diferenciá-las é afastar a presunção de inocência, embora se trate de presunção *iuris tantum*. Dizer que o sujeito no processo não é culpado, mas imputado, é colocar em dúvida a sua inocência, é desvirtuar o regramento probatório e a proteção da liberdade; é não admitir a presunção de inocência em sua formulação plena; é dizer que o acusado é *semi-inocente* (posição intermediária entre culpado e inocente). Quando não se é presumivelmente culpado, se é presumivelmente inocente, pois *qui negat de uno dicit de altero*[7].

---

6 V. GIACOMOLLI, N.J. *O devido processo penal*: abordagem conforme a CF e o Pacto de São José da Costa Rica. São Paulo: Gen/Atlas, 2016, p. 119, quando defende a tese de que a inocência é um estado da pessoa e não uma presunção, na perspectiva da essência do ser. V., também, do mesmo autor, "Art. 5º, LVII – ninguém será considerado culpado até o trânsito em julgado da sentença penal condenatória", em GOMES CANOTILHO, J.J., MENDES, Gilmar Ferreira; SARLET, Ingo Wolfgang e STRECK, Lênio Luiz (coord.). *Comentários à Constituição do Brasil*. São Paulo: Saraiva Educação, 2018, p. 471-478.

7 Segundo Bellavista, em GHIARA, Aldo. "Presunzione di innocenza, presunzione di «non colpevolezza» e formula dubitativa, anche alla luce degli interventi della corte costituzionale". In: *Rivista Italiana di Diritto e Procedura Penale*, 1974, p. 85. Em DOMINIONI, Oreste. *Commentario della Constituzione – Art. 27-28*. Bolonha: Zanichelli, 1991, p. 188-196, bem como no trabalho retro citado, de Ghiara, p. 82– 85, se pode verificar os debates da Assembléia Constituinte Italiana acerca da redação da presunção de inocência. Houve referências que a locução presunção de inocência era muito teórica e a Constituição é *algo de prático*. A redação da subcomissão era: "o imputado é presumivelmente inocente, até que um ato da autoridade judiciária o declare culpado". Após algumas propostas alternativas, a redação ficou: "o acusado não é considerado culpado até a condenação definitiva". A justificativa é de que houve a necessidade de ser adotada uma "fórmula menos drástica". Falar em presunção de inocência seria algo

Segundo Franco Cordero, desde 1913, Vincenzo Manzini, campeão da cultura penal reacionária, mofava "a ideia paradoxal de que alguém é presumivelmente inocente e, de forma mais elegante, Alfredo Rocco liquida o assunto com uma observação semiológica: não há sentido em chamar alguém de culpado ou inocente". Até o julgamento, será um indivíduo sobre o qual pesarão hipóteses mais ou menos prováveis. Dois sintagmas com marcas emotivamente diferentes: "presumivelmente inocente e não considerado culpado. Inocente qualifica-o em sentido positivo; culpado, impõe-lhe um estigma[8]". Nessa linha, Chiavario refere que Vicenzo Manzini, o máximo artífice do Código Rocco, tratava com escárnio o princípio da presunção de inocência.[9]

A presunção de inocência é um princípio de elevado potencial político e jurídico, indicativo de um modelo basilar e ideológico de processo penal, interferindo, substancialmente, na limitação do direito de liberdade do cidadão. Quando estruturado, interpretado e aplicado, há de seguir o signo da dignidade e dos direitos essenciais

---

de natureza romântica, enquanto a redação aprovada constitui uma expressão de alguma exigência concreta. Nos debates que culminaram com a modificação de redação, não emergiu qualquer preocupação com a abrangência de tal garantia, mas sim a de evitar que tal princípio fosse reapresentado com uma dicção novamente exposta às antigas acusações de falta de lógica técnico-jurídica. Houve uma escolha antecipada da fórmula que resultou mais clara para exprimir um conceito dito por todos aqueles que presumem o réu inocente até que não tenha sido definitivamente condenado. Conclui Dominioni pela equivalência das duas expressões, afirmando: "tanto que, mesmo depois da mudança da alteração da redação em todas as intervenções continuou-se a falar de presunção de inocência e quem se declarava contrário ao princípio, não hesitava em reconhecer a equivalência de significado das duas fórmulas. Além disso, o que mais conta é a individualização das consequências práticas do princípio". Segundo CHIAVARIO, Mário. "Presunzione d'innocenza e diritto di difesa nel pensiero di Francesco Carrara", in: *Rivista Italiana de Diritto e Procedura Penale*, 1991, p. 358, a Constituição não teve coragem de consagrar a presunção de inocência em sua expressão mais genuína.

8   CORDERO, Franco. *Guida alla Procedura Penale*. Torino: UTET, 1986, p. 257.
9   CHIAVARIO, Mário. *Problemi Attuali della Libertà Personale, tra "emergenze" e "quotidiano" della giustizia penale*. Milão: Giuffrè, 1995, p. 11.

da pessoa humana[10], afastando-se das bases inquisitoriais, as quais partiam do pressuposto contrário, ou seja, da presunção de culpabilidade da pessoa. A adoção ou não do princípio da presunção de inocência revela a opção constitucional por um modelo de processo penal[11]. O alto índice de encarceramento no Brasil (mais de 800.000), com aproximadamente 40% de presos sem condenação, afirma a crença no recolhimento ao cárcere, na punição por meio da pena privativa de liberdade e como estratégia primeira para prevenir a criminalidade, bem como revelar a concepção da prisão preventiva como uma antecipação da tutela penal material[12].

Quando a perspectiva de análise partir da presunção de inocência, a regra é a manutenção da liberdade, sem restrições (regra protetiva do *status libertatis* – tratamento interno), com o emprego dos remédios jurídicos garantidos pela Constituição Federal e pela legislação ordinária, mormente por meio do *habeas corpus*. Por isso, a prisão somente se justifica após uma sentença condenatória com trânsito em julgado e a prisão preventiva, bem como as demais medidas cautelares previstas no art. 319 do CPP, não representam uma antecipação dos efeitos de uma condenação. Essas, somente encontram suporte nas estreitas limitações constitucionais de caráter cautelar, vinculando-se às exigências e necessidades processuais.

---

10 Nesse sentido, CHIAVARIO, Mário. "La presunzione d'innocenza nella giurisprudenza della Corte Europea dei diritti dell'uomo", in: *Studi in Ricordo di Giandomenico Pisapia*. Milão: Giuffrè, 2000, p. 75; GOMES FILHO, Antônio Magalhães. *Presunção de Inocência e Prisão Cautelar*. São Paulo: Saraiva, 1991, p. 37, acentuam os valores inerentes à dignidade da pessoa humana, advindos da presunção de inocência.

11 Segundo Carrara, em CHIAVARIO, Mário. "Presunzione d'innocenza e diritto di difesa nel pensiero di Francesco Carrara", em *Rivista Italiana de Diritto e Procedura Penale*, 1991, p. 357, a presunção de inocência ocupa o centro do edifício que a ciência racional do processo penal é chamada a construir. V. também, ILLUMINATI, Giulio. *La presunzione d'innocenza dell'imputato*. Bolonha: Zanichelli, 1984, p. 15 e VEGAS TORRES, Jaime. *Presunción de inocencia y prueba en el proceso penal*. Madrid: La Ley, 1993, p. 35, ao reconhecerem que a presunção de inocência possui um significado, pelo menos, dúplice: regra de tratamento do imputado e regra de juízo.

12 Dados fornecidos pelo CNJ ao G1 (*g1.globo.com*). Acesso em: 5-2-2020.

Essa função de limitação do encarceramento cunha as prisões preventivas ou antecipadas com a marca da excepcionalidade (exceção da exceção) e da necessidade, confrontando-se a previsão legal[13] da prisão e das demais medidas de acautelamento, com outros princípios e garantias constitucionais vinculativos. A isso, inclusive, aplica-se a duração razoável do processo[14]. Nessa perspectiva, não encontra suporte constitucional a restrição da liberdade pela espécie e gravidade da imputação, em nome da defesa social e da credibilidade das instituições. Inclusive, a denominada *execução provisória* aos condenados a uma pena igual ou superior a 15 anos pelo Tribunal do Júri (art. 492, I, *e*, CPP) não encontra fere de morte a presunção de inocência. O acautelamento processual, nos limites da Constituição, ou seja, vinculado ao caráter cautelar e à instrumentalidade processual é um dos efeitos da presunção de inocência, o qual foi consagrado na Lei n. 13.964/2019, ao dar nova redação ao art. 312, *caput*, do CPP: "perigo gerado pelo estado de liberdade do imputado".

A constitucionalidade da prisão preventiva advém do art. 5º, LXI, da CF, mas quando encontrar base no justo processo, isto é, na observância dos preceitos convencionais, constitucionais e legais[15].

---

13 V. art. 5º, LXI, da CF sobre a prisão em flagrante e por ordem escrita e fundamentada de autoridade judiciária competente. Em GIACOMOLLI, Nereu José. *Legalidade, Oportunidade e Consenso no Processo Penal, na Perspectiva das Garantias Constitucionais*. Porto Alegre: Livraria do Advogado, 2006, p. 47 a 58, se pode ver um amplo estudo sobre o conceito, fundamentos e efeitos do princípio da legalidade no âmbito do processo penal.

14 V. BADARÓ, Gustavo Henrique e LOPES Jr. Aury. *Direito a um processo penal no prazo razoável*. Rio de Janeiro: Lumen Juris, 2009, p. 13 e s., sobre a duração razoável do processo. V., também, MORAES, Maurício Zanoide de. *Presunção de inocência no processo penal brasileiro*. Rio de Janeiro: Lumen Juris, 2010, p. 360 e ss., sobre o âmbito de proteção da presunção de inocência, como norma de orientação legislativa e judiciária (*favor rei, in dubio pro reo*), inclusive no que tange às medidas coercitivas no processo penal.

15 V. CARVALHO, Luiz Gustavo Grandinetti Castanho. *Processo penal e constituição*. Rio de janeiro: Lumen Juris, 2009, p. 163 e s., uma compreensão apurada acerca do princípio da presunção de inocência, na perspectiva das modalidades de prisão. Segundo a Súmula 9 do STJ, a exigência da prisão preventiva para apelar, não ofende a garantia constitucional da presunção de inocência.

Portanto, a prisão processual, desde que atenda a todos os requisitos, não afeta o estado de inocência. Este, na perspectiva do STF, se constitui em "um princípio cardeal do processo penal, em um Estado Democrático de Direito", uma conquista da humanidade. Por outro lado, veda "a imposição de restrições ao direito do acusado antes do final processo, exigindo apenas que essas sejam necessárias e que não sejam prodigalizadas", ademais de não se erigir em "véu inibidor da apreensão da realidade pelo juiz, ou mais especificamente do conhecimento dos fatos do processo e da valoração das provas, ainda que em cognição sumária e provisória" (HC 105.122, rel. Min. Rosa Weber, de 2013).

Portanto, a presunção de inocência situa o recolhimento ao cárcere, antes do trânsito em julgado de uma sentença penal condenatória, como a última medida processual a ser adotada, sob pena de representar uma execução antecipada de uma sanção criminal ainda não delimitada definitivamente. Antes da prisão preventiva, se exige a análise da possibilidade da liberdade provisória e, num segundo momento, a aplicação de outras medidas cautelares previstas em lei, as quais comportam uma análise individualizada (art. 282, § 6º, CPP). A prisão preventiva representa não mais a primeira alternativa, mas a última: liberdade plena, liberdade provisória, cautelares alternativas e prisão preventiva.

4. Reserva de lei

A essência, ou o significado material da reserva legal está na própria evolução histórica do princípio, isto é, se vincula à limitação do exercício do poder (inclusive da potestade punitiva), à divisão das funções públicas entre os poderes do Estado, ao pacto social que sustenta politicamente a convivência humana, e à soberania popular, legitimadora das normas penais. O poder de criar, de aplicar e de executar as leis criminais está limitado pelas disposições normativas criadas pelo Poder Legislativo, quem detém a legitimidade popular para dizer quais são os crimes que comportam a prisão preventiva e quais as medidas cautelares aplicáveis, além da constrição da liberdade. Assim, a essência da reserva legal está na legitimidade e na legitimação do exercício do poder de elencar as medidas cautelares e de aplicá-las na perspectiva das exigências acautelatórias.

O critério material é fundamental para garantir que os limites da liberdade dos indivíduos sejam os mesmos, e se apliquem a todos, sem exceção, e que, ao mesmo tempo se determinem, com precisão, tanto aos cidadãos, quanto às instituições. Ainda, nesse critério essencial se concentram as expectativas de que tanto o sistema como a aplicação da justiça penal sejam transparentes, controláveis e sinceros[16]. Dito de outro modo, o sentido material do princípio da legalidade informa que somente o Poder Legislativo é competente para estabelecer quais as hipóteses em que a liberdade pode ser restringida pela prisão ou por outras medidas cautelares, por meio de um processo legislativo constitucional (art. 59, CF).

A natureza constitucional do princípio da legalidade, informador do Estado de Direito, serve de norte a toda atividade dos operadores jurídicos, dentro do espírito das normas superiores da Constituição. A transparência no processo de criação das medidas restritivas da liberdade, em sua aplicação e em sua execução, conduz a um ordenamento jurídico confiável aos cidadãos, livre de conveniências subjetivas e de concepções meramente formais.

A necessidade de limitação da potestade punitiva, como exigência do Estado de Direito fundamental, do ponto de vista jurídico, a reserva legal. Essa se limita quando se evita que a aplicação de medidas restritivas da liberdade se circunscreva à esfera de manifestação volitiva casuística de alguma autoridade estatal. Os limites impostos ao exercício dos direitos fundamentais se estabelecem, se interpretam e se aplicam de forma estrita e, em todo caso, não devem ser mais intensos do necessário para proteger outros bens jurídicos ou direitos constitucionalmente assegurados. Essa limitação há de evitar sacrifícios desnecessários ou excessivos aos direitos, ser controlável por meio de uma motivação suficiente.

---

16 Em HASSEMER, Winfried. *Persona, Mundo y Responsabilidad*: Bases para una Teoria de la Imputación en el Derecho Penal. Valência: Tirant lo Blanch, 1999, p. 24 e 25.

A adoção da reserva legal reflete uma série de implicações, tanto ao legislador, quanto aos magistrados, como garantia à cidadania. Essas transcendem o âmbito do Direito Penal substantivo, pois atingem o próprio processo penal, mais precisamente a vinculação da aplicação da lei penal unicamente por órgãos jurisdicionais estatais (art. 5º, LIII e LXI, CF).

Além dos efeitos de Direito Penal (fontes do Direito Penal, processo tipificador, individualização da pena), a reserva legal produz efeitos no âmbito do processo penal, não só na jurisdicionalidade. Unicamente por meio de um processo público, conduzido por um magistrado, com observância de todas as garantias ao processado, se pode emitir um juízo condenatório e sancionar criminalmente. A função de julgar e de medir a pena corresponde somente aos órgãos jurisdicionais do Estado, e não aos demais poderes, ou aos particulares. Também, não é qualquer magistrado que poderá julgar um acusado, senão o previamente determinado pela lei (não o *ad hoc*). Essa garantia jurisdicional não é subsidiária em relação às garantias de direito substantivo, mas possui uma relação necessária, com o escopo de tornar efetiva a proteção dos direitos fundamentais.

Segundo a reserva legal, no âmbito das cautelares, a prisão processual somente poderá ser decretada nas hipóteses e nos casos previstos pelo legislador, mediante decisão de um magistrado que detenha competência para o ato, de forma motivada e fundamentada. Portanto, o órgão julgador não poderá aplicar medidas restritivas da liberdade de forma plena ou parcial e nem outras medidas restritivas de direitos, além das previstas em lei (inexistência de poder cautelar geral). Assim, o rol de medidas cautelares é taxativo e não meramente exemplificativo. Isso porque a indeterminação afasta a garantia constitucional da reserva legal. A defesa de um sistema criminal cautelar aberto, difuso, indeterminado, ou com regras dependentes de uma normatividade integradora, ou de um regramento judicial, são características de um processo penal totalitário e essencialmente repressivo, inadmissível no atual estágio de desenvolvimento da civilização.

Outra importante consequência da reserva legal está na individualização da medida cautelar. Esta há de guardar relação com o crime praticado, com as circunstâncias do delito, com as peculiaridades do sujeito, em suma, considerando-se a finalidade buscada pela restrição (adequação), a menor ingerência possível na esfera dos direitos fundamentais do sujeito (necessidade) e uma reciprocidade razoável (proporcionalidade em sentido estrito).

As medidas cautelares diversas da prisão preventiva não se confundem com a possibilidade de outorga de provimentos tutelares atípicos, verificados na esfera cível (v. art. 139, IV, CPC)[17]. No âmbito criminal, o art. 319 do CPP tipifica as medidas cautelares diversas da prisão. Portanto, em razão da legalidade, não há adequação constitucional de medidas cautelares diversas da previsão legal (CPP e leis especiais). O limite irrenunciável da invasividade penal é informado pela legalidade penal, uma garantia do imputado.

5. CONTRADITÓRIO

A estrutura do processo é eminentemente dialética, informada pelo contraditório, marca distintiva dos demais procedimentos. Essa estrutura, segundo Fazzalari, permite que cada sujeito possa exercitar um conjunto de escolhas, reações, controles e, ao mesmo tempo, seja passível de sofrer as reações e controles dos demais. Por isso, entende existir processo judicial onde há contraditório[18]. Este, por sua vez, juntamente com as condições de paridade e do Juiz imparcial, segundo Ferrua, constitui um dos valores primários de justiça[19]. A impossibilidade de um contraditório pleno, prévio ou concomitante à constrição leva a doutrina a situar as medidas cautelares no processo penal, fora da compreensão estrita de processo

---

17 Art. 139. O juiz dirigirá o processo conforme as disposições deste Código, incumbindo-lhe: IV – determinar todas as medidas indutivas, coercitivas, mandamentais ou sub-rogatórias necessárias para assegurar o cumprimento de ordem judicial, inclusive nas ações que tenham por objeto prestação pecuniária.

18 Em FAZZALARI, Elio. *Instituições de Direito Processual*. Campinas, Bookseller, 2006, p. 120 e 121.

19 Em FERRUA, Paolo. *Il Giusto Processo*. Bolonha: Zanichelli, 2007, p. 45.

(medidas cautelares). Porém, isso não elimina as múltiplas formas de manifestação do contraditório, mesmo nas medidas cautelares, na medida em que seu conteúdo se dilui em uma série de garantias e direitos, na perspectiva de um espaço público argumentativo, advindo do art. 5º, LV, da CF. Assim, não se afasta, no âmbito das medidas cautelares, a participação dialética dos sujeitos interessados, numa perspectiva tríplice (juiz imparcial, autor, demandado) e tampouco se restringem as demais garantias que servem ao contraditório ou a ele se vinculam.

Há certas medidas cautelares cujo contraditório prévio impossibilitaria ou reduziria a níveis insuportáveis a eficácia da decisão a ser tomada, motivo por que são emitidas *inaudita altera parte*. Em tais situações, se admite um contraditório diferido ou postergado, isto é, exercido após a medida. Porém, a dispensa do contraditório antecipado à decisão acerca da concessão ou não do provimento cautelar se situa no plano da excepcionalidade, isto é, quando incompatível com a exigência cautelar. Com o advento da Lei n. 13.964/2019, restou expresso ser o contraditório a regra (art. 282, § 3º, CPP), devendo o juiz motivar e fundamentar a sua impossibilidade, em face da urgência ou do perigo da ineficácia da medida, em fatos concretos idôneos, contemporâneos, constantes nos autos. Com isso, não se admite qualquer espécie de presunção. A parte contrária deverá ser intimada do pedido, para que se manifeste no prazo de cinco dias.

No rol das medidas cautelares pessoais, o pedido de prisão preventiva se situa, como regra, na incompatibilidade do contraditório prévio. Contudo, mesmo nesses casos, o juiz há de motivar e fundamentar a impossibilidade do contraditório, o qual não poderá ser descartado em todos os casos. Havendo um pedido de prisão, mesmo na audiência de custódia, há de ser propiciado o contraditório prévio. Várias medidas cautelares permitem a reação, mesmo antes de seu deferimento. Não só antes de decidir acerca do deferimento ou do indeferimento da medida cautelar se faz necessário o contraditório, mas igualmente nas hipóteses de substituição (art. 282, §§ 4º, 5º e 6º, CPP), cumulação (art. 282, § 4º, CPP), revogação (arts. 282, § 5º, e 316, CPP), descumprimento da cautelar imposta (art. 282,

§ 4º, CPP), bem como na concessão ou denegação da liberdade provisória (art. 310, §§ 1º e 2º, CPP). O contraditório também há de ser observado pelo juiz de garantias, uma vez implementado, nos termos do art. 3º-B, VI, do CPP, em audiência pública e oral. A ausência de contraditório antecipado evidenciará defeito somente sanável com a concessão da liberdade, em primeiro grau ou pelo órgão superior, via *habeas corpus*, inclusive *ex officio* (art. 654, § 2º, do CPP).

Com a implementação da audiência de custódia (arts. 3º-B, II e 310, CPP), potencializar-se-á não só o contraditório prévio, mas também o direito de o preso ser ouvido pela autoridade judiciária, ocasião em que poderá exercer a sua defesa pessoal, de modo que, ainda que tardiamente, o Brasil, a partir da Lei n. 13.964/2019 pretende comprimir o disposto no art. 9.3 do PIDCP[20] e o art. 7.5 da CADH[21].

6. Provisionalidade ou situacionalidade: fatos novos, concretos ou contemporâneos

As medidas cautelares não representam uma antecipação da potestade punitiva, por se destinarem ao acautelamento do processo, à tutela da situação criminal particularizada, como ocorre com a prisão por conveniência da instrução criminal. Ademais, pretendem garantir a incidência da potestade punitiva, em sua incidência na garantia da aplicação da lei penal. Ainda, têm por escopo evitar o recolhimento ao cárcere, por meio de medidas restritivas de direitos (suspensão do exercício da função pública, por exemplo) ou condicionantes da própria liberdade (comparecimento em juízo, vedação de acesso a determinados lugares, proibições de ausentar-se da Comarca, recolhimento domiciliar, por exemplo).

---

20 Art. 9.3 do PIDCP: Toda pessoa presa ou detida em virtude de infração penal deverá ser prontamente conduzida à presença de um juiz ou de outra autoridade habilitada.

21 Art. 7.5 da CADH: Toda pessoa presa, detida ou retida deve ser conduzida, sem demora, à presença de um juiz.

O objeto da medida cautelar é a segurança do processo (pessoas, coisas, provas, por exemplo) e não a cognição acerca da imputação.

A exigência cautelar se funda no binômio urgência/segurança, na perspectiva do direito fundamental que está em risco efetivo ou na iminência de sofrer um dano. Por isso, não calha a mera plausibilidade, presunções e nem a verossimilhança.

O substrato fático da prisão preventiva há de considerar, na concretude, fatos novos ou contemporâneos que justifiquem a aplicação da medida, sendo inidôneos as circunstâncias ou os fatos passados, bem como as presunções futuras, antes reclamados pela doutrina e por parte da jurisprudência, mas agora determinados pelo legislador na Lei n. 13.964/2019, nos arts. 312, § 2º e 315, § 1º, do CPP[22]. O substrato em fatos novos ou contemporâneos não é exigência somente da decretação da prisão preventiva ou de outras medidas cautelares, mas também na continuidade, modificação ou renovação (arts. 3º-C, § 2º, 282, §§ 4º, 5º, 6º e 316, parágrafo único, CPP) das medidas cautelares.

Uma vez desaparecida a motivação fática que serviu de supedâneo à medida cautelar, essa perde a sua funcionalidade e o sujeito há de retomar o *status quo ante*, ou seja, o da irrestrita da liberdade. Esse controle, a partir da Lei n. 13.964/2019, há de ser efetivado a cada noventa dias (art. 316, parágrafo único, CPP), ocasião em que o magistrado deverá revisar a necessidade de sua manutenção. Por isso, as medidas cautelares são situacionais, sustentáveis

---

22 V. STF no HC 166.538, rel. Min. Marco Aurélio, *DJe* 3-2-2020, que a contemporaneidade da prisão preventiva se relaciona com a data em que revelados a materialidade do crime e os indícios da autoria. Na QO no Inq. 1.258, da Corte Especial do STJ, rel. Min. Og Fernandes, *DJe* 17-2-2020, se observa que a falta de contemporaneidade dos fatos imputados, ocorridos nos idos de 2017, serviram de supedâneo ao indeferimento de afastamento cautelar do imputado, de suas funções. No *HC* 534.320/SP, rel. Min. Reynaldo Soares da Fonseca, *DJe* 10-2-2020, se pode ver que a continuação da influência do imputado sobre as áreas das licitações das prefeituras, a fuga e crimes da mesma natureza, praticados posteriormente, foram considerados na contemporaneidade para manter a prisão preventiva do imputado.

enquanto a base fática continuar integrando a motivação legal. Ademais as medidas cautelares tutelam uma realidade existente, enquanto persistente e justificável, na perspectiva de uma dinamicidade processual[23].

Nessa perspectiva, o magistrado poderá substituir a medida cautelar ou cumular outra à já aplicada, ademais de decretar a prisão preventiva. Isso nos casos de descumprimento (art. 282, § 4º, CPP). Quando desaparecerem as exigências de cautelaridade, esta deverá ser revogada. Contudo, persistindo a necessidade cautelar, mas não mais da adequação da medida imposta, poderá haver substituição da anterior.

A situação processual, em sua dinâmica (prática de atos, envolvimento de sujeitos, avanços em atividades e fases processuais) é mantida sob controle jurisdicional.

7. Duração razoável da medida cautelar: temporalidade[24]

Enquanto a provisionalidade se vincula à situação fática (*fatos novos ou contemporâneos*), a duração razoável guarda congruência com o fator tempo. Do art. 5º, LXXVIII, da CF se infere a exigência da razoabilidade do tempo de duração da prisão cautelar, embora, mesmo antes da Emenda Constitucional 45/2004 que incorporou esse inciso à CF, a duração razoável da prisão poderia ser inferida do

---

23 V. neste cap., item 10, acerca da vedação da decretação de medidas cautelares *ex officio*, em face da estrutura acusatória do processo penal.

24 Parte da doutrina utiliza o termo provisoriedade. No livro *Prisão, liberdade e as cautelares alternativas ao cárcere*, 2013, p. 33 foi usada a expressão *provisoriedade*. Contudo, a perda da liberdade enquanto o sujeito esteve encarcerado, é definitiva, e não provisória; não há como recuperá-la. Ademais, não ocorre substituição da decisão cautelar pelo provimento cognitivo definitivo. Poder-se-ia entender que a provisoriedade se refere aos efeitos da prisão, os quais persistem enquanto não houver outra decisão modificando-os. Não se trata de uma provisoriedade vinculativa ao resultado final, na medida em que isso a vincularia à antecipação da tutela penal material. As funcionalidades são diversas. A tutela cautelar não é, necessariamente, acessória do processo cognitivo.

princípio do devido processo legal (art. 5º, LIV, CF), situação também verificável, nessa perspectiva anterior à referida alteração, no art. 8.1 da CADH[25].

Diferentemente da prisão temporária (Lei n. 7.960/89), cuja duração é de cinco dias, prorrogáveis por igual período, salvo nos hediondos (30 dias prorrogáveis por outros 30 dias – art. 2º, § 3º, Lei n. 8.072/90)[26] a prisão preventiva e as demais medidas cautelares pessoais, previstas no art. 319 do CPP, não possuem prazo legal limite preestabelecido, salvo a hipótese do término da investigação, conforme disposto no art. 3º-B, § 2º, do CPP (15 dias após esgotado o prazo ao término do inquérito policial)[27]. Em tese, poderão estender-se até a sentença de primeiro grau, até a pronúncia do réu, ocasiões em que o magistrado deverá decidir acerca da manutenção das cautelares (apelação em liberdade) e, a partir da Lei. n. 13.964/2019, sobre a denominada *execução provisória* nas condenações a 15 anos ou mais, no Tribunal do Júri (art. 492, I, *e*, CPP)[28], após manifestação expressa das partes, em face da estrutura acusatória do processo[29].

Há prazos à conclusão das investigações. Como regra, este é de dez dias quando o sujeito estiver preso ou trinta dias quando solto, nos termos do art. 10 do CPP. Porém, há outros prazos previstos em leis especiais. Na Justiça Federal, o art. 66 da Lei n. 5.010/66 fixa o prazo de quinze dias, prorrogáveis por outros quinze, em se tratando de sujeito preso. A Lei n. 11.343/06 (Tóxicos) enuncia prazos diversos: trinta dias quando preso o sujeito ou noventa dias quando solto, possibilitando a sua duplicação, a requerimento da autoridade policial (isso também há de ser aplicado, analogicamente, ao reque-

---

25 Art. 8.1. Toda pessoa tem direito a ser ouvida, com as devidas garantias e dentro de um prazo razoável...
26 V. cap. VIII, item 4, acerca da prisão temporária.
27 Suspenso por liminar do STF, na ADI 6298, 6300 e 6305, até manifestação do plenário.
28 V. cap. VI, item 5.4, acerca da prisão advinda das condenações.
29 V. neste cap., item 10, acerca da vedação da decretação de medidas cautelares *ex officio*, em face da estrutura acusatória do processo penal.

rimento do MP) ao magistrado. Também há disposição diferenciada na Lei n. 1.521/51(Crimes contra a economia popular): dez dias, independentemente de estar o sujeito preso ou solto. O prazo ao oferecimento da denúncia, em se tratando de imputado preso, é de cinco dias; se estiver solto é de quinze (art. 46, CPP). Nos procedimentos ordinário e sumário, também há prazo à designação de audiência, não sendo caso de absolvição sumária, de sessenta e trinta dias, respectivamente (arts. 400 e 531, CPP). No procedimento especial dos crimes dolosos contra a vida, o prazo ao término da primeira fase do processo (*judicium accusationis*) é de noventa dias (art. 412, CPP). A Lei n. 9.034/95 (utilização de meios operacionais para a prevenção e repressão de ações praticadas por organizações criminosas) fixava o prazo de 81 dias ao encerramento da instrução, em caso de réu preso, e de 120 dias para acusado solto. Isso fez com que houvesse alguma interpretação doutrinária e de alguns Tribunais, como sendo este o prazo máximo de duração da prisão processual, em todos os crimes. Contudo, a Lei n. 12.850/2013, em seu art. 22, parágrafo único, definiu como sendo razoável encerrar a instrução em até 120 dias, quando o acusado estiver preso, prorrogáveis por igual período, de forma motivada e fundamentada, considerando-se a complexidade da causa e a atuação da defesa (mora causada pela defesa). Considerando-se esse parâmetro da duração máxima da instrução em 240 dias e aplicando-se à prisão preventiva, poderia ser defendida a tese de que a duração máxima da prisão seria de oito meses, a contar do início da instrução. É um dos critérios que poderiam ser utilizados para definir a temporalidade da prisão preventiva.

Além da existência de incompatibilidade nos prazos, gerada por leis diversas, as quais se referem à mesma situação, como ocorre nos delitos de tráfico, nas organizações criminosas, a relativização do tempo encontra forte aceitação nas decisões dos Tribunais Superiores, em razão de várias circunstâncias: demora causada pela defesa, complexidade do caso penal, pluralidade de réus e de testemunhas, comportamento da defesa, expedição de cartas precatórias, em suma, cada caso concreto informará se houve ou não cumprimento da temporalidade razoável. Este não possui características de prazo fatal ou improrrogável, não se submetendo aos rigores da aritmética. Porém, as Súmulas 21[30] e 52[31] do STJ, após o advento do art. 5º, LXXVIII, da CF, comportam uma relativização hermenêutica, na perspectiva do término do processo e não de uma fase processual, bem como da inexistência de preclusão quando se tratar de violação de direitos fundamentais.

Esses prazos não se referem, diretamente, à duração da prisão preventiva e nem das outras medidas cautelares. Porém, interferem na análise da durabilidade dessas, na medida em que a prática dos atos processuais fora dos prazos previstos evidencia o constrangimento ilegal. Ademais das violações dos prazos estabelecidos à prática dos atos processuais, existem outras, como as decorrentes da demora no cumprimento das decisões e despachos dos magistrados, pelo setor administrativo dos cartórios e secretarias das respectivas unidades jurisdicionais (*prazos mortos*). Reclama-se uma pesquisa empírica para constatar essa situação e confrontá-la com a nova realidade digital, do processo eletrônico, da inteligência artificial e novas tecnologias.

Portanto, diante da inexistência de um prazo de duração da prisão preventiva e das demais medidas cautelares, há que ser observado o prazo previsto à prática dos atos processuais referentes ao réu preso, estabelecidos legalmente para cada situação processual[32]. O constrangimento ilegal há que ser verificado também na sua individualidade (cumprimento do prazo à prática do respectivo ato), na medida em que a linha do tempo não é igual para todos os investigados ou processados, em face da subjetividade e das circunstâncias específicas de cada sujeito. Portanto, na perspectiva de término do processo num prazo razoável e na temporalidade razoável da medida cautelar, devem ser consideradas as peculiaridades de cada caso penal.

---

30 Pronunciado o réu, fica superada a alegação de constrangimento ilegal da prisão por excesso de prazo na instrução.
31 Encerrada a instrução criminal, fica superada a alegação de constrangimento por excesso de prazo.
32 V. cap. VI, item 7, acerca da proposta de duração da prisão preventiva e sua revisão periódica. V. também cap. VII, item 5, sobre a duração das medidas cautelares diversas da prisão preventiva e a revisão periódica.

Por isso, há vários elementos a serem sopesados[33]. Dentre esses, podemos considerar a complexidade da causa[34] e as dificuldades instrutórias (necessidade de realização de complexas diligências probatórias, inclusive periciais), a média de duração dos processos que envolvem o mesmo delito (necessidade de estatística forense), a duração da pena privativa de liberdade para o crime imputado ao sujeito, bem como a previsão de provável pena em caso de condenação (evitar que o acusado permaneça preso preventivamente, em regime fechado, por tempo aproximativo do cumprimento da pena total). Também, é de considerar-se a situação penológica em caso de condenação (poderá ser concedido o *sursis* ou ser substituída a pena privativa de liberdade por outra), bem como a conduta processual das partes e do próprio

---

33 Segundo CHIAVARIO, Mário. *Processo e garanzie della persona*, II. Milão, Giuffrè, 1984, p. 346, no cálculo global da duração razoável dos prazos processuais há de influir uma avaliação equilibrada de vários elementos, entre os quais, de um lado, a maior ou menor complexidade da instrução de cada processo, junto com a maior ou menor diligência dos órgãos processuais. De outro lado, há de ser considerada a conduta do imputado, no que tange à dilação ou paralisação da atividade processual. Por sua vez, YACOBUCCI, Guillermo. *El sentido de los principios penales* : su naturaleza y funciones en la argumentación penal. Buenos Aires: Editorial Ábaco de Rodolfo Depalma, p. 355, considera na apuração da duração razoável: a) complejidad del litigio; b) los márgenes ordinarios de duración de los conflictos del mismo tipo; c) el interés que en pleito arriesga el demandante del amparo; d) su conducta procesal y la conducta de las autoridades.V. Também LOPES Jr., Aury e BADARÓ, Gustavo Henrique. *Direito ao processo penal no prazo razoável*, 2009, p. 121-130, quando apontam diversas soluções compensatórias de natureza penal: detração, diminuição da pena, perdão judicial, e também efeitos processuais, tais como o arquivamento, a declaração de nulidade dos atos praticados após o marco de duração legítima, e a extinção do feito.

34 No CASO WEMBOFF, a Corte Europeia considerou a complexidade do processo para avaliar a duração razoável da prisão. Assinalou que, ao mesmo tempo em que um acusado preso possui o direito de ver o seu caso julgado com celeridade e prioritariamente, isto não deve prejudicar a apuração completa dos fatos e o fornecimento às partes de todos os meios para apresentarem as provas e suas razões, bem como uma decisão após a devida reflexão. Concluiu que uma duração excepcional da prisão preventiva pode encontrar justificativa na complexidade do processo, cujo retardo não seja possível evitar.

Magistrado[35]. Um dos efeitos do descumprimento do prazo razoável (art. 5º, LXXVIII, CF)[36], nas hipóteses das medidas cautelares, é a revogação, com a concessão da liberdade, sem restrições.

A garantia da razoável duração do processo, a qual se aplica à individualidade do ato processual, já integrava o nosso ordenamento jurídico, em razão da CADH[37], subscrita pelo Brasil, e da garantia do devido processo legal (art. 5º, LIV, CF). Por referir-se a direitos humanos, a Convenção ocupa patamar superior às leis ordinárias, não possuindo equivalência às emendas constitucionais por não ter sido aprovada pelo *quorum* qualificado (art. 5º, §§ 3º e 4º, CF). Porém, com o advento da emenda constitucional 45/2004, passou a ser uma garantia constitucional explícita.

A Lei n. 13.964/2019, no art. 3º-B, § 2º[38], estabeleceu o prazo de duração máxima da prisão, durante a investigação criminal, em 15 dias, após ter sido esgotado o prazo à conclusão do inquérito policial. Contudo, silencia quanto à sua temporalidade durante a instrução processual e no desenvolvimento do processo de cognição, incluída a fase recursal ordinária e extraordinária (STJ e STF). A necessidade revisional da prisão preventiva a cada 90 dias (art. 316, parágrafo segundo, CPP), pode ser considerada um avanço no controle da necessidade, temporalidade e contemporaneidade da constrição pessoal. Contudo, ainda não foi estabelecido um prazo máximo de duração da prisão preventiva e das demais cautelares. A necessidade de revisão periódica há de ser aplicada a todas as medidas cautelares, em face da garantia constitucional da razoável duração.

---

35 No CASO MATZENETTER, a Corte Europeia considerou o modo de como o juiz conduziu o processo, especialmente os intervalos entre os interrogatórios, para verificar a duração razoável do processo.

36 A todos, no âmbito judicial e administrativo, são assegurados a razoável duração do processo e os meios que garantam a celeridade de sua tramitação.

37 Art. 8.1. Toda pessoa tem direito a ser ouvida com as devidas garantias e dentro de um prazo razoável...

38 Suspenso por liminar do STF, na ADI 6298, 6300 e 6305, até manifestação do plenário.

8. PROPORCIONALIDADE

A proporcionalidade possui entidade constitucional implícita, pois decorre da estruturação do Brasil em Estado Democrático de Direito (*Rechtsstaat*) e da fundamentação da República na dignidade da pessoa humana (art. 1º, *caput* e III, CF), bem como da essência dos direitos e das garantias fundamentais preconizadas na Carta Constitucional da República[39]. Também pode ser inferido do *substantive due processo of law*, contido no art. 5º, LIV, da CF (ninguém será privado da liberdade ou de seus bens sem o devido processo legal), cuja concepção possui a função de barrar a edição e aplicação de regras arbitrárias ou despidas de razoabilidade, salvaguardando os direitos e as liberdades frente a comandos opressivos e carentes de razoabilidade. Por isso há que ser identificado, em cada situação penal concretizada[40], um verdadeiro coeficiente de razoabilidade[41].

Trata-se, pois, também, de um princípio (contém exigências) processual constitucionalizado, cuja valoração incide sobre determinado caso criminal (princípio da concordância prática de Hesse), no momento da prestação jurisdicional (exercício ponderado do poder, sem arbitrariedades). No caso das medidas cautelares, interfere no momento em que o magistrado, diante da situação criminal posta, fizer a opção entre imposição, manutenção, conversão ou substituição de determinada medida cautelar e a liberdade do indivíduo.

Por ser princípio, serve de horizonte de sentido e contém exigências que, *prima facie*, devem ser realizadas, diferentemente das regras, as quais contêm fixações normativas definitivas (Canotilho). Sua funcionalidade, no plano concreto, veda a intervenção arbitrária e excessiva do Estado-Juiz (*übermassverbot*), compatibilizando-se

---

39 V. GONZÁLEZ-CUELLAR SERRANO, Nicolás. *Proporcionalidad y derechos fundamentales en el proceso penal*. Madrid: Colex, 1990, p. 21 e s.
40 V. ÁVILA, Humberto. *Teoria dos princípios da definição à aplicação dos princípios jurídicos*. São Paulo: Malheiros, 2009, p. 163 e s., acerca da vinculação do princípio da proporcionalidade ao resultado concreto a ser verificado.
41 V., MENDES, Gilmar. *Direitos fundamentais e controle de constitucionalidade*: estudos de direito constitucional. São Paulo: Saraiva, 2004, p. 65.

com as exigências de cumprimento das regras processuais pelo Estado, em face da necessidade do processo e da obrigatoriedade de proferir uma decisão e que esta seja cumprida, efetiva (eficácia da persecução, do processo e da sentença). O grau de maturidade do Estado Democrático de Direito (art. 1º, CF) se mede, também, pela aplicação e cumprimento das regras estabelecidas no ordenamento jurídico.

A exigência de proporcionalidade vem desde Montesquieu (*Cartas Persas* e *O Espírito das Leis*) e de Beccaria (*Dos Delitos e das Penas*), os quais pregavam a necessária proporcionalidade entre os delitos e as penas. A exigência de proporcionalidade entre crime e pena também consta no art. 8º da Declaração dos Direitos do Homem de 1789. No direito administrativo, ingressa como fator limitador da arbitrariedade da administração pública, mormente do direito de polícia (Braibant e Enterría). A estrita vinculação das regras de Processo Penal à Constituição Federal e a positivação dos Direitos Humanos direcionaram o princípio da proporcionalidade também ao âmbito do Processo Penal. O art. 282, I e II, do CPP, expressamente, determina a observância da necessidade e da adequação nas medidas cautelares.

O princípio da proporcionalidade, em sua constituição global, não se reduz à reciprocidade razoável (proporcionalidade em sentido estrito), mas, antes dessa, incorpora outros dois filtros a serem ultrapassados: adequação e necessidade. No caso específico das medidas cautelares, primeiramente se analisa a possibilidade de o sujeito permanecer em liberdade plena, sem nenhuma restrição. Quando presente a exigência cautelar, se verifica se a restrição advinda da cautelar (recolhimento ao cárcere ou art. 319 do CPP) atinge a finalidade buscada pela medida e se a espécie de cautelar se reveste de idoneidade para atingir o resultado desejado (*geeignetheit* – adequação). Portanto, se labora na perspectiva da congruência entre meios e fins a ela subjacentes, qualitativa (prisão por conveniência da instrução criminal, por exemplo) e quantitativamente (duração da cautelar, uma ou mais medidas cautelares alternativas, por exemplo). Segundo o art. 282, I, do CPP, é de ser considerada a adequação da medida à gravidade do crime, circunstâncias do fato e condições pessoais do sujeito[42]. A gravidade do delito há de ser entendida, para que atinja as suas finalidades, não somente na perspectiva da espécie de pena cominada ou da espécie de crime, mas sob o prisma das consequências produzidas. Há que ser respondido: a) a medida cautelar eleita é o meio idôneo, adequado e conforme para atingir o resultado pretendido? (perspectiva qualitativa – espécie de medida); b) o tempo de duração da cautelar aplicada ou sua acumulação é adequada à finalidade desejada? (perspectiva quantitativa); c) a medida cautelar atende ao critério da conformidade ao sujeito passivo da medida? (individualização). A primeira individualização ocorre no plano legislativo, genérico, abstrato, quando são estipuladas as medidas cautelares, seus pressupostos, requisitos e espécies. Em um segundo momento, em razão da situação fática e das exigências de cautela, ocorre a individualização. Nessa, também interfere o sujeito a ser constrangido pela medida, motivo por que há uma verdadeira individualização cautelar. Ainda. Em um terceiro momento, no plano da execução, poderá haver substituição da cautelar ou agregação de outra medida, em razão de circunstâncias supervenientes, mas sempre vinculadas ao sujeito e à contemporaneidade.

Numa segunda etapa, se busca a menor ingerência possível da cautelar eleita, no direito fundamental da liberdade (*erforderlichkeit* – *exigibilidade*), a necessidade (intervenção mínima, alternativa menos onerosa, subsidiariedade), a utilização do meio menos restritivo, mas também idôneo e contemporâneo[43]. Há que ser respondido: a medida cautelar escolhida é a que produz a menor restrição aos direitos fundamentais do sujeito? Há outra medida cautelar, dentre as previstas legalmente, menos gravosa da escolhida no caso concreto, com

---

42 Com isso, o encarceramento por meio da prisão preventiva insere-se num último plano, aos crimes mais graves (delito, pena e consequências), quando as circunstâncias da prática do delito revelarem a adequação do recolhimento ou quando as condições pessoais do sujeito indicarem o encarceramento.

43 V. GOMES CANOTILHO, José Joaquim. *Direito constitucional e teoria da Constituição.* Coimbra, Almedina, 2003, p. 270, quando refere que a exigibilidade também é referida como princípio da necessidade ou da menor ingerência possível.

entidade suficiente para atingir o mesmo objetivo? Na dicção do CPP, necessidade para aplicação da lei penal, para a investigação ou instrução criminal e, nos casos expressamente previstos em lei, para evitar a prática de infrações criminais (art. 282, I, CPP)[44].

Vencidos os filtros da adequação e da exigibilidade, comporta análise a proporcionalidade em sentido estrito, ou seja, a reciprocidade razoável, a ponderação entre a restrição a direito fundamental e a exigência cautelar, como uma verdadeira *justa medida*. Segundo esta, restam excluídos as medidas cautelares excessivas para atingir o fim pretendido. A inversão da abordagem ou a restrição do princípio da proporcionalidade ao seu sentido estrito poderá levar à supressão ou ao nivelamento de direitos fundamentais. Nessa última etapa da testagem há que se verificar se a restrição imposta ao direito de liberdade mantém congruência com a amplitude do interesse processual salvaguardado. Certamente, em cada caso concreto há que ser respondida a seguinte pergunta para testar a proporcionalidade: qual a medida adequada, necessária e menos gravosa ao caso? Mesmo sendo adequada e necessária, a medida cautelar se ajusta ao resultado que se pretende? Também, poder-se-ia indagar: a cautelar aplicada é aceitável?

Insofismavelmente, a medida cautelar aplicada requer adequação e exigibilidade ou ser necessária para atingir o fim proposto. Ademais, o direito fundamental de liberdade não pode ser restringido além do inevitável à proteção dos interesses gerais[45]. Portanto, a limitação do direito fundamental da liberdade se condiciona à congruência entre o dano e/ou prejuízo produzido à restrição cautelar, bem como aos benefícios aportados pela constrição (vantagens),

---

44 A reiteração criminosa não está expressamente prevista em lei, embora haja entendimento que serve de suporte fático à decretação da prisão preventiva como garantia da aplicação da lei penal.

45 V. GOMES FILHO, Antônio. "Medidas cautelares e princípios constitucionais", in: *Medidas cautelares no processo penal, prisões e suas alternativas* (Og Fernandes, organizador). São Paulo, Revista dos Tribunais, p. 25 e s.; PEDRAZ PENALVA, Ernesto. *Derecho procesal penal*. Tomo I. Madri: Colex, 2000, p. 152.

dentro de certo grau de aceitabilidade. Não se pode interromper a relação entre meios e fins, a concepção da menor ingerência possível ao direito de liberdade, com o meio menos gravoso, nos limites inevitáveis para proteger interesses gerais, e para atingir a finalidade cautelar e não de antecipação da pena. A perspectiva do porvir situa--se na perspectiva horizontalizada do processo penal, em detrimento da exclusividade verticalizada, impregnada de pura coatividade.

9. A PRISÃO COMO ÚLTIMA E EXTREMA *RATIO*

A estruturação da República em um Estado Democrático de Direito (art. 1º, CF)[46], a fundamentação da ordem jurídica na dignidade da pessoa humana (art. 1º, III, CF) e o elenco dos direitos e garantias fundamentais situam, definitivamente, a prisão antes do trânsito em julgado de uma sentença penal condenatória, como uma medida excepcionalíssima. Ademais afastam a concepção totalitária da obrigatoriedade da prisão e do recolhimento ao cárcere como antecipação da tutela penal material.

A excepcionalidade da restrição da liberdade antes de uma sentença penal com trânsito em julgado advém do art. 5º, LVIII, da CF. A regra é o recolhimento ao cárcere após o trânsito em julgado de uma sentença penal condenatória, nas hipóteses em que não for possível substituir a pena privativa de liberdade por penas restritivas de direito ou suspender a sua execução (*sursis*). O legislador ordinário, expressamente situou a prisão preventiva como a última das alternativas cautelares. A lei há de ser cumprida, também em favor do imputado. O art. 282, § 6º, do CPP é de uma clareza singular: "a prisão preventiva somente será determinada quando não for cabível a sua substituição por outra medida cautelar, observado o art. 319 deste Código..." Ademais, com a nova redação dada ao parágrafo sexto, supra referido, o magistrado há de motivar e fundamentar, justificada e racionalmente, em fatos concretos dos autos, o motivo

---

46 Em LARENZ, Karl. *Derecho Justo*: fundamentos de *ética jurídica*. Madri: Civitas, 1985, p. 152-158. pode se ver as concepções de Estado de Direito.

por que não está aplicando cada medida alternativa ao cárcere, constante no art. 319 do CPP. Descumprida a determinação legal, a prisão passa a produzir constrangimento ilegal, em face de sua ilegalidade.

A atual redação do art. 282, § 4º, do CPP, afasta qualquer dúvida acerca da última *ratio* do encarceramento preventivo, ao preconizar que, na hipótese de descumprimento das medidas cautelares, o juiz, a requerimento das partes, poderá *"substituir a medida, impor outra em cumulação, ou, em último caso, decretar a prisão preventiva...."* Portanto, indubitavelmente, o recolhimento preventivo ao cárcere é a última medida cautelar a ser aplicada.

O reconhecimento pelo legislador ordinário da excepcionalidade da prisão processual também se infere do art. 310, II, do CPP. Ao receber o auto de prisão em flagrante, o juiz deverá: a) relaxar a prisão, quando esta for ilegal, restituindo a liberdade ao flagrado (primeira opção); b) conceder a liberdade provisória, sem fiança (segunda opção); c) conceder a liberdade provisória mediante termo de compromisso, quando o flagrado tiver cometido o delito nas condições do art. 23 do CP (terceira opção); d) conceder a liberdade provisória, com fiança (quarta opção); e) aplicar uma medida cautelar diversa do recolhimento ao cárcere, nos moldes do art. 319 do CPP (quinta opção) e, por último, decretar a prisão preventiva, nos termos dos arts. 282, § 4º e 310, II, *in fine*, CPP (sexta opção). Está expresso no art. 310, II, do CPP[47]:*"...presentes os requisitos constantes do art. 312 deste Código, e se revelarem inadequadas ou insuficientes as medidas cautelares diversas da prisão".*

---

47 V. neste cap. item 10. O art. 310, II, do CPP, não alterado expressamente pela Lei n. 13.964/2019 autoriza a conversão a conversão da prisão em flagrante em prisão preventiva. Contudo, este dispositivo há de ser interpretado conforme a CF e a própria normatividade ordinária, em face do art. 282, § 2º, CPP; "as medidas cautelares serão decretadas pelo juiz a requerimento das partes ou, quando no curso da investigação criminal, por representação da autoridade policial ou mediante requerimento do Ministério Público". A representação pela prisão preventiva não pode ser presumida e nem resulta implícita, como ocorre na representação pela instauração de inquérito policial ou como condição ao exercício da ação processual penal.

Decretar a prisão preventiva para depois serem buscadas alternativas, mantém a prisão preventiva, o recolhimento ao cárcere como *prima ratio*, contrariamente ao prescrito nos Diplomas Internacionais, na CF e nas Leis Ordinárias. Depois de verificado que não é o caso de manter o sujeito em liberdade sem nenhuma restrição (primeira opção), há que ser averiguada a adequação e a necessidade das medidas cautelares alternativas ao recolhimento ao cárcere (segunda opção). Somente quando nenhuma dessas for viável ao caso concreto é que resta a hipótese de decretação da prisão processual (terceira opção). Ademais, não sendo o caso de liberdade sem restrições, não se descarta a substituição da prisão preventiva pela prisão domiciliar, n do art. 318 do CPP[48]. Em cada situação concretizada é de ser analisada a possibilidade de ser aplicada a prisão domiciliar, não como uma hipótese remota, mas factível e real.

Isso não se aplica somente à prisão preventiva propriamente dita, mas também ao recolhimento do acusado após a pronúncia (art. 413, § 3º, CPP)[49] e à sentença penal condenatória (art. 387, § 1º, CPP)[50]. Pronunciado o réu, o juiz decidirá sobre a liberdade. O imputado poderá ser solto ou permanecer em liberdade (primeira opção), sofrer restrições cautelares diversas do recolhimento ao cárcere, nos termos do art. 319 do CPP (segunda opção) e, por último (quarta opção), ser recolhido ao cárcere, com manutenção (se já estiver preso) ou decretação da prisão preventiva (caso esteja solto), devendo haver mani-

---

48 V. cap. VI, item 8, acerca da prisão domiciliar.
49 Art. 413, § 3º. "O juiz decidirá, motivadamente, no caso de manutenção, revogação ou substituição da prisão ou medida restritiva de liberdade anteriormente decretada e, tratando-se de acusado solto, sobre a necessidade da decretação da prisão ou imposição de quaisquer das medidas previstas no Título IX do Livro I deste Código." Aqui também a interpretação há de ser adequada ao art. 282, § 2º, do CPP, introduzido pela Lei n. 13.964/2019. V. cap. VI, item 5.2, aceca da prisão quando da decisão de pronúncia.
50 Art. 387. "O juiz, ao proferir a sentença condenatória: § 1º O juiz decidirá, fundamentadamente, sobre a manutenção ou, se for o caso, imposição de prisão preventiva ou de outra medida cautelar, sem prejuízo do conhecimento da apelação que vier a ser interposta." A interpretação há de ser adequada ao art. 282, § 2º, do CPP, introduzido pela Lei n. 13.964/2019.

festação expressa do Ministério Público acerca disso (art. 282, § 2º, CPP). Igualmente, há que ser averiguada a possibilidade de ser concedida a prisão domiciliar, não sendo o caso de liberdade plena (art. 318, CPP). A mesma escalada piramidal, com suas variações, se aplica quando o Juiz proferir um veredicto penal condenatório.

O recolhimento preventivo ao cárcere como antecipação da tutela penal material se insere na funcionalidade espúria da cautelaridade, na medida em que antecipa uma futura pena, paralisa a defesa[51], força a barganha penal e a confissão, em troca de prêmio. O art. 313, § 2º, do CPP, incluído pela Lei n. 13.964/2019, expressamente afasta a finalidade de antecipação de cumprimento de pena, para que o preso seja investigado ou a denúncia seja recebida.

10. Estrutura acusatória: vedação da imposição de medidas cautelares *ex officio* pelos magistrados

Da CF emana um modelo de processo penal assentado em garantias, princípios e postulados de um Estado Democrático de Direito (art. 1º, *caput*, CF). É o nosso modelo republicano e constitucional de processo penal, fundado na dignidade da pessoa (art. 1º, III, CF), no respeito aos direitos e às garantias fundamentais (art. 5º, CF), inclusive convencionais (art. 5º, §§ 2º e 3º, CF). Nessa senda, o magistrado é o sujeito que irá decidir, após a iniciativa dos legitimados a provocarem a incidência da jurisdição, mantendo-se afastado das expectativas e perspectivas de agentes de investigação, das partes ou dos demais sujeitos processuais. O interesse em acautelar o processo ou de garantir a incidência da potestade punitiva é do Estado-Acusador, daquele que está no polo acusador e não de quem irá julgar (exigência de imparcialidade). Aliado a isso, o art. 129, I, da CF atribui ao Ministério Público a promoção, privativamente, da ação penal pública. Portanto, no âmbito Criminal, a oficialidade

---

51 Em SCHÜNEMANN, Bernd (Luís Greco, coordenador). *Estudos de direito penal, direito processual penal e filosofia do direito*. Madri: Marcial Pons, 2013, p. 275 e 280.

estatal se distribui entre os sujeitos (magistrados, promotores, defensores, investigadores).

Com a afirmação de uma acusação em juízo, desencadeadora do procedimento em contraditório, se verifica a dinamicidade da ação processual penal, em seus vários desdobramentos, inclusive recursal, no interior do processo. O acautelamento do processo e da incidência da potestade punitiva, ao final, é do Estado-Acusador e não do Estado-Juiz e nem do Estado-Defensor (defensoria pública). Por isso, uma leitura constitucional e convencional do processo penal afasta a possibilidade de o juiz decretar a prisão preventiva ou qualquer medida cautelar de ofício. Ou seja, faz-se mister a representação da autoridade policial ou o requerimento das partes, Ministério Público, querelante e assistente da acusação.

O legislador, por meio da da Lei n. 13.964/2019, vedou que juízes e Tribunais continuassem decretando medidas cautelares *ex officio*, inclusive a prisão preventiva, quebrando um dos cromossomos da genética inquisitorial (outros ainda rondam, quais fantasmas a evitar o sepultamento de práticas inquisitoriais e totalitárias). O art. 282, § 2º, do CPP é claro: "as medidas cautelares serão decretadas pelo juiz **a requerimento das partes** ou, quando no curso da investigação criminal, **por representaçã**o da autoridade policial ou **mediante requerimento** do Ministério Público". O § 4º, do mesmo dispositivo também veda que o juiz *ex officio* substitua a medida cautelar, imponha outra ou decrete a prisão preventiva, quando houver descumprimento de qualquer medida cautelar já imposta. Especificamente, no que tange à prisão preventiva, o art. 311 do CPP é claro: "em qualquer fase da investigação policial ou do processo penal, caberá a prisão preventiva decretada pelo juiz, a requerimento do Ministério Público, do querelante, do assistente, ou por representação da autoridade policial". Observa-se que a expressão *de ofício* foi retirada do art. 282, § 2º, do CPP (cautelares em geral), do art. 282, § 4º, do CPP (substituição, cumulação ou decreto de prisão preventiva pelo descumprimento da cautelar), bem como do art. 311 do CPP (prisão preventiva) pela nova redação dada pela Lei n. 13.964/2019. Portanto, mesmo por uma leitura da perspectiva da normatividade ordinária, resta afastada a iniciativa do juiz em decretar qualquer medida cautelar.

Observa-se que no art. 282, § 5º, em sua redação original no CPP, não constava a expressão *de ofício*. O acréscimo veio com a Lei n. 13.964/2019. A atuação *ex officio* do juiz se aplica à revogação da medida imposta ou a sua substituição por uma menos gravosa da aplicada (necessidade, adequação, modificabilidade da situação concreta, por exemplo). A imposição de uma medida cautelar mais gravosa, bem como o decreto de prisão preventiva depende da representação ou de pedido das partes, na medida que o art. 282, §§ 2º e 4º, bem como os arts. 310 e 311, vedam a iniciativa *ex officio*. Isso se aplica também à imposição de medidas cautelares quando da pronúncia ou condenação do réu[52].

As disposições normativas especiais, como o art. 294 da Lei n. 9.503/97 (Código de Trânsito Brasileiro), o art. 20 da Lei n. 11.340/2006 (Lei Maria da Penha), que autorizavam o agir cautelar *ex officio* do juiz, em face da normatividade constitucional e ordinária de 2019 produzem uma nova realidade normativa, a ser seguida pelos aplicadores do direito.

O art. 310, II, do CPP, há de ser interpretado na conformidade da sistemática da reforma de 2019, ou seja, na necessária leitura acusatória do processo penal (art. 3º-A, CPP), a qual se infere da CADH e da CF, de modo que o flagrante mantém o sujeito preso por 24 horas, prazo no qual há de realizar-se a audiência de custódia e averiguada a situação do flagrado. Simplesmente converter a prisão em flagrante em prisão preventiva, independentemente de pedido do MP, é decretar a medida cautelar sem representação da autoridade policial ou de pedido das partes. O auto de prisão em flagrante não contém representação implícita pela prisão preventiva. A natureza jurídica da representação para que a autoridade policial possa instaurar o inquérito policial ou o Ministério Público possa oferecer a denúncia (uma verdadeira condição de procedibilidade) é diversa da representação da autoridade policial pela decretação da prisão preventiva, a qual se aproxima de um ato postulatório e deverá ser explícita. Não há como inferir a certificação de uma situação de flagrância com a manifestação jurídica da autoridade policial da neces-

---

52 V. Cap. VI, itens 5.3 e 5.4.

sidade da prisão preventiva. Com isso, não se pode afastar a representação da autoridade policial pela prisão preventiva, ao encaminhar o auto de prisão em flagrante a juízo.

A iniciativa judicial atinge tanto a base jurídica, quanto o substrato fático da representação ou do requerimento das partes, de modo que os juízes e tribunais não poderão agregar motivos fáticos ou jurídicos diversos dos constantes na representação ou no pedido das partes, sob pena de desvirtuamento da separação das funções petitórias e decisórias[53].

11. REFERÊNCIAS BIBLIOGRÁFICAS

ÁVILA, Humberto. *Teoria dos princípios da definição à aplicação dos princípios jurídicos*. São Paulo: Malheiros, 2009, p. 163 e s.

BADARÓ, Gustavo Henrique e LOPES Jr. Aury. *Direito a um processo penal no prazo razoável*. Rio de Janeiro: Lumen Juris, 2009, p. 13 e s.

CARVALHO, Luiz Gustavo Grandinetti Castanho. *Processo penal e constituição*. Rio de janeiro: Lumen Juris, 2009, p. 163 e s.

CHIAVARIO, Mário. "La presunzione d'innocenza nella giurisprudenza della Corte Europea dei diritti dell'uomo", in: *Studi in Ricordo di Giandomenico Pisapia*. Milão: Giuffrè, 2000, p. 75.

CHIAVARIO, Mário. "Presunzione d'innocenza e diritto di difesa nel pensiero di Francesco Carrara", in: *Rivista Italiana de Diritto e Procedura Penale*, 1991, p. 358.

CHIAVARIO, Mário. "Presunzione d'innocenza e diritto di difesa nel pensiero di Francesco Carrara", em *Rivista Italiana de Diritto e Procedura Penale*, 1991, p. 357.

---

53 V. HC 552.936, rel. Min. Reynaldo Soares da Fonseca, *DJe* 11-2-2020, que "não cabe ao acórdão julgador de *habeas corpus* inovar na fundamentação, complementando a decisão combatida"; Também, RHC 57.462/BA, rel. Min. Sebastião Reis Júnior, *DJe* 8-10-2015, onde consta, expressamente, que não cabe ao Tribunal "inovar, complementando a fundamentação de *decisum* proferido em primeiro grau", com precedentes do STJ: HC 148.696, rel. Min. Laurita Vaz, *DJe* 23-8-2010 e *HC* 147.404/MS, rel. Min. Maria Thereza de Assis Moura, *DJe* 7-12-2009, bem como do STF, no *HC* 109.678/PR, rel. Min. Marco Aurélio, *DJe* 8-11-2012.

CHIAVARIO, Mário. *Problemi Attuali della Libertà Personale, tra "emergenze" e "quotidiano" della giustizia penale*. Milão: Giuffrè, 1995, p. 11.

CHIAVARIO, Mário. *Processo e garanzie della persona, II*. Milão, Giuffrè, 1984, p. 346.

CNJ ao G1 (*g1.globo.com*). Acesso em: 5 fev. 2020.

CORDERO, Franco. *Guida alla Procedura Penale*. Torino: UTET, 1986, p. 257.

DOMINIONI, Oreste. *Commentario della Constituzione – Art. 27-28*. Bolonha: Zanichelli, 1991, p. 188-196.

FAZZALARI, Elio. *Instituições de Direito Processual*. Campinas, Bookseller, 2006, p. 120 e 121.

FERRUA, Paolo. *Il Giusto Processo*. Bolonha: Zanichelli, 2007, p. 45.

GHIARA, Aldo. "Presunzione di innocenza, presunzione di «non colpevolezza» e formula dubitativa, anche alla luce degli interventi della corte costituzionale". In: *Rivista Italiana di Diritto e Procedura Penale*, 1974, p. 85.

GIACOMOLLI, N.J. *O devido processo penal*: abordagem conforme a CF e o Pacto de São José da Costa Rica. São Paulo: Gen/Atlas, 2016, p. 119.

GIACOMOLLI, Nereu José. *Legalidade, Oportunidade e Consenso no Processo Penal, na Perspectiva das Garantias Constitucionais*. Porto Alegre: Livraria do Advogado, 2006, p. 47 a 58.

GIACOMOLLI, Nereu José. *Prisão, liberdade e as cautelares alternativas ao cárcere*. São Paulo: Marcial Pons, 2013, p. 33.

GOMES CANOTILHO, J.J., MENDES, Gilmar Ferreira; SARLET, Ingo Wolfgang e STRECK, Lênio Luiz (coord.). *Comentários à Constituição do Brasil*. São Paulo: Saraiva Educação, 2018, p. 471-478.

GOMES CANOTILHO, José Joaquim. *Direito constitucional e teoria da Constituição*. Coimbra, Almedina, 2003, p. 270.

GOMES FILHO, Antônio Magalhães. *Presunção de Inocência e Prisão Cautelar*. São Paulo: Saraiva, 1991, p. 37

GOMES FILHO, Antônio. "Medidas cautelares e princípios constitucionais", in: *Medidas cautelares no processo penal, prisões e suas alternativas* (Og Fernandes, organizador). São Paulo, Revista dos Tribunais, p. 25 e s.

GONZÁLEZ-CUELLAR SERRANO, Nicolás. *Proporcionalidad y derechos fundamentales en el proceso penal*. Madrid: Colex, 1990, p. 21 e s.

HASSEMER, Winfried. *Persona, Mundo y Responsabilidad*: Bases para una Teoria de la Imputación en el Derecho Penal. Valência: Tirant lo Blanch, 1999, p. 24 e 25.

ILLUMINATI, Giulio. *La presunzione d'innocenza dell'imputato*. Bolonha: Zanichelli, 1984, p. 15.

LARENZ, Karl. *Derecho Justo*: fundamentos de *ética jurídica*. Madri: Civitas, 1985, p. 152-158.

LOPES Jr., Aury e BADARÓ, Gustavo Henrique. *Direito ao processo penal no prazo razoável*, 2009, p. 121-130.

MENDES, Gilmar. *Direitos fundamentais e controle de constitucionalidade*: estudos de direito constitucional. São Paulo: Saraiva, 2004, p. 65.

MORAES, Maurício Zanoide de. *Presunção de inocência no processo penal brasileiro*. Rio de Janeiro: Lumen Juris, 2010, p. 360 e ss.

PEDRAZ PENALVA, Ernesto. *Derecho procesal penal*. Tomo I. Madri: Colex, 2000, p. 152.

SCHÜNEMANN, Bernd (Luís Greco, coordenador). *Estudos de direito penal, direito processual penal e filosofia do direito*. Madri: Marcial Pons, 2013, p. 275 e 280.

TARELO, Giovanni. *L'Interpretazione della legge*. Milão: Giufrrè, 1980, p. 67-75.

VEGAS TORRES, Jaime. *Presunción de inocencia y prueba en el proceso penal*. Madrid: La Ley, 1993, p. 35.

YACOBUCCI, Guillermo. *El sentido de los principios penales* : su naturaleza y funciones en la argumentación penal. Buenos Aires: Editorial Ábaco de Rodolfo Depalma, p. 355.

12. Anexo

Art. 139. O juiz dirigirá o processo conforme as disposições deste Código, incumbindo-lhe: IV – determinar todas as medidas indutivas, coercitivas, mandamentais ou sub-rogatórias necessárias para assegurar o cumprimento de ordem judicial, inclusive nas ações que tenham por objeto prestação pecuniária.

O que restou suspenso, até o momento, pelo STF, até decisão pelo plenário, foi o efeito da ilegalidade da prisão, caso não seja realizada a audiência de custódia no prazo de 24 horas após a realização da prisão (art. 310, § 4º, CPP).

No âmbito criminal, várias são as questões a serem enfrentadas, em termos de obrigatoriedade dos precedentes: constitucionalidade, em face de constar em lei ordinária (deveria ser por emenda constitucional); dos limites da obrigatoriedade (somente nas hipóteses do art. 927 do CPP; às questões substanciais ou somente aos aspectos formais); princípio da legalidade; aplicação *in malam parte*; limites do *distinguishing* e de *overrruling* (todos os Tribunais ou só os Tribunais Superiores); cabimento da ação de revisão criminal, em face de precedente mais favorável. Mantendo-se a sua constitucionalidade, a fundamentação desprovida do *distinguishing* e do *everruling*, nos termos do art. 315, § 2º, V e VI, do CPP, receberá a sanção da nulidade ou mesmo a inexistência do ato (um não ato).

Art. 9.3 do PIDCP: Toda pessoa presa ou detida em virtude de infração penal deverá ser prontamente conduzida à presença de um juiz ou de outra autoridade habilitada.

Art. 7.5 da CADH: Toda pessoa presa, detida ou retida deve ser conduzida, sem demora, à presença de um juiz

STF no HC 166.538, rel. Min. Marco Aurélio, *DJe* 3-2-2020, que a contemporaneidade da prisão preventiva se relaciona com a data em que revelados a materialidade do crime e os indícios da autoria. Na QO no Inq. 1.258, da Corte Especial do STJ, rel. Min. Og Fernandes, *DJe* 17-2-2020, se observa que a falta de contemporaneidade dos fatos imputados, ocorridos nos idos de 2017, serviram de supedâneo ao indeferimento de afastamento cautelar do imputado, de suas funções. No *HC* 534.320/SP, rel. Min. Reynaldo Soares da Fonseca, *DJe* 10-2-2020, se pode ver que a continuação da influência do imputado sobre as áreas das licitações das prefeituras, a fuga e crimes da mesma natureza, praticados posteriormente, foram considerados na contemporaneidade para manter a prisão preventiva do imputado.

Art. 8.1. Toda pessoa tem direito a ser ouvida, com as devidas garantias e dentro de um prazo razoável...

V. cap. VIII, item 4, acerca da prisão temporária.

Suspenso por liminar do STF, na ADI 6298, 6300 e 6305, até manifestação do plenário.

V. cap. VI, item 5.4, acerca da prisão advinda das condenações.

V. cap. VI, item 7, acerca da proposta de duração da prisão preventiva e sua revisão periódica. V. também cap. VII, item 5, sobre a duração das medidas cautelares diversas da prisão preventiva e a revisão periódica.

CASO WEMBOFF, a Corte Europeia considerou a complexidade do processo para avaliar a duração razoável da prisão. Assinalou que, ao mesmo tempo em que um acusado preso possui o direito de ver o seu caso julgado com celeridade e prioritariamente, isto não deve prejudicar a apuração completa dos fatos e o fornecimento às partes de todos os meios para apresentarem as provas e suas razões, bem como uma decisão após a devida reflexão. Concluiu que uma duração excepcional da prisão preventiva pode encontrar justificativa na complexidade do processo, cujo retardo não seja possível evitar.

CASO MATZENETTER, a Corte Europeia considerou o modo de como o juiz conduziu o processo, especialmente os intervalos entre os interrogatórios, para verificar a duração razoável do processo.

Suspenso por liminar do STF, na ADI 6298, 6300 e 6305, até manifestação do plenário.

V. cap. VI, item 8, acerca da prisão domiciliar.

Art. 413, § 3º. "O juiz decidirá, motivadamente, no caso de manutenção, revogação ou substituição da prisão ou medida restritiva de liberdade anteriormente decretada e, tratando-se de acusado solto, sobre a necessidade da decretação da prisão ou imposição de quaisquer das medidas previstas no Título IX do Livro I deste Código." Aqui também a interpretação há de ser adequada ao art. 282, § 2º, do CPP, introduzido pela Lei n.13.964/2019.

V. cap. VI, item 5.2, aceca da prisão quando da decisão de pronúncia.

Art. 387. "O juiz, ao proferir a sentença condenatória: § 1º O juiz decidirá, fundamentadamente, sobre a manutenção ou, se for o caso, imposição de prisão preventiva ou de outra medida cautelar, sem prejuízo do conhecimento da apelação que vier a ser interposta." A interpretação há de ser adequada ao art. 282, § 2º, do CPP, introduzido pela Lei n.13.964/2019.

V. Cap. VI, itens 5.3 e 5.4

HC 552.936, rel. Min. Reynaldo Soares da Fonseca, DJe 11-2-2020, que "não cabe ao acórdão julgador de *habeas corpus* inovar na fundamentação, complementando a decisão combatida"; Também, RHC 57.462/BA, rel. Min. Sebastião Reis Júnior, DJe 8-10-2015, onde consta, expressamente, que não cabe ao Tribunal "inovar, complementando a fundamentação de *decisum* proferido em primeiro grau", com precedentes do STJ: HC 148.696, rel. Min. Laurita Vaz, DJe 23-8-2010 e HC 147.404/MS, rel. Min. Maria Thereza de Assis Moura, DJe 7-12-2009, bem como do STF, no HC 109.678/PR, rel. Min. Marco Aurélio, DJe 8-11-2012.

16.

Sobre jogos de azar e de habilidade: uma análise da legalidade do pôquer on-line e da intermediação do pagamento de apostas

Eugênio Pacelli[1]
Frederico Horta[2]

1. Introdução

O incremento da interação em tempo real, de pessoas localizadas em diversas partes do globo, viabilizado pela rede mundial de computadores; o próspero mercado dos jogos on-line, nascido na rede; bem como a popularização no Brasil do jogo de pôquer e de seus campeonatos internacionais acordaram de um sono de décadas um tema que parecia ter sido enviado para o arquivo morto da dou-

---

1   Doutor e mestre em Direito pela UFMG. Professor do Instituto Brasileiro de Ensino, Desenvolvimento e Pesquisa. Advogado. Ex-membro do MPF em Brasília. Relator-geral da Comissão de Juristas encarregada do projeto de Novo CPP. Link Lattes: http://lattes.cnpq.br/7479626098445674
2   Doutor em Direito pela UFMG (2013); Mestre em Ciências Penais pela UFMG (2006). Professor Adjunto de Direito e Processo Penal da Faculdade de Direito da UFMG. Membro do Corpo Docente Permanente do Programa de Pós-Graduação em Direito da UFMG (CAPES 6) Link Lattes: http://lattes.cnpq.br/0657217202573863

trina e jurisprudência brasileira, junto com a Lei de Contravenções Penais (Dec.-lei n. 3.668/41): a legalidade da exploração econômica do jogo de pôquer e da participação neste jogo mediante aposta. Os sites de jogos hospedados em provedores estrangeiros substituíram os antigos cassinos, proibidos no território brasileiro desde a década de cinquenta, viabilizando o acesso de uma horda de jogadoras conectados a partir de terminais localizados no Brasil às suas mesas virtuais de pôquer. Simultaneamente, tem crescido a popularidade do pôquer no Brasil e se tornado cada vez mais frequentes e prestigiados os torneios presenciais deste jogo, que vêm sendo organizados em território nacional mesmo num ambiente de incerteza quanto à sua legalidade, ou quanto aos seus limites.

A participação nos jogos de pôquer on-line geralmente se dá mediante pagamento da inscrição em torneios ou pela compra de fichas para se jogar rodadas avulsas, modalidade conhecida como *cash-game*. O acúmulo de fichas, conversíveis a qualquer tempo em dinheiro, no *cash-game*, ou os prêmios do torneio, formados pelo valor das diversas inscrições, fazem do pôquer on-line um meio de vida para muitos jogadores e movimenta grande volume de dinheiro em transações internacionais operadas pelo sistema bancário ou por operadoras de cartões de crédito internacionais, muitas vezes mediados por prestadores de serviços de operacionalização de pagamentos.

Importa, pois, saber se a exploração econômica e a participação no jogo de pôquer on-line, mediante aposta, é punível como contravenção de jogo de azar, nos termos do art. 50 do Dec.-lei n. 3.688/41. Pois sendo o ato de tomar parte em jogo de azar mediante aposta uma modalidade típica dessa contravenção, prevista no § 2º do dispositivo citado, a viabilização desta conduta pelo pagamento das fichas ou da inscrição em torneio, do jogador localizado em território nacional, configura contribuição para uma contravenção penal praticada no Brasil (art. 6º do CP), punível nos termos do art. 29 do CP.

A resposta a essa indagação depende fundamentalmente da natureza que se atribua ao jogo de pôquer; dele ser ou não um *jogo de azar*. E sobre isso ainda não há um entendimento consolidado no Brasil. A imensa maioria dos escritos publicados a respeito estão em manuais e comentários à Lei de Contravenções Penais publicados na década de 1950. Neles, seguindo tendência verificada também na doutrina italiana da época, é corriqueira a inclusão do pôquer entre os exemplos de jogos de azar. Essa classificação, contudo, não fora justificada ou demonstrada com base nas regras específicas do jogo, mas aparentemente intuída pelo seu elemento aleatório e pelo pôquer estar costumeiramente vinculado a apostas em dinheiro e ao ambiente dos cassinos. A inconsistência da doutrina quanto ao ponto se reflete em uma jurisprudência ainda dissidente e vacilante sobre a licitude do jogo de pôquer no Brasil, do que decorre grave insegurança jurídica.

Este estudo pretende contribuir para a solução desse problema, propondo um critério jurídico de definição da natureza dos jogos em geral, como de azar ou de habilidade, para fins de aplicação da norma contravencional do art. 50 do Dec.-lei n. 3.688/41. Procurou-se identificar o que autoriza afirmar que o resultado de um jogo depende "exclusiva ou principalmente da sorte" (§ 3º, *a*), a partir do específico conteúdo de injusto da contravenção do *jogo de azar*.

O trabalho se inicia com uma análise geral do tipo contravencional do art. art. 50 do Dec.-lei n. 3.688/41, pela qual se determina os limites da proibição dos jogos de azar e o seu objeto de tutela, submetido à crítica constitucional a partir do princípio da autonomia (seção 2). Com o fim de contextualizar a norma analisada, o problema a ser enfrentado e as contribuições doutrinárias a respeito, segue--se breve exposição das origens e evolução da proibição legal dos jogos no Brasil, seus antecedentes no direito romano, comum, medieval e português, bem como da influência do direito italiano (seção 3). O paralelismo identificado entre as normas legais italianas e brasileiras sobre os jogos, desde o final do século XIX, permite extrair da literatura peninsular sobre a matéria, notadamente da obra de Manzini, os primeiros subsídios para uma definição jurídica do jogo de azar. Para essa definição propôs-se abandonar os juízos quantitativos da influência da sorte para o resultado, assim como a busca de uma explicação puramente causal para o ganho ou a perda, em favor de um juízo de imputação do resultado, ao acaso ou ao jogador, por sua habilidade ou inabilidade. Esse juízo dependerá da dominabilidade do jogo pelo jogador habilidoso, isto é, da possibilidade que o jogo lhe ofereça, segundo as suas regras, de compensar as desvantagens impostas pelo acaso e ganhar, apesar do azar (seção 4).

Procede-se, então, uma análise da estrutura técnica do jogo de pôquer, apresentando suas regras e as habilidades que o jogo desafia, seja na sua modalidade torneio, seja na modalidade cash-game, quando jogado presencialmente ou on-line (seção 5).

A partir das características analisadas e do critério proposto, de atribuição do resultado do jogo ao acaso ou a habilidade (ou inabilidade) dos seus jogadores, demonstra-se porque o pôquer não se encaixa na definição legal do jogo de azar, ainda que a sorte desempenhe efetivamente um papel importante na sua estrutura. Analisa-se, então, a tipicidade da exploração e da participação no pôquer mediante aposta, para ao final tratar e tecer conclusões sobre a legalidade da intermediação do pagamento dessas apostas, notadamente quando elas se dão pela aquisição de fichas em sites estrangeiros de pôquer, por jogadores localizados em território brasileiro.

2. Conteúdo e limites da proibição dos jogos no Brasil

O exame do *grau* e da *extensão* da(i)licitude do jogo de pôquer no Brasil se confunde com a análise dos limites do tipo de injusto contravencional previsto no art. 50 do Dec.-lei n. 3.688/41 (a chamada Lei das Contravenções Penais – LCP). Pode-se dizer, tal como o fez Manzini sobre dispositivo análogo no Código Penal Italiano, que o art. 50 da nossa Lei das Contravenções Penais tem caráter constitutivo da ilicitude, e não meramente sancionatório dos jogos de azar[3].

Descansa nesse dispositivo a proibição legal dos estabelecimentos e da exploração de jogos de azar, bem como da participação nesses jogos, como *ponteiro* ou *apostador*. Os demais dispositivos sobre a matéria na LCP, arts. 51 a 58, tratam especificamente de *lo-*

---

3 "La norme dell'art. 718 há carattere constitutivo, e non meramente sanzionatorio (v. vol. I, n. 42, 213), perchè il divieto del giuoco d'azzardo è posto direttamente dallo stesso art. 718 [...]" (MANZINI, Vicenzo. *Trattato di diritto penale italiano*. Nuova edicione. Torino: Unione Tipografico – Editrice Torinese, 1952, p. 820).

terias, sorteios e *jogo do bicho*. E, como não há vedação ou restrição específica à prática do *pôquer* no Brasil, dependerá do exame de *subsunção* ou de *impertinência* ao mencionado tipo – ser ou não ser um *jogo de azar* – a proibição ou a liberdade para jogar ou explorar economicamente o pôquer no Brasil.

2.1. Da contravenção do jogo de azar: análise do tipo de injusto e suas modalidades

A propósito, dispõe o Dec.-lei n. 3.688/41:

Art. 50. Estabelecer ou explorar jogo de azar em lugar público ou acessível ao público, mediante o pagamento de entrada ou sem ele: (Vide Dec.-lei n. 4.866, de 23-10-1942) (Vide Dec.-lei n. 9.215, de 30-4-1946)

Pena – prisão simples, de três meses a um ano, e multa, de dois a quinze contos de réis, estendendo-se os efeitos da condenação à perda dos moveis e objetos de decoração do local.

§ 1º A pena é aumentada de um terço, se existe entre os empregados ou participa do jogo pessoa menor de dezoito anos.

§ 2º Incorre na pena de multa, de R$ 2.000,00 (dois mil reais) a R$ 200.000,00 (duzentos mil reais), quem é encontrado a participar do jogo, ainda que pela internet ou por qualquer outro meio de comunicação, como ponteiro ou apostador. (Redação dada pela Lei n. 13.155, de 2015)

§ 3º Consideram-se, jogos de azar:

a) o jogo em que o ganho e a perda dependem exclusiva ou principalmente da sorte;

b) as apostas sobre corrida de cavalos fora de hipódromo ou de local onde sejam autorizadas;

c) as apostas sobre qualquer outra competição esportiva.

§ 4º Equiparam-se, para os efeitos penais, a lugar acessivel ao público:

a) a casa particular em que se realizam jogos de azar, quando deles habitualmente participam pessoas que não sejam da família de quem a ocupa;

b) o hotel ou casa de habitação coletiva, a cujos hóspedes e moradores se proporciona jogo de azar;

c) a sede ou dependência de sociedade ou associação, em que se realiza jogo de azar;

d) o estabelecimento destinado à exploração de jogo de azar, ainda que se dissimule esse destino.

Tem-se, então, a previsão de dois tipos de contravenção penal, a saber: a) aquele do *caput*, que torna punível o estabelecimento ou exploração do jogo de azar[4], em local público ou acessível ao público, e, b) a proibição contida no § 2º, que prevê a pena de multa para quem "é encontrado a participar do jogo, ainda que pela internet ou qualquer outro meio de comunicação, como ponteiro ou apostador".

De modo que a lei proíbe não apenas a promoção ou exploração econômica do jogo de azar, mas também a aposta e a atuação do ponteiro, "a pessoa que busca a aposta"[5] ou que marca as apostas feitas[6]. Estas duas últimas modalidades contravencionais, contudo, tem sua punibilidade condicionada pela lei ao flagrante, na medida em que o pressuposto da multa cominada é ser o agente "encontrado a participar do jogo" (§ 2º do art. 50)[7].

---

4   "Estabelecer jôgo de azar é, no sentido legal, organizar, pôr casa, abrir estabelecimento, fundar, instituir, criar, local onde se pratiquem jogos de azar. Estabelece jogo de azar quem em qualquer local, público ou acessível ao público, monta ou permite a montagem do necessário à prática do jogo de azar, embora a exploração venha a caber a outrem. Explorar jôgo de azar será auferir proveitos, lucros, mediata ou imediatamente, para si ou para outrem, direta ou indiretamente, do jôgo de azar." (LEITE, Manoel Carlos da Costa. *Manual das contravenções penais*. Saraiva: São Paulo, 1962, p. 246.)

5   SZNICK, Valdir. *Contravenções penais*. 5. ed., São Paulo: Livraria e Editora Universitária de Direito, 1994, p. 239.

6   NUCCI, Guilherme de Souza. *Leis penais e processuais penais comentadas*. 3. ed. São Paulo: Revista dos Tribunais, 2008, p. 196.

7   "Em relação a tais indivíduos, é mister que sejam surpreendidos em flagrante na prática da participação do jogo." (BENTO DE FARIA, A. *Das contravenções penais*. Rio de Janeiro: Record, 1958, p. 175.) Da mesma forma, DUARTE, José. *Comentários à lei das contravenções penais*. Rio de Janeiro: Forense, 1944, p. 498. Conforme decidiu o Supremo Tribunal Federal, "O auto de flagrante é pressuposto da contravenção por jogo de azar, e da sua inexistência importa a nulidade do processo". (HC1.945, TJ/Ceará, *Jurisprudência e Doutrina*, out. a dez. 1953, p. 325, n. 12 *apud* BUSSADA, Wilson. *Contravenções penais interpretadas pelos tribunais*. São Paulo: Alba, 1969, n. 384, p. 176.)

De outro lado, como o § 2º invoca a participação no jogo para descrever a conduta punível, tem-se ali um tipo derivado, ao qual se aplicam todos os pressupostos do tipo contravencional básico previsto no *caput*: trata-se de participação em jogo de azar, estabelecido ou explorado em local público ou acessível ao público[8]. No § 2º, contudo, este lugar adquire também um sentido cibernético, na medida em que ali se prevê a conduta praticada pela internet. Quando a internet é o meio de participação no jogo, este já não ocorre em uma única sede física, fornida daqueles "móveis e objetos de decoração" perdíveis como consequência da condenação segundo o *caput*, mas em um ambiente virtual que pode congregar jogadores atuando desde diferentes lugares do mundo. Nestes casos há que se admitir, para fins de determinação da aplicabilidade da lei penal brasileira, conforme o art. 6º do Código Penal, que a contravenção terá ocorrido no Brasil sempre que os seus autores estiverem fisicamente no território nacional ao participar do jogo de azar pela internet, como ponteiros ou apostadores.

Para designar o objeto das condutas nucleares, a lei emprega a expressão *jogo de azar*, definida por três cláusulas de interpretação autêntica, dispostas no § 3º e suas alíneas. Segundo a primeira delas, de caráter geral, *jogo de azar* é todo aquele "em que o ganho e a perda dependem exclusiva ou principalmente da sorte" (alínea *a*)[9]. Por força

---

8   Nesse sentido, precedente do Tribunal de Justiça de São Paulo: "Não constitui a contravenção definida como jôgo de azar o improvisarem duas pessoas certa jogatina, revezando situações, por faltar o característico da exploração ilícita". (Ementa – ap. c. 23.373, 2ª C do TJSP, Ver. For., 128/572 e Ver. Trib., 179/102 *apud* BUSSADA. *Contravenções penais...*, n. 400, p. 182.)
9   Manoel Carlos da Costa Leite ilustra seus comentários com um pormenorizado relatório técnico da Secretaria de Segurança Pública de São Paulo, que lista e explica e estrutura de diversos jogos de azar, classificando-os. No referido relatório são listados como jogos de azar "com dados", o *bozó* ou *Crepe*, entre outros; como jogo de azar "mecânico", a *Roleta;* como jogos de azar "carteados", o jogo do *Vinte e um*, o *Montinho*, o *Ziguinete*, a *Ronda*, o *Bacará*, o *Campista*, entre outros; e ainda como "jogos praticados em parques de diversões e quermesses", *o Pano 60*, o *Buzo*, a *Canequinha*, o *Coelhinho da Fortuna*, a *Pesca Maravilhosa*, a *Víspora*, *Bingo* ou *Tômbola*, o *Pinguelim*, a *Catarina*, o *Jaburu*, a *Roda do Cavalinho*, entre outros. O relatório traz ainda relação de diversas formas de *Rifas* e do popular *Bolão*

da generalidade da expressão, que demanda um juízo estimativo da importância ou peso da sorte no jogo, Miguel Reale Júnior classifica "jogo de azar" como um elemento normativo dos tipos em análise[10].

Esta classificação, percebe-se, se deve ao conceito amplo de elemento normativo do tipo, tal como formulado por Edmund Mezger, segundo o qual seriam todos os "pressupostos do injusto típico que só podem ser determinados mediante uma especial valoração da situação de fato[11]. Tendo em vista a natureza das valorações que demandam ou o âmbito normativo que lhes servem de parâmetro, Mezger classifica os elementos normativos como de: a) valoração jurídica – assim o caráter alheio da coisa subtraída, no crime de furto – b) de valoração cultural – a obscenidade do ato, no crime de ultraje público ao pudor – e c) de valoração quantitativa – como o caráter "permanente" de uma deformidade, ou "incurável" de uma doença, no crime de lesão corporal. O *jogo de azar*, por demandar uma valoração quantitativa da influência da sorte para o resultado, estaria incluído nesta última categoria.

Como compreendemos por elemento normativo apenas aqueles cujo sentido decorre de normas, jurídicas ou não[12], não incluímos

---

Esportivo. (SÃO PAULO. Secretaria de Segurança Pública – delegacia de Jogos de Azar. Mecanismos dos jogos de azar. Trabalho elaborado pelo Delegado Nélson Ferreira *apud* LEITE, Manoel Carlos. *Manual das contravenções...*, p. 253-324.) Vale destacar que o mesmo relatório exclui o jogo de pôquer da lista, e a ele se refere expressamente com um jogo de habilidade. (SÃO PAULO. Mecanismos dos jogos de azar... *apud* LEITE, Manoel Carlos. *Manual das contravenções...*, p. 283.)

10 REALE JÚNIOR, Miguel. Parecer sob consulta da Confederação Brasileira de Texas Hold'em. São Paulo, abr 2010, original não publicado, p. 7. Embora sem nomear essa categoria, José Duarte alerta para a discricionariedade judicial que ela ensejaria, "se os regulamentos não estatuem a respeito, enumerando quais os jogos proibidos" (DUARTE. *Comentários...*, p. 492).

11 MEZGER, Edmund. *Tratado de direito penal*. Nueva edición, revisada y puesta al dia por José Arturo Rodriguez Muñoz. Madrid: Editorial Revista de Derecho Privado, t. I, 1955, p. 388.

12 ENGISCH, Karl. Die normativen Tatbestandselemente im Strafrecht. In: *Festschrift für Mezger*. 1954, p. 127 *et seq. apud* DIAS, Jorge de Figueiredo. *O problema da consciência da ilicitude em direito penal*. 5. ed., Coimbra: Coimbra Editora, 2000, p. 464.

nesta classe os elementos típicos que demandam juízos de valor meramente estimativos ou quantitativos, como se dá em relação aos *jogos de azar*. Por mais genérica ou vaga que seja a aludida configuração típica[13], trata-se de elemento meramente descritivo, pois traduz apenas uma consequência lógica (e não um juízo de valor baseado em convenções sociais mais ou menos arbitrárias) da estrutura do jogo proibido: o fato de que o resultado dependerá total ou principalmente de causas desconhecidas e não domináveis pelos jogadores, e por isso deverá ser atribuído à sorte, como obra do acaso, e não aos jogadores, por suas habilidades. Desenvolveremos detidamente esse conceito a seguir.

Mas tal como ocorre também em relação aos elementos normativos, a expressão *jogo de azar*, necessariamente vinculada à valoração da importância da sorte para o resultado, torna impreciso o campo de aplicação da norma contravencional, pois faz com que ela dependa de um juízo sobre as regras do jogo. Em outras palavras, o conteúdo da proibição não se expressa pelos nomes dos jogos vetados (roleta, bingo, dados...), nem pelas regras desses jogos (o sorteio de números, ser jogado às cegas etc.), mas por uma qualidade lógica a eles atribuída a partir das suas regras.

A identificação dos critérios dessa atribuição, ou das balizas para se afirmar que o resultado de um jogo depende "exclusiva ou principalmente" da sorte deverá ser, então, o objetivo primeiro e

---

13 Em seu Manual, Eugênio Pacelli e André Callegari criticam a redação do art. 50 da LCP, com base no princípio da legalidade. "Outro exemplo de tipicidade deficiente e cujo defeito de técnica dificulta enormemente a sua aplicação se encontra no art. 50 do Dec.-lei n. 3.688/41 (Lei das Contravenções Penais), que trata dos conhecidos *jogos de azar*. Ali, o § 3º, dispõe que 'consideram-se jogos de azar: a) o jogo em que o ganho e a perda dependam exclusiva ou PRINCIPALMENTE da sorte (grifamos)". Para além da discutível constitucionalidade do dispositivo, na medida em que o próprio governo federal patrocina sorteios e loterias, nota-se que a referência feita a uma possível graduação da sorte em alguns jogos impede a determinação e certeza do tipo em comento. (PACELLI, Eugênio; CALLEGARI, André. *Manual de direito penal*: parte geral. 4. ed. ver. atual. e ampl. São Paulo: Atlas, 2017, p. 103.)

último deste estudo, do qual dependerá diretamente as conclusões lançadas ao final.

Depois do regramento geral acerca da extensão do que ali se entenderia por jogos de azar, cuja vedação se estenderia a todo jogo dependente da sorte (§ 3º, *a*), novas hipóteses de proibição mereceram texto específico, consoante se encontra nas alíneas *b* e *c* do aludido § 3º do art. 50, seguindo-se, então, a proibição da prática de aposta sobre corrida de cavalos, fora de hipódromo ou de local onde sejam autorizadas (alínea *b*), e também aquela (aposta) sobre qualquer outra competição esportiva (alínea *c*). Note-se que a menção expressa à aposta sobre corrida de cavalos tem singela explicação: depois de estabelecer a matéria proibida, a lei consigna expressa regra de exceção, por meio de heterodoxa via de uma cláusula de interpretação autêntica, isto é, relativamente à aposta "praticada dentro de hipódromo ou outro local onde sejam autorizadas".

Destaque-se também que a lei se reporta às apostas realizadas *sobre* qualquer competição esportiva, e não *em* qualquer competição esportiva. E não se deve subestimar a sutil distinção. Com efeito, a escolha da incidência proibitiva assentada no advérbio *sobre* deixa claro se tratar da censura aos prognósticos e palpites *a respeito* de um jogo do qual o apostador não participa, e não de uma aposta *em* competição, que ocorreria no caso de um jogo disputado pelo próprio apostador.

E há justificativa hermeneuticamente orientada para o *distinguishing*, a começar da perspectiva semântica, passando pela sintática, pela lógica-sistemática, encerrando-se na teleológica, todas elas *vetorizadas* pela tipologia geral atinente à ausência de controle e de domínio do resultado (da aposta) pelo apostador.

Tem-se, de início, que as finalidades da proibição do *jogo de azar* definido nas alíneas *b* e *c* são diversas das que animam a proibição do *jogo de azar* definido na alínea *a*. De fato, quando se proíbem as apostas *sobre competições esportivas*, cujo sucesso não depende do acaso, mas de desempenhos previsíveis aos apostadores e baseados nos seus conhecimentos sobre as habilidades dos competidores, o que se pretende é evitar influências externas sobre o resultado, garantindo a lisura da competição, tão bem traduzida na expressão inglesa *fair play* dos jogadores[14].

De todo modo, feita a distinção de propósitos e de objetivos político-criminais, também essa proibição nos parece inteiramente despropositada, primeiro, no que toca ao próprio senso comum nacional em matéria de jogos de azar, e, sobretudo, no campo das ilicitudes assim configuradas. A vedação, em verdade, constitui verdadeira antecipação de danos, e, pior, sem que se possa afirmar com convicção o estado prévio de perigo ao bem jurídico. O que deve ser punido, quando e se houver, é precisamente a intervenção ou a influência direta dos apostadores nos participantes da competição, estas sim, suficientes a dar ensejo a variadas modalidades de ilicitude, puníveis, porém, de forma autônoma. O reforço legislativo da proteção à lisura nas competições esportivas pela via do enquadramento da conduta como jogos de azar não encontra justificativa constitucional.

---

14 Nesse sentido, Leonardo de Araújo Marques explica:"O objetivo do legislador é tentar evitar qualquer influência externa e, portanto, perniciosa, nos resultados das competições esportivas. Como os resultados dessas competições dependem da habilidade física ou intelectual dos participantes, o legislador procurou evitar que eles possam ser cooptados por quadrilhas de criminosos para que fabriquem resultados em razão das apostas. É de amplo conhecimento que alguns resultados em competições esportivas já foram manipulados em vista das apostas ilegais. No Brasil, ganhou notoriedade a chamada"máfia do apito"11. Na Itália já teria ocorrido o mesmo, só que a partir do envolvimento direto dos atletas."(MARQUES, Leonardo Araujo. Aspectos legais e tributários do poker e dos demais esportes da mente: A necessidade de uma regulamentação específica. *Revista EMERJ*, Rio de Janeiro, v. 15, n. 59, p. 199-216, jul. set. 2012. Disponível em: http://www.emerj.tjrj.jus.br/revistaemerj_online/edicoes/revista59/revista59_199.pdf. Acesso em: 22 jan 2018.) Confirma esse entendimento, de que a aposta em dinheiro no jogo de habilidade pelos próprios jogadores é atípica, precedente recolhido por Wilson Bussada: "*Snooker*. Prisão em flagrante dos que o exercitavam a dinheiro. Inadmissibilidade. Relaxamento da mesma. *Habeas Corpus* concedido para esse fim. Decisão confirmada."O jogo de azar é aquele em que o ganho e a perda dependem exclusivamente da sorte. Não o é, portanto, o que exige habilidade de execução como o jogo de bilhar ou de *snooker*. (Rec. C. 6.250, C.C.C. do TA/SP, RT 239/370 *apud* BUSSADA. Contravenções penais..., n. 377, p. 174-175)

O objetivo é o fim de lucro que anima o jogo de azar, e o torna penalmente relevante, não é mencionado expressamente no tipo, mas está implícito nas definições do § 3º, que empregam as expressões *ganho e perda* (na alínea *a*, em vez de vitória ou derrota), e *apostas* (nas alíneas *b* e *c*)[15], bem como nos verbos *estabelecer* ou *explorar*, próprios de atividade econômica, empregados no *caput*. Chega-se a essa conclusão também por interpretação teleológica da norma contravencional, que tem a pretensão paternalista de proteger o perdedor dos riscos de empobrecimento e eventual miserabilidade, acrescido da finalidade *moralista* de se reprimir o ganho dos "espertos e ociosos", que vivem das "contribuições da desgraça", nas palavras de Bento de Faria[16].

2.2. Crítica constitucional da proibição dos jogos de azar

Ora, mas como a Constituição da República não é lugar para bons conselhos, como já o dizia há tempos ilustre magistrado e professor[17], não se pode reduzir o seu alcance normativo por meio de juízos legislativos exclusivamente moralizadores, em manifesta violação da estruturação democrática da ordem social brasileira, sobretudo porque fundada nos princípios da autonomia, da liberdade de consciência e da não discriminação (art. 1º, III; art. 3º, I e IV; e 5º, VI, da CR/88).

Com efeito, não se pode admitir que a autodeterminação das pessoas, seu direito de viver segundo sua própria concepção de vida boa[18], venha a ser tolhida em favor da prevalência de valores morais de

---

15 BENTO DE FARIA, A. *Das contravenções penais*. Rio de Janeiro: Record, 1958, p. 172.
16 BENTO DE FARIA, A. *Das contravenções...*, p. 167.
17 FERREIRA SOBRINHO, José Wilson. *Imunidade tributária*. Porto Alegre: Sérgio Fabris, 1996, p. 60.
18 Luís Greco, buscando o fundamento da tese essencial do liberalismo jurídico-penal, de que a imoralidade de um comportamento não é relevante para justificar a sua incriminação, reconhece algumas deficiências da teoria do bem jurídico para tanto, notadamente o seu caráter consequencialista, em certa medida empírico e facilmente manipulável. Segundo ele,

determinados grupos comunitários. O limite da autonomia de cada indivíduo só pode ser determinado pelas condições da autonomia de outro, para ficarmos na ideia de liberdade que se encontra em Kant. E sendo assim, só se pode restringir a liberdade de alguém, especialmente por uma norma penal, para assegurar direitos e liberdades alheias ou para proteger a própria autonomia do sujeito, quando privado da liberdade ou do discernimento necessário a expressão da sua verdadeira vontade[19]; não para proteger o patrimônio, a decência, o conceito social ou as relações sadias do próprio destinatário da norma.

Por essas e outras razões – como o postulado da isonomia, já que a própria União explora as loterias – a validade da contravenção do jogo de azar é posta em xeque na jurisprudência brasileira recente. Um precedente paradigmático foi da Turma Recursal de São Leopoldo do Sul – RS, que deixou de aplicar o art. 50 da LCP por julgá-lo não recepcionado pela Ordem Constitucional de 1988. Por força do Recurso Extraordinário n. 966.177, oposto a essa decisão, a

---

o fundamento de uma adequada posição liberal pode ser vislumbrado desde uma perspectiva que parta da autonomia dos cidadãos."Para essa perspectiva, o que interessa em primeira linha não é nem que a proteção da moral pelo direito penal seja de reduzida eficácia, nem que ela produza poucos benefícios, e sim a sua incompatibilidade com o respeito pela autonomia dos cidadãos. Em certas esferas, ainda que bem reduzidas, o cidadão é soberano absoluto. Principalmente no que diz respeito a questões referentes à chamada"vida boa", qualquer intervenção estatal significará um desrespeito a essa autonomia, entendida aqui grosseiramente como o direito de viver segundo o seu próprio plano de vida e sua própria ideia de uma"vida boa". [...] Pela mesma razão é, sim, de reconhecer-se – contra o Tribunal Constitucional (BVerfGE 90, 145 – 172) – um direito de se drogar. Ainda que majoritariamente não admiremos o"maconheiro", ainda que ele onere nosso sistema de saúde – isso não autoriza a utilização do direito penal contra a posse de tóxicos, mas no máximo uma certa recusa a medidas assistenciais. (GRECO, Luís. Tem futuro a teoria do bem jurídico? Reflexões a partir da decisão do Tribunal Constitucional Alemão a respeito do crime de incesto – § 173 *Strafgesetzbuch*. *Revista Brasileira de Ciências Criminais*. ano 18. n. 82, jan-fev 2010, p. 174-178.)
19   Nesse sentido MARTINELLI, João Paulo Orsini. *Paternalismo jurídico-penal*: limites da intervenção do Estado na liberdade individual pelo uso de normas penais. São Paulo: LiberArs, 2015, p. 197 e s.

matéria haverá de ser apreciada pelo Supremo Tribunal Federal, que reconheceu sua repercussão geral em novembro de 2016[20].

3. Antecedentes no direito nacional e comparado: a influência do direito italiano

A proibição dos jogos de azar é uma herança do direito romano e medieval, já superada na imensa maioria dos países ocidentais. Ilustrativamente, registre-se que no direito português, matriz dessa proibição entre nós, os jogos de azar são permitidos nos termos de regulamentação específica desde 1927[21]. Os cassinos chegaram a ser permitidos no Brasil entre 1938[22] e 1946, quando o Decreto n. 9.215/46 revogou "as exceções abertas à lei geral" em nome da "moral e aos bons costumes", conforme suas disposições preambulares[23].

Em Roma eram lícitos os jogos dominados pela arte e a virtude (*in quibus ars dominatur ac de virtute certamen est*), como os esportes e as lutas. Já os jogos de azar, aqueles nos quais a sorte predomina (*in quibus sors praedominatur*) foram especialmente reprimidos durante o período republicano, pelas leis *Tizia*, *Publicia* e *Cornelia*. Para a classificação dos jogos em geral, segundo o direito, valia a máxima extraída do Digesto (3 D., 11, 5) *ubi pro virtute certamen non fit, non licet;* a competição em que não há virtude não é lícita[24].

---

20 BRASIL. Supremo Tribunal Federal. RE 966177 RG, rel. Min. Luiz Fux, decisão de 3-11-2016, publicada em 21-11-2016. Disponível em: http://www.stf.jus.br/portal/jurisprudencia/listarJurisprudencia.asp?s1=%28966 177%2ENUME%2E+OU+966177%2EPRCR%2E%29&base=baseReperc ussao&url=http://tinyurl.com/jkwktr8. Acesso em: 30 out 2018.

21 PORTUGAL. Exposição de motivos do Dec. 66/2015. Diário da República, 1ª série, n. 83, 29 de abril de 2015. Disponível em: https://dre.pt/home/-/dre/67098359/details/maximized?p_auth=kJ4eW5N8. Acesso em: 30 out 2018.

22 Cf. Dec.-lei n. 241 de 1938 e Dec.-lei n. 5.089 de 1942.

23 BRASIL. Dec.-lei n. 9.215, de 30 abr. 1946. Disponível em: http://www2.camara.leg.br/legin/fed/declei/1940-1949/decreto-lei-9215-30-abril-1946-417083-publicacaooriginal-1-pe.html. Acesso em: 30 out 2018.

24 MANZINI. *Trattato*..., p. 814; SZNICK. Contravenções penais..., p. 236. "Fondamentali, per la distinzione fra giuochi leciti ed illeciti, erano le leggi

No direito intermédio da península itálica, os jogos de azar eram amplamente reprimidos, permitindo-se, contudo, os jogos de mera habilidade, assim compreendidos os que não a combinassem com a sorte – *mixtura ingenii et fortuna* – e desde que não envolvessem aposta em dinheiro. Já a partir do sec. XVIII, a proibição se restringiu geralmente aos jogos de azar[25].

No Brasil, a proibição do jogo remonta ao período colonial. O Livro V das Ordenações Filipinas, que aqui vigeram enquanto durou o domínio português, no seu Título LXXXII, vedava nomeadamente a prática dos *jogos de dados* e de todos os *jogos de cartas*, bem como todas as atividades a eles relacionadas, notadamente as "*casas de tavolagem*", assim denominadas as casas de jogos por referência à mesa própria: tábola ou távola. Os dispositivos eram indiferentes à qualificação dos jogos de dados ou cartas como de azar ou de habilidade, mas reprimia-os por força da sua costumeira vinculação às apostas em dinheiro[26].

---

2 § 1; 3, D., 11, 5:'Senatus consultum vetuit in pecuniam ludere praeterquam si quis certet hasta vel pilo jacendo vel currendo, saliendo, luctando, pugnando quod virtutis causa fiat, in quibus rebus ex lege Titia et Publicia et Cornelia etiam sponsionem facere licet; sede ex aliis, ubi pro virtute certamen non fit, non licet'." (MANZINI. *Trattato...*, p. 814)

25 MANZINI. *Trattato...*, p. 815.
26 "TÍTULO LXXXII. Dos que jogão dados ou cartas, ou as fazem, ou vendem, ou dão tabolagem e de outros jogos defesos (1). 'Defendemos, que pessoa alguma, de qualquer qualidade que seja, em nossos Reinos e Senhorios não jogue cartas (2), nem as tenha em sua casa e pousada, nem as traga consigo, nem as faça, nem traga de fora, nem as vendas. E a pessoa, a que for provado, que jogou com cartas qualquer jogo, ou lhe forem achadas em casa, ou as trouxer consigo. pague da Cadeia, se fôr peão, dous mil réis; e se for de maior condição, pague dez cruzados, e mais perca todo o dinheiro, que se provar que no jogo ganhou, ou que lhe no dito jogo, fôr achado. E isto se não entenderá no dinheiro, que na bolsa, ou em outra parte consigo tiver, que não tenha metido, nem posto em jogo (3)." (PORTUGAL. Código Philippino ou Ordenações e Leis do Reino de Portugal, recopiladas por mandado d'el Rey D. Philippe I. Quinto livro das Ordenações. 14. ed. Rio de Janeiro: Tipographia do Instituto Philomáthico, 1870, Tíulo LXXXII, p. 1230. Disponível em: http://www2.senado.leg.br. Acesso em: 23 jan. 2018.)

O Código Criminal do Império de 1830, por sua vez, não incriminava os jogadores, mas previa pena exclusivamente para a manutenção de "casa pública de tabolagem para jogos que forem proibidos pelas posturas das câmaras municipais", no seu art. 281.[27] Como se vê, tratava-se de uma lei penal em branco, que delegava às câmaras municipais a definição dos jogos proibidos, também aqui sem nenhuma orientação baseada na natureza, de azar ou habilidade, desses jogos.

A partir do Código Penal Republicano de 1890 faz-se sentir a forte influência do direito italiano no tratamento da matéria entre nós, que será absolutamente determinante também para as disposições vigentes. Com efeito, há estreita semelhança quanto à forma e a extensão da proibição aos jogos de azar, entre o Código Penal brasileiro de 1890 e o Código sardo-italiano de 1859. A mesma sincronia se nota, na primeira metade do século XX, entre a previsão dos jogos de azar como uma contravenção penal relativa à Polícia de Costumes, na Lei das Contravenções Penais, de 1941, e no Códice Rocco, de 1930.

O Código de 1890, de forma muito semelhante à vigente na Lei das Contravenções Penais, previa como contravenção "Ter casa de tavolagem, onde habitualmente se reunam pessoas, embora não paguem entrada, para jogar jogos de azar, ou estabelece-los em logar frequentado pelo publico". No parágrafo único do mesmo dispositivo, estabelecia pena de multa para "os individuos que forem achados jogando". No art. 370, jogos de azar eram definidos como "aquelles em que o ganho e a perda dependem exclusivamente da sorte"[28].

Como se vê, o Código brasileiro de 1890 restringiu a proibição das casas de tavolagem, para reprimir apenas aquelas dedicadas aos

---

27   TINÔCO, Antônio Luiz Ferreira. *Código criminal do Imperio do Brazil annotado*. Obra fac-similar. Brasília: Senado Federal, Conselho Editorial, 2003, p. 507.
28   Codigo Penal dos Estados Unidos do Brazil. Decreto n. 847, de 11 de outubro de 1890. Disponível em: http://www2.camara.leg.br/legin/fed/decret/1824-1899/decreto-847-11-outubro-1890-503086-publicacaooriginal-1-pe.html. Acesso em: 23 jan. 2018.

jogos de azar. E, tal como a lei italiana de 1859, definiu jogos de azar *como os que dependam exclusivamente da sorte*. Restavam assim claramente alheios ao conceito e livres da repressão penal, os jogos *de habilidade* ou mesmo os que combinassem o fator sorte com a habilidade ou a destreza, mental ou corporal do jogador. Tornavam-se atípicos, assim, naturalmente, a grande maioria dos jogos de cartas, ainda quando envolvessem apostas, e consequentemente liberadas as casas de tavolagem dedicadas a promovê-los.

4. POR UM CRITÉRIO JURÍDICO DE ATRIBUIÇÃO DO JOGO À SORTE OU À HABILIDADE: ELEMENTOS PARA A INTERPRETAÇÃO E APLICAÇÃO DO CONCEITO LEGAL DE JOGO DE AZAR

O atual tratamento legislativo da matéria no Brasil, no sentido de que o jogo de azar não é só o que depende exclusivamente da sorte, mas também o que depende *principalmente* dela, nada mais é que uma concessão à tese de que todo ou quase todo jogo concede algum espaço à habilidade. Concessão, aliás, totalmente dispensável, pois o advérbio *principalmente,* tal como a expressão estimativa *quase inteiramente* (art. 721 do Código italiano) apenas exprimem uma avaliação que sempre estará por traz da conclusão de que o jogo depende da sorte: um juízo de imputação do resultado.

Todos os pressupostos do crime (ou da contravenção), como elementos que são da norma penal, estão referidos aos valores que ela consagra e que orientam sua aplicação, e têm seu sentido e alcance definido a partir deles. Essa constatação, que remonta à concepção *neokantista* do Direito como Ciência da Cultura, desenvolvida por Emil Lask, foi bem demonstrada por Erik Wolf, e não escapou sequer à Ernst Beling.

Ao refutar a tese de que a apreciação judicial dos fatos, como matar e lesar, e das coisas, como um cão ou uma construção, pode se dar independentemente de juízos de valor, Wolf[29] ecoa a conclusão

---

29 WOLF. Erik. *Las categorias de la tipicidad*: estudios previos sobre una doctrina general de la parte especial del derecho penal. Trad. María del Mar Carrasco Andrino. Valencia: Tirant lo Blanch, 2005, p. 114.

de Lask, segundo a qual "tudo o que floresce no domínio do Direito perde o seu caráter naturalístico, de algo isento de referência a valores", incluindo os conceitos jurídicos de coisa ou pessoa, cuja construção tem sempre uma "coloração teleológica"[30]. Categórico, Wolf afirma que todos os fatos empíricos relevantes para a aplicação da norma penal "não são decididamente nada 'dado'; são fatos jurídicos", isto é; diríamos nós, definidos em função dos valores e finalidades que orientam essa aplicação[31]. Afinal, a incerteza e as contradições a respeito dos fatos remontam à própria experiência deles e se verificam também no sentido supostamente objetivo que se lhe atribuem, cabendo ao juiz, por meio da ponderação e da valoração, defini-lo para o fim da atividade normativa.

Wolf bem o ilustra, ao lembrar que uma declaração pode ser entendida de forma distinta por diversos grupos sociais, e que o juiz, ao atribuir-lhe consequências jurídicas, deve eleger um desses sentidos para a declaração, ou atribuir-lhe outro, segundo os valores que o orientam. E acrescenta que os "conceitos aparentemente inalteráveis, como o de cão ou de construção flutuam", ao sabor da "teleologia da lei e da aplicação do direito". Pois a decisão sobre a inclusão de um ser resultante do cruzamento de cão com lobo em um preceito relativo à tributação dos cães não depende da determinação zoológica, mas das finalidades de tal preceito, e do sistema ao qual ele pertence[32].

Não é, portanto, menos sujeita a valorações, a definição de jogo de azar como o que dependa exclusivamente da sorte, ou *da mera sorte*. E como sempre se pode identificar algum traço de habilidade nos jogos de azar, assim como a presença da sorte nos jogos de ha-

---

30 LASK, Emil. Rechtsphilosophie. In: *Festschrift für Kuno Fischer*. vol. 2, 1905 *apud* LARENZ, Karl. *Metodologia da ciência do direito*. Trad. José Lamego. 4. ed., Lisboa: Fundação Calouste Gulbenkian, 2005. Título original: *Methodenlehre der Rechtswissenschaft*. 6. ed., reform., Berlim – Heidelberg: Springer-Verlag, 1991, p. 131-132.
31 WOLF. *Las categorias de la tipicidade...*, p. 114, tradução nossa.
32 WOLF. *Las categorias de la tipicidad...*, p. 114-115, tradução nossa.

bilidade[33], será efetivamente necessário avaliar se a sorte é ou não o fator decisivo, pois o que a norma reprime é a prática de um jogo cujo resultado não possa ser atribuído à habilidade dos jogadores. E uma vez que a tal conclusão se chegue, tanto faz dizer que o jogo depende "meramente", "exclusivamente", "quase inteiramente" ou "principalmente" da sorte.

As balizas para a identificação do que seja um jogo de azar, como tipo de ilícito penal, foram bem desenvolvidas pela doutrina, especialmente italiana. E são de Vicenzo Manzini algumas das contribuições mais importantes para tanto. A primeira delas constitui uma importante advertência preliminar. Não é a aposta que torna o jogo um jogo de azar. O fim de lucro não é uma característica do jogo de azar em si, mas apenas um pressuposto de configuração da contravenção penal; o elemento que a torna supostamente perigosa e por isso punível[34]. Portanto, assim como há jogos de azar que não envolvem apostas, há jogos de apostas que não são de azar, ambos penalmente irrelevantes.

É o caráter aleatório do resultado, sua dependência da sorte ou do risco, a característica necessária e suficiente dos jogos de azar. Para bem ilustrar a dimensão ou o sentido dessa dependência, que o Código italiano qualifica como integral ou quase integral, Manzini compara alguns tipos de jogos. Segundo ele, quando o jogo é dominado inteiramente pelo fortuito, como se dá nas roletas, nenhuma dúvida é possível. Menos fácil, contudo, é a avaliação daqueles jogos nos quais a vitória ou a derrota dependem em parte da habilidade do jogador, e em parte da sorte. Este é justamente o

---

33   Citados por José Duarte, "Tecchio afirma que nenhum jôgo depende, unicamente, de sorte e Borsani replica: 'ed io affermerò contro il suo emmendamento, che non è nessungiuoco che in moltepunti non dipenda dalla sorte'." (DUARTE. Comentários..., p. 492)

34   MANZINI. Trattato..., p. 820. "Occorre tener sempre presente che le l'elemento essenziale, il quale pùo attribuire ad un giouco il carattere d'azzardo, è quello dell'alea, mentre quello del fine di lucro è, come già è detto, richiesto soltanto per rendere punibile il giuoco d'azzardo a norma del codice penale" (MANZINI. Trattato..., p. 825)

caso do pôquer, diríamos nós. A dificuldade, então, prossegue Manzini, consiste em estabelecer se a eficiência da habilidade individual supera, contrabalança ou não seja "notavelmente inferior" à eficiência do fortuito[35].

Como se vê, para Manzini, só há falar em jogo de azar neste último caso: quando a eficiência da habilidade seja "notavelmente inferior" à da sorte, e não quando a influência desta no jogo puder ser "honestamente corrigida ou compensada pela habilidade individual"[36]. Ranieri Babboni e Pio Viazzi, embora reconheçam ser "um pouco elástica" uma disposição de lei que se funda sobre um "quase", como a definição italiana do jogo de azar, afirma que para tal classificação é necessário que a álea, a sorte, "tenha uma parte de evidente e absoluta preponderância, na qual consista a razão de jogar, dos jogadores".[37] E para José Duarte, citando Ugo Conti, devem ser permitidos todos os jogos que normalmente e por sua natureza dependam em parte da capacidade dos jogadores; ao passo que devem ser proibidos todos os que normalmente e pela sua natureza dependam do acaso[38].

Essas conclusões sobre o conceito de jogo de azar, segundo as quais por dependência principal ou quase integral da sorte, a lei fala da sua absoluta preponderância, decorrem justamente das razões da norma contravencional. Não pode mesmo ser outra a conclusão que decorre da eloquente relação ministerial sobre o projeto que ensejaria o Código italiano de 1889. Nela se lê que "o concurso do elemento sorte varia conforme o jogo, desde um mínimo desprezível até um máximo que parece constituir o seu caráter exclusivo. Nesta última

---

35 MANZINI. *Trattato...*, p. 822-823, tradução nossa.
36 MANZINI. *Trattato...*, p. 822, tradução nossa.
37 "Quanto alla prima condizione che la vincita o la perdita dipendano intieramente o quasi intieramente dalla sorte, è senza dúbio un po' elastica una disposizione di legge che si fondi sopra un *quasi*. Bisogrna ad ogni modo che l'alea abbia una parte di evidente ed assoluta preponderanza, e in essa si faccia consistere dai giocatore la ragion del giocare" (BABBONI, Ranieri; VIAZZI, Pio. *Trattato di diritto penale*. Milano: Francesco Vallardi, s.d., p. 190).
38 DUARTE. *Comentários...* Rio de Janeiro: Forense, 1944, p. 494.

hipótese, em que o jogo propriamente se chama de azar, a honesta recreação cessa e degenera em uma prova do acaso, da qual é inconveniente à dignidade humana se ocupar, especialmente se das suas respostas cegas se faça depender a aquisição ou a perda de consideráveis valores"[39].

Com efeito, só desafiaria a dignidade humana, segundo a lógica moralista que funda a contravenção em comento, o jogo no qual a habilidade do jogador, ainda que presente, não possa fazer frente aos desígnios da sorte. Nesses casos, segundo Sabatini, quando a pessoa ávida ou viciosa se entrega cegamente à fortuna, a própria vitória é imoral, porque buscada sem mérito e às custas de uma vítima do azar. Já quando a vitória é devida à capacidade e perícia do jogador, é uma fonte legítima de lucro[40].

Como a ilicitude é objetiva, a aferição da importância da sorte ou da habilidade para fins da qualificação de um jogo como sendo de azar, segundo a lei, também há de sê-lo. Depende apenas da estrutura técnica do jogo, e não da habilidade concreta dos jogadores. Consequentemente, o jogo não se torna de azar somente porque dele participa uma pessoa inexperiente, desconhecedora das técnicas desenvolvidas e difundidas entre os bons jogadores[41].

Assim, e recorrendo às ideias de causalidade e domínio, Manzini dá um importante salto na compreensão da definição legal de jogo de azar, plenamente aplicável ao direito brasileiro. Quando se afirma que a vitória ou a derrota (o ganho ou a perda) são inteira ou quase inteiramente aleatórios (dependem exclusiva ou principalmente da sorte), diz-se simplesmente que a causa da vitória ou da derrota é ignorada e não pode ser honestamente dominada[42].

---

39 Relazione ministeriale sul projetto di codice penale del 1887, n. CXCVI, *apud* MANZINI. *Trattato...*, p. 821, nota 2, livre tradução.
40 SABATINI, G. *Delle contravvencione in particolare*. Libro III. Milano: Casa Editrice Dottor Francesco Vallardi, 1937, p. 400-401.
41 MANZINI. *Trattato...*, p. 825; SABATINI, G. *Delle contravencione...*, p. 400; e entre nós DUARTE. *Comentários...*, p. 493.
42 MANZINI. *Trattato...*, p. 822.

Como bem observa Manzini, se algum jogador lograsse descobrir, em um determinado jogo de azar, a causa exclusiva ou quase exclusiva da vitória ou da derrota, jogaria em segurança um jogo que os demais participantes permanecem confiando ao acaso, o que faria do seu conhecimento e especial domínio um instrumento de fraude. Dessa forma, Manzini alcança os elementos essenciais do que nos parece ser um critério seguro de qualificação do jogo: a possibilidade de domínio do seu resultado pelo jogador habilidoso, sem violação das regras do jogo e, portanto, sem incorrer em estelionato.

Se as regras do jogo possibilitam ao jogador habilidoso conhecer alguns dos seus fatores decisivos e a partir desses conhecimentos se orientar estrategicamente no sentido da vitória, então o jogo possibilita o domínio. Por domínio do jogo se compreende a condição do jogador que pelo bom uso da técnica logra administrar e compensar os caprichos da sorte, impondo-se sobre os demais, inclusive sobre aqueles cuja sorte tenha premiado com vantagens.

Nos jogos que combinam sorte e habilidade, como são a maioria dos jogos de cartas, não faz sentido questionar em termos gerais qual será a causa determinante (a causa adequada) para a vitória ou a derrota, nem o grau de eficiência de uma ou outra. As causas do resultado só podem ser avaliadas em concreto, considerando um jogo específico, com jogadores específicos (suas jogadas, sua sorte, suas virtudes e deficiências). E em se reconhecendo que a sorte combinada com a habilidade tenha dado causa a uma vitória ou derrota, não cabe medir qual foi mais importante. Por força da lógica, neste ponto reverenciada pelo Código Penal (art. 13), causas são equivalentes, seja como condições indispensáveis do resultado, segundo a teoria da *conditio sine qua non*, seja como elemento indispensável de uma condição suficiente do resultado, segundo a moderna teoria INUS[43].

---

43 Sobre o conceito de causa como "componente necessária de uma condição verdadeira e suficiente do resultado segundo leis empíricas gerais", divulgado pela chamada teoria INUS, ou da condição mínima, ROCHA, Ronan. *A relação de causalidade no direito penal*. Belo Horizonte: D'Plácido, 2016, p. 143 e s.

Quando se fala que em um jogo o resultado depende principalmente da sorte, admite-se que em alguma medida ele depende também da habilidade. E sendo assim, a absoluta preponderância da sorte, que configura o jogo de azar, não decorre de um juízo de causalidade, mas de imputação do resultado (do jogo). Decorre de uma atribuição da vitória ou da derrota ao acaso, e não aos jogadores, segundo um critério jurídico que extrapola a causalidade E considerando que o tipo de ilicitude próprio do jogo de azar é a indigna atividade de se sujeitar às provas do acaso, cujas repostas cegas conferem um lucro supostamente imoral ao vencedor, as custas da mera desgraça do perdedor, o critério de imputação – atribuição – do jogo ao azar ou à habilidade só pode ser o seu caráter indomável pela técnica ou, pelo contrário, a sua dominabilidade pelos bons jogadores.

Se o jogo possibilita o bom desempenho dos jogadores habilidosos, então não é um jogo de azar, por mais importante que seja a sorte na sua estrutura e por mais frequente que seja a influência dela nos resultados. Em síntese, se o jogo permite o domínio, não se pode dizer que a vitória ou a derrota dependem exclusiva nem principalmente da sorte, pois então a vitória ou a derrota serão sempre atribuíveis à habilidade ou inabilidade dos seus jogadores.

5. Estrutura técnica do jogo de pôquer

O pôquer, um dos mais populares jogos de baralho no mundo, mescla a possibilidade aleatória de cada jogador formar combinações de cinco cartas, com a escolha estratégica oportunizada a cada um, por diversas vezes, de apostar ou não na própria condição de fazer a melhor combinação. Vence cada partida o jogador que se mantiver apostando, se todos desistirem, ou entre os jogadores que apostarem até o fim, o que tiver a melhor combinação de cartas.

5.1. Regras e dinâmica

Para ilustrar a estrutura do pôquer, consignando seus fundamentos para análise, tomaremos por referência a modalidade *Texas Hold'em*, a mais difundida, consagrada pelas grandes confederações, torneios, e adotada pelos sites de pôquer em geral, nacional e internacionalmente.

Para cada jogador são distribuídas aleatoriamente duas cartas, que em princípio deverão permanecer ocultas dos demais. As duas cartas ocultas de cada um poderão ser combinadas com outras cinco, comunitárias, que serão paulatinamente abertas sobre a mesa ao longo de diversas rodadas de apostas. A combinação das cartas ocultas com as comunitárias abertas forma as chamadas "mãos" ou "jogos", de cada participante: sequências mais ou menos valiosas de cinco cartas. Essas combinações determinarão o vencedor, se mais de um jogador permanecer no jogo até o final, após a última rodada de apostas, quando as duas cartas ocultas dos jogadores remanescentes serão abertas.

O jogo se inicia com a escolha do *dealer* (ou botão), o jogador responsável pela distribuição das cartas. Se as cartas forem distribuídas por um *crupiê*, a cada rodada o botão do *dealer* ficará à frente de um jogador, indicando que a ação começará com o jogador à sua esquerda. Os dois primeiros jogadores à esquerda do *dealer* na mesa terão obrigatoriamente que apostar fichas no jogo, o chamado "pingo", antes mesmo da distribuição das cartas, por isso às cegas. Chamam-se *smallblind* (SB), o primeiro, e *big blind* (BB), o segundo em sentido horário. Nos torneios, a quantidade de fichas a serem apostadas pelos *blinds* (pingos) vai aumentando ao longo do jogo, enquanto na modalidade *cash-game*, os *blinds* são fixos. Certo é que a aposta do *smallblind* será a metade da aposta do *big blind*. E esta por sua vez será o valor mínimo de aposta para o primeiro jogador da rodada.

Distribuem-se, então, as duas cartas ocultas de cada jogador. O primeiro a jogar será o jogador sentado à esquerda do *big blind*, e o jogo segue em sentido horário, até completar a rodada. Cada jogador terá três opções de ação: desistir da rodada ou "mão" (*fold*), devolvendo as suas cartas para a mesa, sem exibi-las; "pagar a aposta" (*call*), neste caso colocando em jogo o número de fichas do *big blind* ou da última aposta realizada, se maior; ou aumentar a aposta (*raise*), colocando em mesa no mínimo o dobro da última aposta[44]. A melhor posição é sempre a do último a jogar *late position*, porque ele então já terá podido observar o comportamento de todos os demais jogadores da mesa antes de fazer a sua jogada, isto é; antes de desistir, pagar ou dobrar a aposta. A pior posição, consequentemente, é a do primeiro, que por isso recebe o nome de *under the gun* – UTG).

A mão pode terminar já após a primeira rodada de apostas, e antes que as primeiras cartas comunitárias sejam exibidas na mesa, se um jogador habilidoso, por meio de uma aposta alta, induzir os demais a desistir. Neste caso, ele ganha o total de fichas na mesa (pote). Caso contrário, o jogo prossegue com a abertura de três cartas comunitárias, lance denominado *flop*.

Após o *flop*, segue-se nova rodada de apostas, quando os jogadores remanescentes poderão orientar suas decisões também por essas primeiras cartas abertas. Se apenas um jogador apostar, da mesma forma, a mão termina e ele ganha o pote. Se não, abre-se uma quarta carta, lance chamado *turn*, e começa a terceira rodada de apostas. O jogo prossegue assim até a abertura da quinta e última carta; *river*. Com as cinco cartas abertas sobre a mesa ocorre a última rodada de apostas. E se ao termo desta mais de um jogador estiver apostando, então as suas cartas ocultas serão finalmente abertas, para se apurar quem tem o melhor jogo, isto é; a mais valiosa combinação de cartas, momento chamado *showdown*. O jogador com o melhor jogo ganha todas as fichas do pote e uma nova mão se inicia.

O *Texas Hold'em* é jogado com o baralho completo, de 52 cartas, sendo a menor o 2 e a maior o Ás. As combinações possíveis de cartas, da maior para a menor, são as seguintes: uma sequência de dez a Ás, de cartas do mesmo naipe (*royal straight flush*); qualquer sequência de cinco cartas do mesmo naipe (*straight flush*); quatro cartas iguais (quadra); uma trinca e uma dupla (*fullhouse*); cinco cartas do mesmo naipe (*flush*); sequência de cinco cartas de naipes diferentes (*straigh*); três cartas iguais (trinca); duas duplas de cartas

---

44 Há, contudo, variações do jogo justamente sobre valor mínimo para aumento da aposta (raise).

iguais (dois pares); e duas cartas iguais (par). Quando nenhum dos jogadores no *showdown* puder formar sequer um par, vencerá o que tiver a carta mais alta.

Duas são as formas de se jogar o *Texas Hold'em*: o torneio e o *cash-game*. No torneio, cada jogador receberá o mesmo número de fichas e seguirá no jogo, mão após mão, até que suas fichas acabem. O torneio só termina quando sai o penúltimo jogador. E então o prêmio, resultante das contribuições iniciais de todos, pelo pagamento da inscrição, será dividido entre os primeiros colocados, assim considerados os últimos a sair do jogo. Já na modalidade *cash-game*, o jogador adquire suas fichas iniciais, pagando por quantas desejar, e pode sair do jogo quando lhe convier, se for o caso realizando seus lucros na banca. Esta é a modalidade mais comum nos jogos on-line Mas estrutura do jogo, das partidas ou mãos, é invariável, numa ou noutra modalidade.

5.2. Habilidades no pôquer

Como se extrai da descrição supra, o jogo de pôquer, como a maioria dos jogos de cartas, combina vantagens aleatórias com a oportunidade dos jogadores escolherem, estrategicamente, suas ações a cada rodada: desistir da mão, pagar a aposta ou aumentá-la. A abertura para a habilidade está no fato de que a sorte – a efetiva possibilidade de fazer combinações de cartas e a eventual vantagem no jogo –, embora não se revele plenamente a nenhum dos jogadores até a última rodada, pode ser inferida por cálculos probabilísticos, à medida da abertura das cartas, e pelo comportamento dos outros jogadores, ao longo das rodadas. Essa mesma sorte, embora se insinue a cada um pelas cartas conhecidas, pode ser dissimulada pelo bom jogador, ora ocultando dos demais a vantagem que provavelmente tem, ora adotando um comportamento equívoco, que leve os demais a supor estar ele em vantagem, ter boas cartas, que em verdade não tem, ação conhecida como *blefe*. A estratégia de apostar ou aumentar a aposta, de modo a intimidar os demais jogadores, estimulando-os a desistir da mão, quando a vantagem sobre eles é improvável, constitui a forma essencial do blefe no pôquer.

Ricardo Molina de Figueiredo, em laudo pericial sobre a estrutura técnica do pôquer, constata que este jogo desafia diversas habilidades. A primeira delas é o domínio matemático das probabilidades, que possibilita ao bom jogador calcular as suas chances reais de fazer um bom jogo[45], bem como inferir as chances dos demais e, assim, avaliar sua vantagem ou desvantagem a cada nova informação, especialmente a cada nova carta conhecida.

Depois, em qualquer das suas modalidades, o pôquer requer permanente atenção às jogadas e capacidade de avaliação dos oponentes, em suas reações, seu padrão de comportamento, seu grau de ousadia etc. O bom jogador de pôquer consegue, ao longo das partidas, traçar o perfil de cada jogador e, dessa forma, interpretar com mais segurança as jogadas de cada um deles, inferindo se têm boas cartas ou se estão blefando. Consegue ao mesmo tempo dissimular a própria condição. Os jogadores profissionais costumam adotar padrões aleatórios de jogadas, ainda que isso lhes custe perder mãos menores, para confundir os demais, deixando-os mais suscetíveis a um futuro *blefe*[46].

Segundo Figueiredo, o *blefe* tem um papel sistemático no pôquer e é explorado de forma intensa, em qualquer das suas modalidades. Para ilustrar tal assertiva ele analisa o registro, extraído de um site especializado (*www.absolutepoker.com*), de um jogo real disputado entre jogadores experientes, verificando que das 118 rodadas (mãos), 75 terminaram em *fold*. Isto significa que em 64% das mãos, o ganhador não chegou a mostrar suas cartas[47]. Esses dados estão em consonância com levantamento promovido pela empresa americana *Cigital Inc.*, especializada em segurança e desenvolvimento de *softwares*, e desenvolvido por Sean McCulloch, do Departamento de Matemática e Ciência da Computação da Ohio Wesleyan Univerity, que ao ana-

---

45 FIGUEIREDO, Ricardo Molina. Laudo pericial. Campinas-SP: Laboratório de perícias Prof. Dr. Ricardo Molina de Figueiredo, 23 nov. 2006, 26p. Disponível em: https://www.conjur.com.br/dl/parecer-dr-ricardo-molina.pdf. Acesso em: 26 jan. 2018, p. 15.
46 FIGUEIREDO. Laudo pericial..., p. 18.
47 FIGUEIREDO. Laudo pericial..., p. 18.

lisar mais de 100 milhões de mãos de *Texas Hold'em* verificou que menos de um quarto delas foram decididas pelo *showdown*, ou seja; que em 75% delas o ganhador não chegou a mostrar suas cartas[48].

Figueiredo ainda consigna que o blefe é uma estratégia sofisticada, cujo sucesso depende do jogador empregá-la no momento correto, determinado por variáveis diversas, tais como: a) os prováveis jogos dos oponentes; b) o padrão de reação dos oponentes; c) o tamanho do pote (quantidade de fichas na mesa, resultante das últimas apostas) e d) a posição do jogador da mesa[49].

Conclusões semelhantes sobre as habilidades exigidas pelo pôquer e sua importância no jogo constam de laudo oficial do Instituto de Criminalística do Estado de São Paulo, intitulado *Características do jogo de cartas denominado Texas Hold'em*, da lavra do Perito Criminal Adriano Iassamu Yonamine. Para além das habilidades supramencionadas, o laudo não deixa de destacar o conhecimento de regras específicas predeterminadas, interpretação das cartas nas mãos e daquelas abertas sobre a mesa (números, naipes e hierarquia dentro do baralho), capacidade cognitiva, psicológica, sensibilidade visual e comportamental, além de autocontrole emocional e físico[50].

No pôquer se instaura, assim – a pretexto da sorte que ninguém conhece bem, mas todos precisam inferir e dissimular em maior ou menor medida – um desafio de avaliação psicológica, num contexto em que cada jogador deve manejar com o mesmo apreço a prudência e a ousadia, escolhendo bem o momento e a dose certa com que cada atitude deve ser empregada.

---

48 HARRIS, Martin. Cigital Inc. Study Argues Player Choices dominant Texas Hold'em Factor. *Pokernews*. 28 mar 2009. Disponível em: https://www.pokernews.com/news/2009/03/cigital-study-players-skill-determines-holdem-outcome-1302.htm. Acesso em: 26 jan. 2018.
49 FIGUEIREDO. Laudo pericial..., p. 17.
50 SÃO PAULO, Secretaria de Segurança Pública, Superintendência de polícia técnico-científica – Instituto de Criminalística. Características do jogo de cartas denominado "Texas Hold'em": Laudo n. 01/020/21432/2011, rel. o Perito Adriano Iassumi Yonamine, 30 jun. 2011.

É fato notório que os torneios nacionais e internacionais de pôquer têm revelado grandes campeões; jogadores que se tornam verdadeiras celebridades entre os amantes do pôquer, muito admirados por suas excepcionais habilidades para o jogo. Entre eles podemos citar três brasileiros, campeões na Word Series of Poker (WSPO), o mais prestigiado campeonato internacional de pôquer: Tiago Decano, em 2015; André Akkari, em 2011; e Alexandre Gomes, em 2008[51]. Um número relativamente pequeno de jogadores permanece por longos períodos entre os primeiros lugares do ranking mundial de pôquer. E dentre esses, alguns como Dan Harrington, Chris Moneymaker, Erik Seidel, David Bradschaw etc. têm livros publicados sobre técnicas potencialmente eficazes para um bom desempenho no jogo[52].

Registre-se, por fim, que a prática do pôquer vem se institucionalizando e obtendo reconhecimento próprio dos esportes, no Brasil e no mundo, especialmente nos últimos nove anos. Em 2009 foi fundada em Lausanne, na Suíça, a Federação Internacional de Pôquer (atualmente International Federation of Mach Poker – IFMP), que congrega confederações de mais de 60 países, dos cinco continentes. A IFMP é reconhecida na condição de observadora pela Federação Internacional dos Esportes da Mente (International Mind Sports Association – IMSA), [53] e desde outubro de 2017 também pela Associação Global de Federações Esportivas Internacionais GAISF (Global Association of International Sports Federation)[54]. A Confederação Brasileira de Texas Hold'em – CBTH, fundada em

---

51 ALEXANDRE GOMES. In: WIKIPÉDIA, a enciclopédia livre. Flórida: Wikimedia Foundation, 2017. Disponível em: https://pt.wikipedia.org/w/index.php?title=Alexandre_Gomes&oldid=49554990. Acesso em: 26 jan. 2018.
52 FIGUEIREDO. Laudo pericial..., p. 18.
53 INTERNATIONAL FEDERATION OF MACH POKER – IFMP. About International Federation of Mach poker. Disponível em: http://matchpokerfed.org/about/. Acesso em: 27 jan. 2018.
54 IFMP. International Federation of Mach Poker awarded GAISF observer status. out 2017. Disponível em: http://matchpokerfed.org/2017/10/02/international-federation-match-poker-awarded-gaisf-observer-status Acesso em: 27 jan. 2018.

2009, é membro da IFMP e foi reconhecida em 2012 pelo Ministério do Esporte[55].

5.3. A prática do pôquer on-line

Atualmente o pôquer é amplamente praticado por meio da *internet*, em grandes sites especializados, que promovem partidas on-line entre jogadores localizados nas mais diversas partes do mundo. Nesses sites, embora transcorra num ambiente virtual, com recursos virtuais (a mesa, as cartas, as fichas e o próprio *crupiê*, o *dealer*), o jogo é o mesmo que se disputa presencialmente, sendo também o *Texas Hold'em* a principal modalidade[56].

Duas peculiaridades decorrentes do meio, contudo, são dignas de nota quando se analisam as técnicas envolvidas no jogo. Nas plataformas on-line não é possível aos jogadores fazer uma leitura corporal nem observar a expressão facial dos demais jogadores, o que representa uma dificuldade adicional. Mas essa dificuldade é superada por um esforço maior de anotação e memorização do padrão de comportamento dos adversários, prática especialmente sistemática nos jogos on-line. Os *softwares* de que se valem os sites em geral disponibilizam aos jogadores, como ferramenta, o campo *notes*, para anotações sobre os adversários, que ficam disponíveis para que o jogador possa a elas recorrer da próxima vez que enfrentar o mesmo oponente. Técnicas especiais sobre a forma e o conteúdo dessas anotações, para torná-las mais eficientes, são inclusive difundidas em sites ou *blogs* especializados na internet[57].

---

55 Cf registro no site do Ministério do Esporte. Disponível em: http://portal.esporte.gov.br/cen/detalhesEntidades.do?idEntidade=74. Acesso em: 27 jan. 2017.

56 Cf. CONFEREDERAÇÃO BRASILEIRA DE TEXAS HOLD'EM – CBTH. A história do poker. Disponível em: http://www.cbth.org.br/texas-holdem. Acesso em: 26 jan. 2018.

57 Por todos, ver SFALSIN, Ramon. Como fazer anotações dos oponentes. Pokerlab Academia. publicado originalmente pela Revista CardPlayer. Disponível em: https://pokerlab.com.br/como-fazer-anotacoes-dos-oponentes/ Acesso em: 27 jan. 2018.

A segunda peculiaridade é que os jogadores on-line dispõem de programas do tipo *plug in*, utilizados de forma regular, que os auxiliam calculando em tempo real as probabilidades de jogo a cada passo[58]. O uso dessa ferramenta, contudo, não libera os jogadores da tarefa complexa e indelegável de interpretar rapidamente os muitos dados matemáticos gerados automaticamente na tela do seu dispositivo eletrônico e traçar estratégias com base neles e nos conhecimentos adquiridos sobre os padrões dos demais adversários.

6. DA ATIPICIDADE DA PROMOÇÃO, EXPLORAÇÃO OU PARTICIPAÇÃO NO JOGO DE PÔQUER. CONCLUSÃO INTERMEDIÁRIA

Avaliando as características do pôquer, descritas na seção anterior, segundo o critério de imputação do ganho ou da perda preliminarmente estabelecido para distinguir os jogos de azar dos jogos de habilidade, não resta dúvida que o jogo analisado pertence a esta última categoria.

Conforme procuramos demonstrar, quando um jogo combina habilidade e sorte, a sua classificação legal dependerá da possibilidade de um jogador habilidoso dominá-lo estrategicamente, revertendo eventuais desvantagens aleatórias de forma eficaz para alcançar a vitória.

O pôquer é justamente um jogo que desafia a capacidade dos jogadores de administrar uma sorte não plenamente conhecida, pelas habilidades de inferi-la a partir das cartas conhecidas e do comportamento dos demais jogadores. Mais. De fazer os oponentes acreditarem que se está em vantagem no jogo (blefar) e de escolher o momento correto de fazê-lo, tanto do ponto de vista da eficácia (para fazer com que a rodada termine em *fold*, sem precisar abrir as cartas), quanto da eficiência (obter uma boa quantidade de fichas, um bom pote).

Um jogador com essas habilidades tem condição de dominar estrategicamente o jogo, levando os demais jogadores a desistir da rodada e ganhando a mão sem mostrar as cartas, portanto indepen-

---

58 FIGUEIREDO. Laudo pericial..., p. 16.

dentemente das vantagens ou desvantagens que o acaso lhe tenha concedido. Essa simples possibilidade basta para atribuir à habilidade ou inabilidade do jogador o ganho do pote ou a perda de fichas em uma única mão de pôquer, que é a unidade celular do jogo. Não se trata aqui de uma possibilidade remota, mas antes frequente, haja vista o caráter sistemático do blefe no pôquer e a média de mãos de pôquer que terminam sem que os jogadores mostrem suas cartas; em torno de 75% (cf. item 4.2 supra).

A importância da habilidade no pôquer, contudo, pode e deve ser analisada em mais ampla perspectiva, uma vez que o jogo não se resume a uma mão. Na modalidade torneio, o jogo só acaba quando resta apenas um jogador com fichas: o vencedor, primeiro colocado. E na modalidade *cash-game* o jogador pode disputar quantas mãos lhe convier, até atingir o seu objetivo de ampliar a sua quantidade de fichas, lucrando por meio do jogo. Em qualquer dessas modalidades, o objetivo em direção ao qual o jogador habilidoso maneja estrategicamente o jogo é o acúmulo de fichas. Em função desse objetivo é que se deve apurar a dominabilidade do jogo de pôquer. Portanto, a dominabilidade do jogo de pôquer é a possibilidade oferecida ao jogador habilidoso de acumular fichas ao longo de diversas mãos, independentemente da sorte.

Nesta perspectiva é ainda mais evidente a preponderância da habilidade no pôquer, pois dela dependerá não apenas o ganho de uma mão, mas muitas vezes também a perda, o que se dá, por exemplo, quando o jogador estrategicamente desiste (opta pelo *fold*) por não ser um bom momento para o blefe ou, mesmo quando tem boas cartas, para confundir os demais jogadores quanto ao seu perfil, e assim garantir o blefe numa mão futura, quando houver mais fichas na mesa (pote maior).

Portanto, considerando que a estrutura técnica do pôquer permite ao jogador habilidoso dominar estrategicamente o jogo, revertendo as desvantagens aleatórias de forma eficaz para acumular fichas ao longo das diversas mãos, conclui-se com segurança que não se trata de um jogo de azar, mas sim de habilidade, tanto na modalidade torneio, quanto na modalidade *cash-game*.

Como jogo de habilidade que é, o pôquer não se presta à configuração de nenhum dos tipos de contravenção previstos no art. 50

da Lei de Contravenções Penais. Não configura conduta punível estabelecer ou explorar jogo de pôquer, nem participar do jogo como ponteiro ou jogador[59].

59 Na jurisprudência brasileira recente, reconhecendo ser o pôquer um jogo de habilidade, permitido, registam-se os seguintes precedentes: TJDF. Juizado Especial de Taquatinga. Processo n. 2012.071.026575-0, decisão de arquivamento em 7 dez 2012; TJSC. Mandado de Segurança 2010.047810-, Grupo de Câmaras de Direito Público, rel. Des. Sérgio Roberto Baasch Luz, j. em 8-11-2011; TJRS. Mandado de Segurança n. 70025424086, Primeira Câmara Cível, rel. Des. Irineu Mariani, j. em 17-12-2008. Especificamente sobre o pôquer, Wilson Bussada colaciona outro mais antigo, porém digno de nota: "É certo que o 'pif-paf', como o 'pôker', não pode ser considerado como jogo de azar...O ganho depende da habilidade e da observação dos parceiros" (SÃO PAULO. TJSP, Apelação Criminal 12.264, 1ª Câmara. RT 228/499 apud *Contravenções*..., p. 175 e s. Na doutrina nacional, Costa Leite adere à nota técnica da Delegacia de Jogos de São Paulo, que colaciona aos seus comentários, segundo a qual "O jôgo de pôquer com cartas é considerado de habilidade devido a vários fatores que lhe são próprios. Entre esses fatores podemos citar: o Blefe (Bluf); a possibilidade de "passar", isto é, a possibilidade de o parceiro não ir na jogada quando sem cartas boas; a grande dose de observação dos gestos e expressões dos adversários necessária (fator de grande importância, principal mesmo); o grande autodomínio necessário para não deixar transparecer aos adversários o jôgo que se tem nas mãos" (SÃO PAULO, Secretaria de Segurança Pública. Mecanismo dos jogos de azar. In:LEITE. *Manual das contravenções*..., p. 283). Um dos coautores mesmo, no seu *Manual*, afirma que em alguns jogos de baralho "o resultado sempre dependerá das estratégias pessoais de cada um, seja de índole psicofísica, como no pôquer, seja quanto ao acerto e pertinência das escolhas das jogadas. (PACELLI; CALLEGARI; *Manual*..., p. 103). Esta foi também a conclusão de Miguel Reale Júnior, em parecer sobre a legalidade do pôquer (2010, original não publicado). No mesmo sentido o já citado Leonardo Araújo Marques: "Ante o exposto, é possível afirmar que o Poker se enquadra na categoria de jogo de natureza esportiva e intelectual, não proibido e carente de regulamentação específica. (MARQUES. Aspectos legais e tributários do poker..., *Rev. EMERJ*, p. 210). Também se ocupa de demonstrá-lo, em detalhado estudo, Bráulio do Carmo Vieira de Melo (Consequências jurídico-penais para a prática e exploração do pôquer no Brasil. Associação Nacional dos Delegados de Polícia Federal. 17 dez 2013. Disponível em: http://www.adpf.org.br/adpf/admin/painelcontrole/materia/materia_portal.wsp?tmp.edt.materia_codigo=6272#.WvOgz-8vwdU. Acesso em: 9 maio 2018).

Esta conclusão é válida inclusive quando se joga mediante apostas em dinheiro, bens ou outros valores economicamente apreciáveis e, assim, aplica-se tanto para o pôquer jogado na modalidade torneio, quanto na modalidade *cash-game*. Pois a lei brasileira não proíbe a aposta em jogo de habilidade, salvo quando realizada por terceiro não participante do jogo – não jogador – hipótese bem definida no art. 50, § 3º, c, da LCP como aposta "*sobre* qualquer outra modalidade esportiva" (grifamos).

E como o art. 50 da LCP é o exclusivo fundamento da proibição ou da ilicitude dos jogos em geral na Ordem Jurídica brasileira, pode-se afirmar que a prática, promoção ou exploração do pôquer com ou sem aposta, na modalidade *cash-game* ou torneio, presencialmente ou on-line, é permitida no Brasil.

7. DA LEGALIDADE DA INTERMEDIAÇÃO DE PAGAMENTOS PELA INSCRIÇÃO OU AQUISIÇÃO DE FICHAS EM SITES ESTRANGEIROS DE PÔQUER, POR JOGADORES LOCALIZADOS EM TERRITÓRIO BRASILEIRO

Sendo lícita a prática e a exploração do pôquer no Brasil, com a cobrança de inscrição (na modalidade torneio) ou venda de fichas avulsas (na modalidade *cash-game*), não resta dúvida que também é lícita a intermediação do pagamento da inscrição ou das fichas, observadas naturalmente as normas de regência do sistema financeiro nacional.

Finalmente, há de se ressaltar que o substitutivo ao PLS 186/2014, Projeto de Lei do Senado para regulamentar a exploração dos jogos de azar no Brasil, apresentado à CCJ pelo Relator Benedito de Lira em 6 de dezembro de 2017, classifica expressamente o pôquer como um jogo de habilidade, precisamente pertencente à categoria dos jogos mentais. Em seu art. 34, § 3º dispõe o Projeto: Consideram-se jogos de habilidade, não se enquadrando na categoria de jogo de fortuna, sem prejuízo de outros que se enquadrem na descrição deste artigo: [...] III – os jogos mentais como xadrez, damas, poker, bridge, go, gamão, dominó. (BRASIL. Senado Federal. Minuta de Parecer com Substitutivo ao PLS 186/2014. Rel Benedito de Lira. Disponível em: <http://legis.senado.leg.br/sdleg-getter/documento?dm=7323854&disposition=inline>. Acesso em: 29 jan. 2018)

Não há incriminação específica da conduta de pagar a quem estabelece ou explora o jogo (a banca) pela inscrição, pela aposta ou pelas fichas do jogador. Sendo assim, tal conduta só será punível se representar uma cooperação consciente para a prática de um crime ou contravenção, nos termos do art. 29, *caput*, do Código Penal brasileiro: "Quem, de qualquer modo, concorre para o crime incide nas penas a este cominadas, na medida de sua culpabilidade". Nesse caso, quando por meio de uma conduta em princípio atípica, alguém fornece um meio empregado na prática de uma conduta típica por outrem, ocorre uma participação em crime ou contravenção.

Consequentemente, só se poderia cogitar da punibilidade do pagamento de inscrição ou fichas de apostas, se sabidamente adquiridas para a prática do jogo de azar, ou seja; quando o pagamento seja efetuado, intermediado ou operacionalizado para que alguém participe do jogo de azar como apostador (art. 50, § 2º, da LCP) ou para que aposte sobre corrida de cavalos ou qualquer outra modalidade esportiva (art. 50, § 2º c/c § 3º, *b* e *c*, da LCP). Se o pagamento efetivado, intermediado ou operacionalizado tem por objeto a prática, mediante aposta, de um jogo de habilidade, tal conduta não configura participação em contravenção penal.

Nos termos do art. 814, *caput*, do Código Civil (CC), "as dívidas de jogo ou de aposta não obrigam a pagamento; mas não se pode recobrar a quantia, que voluntariamente se pagou, salvo se foi ganha por dolo, ou se o perdente é menor ou interdito". E conforme o § 2º do mesmo artigo, tal preceito "tem aplicação, ainda que se trate de jogo não proibido, só se excetuando os jogos e apostas legalmente permitidos".

Como se lê, embora seja judicialmente inexigível o pagamento de dívidas de jogo ou de aposta, também não há direito à devolução do que se tenha pagado por esta conta. O pagamento dessas dívidas é *irrepetível*. Tem-se aqui o que a doutrina civilista classifica como uma obrigação natural, à qual não socorre uma ação judicial – por puro preconceito do legislador – mas cujo adimplemento é reconhecido e amparado pelo direito.

Em função do disposto no § 2º do art. 814 do CC, os seus comentaristas classificam os jogos e as apostas, quanto aos efeitos do contrato ou da obrigação correspondente, em três categorias: proibidos, tolerados e permitidos. A distinção só faz sentido em razão da redação confusa deste dispositivo. Pois quando o § 2º menciona os jogos e apostas permitidos, para ressalvar a exigibilidade da dívida que deles decorra, garantindo-a, está se referindo especificamente àqueles que contam com expressa autorização no ordenamento jurídico, como as loterias regulamentadas. A lei distingue assim, quanto aos efeitos, os jogos e apostas tacitamente permitidos, ou não expressamente proibidos (art. 5º, inc. II, da CR/88), que compõem por isso a categoria dos tolerados. Nesta categoria está o jogo de pôquer.

Portanto, o pagamento da aposta de um jogador em um jogo de habilidade, como o pôquer, é um ato lícito. Um ato não proibido pelo direito penal e tampouco pelo direito civil, que embora não o considere obrigatório, ampara-o com a irrepetibilidade.

A prática do pôquer on-line viabilizou a participação de qualquer jogador ligado à rede mundial de computadores (*internet*) e sem restrições de acesso, independente do local do mundo em que ele se encontre. E dessa forma, as mesas virtuais de pôquer on-line se transformaram em ambientes cosmopolitas por excelência, que congregam jogadores das mais diversas nacionalidades e estabelecem um jogo disputado a partir de países diversos, onde se encontram os jogadores e seus terminais de acesso.

Por isso nos sites de pôquer on-line, o pagamento das inscrições em torneios e a compra de fichas para se jogar na modalidade *cash-game*, a mais comum no ambiente virtual, envolve frequentemente transações financeiras internacionais. Essa peculiaridade tampouco representa óbice à intermediação ou operacionalização do pagamento de inscrição ou fichas de pôquer adquiridas por jogadores, segundo a lei brasileira, que não regulamenta a matéria.

O caráter internacional da operação financeira necessária à efetivação do pagamento da inscrição em torneio ou das fichas adquiridas em um site de pôquer estrangeiro, a partir de um terminal localizado no Brasil, inspira apenas a necessidade de comunicação à autoridade monetária, quando envolver transferência de divisas para o exterior, segundo seus regulamentos, para não se incorrer no crime de evasão, previsto no art. 22 da Lei n. 7.492/86. Ademais, os prestadores de serviço de pagamento em geral e as operadoras de cartão de crédito, em particular, estão sujeitos aos deveres (ditos de *compliance*) de identificação dos seus clientes, manutenção de registro e comunicação de operações suspeitas de lavagem de dinheiro ao Conselho de Controle de Atividades Financeiras (COAF), nos termos dos arts. 9º, I, III e IV, 10 e 11 da Lei n. 9.613/1998. A infração desses deveres sujeita o obrigado às sanções administrativas previstas no art. 12 do mesmo Diploma e pode até ser punível como contribuição omissiva para um crime de lavagem de dinheiro, se tal for efetivamente praticado por meio de sites de pôquer, desde que presentes os requisitos típicos (art. 1º da Lei n. 9.613/98 c/c art. 13, § 2º, do CP), dentre eles o dolo do omitente ou de quem atua como seu representante ou gestor.

Nos casos de evasão de divisas ou de lavagem de capitais, contudo, estar-se-á diante de outros tipos de ilícito, com requisitos próprios que transcendem a mera intermediação do pagamento de fichas em sites de pôquer ou de inscrições de jogadores em torneios on-line, cuja licitude tratamos de analisar e demonstrar.

8. Conclusão

Considerando que a estrutura técnica do pôquer, invariável na mesa real ou virtual, permite ao jogador habilidoso dominar estrategicamente o jogo, revertendo as desvantagens aleatórias de forma eficaz para acumular fichas ao longo das diversas mãos, não se trata de um jogo de azar, mas sim de habilidade, tanto na modalidade torneio quanto na modalidade cash-game, independentemente de ser disputado presencialmente ou on-line. Por ser um jogo de habilidade, não configura nenhuma das contravenções previstas no art. 50 da LCB, estabelecer ou explorar jogo de pôquer, nem jogá-lo mediante aposta, na modalidade torneio ou *cash-game*. E como esse dispositivo legal é o exclusivo fundamento da ilicitude do jogo na ordem jurídica brasileira, pode-se afirmar que intermediação ou operacionalização de pagamentos pela inscrição ou aquisição de fichas em sites estrangeiros de pôquer são permitidas no Brasil.

O pagamento da aposta de um jogador em um jogo de habilidade, como o pôquer, não é proibido pelo direito penal e tampouco pelo direito civil, que embora não o considere obrigatório, ampara-o com a irrepetibilidade (art. 814 do CC). Consequentemente, é lícita a intermediação ou a operacionalização do pagamento da inscrição (na modalidade torneio) ou da aquisição de fichas avulsas (na modalidade *cash-game*) pelo jogador localizado no Brasil, em sites de pôquer nacionais ou estrangeiros, observadas naturalmente as normas de regência do sistema financeiro nacional e de prevenção à lavagem de capitais.

9. Referências bibliográficas

ALEXANDRE GOMES. In: WIKIPÉDIA, a enciclopédia livre. Flórida: Wikimedia Foundation, 2017. Disponível em: https://pt.wikipedia.org/w/index.php?title=Alexandre_Gomes&oldid=49554990. Acesso em: 26 jan. 2018.

BABBONI, Ranieri; VIAZZI, Pio. *Trattato di diritto penale*. Milano: Francesco Vallardi, s.d.

BENTO DE FARIA, A. *Das contravenções penais*. Rio de Janeiro: Record, 1958.

BRASIL. Código Penal dos Estados Unidos do Brasil. Decreto n 847, de 11 de outubro de 1890. Disponível em: http://www2.camara.leg.br/legin/fed/decret/1824-1899/decreto-847-11-outubro-1890-503086-publicacaooriginal-1-pe.html. Acesso em: 23 jan. 2018.

BRASIL. Decreto-Lei n. 9.215, de 30 abr 1946. Disponível em: http://www2.camara.leg.br/legin/fed/declei/1940-1949/decreto-lei-9215-30-abril-1946-417083-publicacaooriginal-1-pe.html. Acesso em: 30 out. 2018.

BRASIL. Senado Federal. Minuta de Parecer com Substitutivo ao PLS 186/2014. Rel Benedito de Lira. Disponível em: http://legis.senado.leg.br/sdleg-getter/documento?dm=7323854&disposition=inline. Acesso em: 29 jan. 2018.

BRASIL. Supremo Tribunal Federal. RE 966177 RG, rel. Min. Luiz Fux, decisão de 03-11-2016, publicada em 21-11-2016. Disponível em: http://www.stf.jus.br/portal/jurisprudencia/listarJurisprudencia.asp?s1=%28966177%2ENUME%2E+OU+966177%2EPRCR%2E%

29&base=baseRepercussao&url=http://tinyurl.com/jkwktr8. Acesso em: 30 out. 2018.

BUSSADA, Wilson. *Contravenções penais interpretadas pelos tribunais*. São Paulo: Alba, 1969.

CONFEREDERAÇÃO BRASILEIRA DE TEXAS HOLD'EM – CBTH. A história do poker. Disponível em: http://www.cbth.org.br/texasholdem. Acesso em: 26 jan. 2018.

DIAS, Jorge de Figueiredo. *O problema da consciência da ilicitude em direito penal*. 5. ed., Coimbra: Coimbra Editora, 2000.

DISTRITO FEDERAL. TJDF. Juizado Especial de Taquatinga. Processo n. 2012.071.026575-0, decisão de arquivamento em 7 dez. 2012.

DUARTE, José. *Comentários à lei das contravenções penais*. Rio de Janeiro: Forense, 1944.

FERREIRA SOBRINHO, José Wilson. *Imunidade tributária*. Porto Alegre: Sérgio Fabris, 1996.

GRECO, Luís. Tem futuro a teoria do bem jurídico? Reflexões a partir da decisão do Tribunal Constitucional Alemão a respeito do crime de incesto – § 173 Strafgesetzbuch. *Revista Brasileira de Ciências Criminais*. ano 18. n. 82, jan.-fev. 2010, p. 174-178.

HARRIS, Martin. Cigital Inc. Study Argues Player Choices dominant Texas Hold'em Factor. *Pokernews*. 28 mar 2009. Disponível em: https://www.pokernews.com/news/2009/03/cigital-study-players-skill--determines-holdem-outcome-1302.htm. Acesso em: 26 jan. 2018.

INTERNATIONAL FEDERATION OF MACH POKER – IFMP. About International Federation of Mach poker. Disponível em: http://matchpokerfed.org/about/. Acesso em: 27 jan. 2018.

_____. International Federation of Mach Poker awarded GAISF observer status. out 2017. Disponível em: http://matchpokerfed.org/2017/10/02/international-federation-match-poker-awarded-gaisf-observer-status. Acesso em: 27 jan. 2018.

LARENZ, Karl. Metodologia da ciência do direito. Trad. José Lamego. 4. ed., Lisboa: Fundação Calouste Gulbenkian, 2005. Título original: *Methodenlehre der Rechtswissenschaft*. 6. ed., reform., Berlim – Heidelberg: Springer-Verlag, 1991.

LEITE, Manoel Carlos da Costa. *Manual das contravenções penais*. Saraiva: São Paulo, 1962.

MANZINI, Vicenzo. *Trattato di diritto penale italiano*. Nuova edicione. Torino: Unione Tipografico – Editrice Torinese, 1952.

MARQUES, Leonardo Araujo. Aspectos legais e tributários do poker e dos demais esportes da mente: A necessidade de uma regulamentação específica. Revista EMERJ, Rio de Janeiro, v. 15, n. 59, p. 199-216, jul. set. 2012. Disponível em: http://www.emerj.tjrj.jus.br/revistaemerj_online/edicoes/revista59/revista59_199.pdf. Acesso em: 22 jan. 2018.

MARTINELLI, João Paulo Orsini. *Paternalismo jurídico-penal*: limites da intervenção do Estado na liberdade individual pelo uso de normas penais. São Paulo: LiberArs, 2015.

MELO, Braulio do Carmo Vieira de. Consequências jurídico-penais para a prática e exploração do pôquer no Brasil. Associação Nacional dos Delegados de Polícia Federal. 17 dez. 2013. Disponível em: http://www.adpf.org.br/adpf/admin/painelcontrole/materia/materia_portal.wsp?tmp.edt.materia_codigo=6272#.WvOgz-8vwdU. Acesso em: 9 maio 2018.

MEZGER, Edmund. *Tratado de direito penal*. Nueva edición, revisada y puesta al dia por José Arturo Rodriguez Muñoz. Madrid: Editorial Revista de Derecho Privado, t. I, 1955.

FIGUEIREDO, Ricardo Molina. *Laudo pericial*. Campinas-SP: Laboratório de perícias Prof. Dr. Ricardo Molina de Figueiredo, 23 nov. 2006, 26p. Disponível em: https://www.conjur.com.br/dl/parecer-dr-ricardo-molina.pdf. Acesso em: 26 jan. 2018.

NUCCI, Guilherme de Souza. *Leis penais e processuais penais comentadas*. 3. ed., São Paulo: Revista dos Tribunais, 2008.

PACELLI, Eugênio; CALLEGARI, André. *Manual de direito penal*: parte geral. 4. ed. ver. atual. e ampl. São Paulo: Atlas, 2017.

PORTUGAL. Código Philippino ou Ordenações e Leis do Reino de Portugal, recopiladas por mandado d`el Rey D. Philippe I. Quinto livro das Ordenações. 14. ed., Rio de Janeiro: Tipographia do Instituto Philomáthico, 1870, Título LXXXII, p. 1230. Disponível em: http://www2.senado.leg.br. Acesso em: 23 jan. 2018.

PORTUGAL. Exposição de motivos do Dec. 66/2015. Diário da República, 1.ª série, n. 83, 29 de abril de 2015. Disponível em: https://dre.pt/home/-/dre/67098359/details/maximized?p_auth=kJ4eW5N8. Acesso em: 30 out. 2018.

REALE JÚNIOR, Miguel. Parecer sob consulta da Confederação Brasileira de Texas Hold'em. São Paulo, abr. 2010, original não publicado.

RIO GRANDE DO SUL. TJRS. Mandado de Segurança n. 70025424086, Primeira Câmara Cível, rel. Des. Irineu Mariani, julgado em 17 dez. 2008.

ROCHA, Ronan. *A relação de causalidade no direito penal*. Belo Horizonte: D'Plácido, 2016.

SABATINI, G. *Delle contravvencione in particolare*. Libro III. Milano: Casa Editrice Dottor Francesco Vallardi, 1937.

SANTA CATARINA. TJSC, Mandado de Segurança 2010.047810-1, Grupo de Câmaras de Direito Público, rel. Des. Sérgio Roberto Baasch Luz, j. em 8 nov. 2011.

SÃO PAULO, Secretaria de Segurança Pública, Superintendência de polícia técnico-científica – Instituto de Criminalística. Características do jogo de cartas denominado "Texas Hold'em": Laudo n. 01/020/21432/2011, rel. Perito Adriano IassumiYonamine, 30 jun. 2011.

SFALSIN, Ramon. Como fazer anotações dos oponentes. Pokerlab Academia. publicado originalmente pela Revista CardPlayer. Disponível em: https://pokerlab.com.br/como-fazer-anotacoes-dos--oponentes/. Acesso em: 27 jan. 2018.

SZNICK, Valdir. *Contravenções penais*. 5. ed. São Paulo: Livraria e Editora Universitária de Direito, 1994.

TINÔCO, Antônio Luiz Ferreira. *Código criminal do Imperio do Brazil annotado*. Obra fac-similar. Brasília: Senado Federal, Conselho Editorial, 2003.

WOLF. Erik. *Las categorias de la tipicidad*: estudios previos sobre una doctrina general de la parte especial del derecho penal. Trad. María del Mar Carrasco Andrino. Valencia: Tirant lo Blanch, 2005.

17.

Delitos fiscais como antecedentes da lavagem de dinheiro: impossibilidade jurídica e material do crime

Paulo Emílio Catta Preta de Godoy[1]
Aline Padilha Martins e Silva[2]

1. INTRODUÇÃO

Após a nova redação do art. 1º da Lei n. 9.613/98, extinguiu-se o rol de crimes antecedentes da lavagem de dinheiro. Assim, qualquer infração penal tornou-se passível de ser considerada antecedente de tal delito, tendo como pré-requisito apenas a geração de bens ilícitos.

Dessa forma, criou-se possibilidade, ainda que em tese, de os delitos fiscais serem considerados como infrações penais antecedentes do crime de lavagem de capitais. Entretanto, tal situação, esbarra de forma clara na importante questão de serem os delitos fiscais

---

[1] Mestre em Direito. Advogado. Professor de Direito Penal do Instituto de Educação Superior de Brasília (IESB). Professor de Direito Penal no Instituto Brasileiro de Ensino, Desenvolvimento e Pesquisa (IDP). Membro Efetivo do Instituto dos Advogados Brasileiros (IAB Nacional). Conselheiro do Movimento de Defesa da Advocacia (MDA).

[2] Graduanda em Direito pelo UniCEUB.

capazes ou não de gerar capitais ilícitos para serem objeto antecessor do crime de lavagem.

A presente discussão possui clara importância na atualidade, momento em que a visibilidade – e até mesmo a prática – de crimes fiscais aumentou de maneira drástica nos últimos anos. Ademais, não há como negar que o crime de lavagem de dinheiro está presente na maioria das denúncias dos casos de delitos fiscais e crimes de colarinho branco, ainda que não tenha uma corrente majoritária sobre o assunto.

Assim sendo, existem duas questões a serem respondidas no presente trabalho: a primeira é se o crime tributário é capaz de gerar capitais ilícitos, ou se apenas se oculta os bens lícitos da Fazenda Pública; e a segunda é se o crime tributário seria passível de anteceder ao crime de lavagem de capitais.

Conforme se dita na atual legislação brasileira, todos os valores utilizados no crime de lavagem devem ser provenientes, ainda que indiretamente, de uma atividade criminal. Assim sendo, necessita-se apurar a geração de bens, ativos ou valores por meio de crime, situação que não está presente na fraude fiscal, pois não há uma geração de bens, mas sim a ocultação de bens obtidos licitamente da Fazenda Pública, impossibilitando que tal delito seja tido como antecedente da lavagem de dinheiro.

Atualmente, está em evidência, principalmente na mídia, o combate aos crimes de colarinho branco, tendo como conexão o crime de lavagem de dinheiro. Assim sendo, diante da clara evidência do crime de lavagem de dinheiro, não há como eximir a importância do crime tributário como antecedente desse perante o contexto atual em que vivemos. Portanto, não há como fechar os olhos para tal debate, uma vez que não são poucos os casos atuais que tratam exatamente sobre tal situação.

Perante a grande popularidade do crime de lavagem de dinheiro e dos inúmeros casos atuais que tem como tese defensiva a impossibilidade do crime tributário como antecessor da lavagem, a presente pesquisa tem alta viabilidade, sendo possível verificar diversas opiniões sobre o tema.

Apesar de existirem diversos delitos fiscais, o presente trabalho tem por objetivo observar apenas se o crime de sonegação fiscal praticado por particular é capaz de ser considerado como antecedente da lavagem de dinheiro, e não especificar cada um dos delitos.

Assim, para a discussão do tema, dividiremos este trabalho em capítulos, além desta introdução. Os capítulos "CRIME DE LAVAGEM DE DINHEIRO" e "DELITOS FISCAIS" tem por objetivo a explicação das principais nuances dos crimes de lavagem de capitais e de crimes fiscais. Nestes capítulos trataremos acerca da introdução de tais crimes no ordenamento brasileiro, seus sujeitos passivos e ativos, os bens jurídicos tutelados, bem como a prática de tais delitos.

Por fim, a conclusão tem por intuito compilar todos os argumentos que constam neste trabalho, a fim de instigar ainda mais o debate que este trabalho deu início, explicando por que motivos o crime de sonegação fiscal poderá ou não preceder da lavagem de capitais.

2. DELITOS FISCAIS

Os crimes tributários foram introduzidos no nosso ordenamento no ano de 1990 pelos arts. 1º, 2º e 3º da Lei n. 8.137/90 com o intuito de reprimir a supressão de tributos.

No Brasil, há uma divergência doutrinária acerca da identificação do bem jurídico tutelado por tais delitos, onde dividem-se entre teoria patrimonialista, funcionalista e ecléticas conforme explica Rodrigo Leite Ferreira Cabral:

As teorias patrimonialistas defendem que o bem jurídico tutelado pelos crimes tributários gravitam em torno da defesa de interesses patrimoniais supraindividuais do Estado, realçando, pois, que referidos delitos buscam proteger o patrimônio público, a fazenda pública, a arrecadação tributária.

Por outro lado, as teorias funcionalistas são aquelas que rejeitam uma conotação meramente patrimonial dos bens jurídicos protegidos, centrando, assim, a atenção nas funções que deve cumprir o tributo.

Existem, ademais, as denominadas teorias ecléticas, que aceitam a especificidade da ordem tributária e a funcionalidade do tributo.

Entendem que essas particularidades são importantes para dar os contornos a um bem jurídico genérico, à *ratio legis* dos tipos penais. Apesar disso, as teorias ecléticas realçam que a característica mais marcante desses delitos é precisamente a existência de um bem jurídico específico e imediato, que é consubstanciado pelos interesses patrimoniais do estado[3].

Importante ressaltar, ainda, que o crime discutido neste capítulo é crime comum, podendo ser cometido por qualquer particular desde que seja o contribuinte ou o responsável tributário. Assim sendo, poderá ser responsabilizado por tal delito aquele que for o representante do contribuinte, uma vez que atua em nome de terceiro, assumindo a posição de garante, por ter domínio sobre as ações descritas no tipo penal. Entretanto, em se tratando de sonegação praticado por meio de pessoas jurídicas, a responsabilização penal deverá cair sobre aquele que foi o responsável pelo não pagamento do tributo, que não serão, necessariamente, os sócios, podendo ser, por exemplo, o contador ou o gerente, a depender de caso a caso.

As condutas típicas do art. 1º consistem, basicamente, na supressão e na redução do tributo, sendo a primeira aquela em que o agente não paga nenhuma parte do tributo devido, e a segunda aquela em que o agente paga valor menor que o devido mediante o emprego de algumas das condutas descritas nos incisos I a V, consistentes em manobras ilícitas (fraudes, enganação ocultação).

Ademais, de relevante importância, cumpre dizer que tais crimes presumem necessariamente o dolo. Ou seja, o sujeito deve almejar não pagar os valores devidos para a configuração de crime fiscal.

No art. 2º, por sua vez, verifica-se a tipificação, em regra, de crimes formais "em relação aos quais a consecução do resultado supressão ou redução de tributo não é necessária para a consumação do delito, funcionando, na verdade, como elemento subjetivo espe-

---

3   CABRAL, Rodrigo Leite Ferreira em *Leis penais especiais*: comentadas artigo por artigo. Coordenado por CUNHA, Rogério Sanches. PINTO, Ronaldo Batista e SOUZA, Renee. 2. ed., Salvador: Juspodivm, 2019, p. 898.

cial do tipo"[4] e, assim, não são aptos à geração de produto apto a ser objeto de lavagem, à exceção da figura da apropriação indébita tributária (art. 2º, inc. II), onde, por sua natureza de crime material, se observa, em tese, a possibilidade de anteceder o crime de lavagem.

Consigne-se que a validação pelo Supremo Tribunal Federal da tipicidade do delito de apropriação indébita tributária de ICMS próprio[5], onde restou firmada a tese: "O contribuinte que, de forma contumaz e com dolo de apropriação, deixa de recolher o ICMS cobrado do adquirente da mercadoria ou serviço incide no tipo penal do art. 2º, II, da Lei n. 8.137/90".

A partir dessa compreensão observa-se, em número cada vez maior, a formulações de imputações criminais pelo referido crime aliado à imputação de lavagem relativa à incorporação dos valores tributários apropriados na atividade econômica empresarial, o que também importa para a análise proposta no presente estudo.

3. CRIME DE LAVAGEM DE DINHEIRO

O crime de lavagem de dinheiro foi introduzido no ordenamento brasileiro pela Lei n. 9.613, de 3 de março de 1998, que tipifica em seu art. 1º:

> Ocultar ou dissimular a natureza, origem, localização, disposição, movimentação ou propriedade de bens, direitos ou valores provenientes, direta ou indiretamente, de infração penal[6].

---

4   LIMA, Renato Brasileiro de. *Legislação criminal especial comentada*: volume único, 6. ed. rev. atual e ampl. Salvador: Juspodivm, 2018, p. 69.
5   BRASIL. Supremo Tribunal Federal. RHC 163334/SC, rel. Min. Roberto Barroso, j. em 18-12-2019.
6   BRASIL. Lei n. 9.613, de 3 de março de 1998. Dispõe sobre os crimes de "lavagem" ou ocultação de bens, direitos e valores; a prevenção da utilização do sistema financeiro para os ilícitos previstos nesta Lei; cria o Conselho de Controle de Atividades Financeiras – COAF, e dá outras providências. Brasília, 1998. Disponível em: http://www.planalto.gov.br/ccivil_03/leis/l9613.htm#:~:text=LEI%20N%C2%BA%209.613%2C%20DE%203%20DE%20MAR%C3%87O%20DE%201998.&text=Disp%C3%B5e%20sobre%20os%20crimes%20de,COAF%2C%20e%20d%C3%A1%20outras%20provid%C3%AAncias. Acesso em: 20 abr. 2020. Art. 1º.

À luz da doutrina, tem-se Marco Antonio de Barros e Pierpaolo Bottini, que assim conceituam:

"Lavagem" é o método pelo qual uma ou mais pessoas, ou uma ou mais organizações criminosas, processam os ganhos financeiros ou patrimoniais obtidos com determinadas atividades ilícitas. Sendo assim, "lavagem" de capitais consiste na operação financeira ou na transação comercial que visa ocultar ou dissimular a incorporação, transitória ou permanente, na economia ou no sistema financeiro do País, de bens, direitos ou valores que, direta ou indiretamente, são resultado de outros crimes, e a cujo produto ilícito se pretender dar lícita aparência[7].

Lavagem de dinheiro é definido como o ato ou a sequência de atos praticados com a finalidade de "mascarar a natureza, origem, localização, disposição, movimentação ou propriedade de bens, valores e direitos de origem delitiva ou contravencional, com o escopo último de reinseri-los na economia formal com aparência de licitude[8].

Assim, o crime de lavagem de capitais é o processo pelo qual se busca inserir, na economia formal, um ativo ilícito dando-lhe a aparência de licitude, impedindo ou dificultando o rastreamento desses recursos. Ou seja, lavar dinheiro é, basicamente, transformar um dinheiro considerado "sujo" pelo caráter ilícito de sua obtenção, em um dinheiro "limpo", de forma que pareça que esse capital tenha sido gerado por atividades lícitas.

Há, portanto, um empecilho na punição de alguns crimes diante da prática da lavagem de capitais, uma vez que se dificulta a localização dos ativos ilícitos após a lavagem. Por tal motivo, a maioria da doutrina considera que o bem jurídico tutelado, ou seja, aquilo que se pretende proteger com a criminalização da conduta, é a Administração da Justiça. Tal situação justifica-se pela incapacidade que possui a administração pública em punir aqueles que praticam os

---

7   BARROS, Marco Antônio de. *Lavagem de dinheiro*: implicações penais, processuais e administrativas. São Paulo: Oliveira Mendes, 1998. p. 91-92.
8   BOTTINI, Pierpaolo. 2012. p. 21.

crimes antecedentes, objetivando, assim, uma maior efetividade ao sistema estatal.

Entretanto, apesar deste ser o entendimento majoritário, é de suma importância ressaltar também o entendimento de que o bem tutelado juridicamente seria a ordem econômica, como explica Rogério Sanches:

Ora, com a prática ilegal, o ingresso da vantagem financeira de origem ilícita na economia formal – embora travestida de legalidade – ofende sobremaneira a ordem socioeconômica, pois acarreta nítido desequilíbrio em um mercado pautado por regras harmonicamente estabelecidas. Não serão mais o preço, a qualidade do produto ou a eficiência do serviço prestado a conduzirem a lógica das atividades econômicas. Na verdade, a introdução de recursos de origem espúria no cenário econômico traz motivações e elementos outros que certamente afetam a harmonia lógica reinante no mundo dos negócios[9].

Assim sendo, levando em consideração que o crime de lavagem de capitais é crime comum, qualquer pessoa poderá praticar o delito em questão, inclusive o mesmo autor da infração penal antecedente, não sendo necessária nenhuma característica especial do agente para tanto, ainda que o crime antecedente pressuponha tal característica. Por outro lado, tendo como base o bem jurídico tutelado, o sujeito passivo deste crime é a coletividade, pois a sociedade é quem sofre o dano pela prática de tal infração.

Assim ensina Rogério Sanches:

Afetando-se a administração da justiça, por via direta, abalam-se o cotidiano e a qualidade de vida do indivíduo social. Como recompensa à prática de atos de corrupção e crimes, quando manobras de lavagem de dinheiro são bem-sucedidas, verifica-se a ocorrência de graves prejuízos à integridade de toda a sociedade, minando a democracia e o senso social da Justiça[10].

---

9   CUNHA, Rogério Sanches. *Leis penais especiais*: comentadas artigo por artigo. 2. ed., Salvador: Juspodivm, 2019. p. 1439.
10 Ibidem, p. 1443.

Tratando-se da execução do crime, esta se dará em modo sistemático, subdividido em três fases, com a única finalidade de transparecer à fiscalização um processo completamente íntegro e lícito. A primeira fase é a ocultação – também conhecida por colocação – momento em que se insere o capital ilícito em um montante lícito, para que o produto do crime se distancie do criminoso.

De acordo com Sérgio Moraes Pitombo, nesta primeira fase:

> É feito o fracionamento do capital, obtido com a infração penal, e, depois pequenos depósitos bancários que não chamam a atenção pela insignificância dos valores e escapam às normas administrativas de controle, impostas às instituições financeiras (art. 10, II, combinado com art. 11, II, da Lei n. 9.613/98)[11].

A segunda fase da lavagem de capitais, por sua vez, consiste na dissimulação – também conhecida por mascaramento. Nesta fase, busca-se esconder os rastros dos crimes por meio de inúmeras transações bancárias, dissimulando o percurso do ilícito financeiro, para dificultar possíveis investigações. É, portanto, nesta fase, por exemplo, em que se envia o dinheiro para o exterior – onde existem os paraísos fiscais – buscando sempre países em que prezem o sigilo bancário em primazia, para que fique cada vez mais difícil a localização de tais ativos financeiros.

Por último, tem-se a fase da integração, onde o dinheiro ilícito já foi devidamente "lavado" e, portanto, já possui caráter lícito, podendo ser integrado no sistema econômico e financeiro como se assim o fosse. É nesta fase que se identificam as empresas de fachada, os investimentos falsos, negócios jurídicos simulados de bens e ativos, onde tenta-se introduzir o capital no círculo econômico-financeiro.

Acerca do assunto, Marco Antonio Barros assim ensina:

> Geralmente se dá com a criação ou investimentos em negócios lícitos, ou ainda mediante a aquisição de bens em geral (imóveis, obras de arte, ouro, joias, ações embarcações, veículos automo-

---

11 PITOMBO, Antônio Sérgio A. de Moraes. *Lavagem de dinheiro*: a tipicidade do crime antecedente. São Paulo: Revista dos Tribunais, 2003. p. 37.

tores etc.) Sendo o capital, com aparência lícita, reintroduzido nos setores econômico, financeiro e produtivo da cadeia econômico-financeiro do país, tal como ocorre com as operações de fundos legítimos[12].

Outrossim, é sabido que, para a consumação do delito em que aqui se discute, é necessária a existência de uma infração penal que anteceda a lavagem, por ser imprescindível a anterior criação do objeto da lavagem, qual seja o ativo, bem ou valor fruto de uma atividade criminal.

De acordo com a Convenção de Viena de 1988, é imprescindível que os bens, direitos ou valores objeto da lavagem de capitais sejam provenientes direta ou indiretamente de um crime antecedente. Ou seja, o objeto da lavagem é o produto de algum crime antecessor.

Assim, iniciou-se a corrida pela definição de quais crimes poderiam ser elencados como antecedentes do delito da lavagem. Diante da dificuldade de tal consideração, como nos ensina Rogério Sanches:

> Encontra-se inserida na alçada de política criminal de cada jurisdição cabendo ao legislador pátrio optar para quais condutas criminosas deseja estender a criminalização da lavagem do recurso financeiro ilicitamente gerado[13].

A norma internacional que regula especificamente tal questão é a Recomendação n. 3 do Grupo de Ação Financeira (GAFI), que estabeleceu às jurisdições o dever de efetuar a criminalização da lavagem de capitais conforme as regras da Convenção de Viena, que assegura que os crimes antecedentes devem ser todos os crimes graves.

Assim, diversos entendimentos acerca do rol de crimes antecedentes foram sendo adotados pelo mundo, não tendo uma unifor-

---

12 BARROS, Marco Antônio de. *Lavagem de dinheiro*: implicações penais, processuais e administrativas. São Paulo: Oliveira Mendes, 1998. p. 45-46.
13 CUNHA, Rogério Sanches. *Leis penais especiais*: comentadas artigo por artigo. 2. ed., Salvador: Juspodivm, 2019. p. 1467.

midade e um entendimento único mundialmente reconhecido sobre diversos crimes, como, por exemplo, os crimes fiscais.

A infração antecedente do crime de lavagem, em sua normalidade, é pensada como um ganho, uma vantagem que o crime agrega ao patrimônio do autor resultante de um produto ou proveito ilícito. O dinheiro furtado, a coisa roubada, o valor extorquido mediante sequestro, a propina na corrupção.

Em tais casos, não há discussão que existam bens, direitos ou valores ilícitos incorporados ao patrimônio do criminoso e que, se houver ocultamento ou dissimulação (etapas da lavagem) de sua origem, natureza, procedência, estará caracterizado o crime de lavagem, previsto no art. 1º da Lei n. 9.613/98.

Na doutrina nacional, a redação originária da Lei n. 9.613/98 inclinava-se, claramente, no sentido de exigir que os bens, direitos ou valores, provenientes da infração, "implicassem um acréscimo ao patrimônio do criminoso". Aliás, não foi por outro motivo que, declaradamente, ficou fora do rol de delitos antecedentes, por exemplo, o crime de sonegação fiscal.

Necessário relembrar a Exposição de Motivos do Poder Executivo (EM 692/MJ/96) constante do projeto de lei originário, que, posteriormente aprovado, deu azo à primeira redação da Lei n. 9.613/98. Ali, consignou-se expressamente que "o projeto não inclui, nos crimes antecedentes, aqueles delitos que não representam agregação, ao patrimônio do agente, de novos bens, direitos ou valores, como é o caso da sonegação fiscal. Nesta, o núcleo do tipo constitui--se na conduta de deixar de satisfazer obrigação fiscal. Não há, em decorrência de sua prática, aumento de patrimônio com a agregação de valores novos. Há, isto sim, manutenção de patrimônio existente em decorrência do não pagamento de obrigação fiscal (EM, item 34)".

Ocorre que, posteriormente, admitiu-se a abertura do catálogo de crimes antecedentes (com a edição da Lei n. 12.683/2012), em que o rol de crimes antecedentes foi excluído do art. 1º da Lei n. 9.613/98, deixando de ser rol taxativo e deixando aberto à interpretação do magistrado quais crimes podem e não podem ser antecessores do delito principal.

4. CRIMES FISCAIS COMO ANTECEDENTES DA LAVAGEM

Neste momento, faz-se necessário rememorarmos os pontos que inicialmente se discutiram quando da proposta de inclusão dos crimes fiscais na Recomendação n. 01 do GAFI no ano de 2010.

Conforme exposto por Blanco Cordero[14], no plano internacional discutia-se que a inclusão dos crimes fiscais na lista de infrações antecedentes da lavagem teria por inconvenientes alguns pontos, sendo estes: a) a necessidade de um critério de distinção entre planejamento tributário legítimo (elisão fiscal) e fraude fiscal; b) a ausência do conceito uniforme de delito fiscal em nível internacional; c) o fato de que a política de criminalização da lavagem se firmou como primado na luta contra a criminalidade organizada, motivo pelo qual não seria razoável a ampliação para hipóteses de mero descumprimento de normas tributárias.

Nada obstantes tais argumentos contrários, é certo que sobreveio a inclusão, em fevereiro de 2012, da exigência de inclusão de crimes tributários como infração penal antecedente da lavagem como Recomendação do GAFI no plano internacional.

No entanto, a mera inclusão nessa recomendação, a nosso sentir, não criou efeito imediato no plano dos ordenamentos jurídicos internos dos países, onde ainda se identificam discussões sobre tal possibilidade teórica. Tais discussões, portanto, podem ser situadas nas seguintes considerações:

- A lavagem de dinheiro busca reprimir a circulação de bens derivados direta ou indiretamente de alguma atividade delitiva, impedindo-os de adquirem uma aparência de legalidade.

- Assim, a ausência de declaração de ingressos financeiros – ou mesmo o mero inadimplemento de impostos indiretos (na linha de recente posicionamento da 3ª Seção do STJ – que considerou típico o mero inadimplemento do ICMS próprio *HC* 399.109/SC) não poderiam anteceder a lavagem porque

---

14 BLANCO CORDERO, Isidoro. *El delito de blanqueo de capitales*. 3. ed. Thomson Reuters Aranzadi, 2012. p. 530.

não se consubstanciam em produto, direto ou indireto, de crime, mas sim proventos hauridos de atividade econômica lícita e regular.

- De modo que inicialmente, seria necessário diferenciar as espécies de crime tributário, dentre aqueles em que o emprego de meio fraudulento possa resultar em algum proveito indevido, de um lado, e aqueles em que existe uma mera omissão (crime omissivo próprio) de informações às autoridades fiscais, porque nestes últimos não há geração de proveito de nenhuma espécie.

- CHOCLAN MONTALVO defende que, ao menos, não poderiam ser antecedentes da lavagem os crimes tributários que tivessem a estrutura de omissivos próprios, porque não geram relação causal entre a omissão e os bens incorporados ao patrimônio do devedor, mas sim o fato (lícito e legítimo) objeto da tributação (exemplo: recebimento de honorários desamparado da necessária emissão de nota fiscal de serviços e recolhimento dos tributos incidentes).

No plano do Direito Comparado, BLANCO CORDERO identifica o reflexo dessa tendência internacionalizante, classificando os países que têm admitido tal possibilidade, ainda que em graus distintos, referindo-se às experiência de FRANÇA e BÉLGICA (que admitem amplamente com base em julgados das Cortes Superiores), ALEMANHA e ITÁLIA (onde se admite a possibilidade limitada) – sem autolavagem e somente em casos de defraudação fiscal profissional ou organizada – e, por fim, PORTUGAL e PERU admitida de forma ilimitada.

Por outro lado, nos ordenamentos internacionais, vários cenários podem ser observados como direito comparado para que diversas visões acerca do tema sejam analisadas. Em Portugal, desde a Lei n. 10/2002, que deu nova redação ao art. 2º do Decreto-lei n. 325/95, o delito fiscal, tipificado nos arts. 103 e 104 do Regime Geral das Infrações Tributárias (RGIT), está presente no rol dos crimes antecedentes ao branqueamento (denominação do crime de lavagem de dinheiro).

Entretanto, houve a revogação do Decreto-lei n. 325/95 supracitado, por meio da Lei n. 11/2004, mas incluiu-se ao Código Penal português o art. 368-A, mantendo a fraude fiscal dentre os antecedentes da lavagem.

Já na Alemanha, o Código Penal Alemão (Strafgesetzbuch (StGB)) prevê a aplicação do crime de lavagem de dinheiro (Geldwäsche) somente aos casos de fraude fiscal quando cometidos profissionalmente ou de forma organizada, em relação aos gastos economizados em virtude da fraude fiscal, às compensações tributárias, às restituições de impostos recebidos indevidamente e aos bens cujos impostos respectivos tenham sido evadidos.

Na França, o art. 341-1 do Código Penal Francês prevê que qualquer crime ou delito poderá ser considerado como antecedente do *blanchiment* (lavagem de dinheiro), não havendo qualquer restrição aos ilícitos penais.

Além disso, a Câmara Criminal da Corte de Cassação francesa já considerou, em um caso concreto, que o delito fiscal da lavagem de dinheiro pode ser resultado de dissimulação de valores sujeitos à tributação.

A Itália, por sua vez, em semelhança com a França, não possui um rol de infrações precedentes do delito de lavagem de dinheiro, podendo qualquer delito não culposo ser antecessor do *reciclaggio* (lavagem de capitais), tipificado no art. 648 do Código Penal italiano. Houve, também, confirmação da possibilidade de delitos fiscais como antecessores da lavagem de dinheiro em sentença proferida pela Corte de Cassação italiana em 2012[15].

Da experiência internacional comparada, nos interessa, para fins do argumento que ao final se proporá, o caso da ESPANHA, onde, segundo BLANCO CORDERO, a doutrina inicialmente se

---

15 ITÁLIA. Corte di Cassazione. Penale Sent. Sez. 2 Num. 6061 Anno 2012. Disponível em: http://www.italgiure.giustizia.it/xway/application/nif/clean/hc.dll?verbo=attach&db=snpen&id=./20120217/snpen@s20@a2012@n06061@tS.clean.pdf. Acesso em: 20 abr. 2020.

inclinava pela inadmissibilidade teórica de o crime fiscal anteceder ao crime de lavagem, o que pareceu estar superado após a edição de novos instrumentos legais (Ley Orgânica n. 5 e Lei n. 10, ambas do ano de 2010), que promoveram a abertura de catálogo de crimes antecedentes (Lei Organiza n. 5/2010) e também fizeram expressa referência à *cota tributária defraudada* como objeto material do crime de lavagem de dinheiro (blanqueo de capitales) previsto no art. 301 do Código Penal Espanhol (Lei n. 10/2010).

O art. 1º, n. 2 da referida norma espanhola (Lei 10/2010) define que poderão ser o objeto material da lavagem: "todo tipo de ativos cuja aquisição ou posse tenha sua origem em um delito, tanto materiais como imateriais, móveis ou imóveis, tangíveis ou intangíveis, assim como os documentos ou instrumentos jurídicos com independência da sua forma, incluídas a eletrônica ou a digital, que comprovem a propriedade desses ativos ou um direito sobre os mesmos, com inclusão da cota defraudada, no caso dos delitos contra a Fazenda Pública".

A partir dessa alteração legislativa, observou-se a majoritária admissão, na Espanha, de o crime fiscal ser infração antecedente ao crime de lavagem. Sentença STS 8071/2012 da Sala Penal do Tribunal Supremo, de onde se extrai que:

> Em definitivo, a cota tributária constitui um bem no sentido do art. 301 do CP, que constitui simultaneamente um prejuízo para a Fazenda Pública e um benefício para o defraudador (...) Portanto, as condutas típicas do art. 301 do CP podem recair sobre a cota tributária.

O delito de lavagem de dinheiro pressupõe diretamente um delito antecedente, uma vez que apenas é passível de ser lavado um capital proveniente de um delito ou contravenção penal. Acerca do exposto, dita-se a doutrina:

> Característica esencial que ha de reunir el objeto del delito de blanqueo de capitales es que debe tener su origen en un hecho delictivo previamente cometido. Ha de existir, como requisito imprescindible, un nexo entre el objeto del blanqueo y una actividad delictiva previa. Si no está presente ese nexo o unión o se si

rompen por alguna circunstancia, no existe objeto idóneo para el del delito de blanqueo de capitales[16].

O tipo penal ainda indica que os bens passíveis de lavagem são aqueles provenientes, direta ou indiretamente, de infração penal. Ou seja: apenas o produto ou proveito do crime pode ser objeto de lavagem, seja na forma de proveniência direta (*producta sceleris*), seja indireta (*fructus sceleris*). Os bens diretamente provenientes da infração são aqueles com ligação imediata com o ilícito anterior, como o dinheiro furtado, o carro roubado, enquanto os indiretamente provenientes são resultantes da transformação ou substituição dos originais, decorrência mediata da prática delitiva, como o imóvel adquirido com o dinheiro da corrupção, ou os rendimentos ou lucros da aplicação do valor original[17].

Uma característica essencial que o objeto do crime de lavagem de dinheiro deve atender é que ele deve ter origem em um ato criminoso previamente cometido. Como requisito essencial, deve haver um vínculo entre o objeto da lavagem de dinheiro e uma atividade criminosa anterior. Se esse vínculo ou união não estiver presente ou se romperem devido a alguma circunstância, não há objeto adequado para o crime de lavagem de dinheiro.

O tipo penal ainda indica que você é passivo da lavagem apenas daqueles originados, direta ou indiretamente, por infração criminal. Ou seja: assim que o produto ou a provisão do crime puder ser objeto de lavagem, seja na forma de proveniência direta (*producta sceleris*), seja indireta (*fructus sceleris*). Você é diretamente da infração daqueles com a conexão ilegal anterior, como dinheiro furtado, ou carro rude, logo que eles resultem indiretamente da transformação ou substituição de origens originais, decoro mediado pela prática ou imóvel adquirido como dinheiro proveniente de corrupção ou devoluções ou lucros com a aplicação do valor original. (Tradução livre da autora)

---

16 BLANCO CORDERO, Isidoro. *El delito de blanqueo de capitales*. 3 ed. Thomson Reuters Aranzadi, 2012. p. 246.

17 BOTTINI, Pierpaolo Cruz; BADARÓ, Gustavo Henrique. *Lavagem de dinheiro*: aspectos penais e processuais penais: comentários à Lei 9.613/1998, com alterações da Lei 12.683/2012. São Paulo: Revista dos Tribunais, 2012. p. 69.

Nesse cenário, tem-se a ideia de que a lavagem de capitais, conforme se explicará adiante, tendo por antecedente o crime de sonegação poderia:

a) Ser considerado um crime impossível, previsto no art. 17 do Código Penal por serem os bens e direitos proveito de atividade econômica lícita e regular – passivos absolutamente incompatíveis com a prática da lavagem;

b) Ser considerado atípico pela inexistência do objeto material da infração;

c) Representar ofensa ao postulado do *ne bis in idem*.

4.1. Cenário 1: Crime impossível (art. 17 do Código Penal)

No primeiro cenário, caso se considerasse o crime de sonegação como antecedente da lavagem de capitais, poderia tal situação incidir em crime impossível, uma vez que, o tipo penal em questão pressupõe a preexistência de crime consumado *que tenha gerado bens ou ativos* para que sejam passíveis de figurarem como objeto para a lavagem. Entretanto, no crime de sonegação, os objetos supostamente sonegados são provenientes direta e indiretamente de atividade lícita empresarial e não de atividade criminal prévia. É dizer: o valor recebido pela venda de mercadoria decorre de atividade legítima e regular, ainda que não se venha a recolher o valor do imposto devido, com ou sem emprego de fraude.

O crime impossível é aquele ato que jamais poderá ser consumado, ou seja, jamais poderá existir, seja pela ineficácia completa do meio, seja pela impropriedade absoluta do objeto material, assim como prevê o artigo:

Art. 17. Não se pune a tentativa quando, por ineficácia absoluta do meio ou por absoluta impropriedade do objeto, é impossível consumar-se o crime.

Temos, portanto, duas condições:

a) Delito impossível por ineficiência absoluta do meio e;

b) Delito impossível por impropriedade absoluta do objeto material.

Na primeira, a conduta será absolutamente impossível, pois o instrumento utilizado para a consumação da prática delitiva é incapaz de promover este fim de qualquer maneira. São exemplos de tais casos: quando alguém tenta matar outrem com magia ou quando alguém tenta tirar a vida de outra pessoa com um palito de dente. A segunda, por sua vez, tem como exemplo quando o agente tenta matar um cadáver.

Assim, será considerado crime impossível pela impropriedade absoluta do objeto material quando o agente praticar conduta que por sí só será impossível de provocar qualquer consumação de resultado lesivo. Entretanto, nesse cenário o fruto da sonegação tributária, ainda o agente pudesse tentar, jamais conseguiria "tornar-se lícito", já que jamais foi ilícito.

Em ambos os casos não existirá risco algum de lesão ao bem protegido. E, não lesando o bem em questão, não tem o que se falar em consumação de um crime, mas sim considerá-lo crime impossível.

4.2. Cenário 2: Considerada atipicidade por inexistência do objeto material da infração

Para que uma conduta seja considerada crime, deverá atender ao conceito analítico, que, no direito brasileiro, segue-se a vertente tripartido: o fato deverá ser típico, antijurídico e culpável.

A tipicidade do delito é quando a conduta está descrita formal e objetivamente, por meio da qual se modifica o mundo exterior. A antijuridicidade é a definição da conduta como a prática de ação atípica que contraria o direito e a legislação. Por último, mas não menos importante, a culpabilidade consiste no juízo de reprovabilidade do fato, diante da presença dos elementos que demonstrem a possibilidade concreta de o agente ter podido agir de modo diverso.

Na presente discussão, a sonegação de tributos como precedente do delito de lavagem esbarraria no quesito da tipicidade objetiva adotada na legislação brasileira para o crime de lavagem de dinheiro, uma vez que tais crimes não possuem propriedade para antecederem a prática subsequente de crime de lavagem, que tipifica que os objetos devem ser *provenientes* de infração penal antecedente.

Não há discussão, tampouco dúvidas, que o proveito ilícito gerará uma vantagem patrimonial ao seu autor, como exemplo o dinheiro furtado, a coisa roubada, a propina na corrupção passiva.

Entretanto, o crime de sonegação tributária não é apto a gerar quaisquer produtos, uma vez que o objeto do crime de sonegação preexistente ao delito e não fruto deste, motivo pelo qual será incapaz de figurar como objeto material de lavagem, já que o contribuinte não tem seu patrimônio alterado. Ou seja, o sonegador tinha certa disponibilidade em dinheiro ou valor em contas bancárias ou outros, e continuará exatamente com o mesmo valor, após deixar de pagar o tributo.

A resolução de tal questão possui duas vertentes: uma mais restritiva e a outra mais ampliativa. Uma linha de pensamento é convencionalmente denominada como "dinâmica", que considerará que o delito anterior deverá ter gerado um ganho que depois será objeto de lavagem. A segunda linha, por sua vez, entende que, pelo ponto de vista econômico, a ausência de redução patrimonial poderá ser entendida da mesma forma em que o aumento ilícito do patrimônio é considerado como proveniente do delito.

Como se sabe, antes da modificação, a Lei n. 9.613/98 possuía um rol taxativo dos delitos antecedentes, exigindo que os bens, direitos ou valores provenientes do delito implicassem um aumento significativo ao patrimônio do autor. Assim sendo, a sonegação tributária ficou expressamente excluída do rol original.

Posteriormente, entretanto, o rol taxativo foi retificado, admitindo a abertura da lista de crimes antecedentes. Tal alteração, contudo, não exclui a compreensão acima citada, visto ainda não ser possível identificar a existência de produto derivado da sonegação, já que existe, apenas, manutenção do patrimônio.

Conforme visto anteriormente ao examinar o direito comparado, houve, na Espanha, modificação legislativa incluindo a cota tributária defraudada na tipificação do objeto material da lavagem de capitais, exaurindo a discussão da utilização ou não de tal delito como antecessor.

Como se verifica, não há na legislação penal previsão semelhante àquela acrescida à legislação penal espanhola, de modo que não há referência à cota tributária defraudada como objeto material do crime de lavagem, o que leva à constatação da simples atipicidade penal do crime de lavagem em face de valores obtidos de atividade econômica regular e cuja declaração fora omitida ao Fisco.

Assim, não se pode dizer que a menção típica a valores ou direitos, porque se exigem que sejam provenientes (originários) de infração penal, o que não ocorre nos casos em que o crime se configure com a mera omissão (omissão própria).

Nessa leitura mais ampla, quando muito se poderia admitir, que os valores efetivamente obtidos com emprego de fraude poderiam tipificar o crime, mas nunca os casos de valores obtidos mediante omissão própria, ou seja, derivados do mero desatendimento da obrigação de pagamento de crédito tributário.

Portanto, para que o delito fiscal pudesse ser tido como crime antecessor da lavagem de capitais, seria necessária uma modificação legislativa que equiparasse a cota tributária defraudada como objeto do crime de lavagem de dinheiro na conceituação legal do art. 1º da Lei n. 9.613/98, libertando-a da condicionante decorrente da expressão legal "provenientes" ao tipificar o crime de lavagem e, além disso, acrescer, ainda, que cotas defraudadas sejam passíveis de lavagem.

Cumpre salientar, ainda, que, caso se admitisse a antecedência do crime fiscal à lavagem de capitais, mesmo que tal conduta não se subsume diretamente à descrição típica, estaria adotando a analogia penal, cujo emprego somente se justifica para ampliar o campo de permissividade (*in bonam partem*), e não o de proibição, sob pena de colidir com o princípio constitucional da reserva legal.

Acerca do assunto, tem-se Ferrajoli:

"A analogia encontra-se excluída se é *in malam partem*, enquanto é admitido caso seja *in bonam partem* ao estar sua proibição dirigida, conforme o critério geral do *favor rei*, a impedir não a restrição, mas somente a extensão por obra da discricionariedade judicial do âmbito legal da punibilidade. Disso segue-se em termos mais gerais o dever de interpretação restritiva e proibição de interpretação extensiva das leis penais.'Não está permitido estender as leis penais', escreveu Francis Bacon 'a delitos não contemplados expressamente'; e 'é cruel atormentar o texto das leis para que atormentem os cidadãos"[18].

Assim, enquanto não houver tal modificação na legislação nacional atual, como houve na Espanha, a consideração de delitos fiscais como antecedentes da lavagem configura conduta atípica.

4.3. Cenário 3: Violação do postulado do ne bis in idem

É também possível constatar ofensa ao princípio do *ne bis in idem*, o qual pressupõe que ninguém poderá ser julgado ou punido pelo mesmo fato mais de uma vez, já que condenará o sonegador pelo crime do delito fiscal e pela lavagem de dinheiro.

Nesse sentido, tem-se Bottini e Badaró[19]:

O tipo objetivo do art. 1º, *caput*, na forma de ocultação ou dissimulação exige, portanto, algum ato de mascaramento do valor precedente da infração. O uso aberto do produto do crime não caracteriza a lavagem. Se o agente utiliza o dinheiro procedente da infração para comprar imóvel, bens ou o deposita em conta corrente, em seu próprio nome, não existe o crime em discussão. O mero usufruir do produto infracional não é típico. Aquele que se propõe a praticar uma infração penal com resultado patrimonial o faz, em regra, com a intenção de gastar em proveito próprio os bens adquiridos. Trata-se de mero aproveitamento do produto de crime, ato irrelevante para a administração da justiça.

No presente caso, ainda que pudesse sustentar a existência de crimes tributários antecedentes, o emprego do valor sonegado

---

18 FERRAJOLI, Luigi. *Direito e razão*: teoria do garantismo penal, 3. ed. rev. São Paulo: Revista dos Tribunais, 2010, p. 345.
19 BOTTINI, Pierpaolo Cruz; BADARÓ, Gustavo Henrique. *Lavagem de Dinheiro*: aspectos penais e processuais penais: comentários à Lei 9.613/1998, com alterações na Lei 12.683/2012. São Paulo: Revista dos Tribunais, 2012. p. 65.

em outras atividades lícitas seriam mero usufruto do suposto produto de crime, não tendo o condão de tipificar quaisquer atos da lavagem, consoante entendimento jurisprudencial assentado (STJ, APN 458/SP)[20].

Ademais, no delito da sonegação já se pressupõe que tal produto seja utilizado para outro fim se não o de pagamento de tributos, uma vez que, caso o autor não tivesse o propósito de utilizar para outras atividades financeiras o dinheiro em questão, nem sequer iria deixar de pagar o imposto apenas para "reter" em sua conta ou aplicações mais capital.

Assim sendo, caso se pudesse condenar algum autor por sonegação fiscal e, posteriormente, por lavagem deste capital que seria destinado ao pagamento do tributo de ICMS, configuraria clara ofensa ao princípio do *non bis in idem* que impede a dupla condenação pela mesma conduta.

5. Conclusão

Com a extinção do rol de delitos antecedentes da lavagem de dinheiro no art. 1º da Lei n. 9.613/98, criou-se a possibilidade de qualquer infração penal ser considerada antecedente, necessitando apenas que sejam gerados bens ilícitos.

Assim sendo, diante do extenso leque de possibilidades que se criou com tal modificação, os delitos fiscais passaram, ainda que em tese, a serem considerados como infrações penais antecedentes da lavagem de capitais por alguns doutrinadores, magistrados, entre outros, levando a questão principal do presente trabalho: seria ou não possível que os crimes fiscais gerassem capital passível de tornarem-se objeto para a lavagem?

Caso considerássemos que o crime de lavagem de capitais pudesse ter como objeto a receita obtida por meio do não paga-

---

20 BRASIL, Superior Tribunal de Justiça, APn 458/SP, rel. Min. FERNANDO GONÇALVES, rel. p/ Acórdão Min. GILSON DIPP, CORTE ESPECIAL, j. em 16-9-2009, *DJe* 18-12-2009.

mento de tributos, conforme explicado neste trabalho, teríamos claro exemplo de: 1. Crime impossível; 2. Atipicidade da conduta; e 3. *Bis in Idem*.

Configuraria crime impossível pois o produto do crime de sonegação fiscal jamais poderá provocar a consumação do crime de lavagem de dinheiro, uma vez que não seria possível tornar lícito um capital que jamais fora ilícito, já que o capital pré existiu ao crime de sonegação, tornando o objeto absolutamente impróprio.

Outrossim, a lavagem de capitais com os delitos fiscais como seus antecessores configura prática atípica, pois tais crimes não possuem propriedade para ocuparem tais posições, já que a necessidade de capital fruto de ilícito não estará preenchida. Explico: o crime de sonegação tributária não é apto a gerar qualquer produto, pois o capital é preexistente ao delito, e não fruto deste, motivo pelo qual será incapaz de figurar como material de lavagem.

Para que a conduta fosse típica, necessário seria que o ordenamento brasileiro fosse modificado, como ocorreu na Espanha, retirando a expressão "provenientes, direta ou indiretamente, de atividade ilícita" ao referir-se aos objetos da lavagem e acrescentar as cotas defraudadas.

Por último, tem-se a ofensa ao princípio do *non bis in idem*, que determina que ninguém será julgado pelo mesmo fato mais de uma vez, pois qualquer utilização que o sonegador desse para a receita sonegada seria mero usufruto do suposto produto de crime, não tendo o condão de tipificar quaisquer atos da lavagem. Ou seja, no delito da sonegação já se pressupõe que tal produto seja utilizado para outro fim se não o de pagamento de tributos, já que, caso o sujeito não tivesse outro fim para a receita, nem sequer deixaria de pagar o tributo.

Diante do exposto, conclui-se que a utilização de crime fiscal previsto na Lei n. 8.137/90 como antecessor da lavagem de capitais (Lei n. 9.613/98) é uma impossibilidade jurídica por constituir conduta atípica, crime impossível e/ou ofensa ao princípio do *non bis in idem*.

6. REFERÊNCIAS BIBLIOGRÁFICAS

BARROS, Marco Antonio de. *Lavagem de dinheiro*: implicações penais, processuais e administrativas. São Paulo: Oliveira Mendes, 1998.

BLANCO CORDERO, Isidoro. *El delito de blanqueo de capitales*. 3. ed. Thomson Reuters Aranzadi, 2012.

BOTTINI, Pierpaolo Cruz; BADARÓ, Gustavo Henrique. *Lavagem de dinheiro*: aspectos penais e processuais penais: comentários à Lei 9.613/1998, com alterações da Lei 12.683/2012. São Paulo: Revista dos Tribunais, 2012.

BRASIL. Lei n. 9.613, de 3 de março de 1998. Dispõe sobre os crimes de "lavagem" ou ocultação de bens, direitos e valores; a prevenção da utilização do sistema financeiro para os ilícitos previstos nesta Lei; cria o Conselho de Controle de Atividades Financeiras – COAF, e dá outras providências. Brasília, 1998. Disponível em: http://www.planalto.gov.br/ccivil_03/leis/l9613.htm#:~:text=LEI%20N%C2%BA%209.613%2C%20DE%203%20DE%20MAR%C3%87O%20DE%201998.&text=Disp%C3%B5e%20sobre%20os%20crimes%20de,COAF%2C%20e%20d%C3%A1%20outras%20provid%C3%AAncias. Acesso em: 20 abr. 2020.

BRASIL, Superior Tribunal de Justiça, APn 458/SP, rel. Min. FERNANDO GONÇALVES, rel. p/ Acórdão Min. GILSON DIPP, CORTE ESPECIAL, j. em 16-9-2009, *DJe* 18-12-2009.

BRASIL. Supremo Tribunal Federal. RHC 163334/SC, rel. Min. ROBERTO BARROSO, j. em 18-12-2019.

CABRAL, Rodrigo Leite Ferreira em Leis penais especiais: comentadas artigo por artigo. Coordenado por CUNHA, Rogério Sanches. PINTO, Ronaldo Batista e SOUZA, Renee. 2. ed. Salvador: Juspodivm, 2019.

FERRAJOLI, Luigi. *Direito e Razão*: teoria do garantismo penal. 3. ed. rev., São Paulo: Revista dos Tribunais, 2010.

ITÁLIA. Corte di Cassazione. Penale Sent. Sez. 2 Num. 6061 Anno 2012. Disponível em: http://www.italgiure.giustizia.it/xway/application/nif/clean/hc.dll?verbo=attach&db=snpen&id=./20120217/snpen@s20@a2012@n06061@tS.clean.pdf. Acesso em: 20 abr. 2020.

LIMA, Renato Brasileiro de. *Legislação criminal especial comentada*: volume único. 6. ed. rev. atual e ampl., Salvador: Juspodivm, 2018.

PITOMBO, Antonio Sérgio A. de Moraes. *Lavagem de dinheiro*: a tipicidade do crime antecedente. São Paulo: Revista dos Tribunais, 2003.

18.

Os *standards* de prova necessários para a decretação de prisões provisórias em delitos econômicos

Thiago Turbay Freiria[1]

O objeto de estudo é verificar qual o rigor necessário para aceitar como provadas as proposições fáticas, para fins de decretação da prisão preventiva. Para essa empreitada, será preciso apresentar alguns conceitos aderentes à matéria. Estabelecer padrões de suficiência para considerar um fato juridicamente provado é a mola propulsora de um sistema de controle de arbitrariedades.

Indubitavelmente, o padrão de exigência a ser atingido, o que se denomina *standard* de prova, distingue-se no transcurso do processo. Relaciona-se com o momento procedimental em que é necessário classificar os fatos probatórios. Extrai-se, então, que não é exigível o mesmo grau de suficiência probatória para o recebimento da ação penal e para a prolação de uma sentença, por exemplo. O mesmo padrão de suficiência probatória não serve para receber a denúncia e decretar a prisão provisória. É necessário, ainda, um

---

[1] Advogado criminalista, mestrando em Direito pela Universidade de Brasília-UnB, especialista em Razonamiento Probatorio pela Universitat de Girona e pesquisador do Grupo de Pesquisa Sistemas Penais Econômicos do Instituto Brasileiro de Ensino, Desenvolvimento e Pesquisa (IDP).

standard de prova para definir quais elementos de prova serão permitidos no processo[2].

Não há maiores dificuldades dogmáticas em predizer que há graus diferentes para considerar verdadeira a hipótese fática acerca de um fato probatório, vale dizer, a verificação acerca da ocorrência de um fato que tem relevância probatória deve apresentar correlação verificável entre o fato objeto de prova e a hipótese probatória. Jordi assim define:

> "[...] o grau de probabilidade que estamos dispostos para considerar provada a hipótese, é dizer, que determine qual grau de apoio nos parece suficiente para aceitar como verdadeira a hipótese fática em questão[3]".

A probabilidade, todavia, não se expressa em valores numéricos, mas a partir de um sistema de verificação racional e lógico, autenticado pela experiência comum, sendo necessário que a hipótese probatória derrote aquelas que são contraditórias, ou que levam a outra conclusão.

Esclarecidos os pontos iniciais, é possível deduzir um argumento propositivo: considera-se provada a hipótese fática adotada em juízo que derrota hipóteses contrapostas, cuja fiabilidade das regras inferenciais foi verificada, ou seja, foram submetidas aos filtros de controle epistêmico e normativo e de interpretação[4], e expressam um grau de corroboração suficiente.

Não é só! O grau de apoio à suficiência probatória, para se considerar verdadeira a hipótese fática, expressa o melhor raciocínio,

---

2   Jordi Ferrer Beltrán defende que há três momentos da atividade probatória: 1) a conformação do conjunto de elementos de juízo; 2) a valoração desses elementos; 3) a adoção de uma sentença. In BELTRÁN, Jordi Ferrer. *La valoración racional de la prueba*. Madrid: Marcial Pons, 2007.
3   Idem, p. 254.
4   Matida, Janaína Roland; Herdy, Rachel. As inferências probatórias: compromissos epistêmicos, normativos e interpretativos. In: CUNHA, José Eduardo (org.). *Epistemologias críticas do direito*. Rio de Janeiro: Lumen Juris, 2016, p. 209-239.

aquele que possui as melhores certificações racionalizáveis, sejam elas de índole lógica, ou baseadas na experiência comum e na ciência. O grau de apoio, portanto, ilustra o melhor parâmetro[5] disponível. Trata-se da avaliação de conformidade dos metadados probatórios aportados no processo que legitimam a decisão acerca da ocorrência da hipótese fática, ou seja, que concede certificado de correlação suficiente entre a realidade e o enunciado "está provado que". Essa avaliação pressupõe um *quantum*, um pacote de inferências qualificadas por garantias epistêmicas ou presunções legais, que deve ser alcançado, o que nomearei de padrão de conformidade.

O grau de suficiência probatória tampouco é infalível. Ao contrário, a atividade probatória se dá em um ambiente de incerteza, dado as dificuldades e barreiras do conhecimento sobre os fatos passados.

É preciso alertar, todavia, que a inexistência de argumentos probatórios contrapostos não autentica automaticamente o grau de exigência. Da mesma forma, a superação de outras hipóteses não é o único método adequado, não é um *ranking* organizado por pontuação, mas um método de averiguação de conformidade. Portanto, satisfeito os critérios exigidos, tem-se uma avaliação da conformidade da hipótese fática.

A classificação qualitativa do *standard* de prova, portanto, é avalizada por modelos de certificação que fixam o ponto ótimo de corroboração, responsável por rebaixar argumentos que não atingiram o parâmetro de suficiência exigido.

Esse modelo pressupõe a validação de argumentos ou da cadeia de argumentos responsivos, baseados em regras lógicas, racionalizáveis, científicas e que representam validamente conclusões intersubjetivas[6], vale dizer, que não apelam a parâmetros

---

5 Os professores Janaina Matida e Alexandre Morais da Rosa explicam o *standard* de prova como sendo um sarrafo do salto em varas. Disponível em: https://www.conjur.com.br/2020-mar-20/limite-penal-entender-standards-probatorios-partir-salto-vara. Acesso em: 14 abr. 2020.
6 Lagier, Daniel González. *Quaestio facti*: ensayos sobre prueba, causalidad y acción. 1. ed. Coyoacán: Editorial Fontamara, 2013, p. 28.

mentais subjetivos e experiências individuais, mas aqueles racionalizáveis, resultado de uma conjugação de fatores culturais e sociais, delimitados um período histórico, que são seguramente aceitos pela comunidade.

Ainda, devem-se respeitar as presunções jurídicas, ou seja, as normas subordinadas à arquitetura jurídica que têm a função de conectar e dar sustentação às vigas essenciais que justificam e legitimam o ordenamento jurídico.

Em relevo, o *standard* deve superar a imprecisão linguística. A questão cerne: é possível estabelecer um padrão de otimização probatória capaz de expressar regras objetivas?

Visando superar esse desafio, ao máximo possível, Jordi sugere a divisão em duas classes de exigências para formular um *standard* de prova[7]: i) os requisitos metodológicos; ii) os fundamentos do nível de exigência.

O primeiro requisito, de classe metodológica, por sua vez é dividido em três subclasses: i) a detenção da capacidade justificativa do acervo probatório, quanto aos graus de satisfação que estabelece com as conclusões fáticas; ii) o compromisso de estabelecer um umbral mais preciso possível a partir do qual se poderá deduzir que a hipótese está suficientemente corroborada; iii) estabelecer os critérios qualitativos da prova.

Já o nível de suficiência deve ter em conta que a função do *standard* de prova é diminuir o risco de haver a condenação de inocentes ou a absolvição de culpados, portanto, o risco da distribuição de erros, ainda que o pêndulo deva favorecer posições procedimentais que viabilizem mais absolvições de culpados que condenação de inocentes, dado o alto custo social dessa última.

Há cinco propriedades necessárias para estabelecer o nível de suficiência probatória, segundo Jordi[8]: i) a definição da gravidade da ocorrência de erro em caso de condenações de inocentes, com

---

7 Idem 2, p. 257.
8 Idem, p. 262.

a devida observância do bem jurídico afetado ou a gravidade da sanção, por exemplo, a liberdade ou o patrimônio; ii) definir o custo social das absolvições falsas; iii) considerar as dificuldades probatórias relativas ao caso específico, considerando a capacidade probatória das partes; iv) considerar conjuntamente as diferentes classes de distribuição de erros, por exemplo, as regras de ônus probatório e as presunções normativas, visando equalizar eventuais vantagens probatórias; v) definir os momentos probatórios para aplicação dos *standards*.

1. A APLICAÇÃO DE *STANDARDS* DE PROVA PARA DECRETAÇÃO DE PRISÕES PROVISÓRIA, A PARTIR DA LEI N. 13.964, SOBRETUDO, NOS CRIMES ECONÔMICOS

Estabelecidas as premissas conceituais, é correto defender a necessidade de estabelecer graus de suficiência probatória exigentes para a decretação de prisão cautelar, notadamente excepcionais, o que se justifica pela maior afetação que as decisões de prisão promovem na esfera de direitos individuais.

Jordi Ferrer Beltrán esclarece os requisitos, respeitando acordos internacionais de direitos humanos, que devem ser observados para a decretação de prisões provisórias:

> "os elementos de juízo (provas) que apoiam tal acusação devem ser suficientemente consistentes para considerar baixa a probabilidade de que o acusado seja absolvido e, portanto, resulte injustificada desde um ponto de vista material a medida cautelar [...], a existência de um grave risco processual devem ter um alto grau de corroboração[9]".

Outra questão a ser enfrentada, todavia, não pertence propriamente à regência dos *standards* de provas, mas à carga probatória, ou como prefere Jordi: quem perde se a hipótese probatória não for

---

9 Beltrán, Jordi Ferrer. *Prueba y racionalidad en las decisiones judiciales*. 1. ed. Valparaíso: Editora Prolibros, 2018, p. 236. Tradução livre.

provada? Admitindo que a prisão cautelar ocorre sem o aporte de provas pela defesa.

O espectro probatório condizente com um sistema racional de produção de prova toma contornos ainda mais importantes no âmbito da pretensão cautelar nos crimes econômicos, cuja complexidade conceitual e material torna necessário o aporte de conteúdo pela defesa, sob pena de vulnerar a qualidade epistêmica e o arranjo estrutural dos fatos. A assertiva se justifica, ainda, pela especificidade das matérias circundantes a esses delitos, cujo desconhecimento pode favorecer decisões ancoradas em motivações errôneas.

De antemão, é razoável admitir a ideia de que um *standard* de provas para decretação de prisões cautelares sofrerá necessariamente de inanição se não considerarmos a obrigação de se admitir todas as proposições fáticas, inculpatórias ou exculpatórias. Assim sendo, há razões dogmáticas para defender a permissão de que sejam aportadas proposições probatórias também pela defesa para a decretação ou manutenção de medidas cautelares.

A questão chave e que parece clara é que o domínio único da capacidade probatória pela acusação faz padecer o *standard* de suficiência se não atingirmos as classes metodológicas e a definição dos níveis de exigência, nos termos propostos por Jordi Ferrer Beltrán. Há, inclusive, previsão normativa que sustente essa asserção, o art. 3-B, inc. VI, do Código Processual Penal Brasileiro (CPP), acrescido ao Código Processual Penal pela Lei n. 13.964, de 24 de dezembro de 2019.

O que falta é estabelecer o momento de aporte de proposições probatórias exculpatórias, nas prisões provisórias. Um bom guia parece ser o art. 310 do CPP, com a condição de ser aplicável a todas as prisões cautelares, salvo requerimento da defesa requerendo prorrogação, dadas as dificuldades de operar a colheita de provas defensivas. A norma estipula o prazo de 24 horas após a decisão judicial.

Parece-nos, portanto, equivocado o enunciado do art. 3-B, que trata das funções do juiz de garantias, dado que os dois polos processuais devem ter capacidade equivalentes de produção probatória, cabendo às regras do ônus da prova favorecer indeferimentos das prisões[10], dados os altos custos sociais de prender.

Outras normas parecem complementar as expectativas de definição de *standard* probatório para medidas cautelares; são aquelas relativas à cadeia de custódia, normas que disciplinam o manejo da prova e sua autenticidade, contidas nos arts. 158 e seguintes do CPP, acrescidos pela Lei n. 13.964/2019. Em geral, estabelece um padrão orientador de boas práticas probatórias.

A cadeia de custódia nos termos aduzidos perfaz duas exigências mencionadas por Jordi Ferrer, ao disciplinar procedimentos capazes de aportar graus de conformidade ao *standard* de prova, são elas: as dificuldades de tornar a atividade probatória equitativa e controlável; e considerar conjuntamente as diferentes classes de distribuição de erros.

A questão redunda em não poder haver a superação do grau de exigência para considerar suficiente a decretação da prisão preventiva se as proposições fáticas aportadas não respeitaram as regras da cadeia de custódia. A questão parece criar uma exigência também para provas que são produzidas unilateralmente por coinvestigados colaboradores[11].

Já o art. 312, *caput*, que trata especificamente da prisão preventiva, reprisa a imprecisão normativa que permeia historicamente a matéria e as outorgas de elementos conducentes que estão à margem da objetivação dos filtros epistêmicos e institucionais. Entretanto, o requisito aderente à conservação da instrução penal, no tocante à preservação das provas, parece conter razões epistêmicas justificáveis, já que há um genuíno interesse de proteger a autenticidade de provas e sua originalidade, ou seja:" que coloquem

---

10 O termo absolvição foi utilizado para favorecer a conexão entre a distribuição de riscos de erros no processo penal. Todavia, o mesmo conceito é aplicável à decisão de decretação ou não de prisão provisória.

11 Sobre o tema, recomenda-se o estudo de Antonio Vieira. *Riesgos y controles epistémicos em la delación premiada*: aportaciones a partir de la experiencia em Brasil. In Del Derecho al Razonamiento Probatorio. Madrid: Marcial Pons, 2020.

em perigo o objeto do processo penal no caso concreto[12]". Todavia, o padrão de suficiência para se considerar segura uma proposição probatória apta a ensejar uma decretação de prisão provisória deve ser alto e concreto, sob pena de vulnerar direitos fundamentais utilizando-se meras presunções subjetivas, o que reafirma o caráter excepcional da medida.

Todavia, há no § 2º do art. 312 algumas inovações: i) a existência concreta de fatos novos; ii) a concreção de fatos contemporâneos ensejadores dos requisitos da prisão preventiva. Portanto, há dois novos parâmetros de conformidade a serem observados, que nomearei de originalidade, dado que as provas devem ser novas, e a atualidade. Os fatos novos devem ser desconhecidos pelas partes para superar o grau de suficiência probatória, ainda, serem contemporâneos à decretação da medida.

A contemporaneidade é outrora mais relevante, se comparada aos outros requisitos obrigatórios, para decretação de cautelares pessoais em condutas classificadas como crimes econômicos. Ora, a contemporaneidade deve ser inferida a partir do dano ao bem jurídico protegido, cujo espectro fundamental é a proteção ou diminuição do risco de proteção, bem como a preservação do objeto de prova. Interrompida a ação delitiva ou sendo essa realizada em um tempo passado, pouco efeito teria em relação à violação ao bem jurídico ou o acréscimo de risco, se admitirmos a dinamicidade do sistema econômico ou financeiro. Essa especificidade obriga uma avaliação mais exigente do *standard* de prova, ou como preferir, mais restritiva para a decretação de medidas assecuratórias.

De outra via, em um mercado intensamente controlado, como é o mercado financeiro ou ambientes em que normalmente ocorrem os crimes contra a ordem econômica, a apuração de fatos e conjuração de condutas coletivas violadoras de normas de proibição ocorre, normalmente, baixo forte controle estatal, sendo possível percorrer o percurso de proposições fáticas – de enunciados que expressam a ocorrência dos fatos – objeto de investigação podem ser facilmente

---

12   Idem 11.

refeitos, o que torna dispensável, em grande escala, medidas constritivas de liberdade.

O padrão de revisão em até noventa dias para averiguar se estão presentes os requisitos para a manutenção da prisão, contido no art. 316, parágrafo único, é condizente com o padrão de exigência para a decretação, expresso pela contemporaneidade. Ainda, é condizente com os tratados e com a jurisprudência de Tribunais Internacionais de Direitos Humanos[13].

2. CONCLUSÃO

Ainda que longe da tarefa de formular *standards* de provas objetivas, as diversas alterações promovidas pela Lei n. 13.964/2019 deram um salto qualitativo em prover componentes necessários para formulá-lo, restando ausente a descrição de um enunciado diretivo e pecando, por vezes, pela imprecisão linguística e normativa. Parece-me um passo tímido, mas necessário em qualificar as proposições probatórias que sustentam decisões judiciais que afetam, sobremaneira, direitos fundamentais.

3. REFERÊNCIAS BIBLIOGRÁFICAS

AMADO, Juan Antonio García; BONORINO, Pablo Raúl (Coords).
Prueba y razonamiento probatório in: *Derecho*: debates sobre abdción. Granada: Comares, 2014.

AMBOS, Kai. Ensaios de Direito Penal e Processual Penal / Kai Ambos; tradução Alexey Choi Caruncho... [et alii]. 1. ed. São Paulo: Marcial Pons; Centro de Estudos de Direito Penal Latino-Americano no Instituto de Ciências Criminas da Georg-August-Universität Göttingen, 2016.

---

13 Veja-se as decisões do Tribunal Europeu de Direitos Humanos, casos Mishketkul e Outros c. Russia, 24 de maio de 2007, parágrafo 57; Khodorkovsky vs. Russia, 31 de maio de 2011, parágrafo 186; Sulaoja vs. Estonia, 15 de fevereiro de 2005, parágrafo 64. In Jordi Ferrer Beltrán, Prueba y Racionalidad de las Decisiones Judiciales, 2018.

BELTRAN, Jordi Ferrer. *La valoración racional de la prueba*. Madrid: Marcial Pons, 2007.

BELTRAN, Jordi Ferrer. *Prueba y racionalidad de las decisiones judiciales*. Editorial CEJI: Pachuca de Soto, 2019.

BELTRAN, Jordi Ferrer. *Del derecho al razonamiento probatorio*. Eds. Jordi Ferrer Beltrán, Carmen Vázquez. Madrid: Marcial Pons, 2020.

BOCKELMANN, Paul. *Direito Penal*: parte geral /Paul Bockelmann; Klaus Volk; tradução de Gercélia Batista de Oliveira Mendes; coordenação e supervisão Luiz Moreira. Belo Horizonte: Del Rey, 2009.

DUCE, Mauricio. Debiéramos preocuparnos de la condena de inocentes en Chile? Antecedentes comparados y locales para el debate. *Revista Ius et Praxis*, Año 19, n. 1, 2013.

FERRAJOLI, Luigi. *Direito e razão*: teoria do garantismo penal / Luigi Ferrajoli; prefácio da 1. ed italiana, Norberto Bobbio. 4. ed. rev. São Paulo: Revista dos Tribunais, 2014.

FRISH, Wolfgang. Libre Valoración de la prueba y estándar probatório. Fundamentos históricos y de teoria del conocimiento. Rev. Desarrollos actuales de las ciências criminales en Alemanha: Segunda y Tercera Escuela de Verano en ciências criminales y dogmáticas penal alemana; Editores: Kai Ambos, Maria Laura Böhm; John Zuluaga.. CEDPAL. Göttingen, v. 1. n. 1, p. 53 a 81, 2016.

HAACK, Susan. *Filosofia das lógicas* / Susan Haack; trad. Cezar Augusto Mortari, Luiz Henrique de Araújo Dutra. São Paulo: Editora UNESP, 2002.

Hassemer, Wilfried, Derecho Penal Simbólico y proteción de Bienes Jurídicos, in vários autores: Pena y Esta", Santiago: Editorial Jurídica Conosur, 1995.

HUSSERL, Edmund. *Investigações lógicas*: prolegômenos à lógica pura. Vol. 1 / Edmund Husserl; tradução Diogo Ferrer. 1. ed. Rio de Janeiro: Forense, 2014.

KANT, Immanuel. *Manual dos cursos de lógica geral* / Immanuel Kant; tradução: Fausto Castilho. 3. ed. Campinas: Editora Unicamp, 2014.

KOCH, I.V. *Desvendando os segredos do texto*. São Paulo: Cortez, 2002.

LAGIER, Daniel Gonzáles. *Quaesti Facti*: Ensayos sobre prueba, causalidade y acción. Palestra Editores: Bogotá, 2005.

LAGIER, Daniel Gonzáles. Inferencias, incertidumbre y estándares en el ámbito probatorio. In: *Hechos y razonamiento probatorio*. Coord. Carmen Vázquez. Pachuca de Soto: CEJI: 2018.

LAUDAN, Larry. *Verdad, error y processo penal*: un ensayo sobre epistemología jurídica / trad. Carmen Vázquez y Edgar Aguilera. Madrid: Marcial Pons, 2013.

MENDES, Gilmar Ferreira. *Curso de direito constitucional* / Gilmar Ferreira Mendes, Paulo Gustavo Gonet Branco. 9. ed. rev. atual. São Paulo: Saraiva, 2014.

POPPER, Karl Raimund Sir. *A lógica da pesquisa científica* / Karl Popper; trad. Leonidas Hegenberg, Octanny Silveira da Mota. 2. ed. São Paulo: Cultrix, 2013.

PRADO, Geraldo et. al. *Prova penal*: Estado Democrático de Direito. Porto Alegre: Empório do Direito, 2015.

PRADO, Geraldo. *Prova penal e sistemas de controles epistêmicos:* a quebra da cadeia de custódia das provas obtidas por métodos ocultos. 1. ed. São Paulo: Marcial Pons, 2014.

Proibições probatórias no processo penal: análise do direito brasileiro, do direito estrangeiro e do direito internacional / Daniela Karine de Araújo Costa... [et al.]; coordenação Nestor Eduardo Araruna Santiago. 1. ed. Brasília: Gazeta Jurídica, 2013.

ROXIN, Claus. *Política criminal e sistema jurídico-penal* / Claus Roxin; tradução Luís Greco. Rio de Janeiro: Renovar, 2002.

SANTIAGO. Mir Puig. *Direito Penal*: fundamentos e teoria do delito/ Mir Puig Santiago; tradução Cláudia Viana Garcia, José Carlos Nobre Porciúncula Neto. São Paulo: Revista dos Tribunais, 2007.

SEARLE, John R. Intencionalidade / John R. Searle; tradução Julio Fisher, Tomás Rosa Bueno: revisão técnica Ana Cecília G. A. de Camargo, Viviane Veras Costa Pinto. 2. ed. São Paulo: Martins Fontes, 2002.

TERENSE, Anderson. SCHUM, David, TWINING, William. *Análisis de la prueba*. Trad: Flavia Carbonell; Claudio Agüero (coord), at. al. Madrid: Marcial Pons, 2015.

STEIN, Alex."The Refoundation of Evidence Law", *Canadian Journal of Law & Jurisprudence*, v. 9, 1996.

TARUFFO, Michele. A Prova/Michele Taruffo; tradução João Gabriel Couto. 1. ed. São Paulo: Marcial Pons, 2014.

VALENTE, Manuel Monteiro Guedes. Prova Penal. In: PRADO, Geraldo; SILVEIRA, Edson Damas da; GIACOMOLLI, Nereu José. *Estado democrático de direito*. Empório do Direito, 2015.

19.

Paradigmas criminológicos e tecnologia no Brasil: os impactos do *dataveillance* nos delitos econômicos-empresariais

Víctor Minervino Quintiere[1]

1. Introdução

O presente estudo, longe de esgotar o tema, pretende, a partir da utilização da metodologia atinente à dogmática própria dos delitos econômico-empresariais, a realidade vivenciada no Brasil e, utilizando o que aqui se convencionou chamar de *dataveillance* econômico-penal, aferir até que ponto, e aqui surge o paradigma foco de exame, o advento do *dataveillance* econômico-penal, como instru-

---

[1] Doutorando (em andamento, com início em 2019) e Mestre (conclusão em 2015) em Direito pelo Instituto Brasileiro de Ensino, Desenvolvimento e Pesquisa – IDP. Research Fellow na Universita degli studi Roma TRE (2020-2021). Professor Universitário no Centro Universitário de Brasília – UniCEUB (desde 2017). Professor na Escola Superior da Advocacia do Distrito Federal (desde 2019). Vice-Presidente da Comissão de Acompanhamento das Reformas Criminais na OAB-DF (desde 2019). Membro efetivo do Instituto dos Advogados do Distrito Federal – IADF (desde 2018). Sócio no escritório Bruno Espiñeira Lemos & Quintiere Advogados (desde 2013).

mento tecnológico, mostra-se viável como ferramenta eficaz evitando tanto os efeitos negativos para terceiros inocentes como para os trabalhadores e para a sociedade que igualmente sofre os efeitos em caso de persecuções penais direcionadas às grandes empresas.

2. Compreendendo a dogmática própria dos delitos econômico-empresariais

A primeira parte da análise está baseada no artigo de Jesús María Silva Sánchez e Íñigo Ortiz de Urbina Gimeno (2019) concernente à introdução ao direito penal econômico-empresarial.

Inicialmente, ao abordarem a Teoria dogmática do ato punível, foi destacado que referida construção teórica foi construída em cima do crime de homicídio, com base nos seguintes critérios: 1) causalidade eficiente, ou seja, o dano causado mediante ação é mais grave que aquele produzido por omissão; 2) o da intenção, ou seja, a produção de dano com intenção é mais grave que fazê-lo tão somente com previsão ou representação do resultado e, por fim, 3) do contato, no sentido de que o dano causado por contato físico direto é mais grave do que fazê-lo sem ter contato.

Além da descriminação das bases da Teoria dogmática do ato punível, foram destacadas diferenças em relação ao chamado "delito econômico-empresarial".

No tocante ao bem jurídico, diversamente do que ocorre com os delitos clássicos, aqueles de índole econômico-empresarial protegem bens jurídicos de índole coletiva como, por exemplo, é observado nos crimes contra o meio ambiente, tributários, de administração desleal.

Além desse ponto, nos delitos econômico-empresariais, o ato dos agentes, ensejador de responsabilidade penal, muitas vezes, é enquadrado como atitude comissiva por omissão, diferentemente da dogmática clássica exposta na Teoria dogmática do ato punível que parte do binômio envolvendo atos comissivos e omissivos.

No tocante aos agentes responsáveis pela prática delituosa, diferentemente do que ocorre em relação a uma perspectiva clássica, no tocante aos delitos econômico-empresariais, os sujeitos ativos de referidas condutas estão geralmente distantes da produção concreta dos danos, ensejando hipóteses de cometimento de crime a título de dolo de segundo grau ou dolo eventual.

Para além das espécies de dolo costumeiramente aplicáveis aos delitos econômicos-empresariais, uma última observação diz respeito à pluralidade de interventores ao longo da ação criminosa, algo que destoa do encadear natural de crimes como o de homicídio, por exemplo.

No tocante aos delitos econômicos, importante incursão feita pelos autores e que será desenvolvida no presente trabalho diz respeito à relação que os mesmos possuem com a tecnologia, mais especificamente com mecanismos de vigilância como o *dataveillance*.

Dando sequência à análise do texto de Ortiz e Sánchez, foi feito um exame sobre o que diferenciaria o Direito penal econômico em sentido estrito e em sentido amplo. Aqui, o presente trabalho buscará verificar se as ferramentas tecnológicas, por exemplo, seriam aplicáveis a algum deles ou, até mesmo, a ambos.

O Direito Penal econômico em sentido estrito diz respeito, em síntese, ao conjunto de disposições que têm por objetivo a proteção penal da regulação jurídica da intervenção do Estado na economia, podendo ser destacados como exemplos os delitos em matéria de formação de preços, contrabando ou os tributários.

Já o Direito Penal em sentido amplo traz como ideia o conjunto de disposições penais que protegem a regulação jurídica da produção, distribuição, consumo e conservação de bens e serviços, podendo ser chamado de Direito Penal da atividade econômica por excelência e tendo como exemplo delitos contra o meio ambiente e de administração desleal.

Sánchez e Ortiz destacam, nessa toada, que o chamado comerciante social é a personagem que importa para fins de análise quanto a existência (ou não) de um delito econômico, por estarem vinculados a ideia da própria atividade empresarial, ou seja, com a ideia de empresa.

Nesse sentido, o que interessa para os autores são as organizações lícitas que adotam uma personalidade jurídica própria e operam de modo permanente no mercado sem que ocorra o menosprezo, entretanto, da existência de verdadeira zona cinzenta consistente nas organizações econômicas cuja forma de atuação congrega – em maior ou menor medida – a prática de atos ilícitos por exemplo.

Apresentada a perspectiva de análise, com especial destaque para a zona cinzenta a ela inerente, quando da análise da relação entre organização criminal e delitos econômicos-empresariais, é destacada como ideia do primeiro instituto que se trata de todo aquele grupo estável de pessoas com divisão funcional de trabalho ordenada para cometimento de delitos, conceito esse baseado no critério teleológico.

Nesse aspecto, tomando por base esse conceito, será que, à luz das inovações tecnológicas, mecanismos tecnológicos como o da inteligência artificial poderão ser equiparados às pessoas componentes de tais organizações?

Além disso, como fica a responsabilização criminal em casos que envolvam, por exemplo, apenas uma pessoa que detenha, por razões das mais variadas, conhecimentos tecnológicos suficientes para orquestrar e executar delitos econômicos-empresariais sozinha?

Referida prática estaria abarcada no conceito de organização criminosa para fins de punição de tais delitos?

3. Estruturação e aplicação da dogmática jurídica nos crimes econômico-empresariais: a multidisciplinariedade do Direito e sua relação com criminologia e política criminal

Destacados alguns dos questionamentos que se pretende responder nesse artigo, Sánchez e Ortiz destacam os estágios de organização criminosa, conceituando como organização criminal aquela na qual há divisão de trabalho com fins delitivos, a "quase organização criminal" como aquela que mesmo diante do risco de cometimento de delitos por parte de diretores, empregados ou colaboradores não adota medida alguma para garantir o cumprimento de normas penais, devendo tanto os atos praticados pelos empregados como a omissão da empresa serem levados em conta, empresas que adotam medidas de prevenção insuficientes e que podem ser responsabilizadas criminalmente por delitos cometidos por funcionários, por exemplo, podendo também ser responsabilizada criminalmente e empresas que tomam medidas preventivas e idôneas contra atos que possam ser praticados pelos diretores, empregados.

No último caso, as pessoas jurídicas não serão responsabilizadas, situação na qual apenas as pessoas físicas respondem.

Nesse aspecto, cumpre correlacionar o texto de Sánchez e Ortiz a ideia trazida por Schunemann (1988, p. 512) no sentido de que fatores que dificultam a responsabilização concreta das pessoas físicas que cometem crimes no seio das empresas devem ser apontados, tais como:

a) aparente separação de ação e responsabilidade;

b) fragmentação dos elementos do tipo e a irresponsabilidade organizada;

c) a atitude criminógena do grupo com a separação entre ação e responsabilidade, ou seja, com frequência, os executores materiais dos crimes são empregados do nível mais baixo da empresa com pouca ou nenhuma autonomia decisória.

Outro ponto de destaque que serve para diferenciar o estudo dos delitos clássicos e daqueles denominados de econômico-financeiros diz respeito aos vieses cognitivo e déficits volitivos, em especial, sua incidência no âmbito econômico empresarial.

Enquanto na doutrina clássica o delinquente econômico baseia--se na racionalidade e na análise das vantagens e desvantagens de sua conduta, pontos sobre os quais é possível fazer um paralelo com o pensamento de Cesare Beccaria, Bentham, Becker e Posner, na doutrina do *behavorial economics*, inerente aos delitos econômicos--empresariais, a perspectiva é outra.

Na referida doutrina, a partir do estudo da economia do comportamento[2], o ser humano não é visto como um ser egoísta racional

---

2   Tradução literal do termo *la economia del comportamiento*.

em nenhum caso, sendo visto como um ser com racionalidade limitada, com vontades imperfeitas e com auto interesse limitado.

Além disso, as dimensões emocional, instintiva e social desempenham um papel mais importante na atuação do agente. A partir daqui foi possível a análise dos vieses cognitivos e, consequentemente, dos déficits volitivos.

Os vieses cognitivos, e é importante que se destaque, esses nada mais são do que distorções que sofrem um agente e alteram a adequada percepção do significado daquilo que pretende realizar.

Exemplos relacionados aos delitos empresariais servem para ilustrar a referida ideia, senão vejamos: excesso de confiança, excesso de otimismo, a ilusão de controle e a resistência quanto a mudanças.

Já os déficits voltivos se apresentam como condutas que contradizem o próprio interesse do sujeito, podendo ser destacado como exemplo o chamado desconto futuro, ou seja, mecanismo no qual a pessoa supervaloriza benefícios imediatos da conduta em face daqueles que poderiam vir em médio e longo prazo.

Na sequência o viés de conformidade representa que as crenças do grupo podem se sobrepor às crenças individuais do empregado por exemplo, tornando possível a delinquência a partir desse ponto.

No que tange ao viés de adaptação, conformidade e confirmação, Sánchez e Ortiz destacam o caso Enron nos Estados Unidos, em especial, as figuras dos advogados internos e auditores "acomodadores" que acabaram sendo influenciados a "tolerar" que a empreitada criminosa se desenvolvesse em virtude de comportamentos coletivos vindos da empresa.

Dando sequência a análises próprias dos delitos econômicos--empresariais, a dimensão volitiva ou motivacional do agente consiste na percepção que a tomada de decisões, dentro de contextos de grupos organizados, acaba por diminuir os freios inibitórios e o sentido de responsabilidade.

Finalizada a análise da teoria do *behavorial economics*, no tocante à dimensão sociopolítica do direito penal econômico, apontamentos são feitos quanto ao Direito Penal clássico, no sentido de que referida faceta preocupava-se com fenômenos socialmente marginais (mundo das paixões ou atuação de sujeitos não socializados).

No tocante à evolução do paradigma sociopolítico que envolve o Direito Penal Contemporâneo, Sánchez e Ortiz analisam, a partir da obra de Ulrich Beck, as chamadas sociedade de riscos, mais especificamente, aqueles de índole estrutural e próprios do sistema socioeconômico para a manutenção dos bens jurídicos individuais e coletivos.

Nesse sentido, a ideia de riscos gerados por pessoas jurídicas que realizam atividades econômicas são levados em conta tanto para a produção como, e principalmente, efetivação do Direito Penal econômico.

Sobre a criminalidade no âmbito das empresas, foi destacado, ainda que essa tem sido considerada como constitutiva de graves delitos que afetam as bases do Estado de bem-estar (*welfare state*).

Nesse aspecto, em face da ausência ou insuficiência de leis, o Direito Penal Econômico tem surgido como a ponta de lança da expansão do Direito Penal no âmbito internacional.

Sobre a primeira fase dessa expansão, o foco remonta aos riscos industriais e aos relativos à saúde pública e meio ambiente. Já a segunda fase ocorre em relação aos riscos afetos aos interesses econômicos dos consumidores e a estabilidade dos mercados financeiros.

No tocante a essa expansão do Direito Penal, a tributação, corrupção (pública ou privada) e a lavagem de dinheiro tem sido objeto permanentes desse fenômeno na seara penal.

Como se não bastasse essas características, a dimensão regulatória do Direito Penal, a qual se dá por meio da gestão de macroproblemas ao invés de punir atos individuais que sejam lesivos, gera o fenômeno da administrativização do Direito Penal.

Aspecto importante e que é debatido no texto de Sánchez e Ortiz diz respeito à Política criminal e a sua relação com a criminologia no sistema socioeconômico.

No tocante à definição de política criminal, correntes mais restritivas reduzem o conceito à proposta de reforma da legislação jurídico penal enquanto correntes intermediárias a compreendem como mecanismo de reforma da legislação jurídico-penal e incluem o estudo do seu desempenho efetivo.

Em contraposição à primeira, correntes amplas compreendem a correlação e incluem o estudo positivo e normativo da legislação penal, abrangendo ainda a análise preventiva acerca do delito e a da própria decisão em considerar determinada conduta como crime.

Nesse sentido, de acordo com os autores, apenas as correntes mais amplas permitem articular o princípio da *ultima ratio* ao direito penal. (SÁNCHEZ, ORTIZ, 2019, p. 37).

Para Sánchez e Ortiz, a política criminal deve ser entendida de forma ampla e se ocupar de três questões, nessa ordem: 1) de forma abstrata pelo legislador e depois de forma concreta por órgãos de persecução penal; 2) análise das medidas que podem tomar os poderes públicos para reduzir a sua incidência (2019, p. 38 e 39) e 3) decidir em que ocasiões e com que rigor o Direito Penal deve reagir à criminalidade.

Nesse aspecto, um dos objetivos do presente artigo é verificar e, a depender dessa etapa, demonstrar que a análise das medidas que podem tomar os poderes públicos para reduzir a sua incidência pode (e, por que não, devem) vir antes da forma abstrata pela qual o legislador e depois de forma concreta por órgãos de persecução penal, em especial, quando se está diante de excesso de leis penais no Brasil.

Retomando ao texto de Sánchez e Ortiz, caso a persecução tenha êxito, deverá ser decidido qual tipo de sanção impor (o juiz) e com que gravidade, ensejando a exigibilidade do cumprimento.

A questão levantada pelos autores é a seguinte, a partir dessa premissa: como conseguir uma punição eficaz evitando os efeitos negativos para terceiros inocentes como os trabalhadores e a sociedade que igualmente poderão sofrer os efeitos em caso de persecuções penais direcionadas às grandes empresas?

Garret (2019), sobre o tema, traz um número preocupante: dos 497 acordos de não persecução penal celebrados entre 2001 e 2018 pela fiscalização dos EEUU, com empresas para conseguir a persecução penal das pessoas físicas que teriam praticado crimes, apenas ocorreu em 134 casos (27%).

Apresentados esses dados, no que diz respeito especificamente à criminologia do delito econômico-empresarial, o debate que interessa gira em torno da noção de delinquência de colarinho branco.

Realizando um paralelo entre a criminologia e a política criminal, nota-se que o foco dessa última consiste em saber quais medidas estão situadas no âmbito permitido constitucionalmente, quais efeitos geram e quais são axiologicamente os mais adequados.

Já a criminologia é vista como ciência empírica, de encontro entre sociologia, psicologia, economia, antropologia e medicina por Sánchez e Ortiz.

Nesse sentido, questões que a criminologia se propõe (criminologia crítica) a responder, diferentemente da política criminal, consistem no seguinte: por que alguns comportamentos se definem como delitos e outros não, a seletividade da persecução penal.

No tocante à relação entre criminologia e política criminal é possível vislumbrar que a segunda dá apoio à primeira. De outro lado, a criminologia fornece elementos importantes para a verificação da eficácia de determinada política criminal bem como ferramentas importantes quanto à prevenção de delitos.

Edwin Sutherland, na década de 1940, propôs o conceito de delinquência de colarinho branco, devendo ser entendida como aquela cometida por homens de negócios respeitáveis em virtude de sua ocupação e com finalidade lucrativa.

A análise proposta por Sutherland partia de dois pressupostos:

1) mostrar a superioridade de sua proposta criminológica a partir da teoria da associação diferencial, teoria na qual o delito nada mais é do que uma conduta apreendida.

2) De outro lado, denunciar o grave dano social que essas condutas geravam em comparação com a pouca atenção que recebiam por parte de políticos, juristas e criminólogos.

A evolução quanto à discussão dos crimes de colarinho branco gerou a seguinte classificação: 1) delitos corporativos: delitos nos quais o agente o comete em obediência a uma política corporativa da empresa, visando beneficiá-la como um todo; e 2) delinquência ocupacional, crime cometido por um empregado de determinada empresa em benefício próprio e se utilizando de seu cargo.

Na sequência, sobre a prevenção do delito econômico-empresarial, ou seja, se essa se daria por dissuasão ou convicção (ética), Sánchez e Ortiz partem do enfoque relativo à eleição racional.

Ou seja, a partir dessa teoria, as pessoas tendem a cometer crimes quando os custos do delito (preparação, execução e eventual reposta estatal) são menores quando comparados a sua omissão na prática da referida conduta delitiva.

Em relação à dissuasão mediante a ameaça de pena[3], aspecto importante da teoria da eleição racional, três vetores são analisados: gravidade das sanções, probabilidade e velocidade de sua imposição.

Sobre o tema, Apel-Nagin (2011) destacam que mudanças quanto a probabilidade de condenação tem uma influência sobre a dissuasão superior àquela que dizem respeito à mudança quanto a gravidade da sanção.

Analisando a doutrina especializada sobre o tema, Paul Robinson (2012) destaca que a dissuasão exige três elementos cumulativos para ocorrer, quais sejam: 1) mensagem normativa (conduta e pena) deve ser conhecida pelos destinatários, 2) os destinatários devem ter oportunidade de adaptar a sua conduta de acordo com a mensagem normativa, 3) o destinatário, conhecendo a mensagem normativa e tendo condições de se adaptar, deve decidir se o fará com base nos custos e benefícios do cumprimento.

Sánchez e Ortiz explicam, a partir dos critérios de Paul Robinson, que no âmbito dos crimes econômicos-empresariais o conhecimento da mensagem normativa pelos destinatários, em que pese ser alto, não era suficiente para diminuir a criminalidade em virtude de penas brandas e diante da baixa probabilidadede de condenação.

---

3   Tradução livre do termo "la disuasión mediante la amenaza de pena".

Nesse sentido, a ampliação de mecanismos de apreensão e de ferramentas inerentes à punição do branqueamento de capitais (punição do auto branqueamento, por exemplo), objetivaram aumentar a sensação de punição e diminuir a impunidade por parte dos agentes delitivos.

Outro exemplo que pode ser citado diz respeito à responsabilização penal dos entes coletivos por ilícitos cometidos por seus empregados, geralmente acompanhada da possibilidade de punição por descumprimento de deveres de cuidado, mais especificamente, aqueles relativos aos programas internos de conformidade (*Compliance*).

Na sequência, Sánchez e Ortiz destacam que a versão mais atual da associação diferencial, chamada de teoria da aprendizagem social, compreende que o delito nada mais é do que uma conduta apreendida em uma dupla perspectiva:1) são apreendidas as técnicas que permitem o seu cometimento e 2) são apreendidas as chamadas definições favoráveis ao delito (família e período escolar, amizades e trabalho, depois).

Sobre o tema, Sykes-Matza (1957, p. 557 e s.) destacam que, em que pese a existência de normas éticas dentro de cada um dos núcleos que permitam ao agente a não realização do delito, as técnicas de neutralização podem não apenas aparecer ao longo do procedimento cognitivo como bloquear referidas regras éticas, fazendo com que surjam justificativas, na visão do indivíduo, para o cometimento de delitos independentemente das regras éticas existentes ao longo de sua trajetória social.

O caminho, portanto, para diminuir a criminalidade, de acordo com essa teoria, diz respeito à criação de mecanismos que evitem o surgimento e efetivação de tais mecanismos de neutralização, tornando possível o surgimento de uma verdadeira cultura de cumprimento (SÁNCHEZ, ORTIZ, 2019, p. 45).

Sánchez e Ortiz, após destacarem que o enfoque da eleição racional e da interiorização de valores não são excludentes, respondendo ao questionamento inicial, concluem que para que a prevenção do delito no âmbito empresarial seja eficaz, essa deve considerar tanto a dissuasão como as considerações éticas.

4. Direito Penal e Tecnologia: *DATAVEILLANCE* ECONÔMICO-PENAL

O capítulo que ora se inicia foi baseado nas reflexões publicadas, em forma de artigo, na Revista da Escola Superior da Magistratura Tocantinense (QUINTIERE, 2019).

A Lei Geral de Proteção de Dados foi responsável pela proteção de dados pessoais, bem como pela alteração da Lei n. 12.965, de 23 de abril de 2014 (Marco Civil da Internet).

A proteção de dados tem relevo não apenas com a edição da referida norma, como também em outros países. Na Europa, foi editado o *General Data Protection Regulation* (GDPR), o qual passou a ser obrigatório em 25 de maio de 2018 e aplicável na União Europeia (UE)[4]. Em solo norte-americano, foi editado o *California Consumer Privacy Act of 2018* (CCPA), aprovado em 28 de junho de 2018 (AB 375)[5].

Sobre o tema, é possível verificar que "a LGPD se inspira, em primeiro lugar, no conceito que ficou conhecido como o modelo europeu de proteção de dados, amparado na Convenção do Conselho da Europa 108 de 1981, na Diretiva 46/95/CE e no Regulamento Geral de Proteção de Dados (Regulamento 2016/679)" (DONEDA, SCHERTEL, 1980).

O contexto no qual o projeto de lei sobre a proteção de dados foi aprovado pelo Poder Legislativo brasileiro foi decisivo para a respectiva tramitação célere. Como se não bastasse a aglutinação de outras propostas que há muito tempo vinham tramitando paralelamente sobre o tema (cuja atualidade é discutível), escândalos mundialmente famosos envolvendo a segurança de dados como o ocorrido na mídia social *Facebook*[6] também trouxeram visibilidade para o assunto.

---

4 Comissão Européia. Proteção de dados. Disponível em: https://ec.europa.eu/info/law/law-topic/data-protection_pt. Acesso em: 26 out. 2019.
5 Californians for ConsumerPrivacy (ed.). Disponível em: https://www.ca privacy.org/. Acesso em: 26 out. 2019.
6 Em resumo, o Facebook exibiu milhões de contas à empresa de dados Cambridge Analytic, um escândalo que só foi confirmado por recentes notícias, trazendo a informação de que gigantes da tecnologia compartilhavam ainda mais dados confidenciais. BURT, Andrew. Privacyandcyber-

De acordo com Danilo Doneda, é possível "identificar cinco eixos principais da Lei Geral de Proteção de Dados em torno dos quais a proteção do titular de dados se articula: i) unidade e generalidade da aplicação da lei; ii) legitimação para o tratamento de dados (hipóteses autorizativas); iii) princípios e direitos do titular; iv) obrigações dos agentes de tratamento de dados; v) responsabilização dos agentes" (DONEDA, SCHERTEL, 1980).

É possível visualizar, a partir desse rol, inicialmente, que a Lei Geral de Proteção de Dados seria aplicável à jurisdição penal no que diz respeito a unidade e generalidade de sua aplicação, ou seja, a Lei Geral de Proteção de Dados possui características de uma lei geral[7].

Essa aplicabilidade potencial, entretanto, não é concretizada quando da análise do art. 4º que expressamente dispõe não ser aplicável o diploma normativo em análise nas atividades de investigação e repressão de infrações penais.

Um dos grandes problemas da norma começa quando, além do art. 4º, o intérprete passa a analisar o art. 33, III, que dispõe que a transferência internacional de dados pessoais somente é permi-

---

security Are Converging. Here´sWhyThatMatters for People and for Companies. Disponível em Harvard Business School: https://hbr.org/2019/01/privacy-and-cybersecurity-are-converging-heres-why-that-matters-for-people-and-for-companies. Acesso em: 7 jan. 2019.

7   Sobre o tema, Doneda: "O primeiro eixo diz respeito ao âmbito de aplicação material da Lei, caracterizado pela generalidade e unidade: a Lei concentra-se na proteção dos dados do cidadão, independentemente de quem realiza o seu tratamento, aplicando-se, assim, tanto aos setores privado e público, sem distinção da modalidade de tratamento de dados (art. 3º). O seu âmbito de aplicação abrange também o tratamento de dados realizado na Internet, seja por sua concepção de lei geral, seja por disposição expressa de seu art. 1º. Essas são características fundamentais em uma lei geral, que permitem a segurança do cidadão quanto aos seus direitos independentemente da modalidade de tratamento de dados e quem o realize, bem como proporciona isonomia entre os diversos entes que tratam dados, o que facilita o seu fluxo e utilização legítimos".

tida quando a transferência for necessária para a cooperação jurídica internacional entre órgãos públicos de inteligência, de investigação e de persecução, de acordo com os instrumentos de direito internacional.

Ou seja, ao mesmo tempo que a lei não é aplicável no âmbito das investigações criminais nacionais, discorre sobre eventual cooperação internacional entre autoridades alienígenas com a brasileira.

Após o estudo de uma das palavras-chave do presente estudo (proteção de dados), será possível responder se, ao dispor sobre a matéria dessa forma, teria a Lei Geral de Proteção de Dados agido corretamente ou foi perdida uma importante oportunidade de regulamentação do tema.

No estudo da vigilância propriamente dita, palavra intimamente ligada à proteção de dados e ao fenômeno da *dataveillance*, as análises de Jeremy Bentham (1843) e Michel Foucault (1999) serviram de modelo inicial.

O *surveillance* e sua relação com a sociedade, em especial, diante de sua utilização como instrumento de controle biopolítico tem ganhado ênfase quando o assunto é sistema penal e as tecnologias dispostas nas práticas de segurança.

A partir dessa constatação, Augusto Jobim do Amaral e Felipe da Veiga Dias concluem que "o modelo de controle atual baseado em "riscos e algoritmos emprega o *surveillance* (e suas "novas"tecnologias) em uma atuação securitária seletiva, adotando o discurso"científico/tecnológico"como escusa para manutenção discriminatória de uma biopolítica da atuação penal voltada para morte de sujeitos e grupos sociais específicos" (JOBIM, VEIGA, 2019, p. 1).

Em que pese a importância dessa constatação, o foco do presente estudo será, especificamente, a utilização (ainda que potencial) de metadados na manutenção discriminatória a servir de lastro para atuações penais que, se mal utilizadas, podem causar a morte de sujeitos e grupos sociais específicos.

O surgimento de novas tecnologias e as consequências quanto ao armazenamento e ao processamento de dados serviu de mola propulsora para o aumento exponencial de estudos tanto sobre metadados[8] como sobre a *surveillance*[9].

Dentro do estudo sobre vigilância, o modelo da *surveillance assemblages*, proposto por Richard Ericson e Kevin Haggerty (2000), dá ênfase aos fluxos discretos de dados, ou seja, "ao aspecto do *surveillance* que se convencionou chamar de *dataveillance*" (NETO, MORAIS e BEZERRA, 2017).

O seguinte experimento do Center for Internet and Society, realizado no âmbito da Escola de Direito da Universidade de Stanford, auxilia na visualização do que seria uma pesquisa envolvendo *dataveillance* (MAYER, MUTCHER, 2014):

Usuários que desejassem participar e que possuíssem *smartphones* com a plataforma *Android* instalaram, voluntariamente, um aplicativo em seus celulares. O programa envia para os pesquisadores as seguintes informações: número de destino da chamada, duração da ligação e data e hora em que ela foi feita. Os números de destino eram comparados com bases de dados públicas de telefones; assim, em vez de, simplesmente, terem um número, os pesquisadores poderiam ter o nome do destinatário da chamada telefônica.

---

8 Sobre o tema, Neto, Morais e Bezerra exemplificam o que seria um metadado: "De modo simplificado, é possível utilizar a metáfora de uma carta ordinária. Assim, enquanto os dados seriam o conteúdo da correspondência, os metadados seriam informações sobre aquela carta: o tipo do papel utilizado, o tamanho do envelope, os dados do remetente e destinatário, a data e o local de postagem, os traços de DNA e impressões digitais encontrados na carta, o tipo e a cor da tinta utilizada para escrever a carta, o tamanho e o peso da correspondência, o número de letras e palavras, os traços de substâncias impregnadas no papel, as informações sobre quaisquer outras correspondências similares no sistema postal, nome do carteiro que fez a entrega etc.". (NETO, MORAIS e BEZERRA, 2017).

9 Vigilância, ao traduzirmos literalmente o termo.

A jurisprudência brasileira, representada pelos Tribunais Superiores, tem se debruçado sobre o acesso a dados e uso da tecnologia como instrumento de efetivação da tutela jurisdicional penal[10].

No que tange à proteção (e produção) dos dados, passando pela *cyber* segurança e à privacidade, Andrew Burt menciona, conforme tradução literal feita abaixo, além da convergência que está diariamente ocorrendo entre referidas palavras-chave, o seguinte:

> E era um mundo em que a privacidade e a segurança eram, em grande parte, funções separadas, em que a privacidade ficava em segundo plano em relação às preocupações mais tangíveis sobre a segurança. Hoje, no entanto, o maior risco à nossa privacidade e à nossa segurança tornou-se a ameaça de inferências não intencionais, a partir do poder de técnicas de aprendizado cada vez mais generalizadas. Uma vez que se adotam dados, qualquer atividade em pequena escala pode ser uma ameaça, trazendo novos perigos à sua privacidade e à sua segurança.

Analisando o ordenamento jurídico brasileiro, desde a Constituição Federal de 1988, passando pelos principais diplomas normativos infraconstitucionais (Código Penal, Código de Processo Penal e Lei n. 9.296, de 1998), é possível concluir que referida norma é a que mais se aproxima do tema, ao abordar interceptação de comunicações telefônicas.

As informações coletadas neste capítulo tornam possível conceituar o *dataveillance* como mecanismo de coleta de metadados destinada a qualquer fim, tornando possível, a partir dessa coleta, a respectiva vigilância.

---

10 Na seara do direito penal, no Informativo n. 583, o STJ definiu que "sem prévia autorização judicial, são nulas as provas obtidas pela polícia por meio da extração de dados e de conversas registradas no aplicativo *whatsapp* presentes no celular do suposto autor de fato delituoso, ainda que o aparelho celular tenha sido apreendido no momento da prisão em flagrante. BRASIL. STJ. 6ª Turma. RHC 51.531-RO, rel. Min. Nefi Cordeiro, j. em 19-4-2016 (Informativo n. 583 do STJ). Disponível em: https://www.dize rodireito.com.br/2018/02/acesso-as-conversas-do-whatsapp-pela.html. Acesso em: 26. out. 2019.

Mais do que isso, em virtude do crescente número de metadados utilizados por pessoas físicas e jurídicas no desenrolar de suas atividades empresariais, mostra-se aconselhável a utilização do que ora se denomina *dataveillance* econômico-penal no sentido não apenas de reprimir mas, e principalmente, de prevenir delitos.

5. Considerações finais

No tocante aos delitos econômicos, conforme analisado no primeiro capítulo à luz do texto de Silva Sánchez e Ortiz, foi traçada a relação que os mesmos possuem com a tecnologia, mais especificamente com mecanismos de vigilância como o *dataveillance*, tema do segundo capítulo.

Sobre o tema, durante o primeiro capítulo, foi feito um exame sobre o que diferenciaria o direito penal econômico em sentido estrito e em sentido amplo, tendo sido buscado no presente trabalho verificar se as ferramentas tecnológicas, por exemplo o *dataveillance*, seriam aplicáveis a algum deles ou, até mesmo, a ambos.

A análise conceitual do *dataveillance* permite concluir, preliminarmente, que referida técnica de vigilância consistente no monitoramento de dados é aplicável, de igual modo, tanto aos crimes econômicos em sentido amplo como em sentido estrito.

Mais adiante, conforme descrições das ideias de Sánchez e Ortiz, no primeiro capítulo desse artigo, o chamado comerciante social é a personagem que importa para fins de análise quanto a existência (ou não) de um delito econômico, por estarem vinculados a ideia da própria atividade empresarial, ou seja, com a ideia de empresa, personagem esse que igualmente pode ser monitorado por meio do *dataveillance*.

Nesse sentido, tanto as organizações lícitas que adotam uma personalidade jurídica própria e operam de modo permanente no mercado como aquelas presentes na zona cinzenta cuja forma de atuação congrega – em maior ou menor medida – a prática de atos ilícitos podem, em tese, ser alvo dessa importante ferramenta investigativa.

Apresentada a perspectiva de análise, com especial destaque para a zona cinzenta a ela inerente, quando da análise da relação entre organização criminal e delitos econômicos-empresariais, foi destacada como ideia do primeiro instituto que se trata de todo aquele grupo estável de pessoas com divisão funcional de trabalho ordenada para cometimento de delitos, conceito esse baseado no critério teleológico.

Nesse aspecto, tomando por base esse conceito, o presente trabalho pretendeu responder, à luz das inovações tecnológicas, como mecanismos tecnológicos tais como a inteligência artificial poderão ser equiparados às pessoas componentes de tais organizações, pergunta para a qual, a atual dogmática relativa aos delitos econômicos não dá uma resposta satisfatória.

Sobre o tema, a atual dogmática, no máximo, permitiria a punição daquele que se utilizou do instrumental tecnológico, em nenhum momento sendo possível, entretanto, equiparar máquinas a pessoas para fins de enquadramento como organização criminal.

Dando sequência, foi destacado no primeiro capítulo que para Sánchez e Ortiz, a política criminal deve ser entendida de forma ampla e se ocupar de três questões, nessa ordem: 1) de forma abstrata pelo legislador e depois de forma concreta por órgãos de persecução penal; 2) análise das medidas que podem tomar os poderes públicos para reduzir a sua incidência (2019, p. 38 e 39) e 3) decidir em que ocasiões e com que rigor o Direito Penal deve reagir à criminalidade.

Nesse aspecto, um dos objetivos do presente artigo foi o de verificar, a partir do *dataveillance*, e, a depender dessa etapa, demonstrar que a análise das medidas que podem tomar os poderes públicos para reduzir a sua incidência pode (e, por que não, devem) vir antes da forma abstrata pela qual o legislador e depois de forma concreta por órgãos de persecução penal, em especial, quando se está diante de excesso de leis penais no Brasil.

A inversão dos fatores acima apresentados, ao contrário da máxima matemática de que a ordem dos fatores não altera o resultado, caminha no sentido de, no mínimo, aperfeiçoar a legislação existente, estabelecendo novas possibilidades para a investigação criminal nos denominados delitos econômicos.

Nesse aspecto, abordando o problema levantado ao final por Sánchez e Ortiz e o correlacionando ao *dataveillance*, é possível concluir, por fim, que referida ferramenta tecnológica, desde que seja prevista em lei e efetivada pelas autoridades competentes com respeito às garantias individuais materiais e processuais do indivíduo servirá como ferramenta eficaz evitando tanto os efeitos negativos para terceiros inocentes como para os trabalhadores e para a sociedade que igualmente sofre os efeitos em caso de persecuções penais direcionadas às grandes empresas.

6. Referências bibliográficas

AMBOS, *Derecho penal internacional economico*. Madrid, 2018.

APEL-NAGIN, General Deterrence, En WILSON-PETERSILIA (eds.), *Crime and public policy*, NewYork, 2011.

BENTHAM, Jeremy. *The Works of Jeremy Bentham*. Edinburgh: William Tait, 1843. v. 4.

BURT, Andrew. Privacy and cybersecurity Are Converging. Here´s Why That Matters for People and for Companies. Disponível em Harvard Business School: https://hbr.org/2019/01/privacy-and-cybersecurity-are-converging-heres-why-that-matters-for-people-and-for-companies. Acesso em: 26 out. 2019.

DEMETRIO CRESPO-NIETO MARTÍN (DIRS.). *Derecho penal económico y derechos humanos*, Valencia, 2018.

DONEDA, Danilo; SCHERTEL, Laura Mendes. Um perfil da nova Lei Geral de Proteção de Dados brasileira. In: BELLI, Luca; DOTTI, René Ariel. *Proteção da vida privada e liberdade de informação*, São Paulo: Revista dos Tribunais, 1980.

GARRETT. *Declining prosecutions*, American Criminal Law Review, 2019.

JOBIM, Augusto do Amaral.VEIGA, Felipe Dias. *Surveillance* e as "novas" tecnologias de controle biopolítico. *Revista Meritas*. Porto Alegre. E-ISSN: 1984-6746.

MARTÍN LORENZO-ORTIZ DE URBINA, Guía In Dret Penal de la jurisprudência sobre responsabilidade por riesgos laborales, In: Dret. *Revista para el Análisis del Derecho*, (2), 2009.

MAYER, J.; MUTCHER, P. MetaPhone: *The Sensitivity of Telephone Metadata*. Web Policy, [S.l.], 12 mar. 2014.

NETO, Elias Jacob de Menezes; MORAIS, José Luis Bolzan de; BEZERRA, Tiago José de Souza Lima. O projeto de lei de proteção de dados pessoais (PL 5276/2016) no mundo do big data: o fenômeno da *dataveillance* em relação à utilização de metadados e seu impacto nos direitos humanos. *Rev.Bras.Polít.Públicas*, Brasília, v.7, n. 3, 2017, p. 184-198.

QUINTIERE, Victor Minervino. Questões controversas envolvendo a tutela jurisdicional penal e as novas tecnologias a luz da Lei Geral de Proteção de Dados (LGPD) brasileira: *dataveillance*. In: Revista ESMAT. v. 11, n.17 (2019). Disponivel em: http://esmat.tjto.jus.br/publicacoes/index.php/revista_esmat/article/view/290/246. Acesso em: 19 mar. 2020.

ROBINSON, *Principios distributivos del Derecho penal*, Madrid, 2017.

SCHUNEMANN, Consideraciones críticas sobre la situacíon espiritual de la ciência jurídico-penal alemana, *Anuario de derecho penal y ciências penales*, (41:2), 1988, p. 529 e s.

SILVA SÁNCHEZ, Jesús María. *La expansíon del derecho penal*. Aspectos de la política criminal em las sociedades postindustriales, 3. ed., Madrid, 2011.

SILVA SÁNCHEZ, Jesús María –ORTIZ DE URBINA, Introducción al derecho penal económico-empresarial. Disponível em: file:///C:/Users/Victor%20Quintiere/Desktop/texto%20-%20seminário%20-%20callegari%20-%2017.03.2020.pdf. Acesso em: 19 mar 2020.

SIMPSON et al., *Corporate Crime Deterrence*: A systematic Review, Oslo, 2014.

SUTHERLAND, Edwin H. White-Collar Criminality. In: American Sociological Review, Vol. 5, No. 1 (Feb., 1940), pp. 1-12. Disponível em: https://is.muni.cz/el/1423/podzim2015/BSS166/um/Sutherland._1940._White-collar_Criminality.pdf. Acesso em: 19 mar. 2020.

SYKES-MATZA. *Techniques of neutralization*: A Theory of Delinquency, American Sociological Review, (22:6), 1957, p. 664 e s.